国家社科基金后期资助项目
出版说明

　　后期资助项目是国家社科基金设立的一类重要项目，旨在鼓励广大社科研究者潜心治学，支持基础研究多出优秀成果。它是经过严格评审，从接近完成的科研成果中遴选立项的。为扩大后期资助项目的影响，更好地推动学术发展，促进成果转化，全国哲学社会科学工作办公室按照"统一设计、统一标识、统一版式、形成系列"的总体要求，组织出版国家社科基金后期资助项目成果。

全国哲学社会科学工作办公室

国家社科基金
后期资助项目

KEYAN CHENGXIN DE
FALU ZHILI LUJING YANJIU

科研诚信的法律治理路径研究

汪自成——著

法律出版社
LAW PRESS·CHINA
——北京——

图书在版编目（CIP）数据

科研诚信的法律治理路径研究／汪自成著. -- 北京：法律出版社，2025. -- ISBN 978 - 7 - 5244 - 0046 - 2

Ⅰ. D920.4

中国国家版本馆 CIP 数据核字第 2025B77C67 号

科研诚信的法律治理路径研究 KEYAN CHENGXIN DE FALÜ ZHILI LUJING YANJIU	汪自成 著	策划编辑 邢艳萍 责任编辑 邢艳萍 装帧设计 贾丹丹

出版发行 法律出版社　　　　　　　　开本 710 毫米×1000 毫米　1/16
编辑统筹 法律应用出版分社　　　　　印张 19.75　　字数 350 千
责任校对 张翼羽　　　　　　　　　　版本 2025 年 5 月第 1 版
责任印制 刘晓伟　　　　　　　　　　印次 2025 年 5 月第 1 次印刷
经　　销 新华书店　　　　　　　　　印刷 北京建宏印刷有限公司

地址：北京市丰台区莲花池西里 7 号（100073）
网址：www.lawpress.com.cn　　　　　　销售电话：010 - 83938349
投稿邮箱：info@lawpress.com.cn　　　　客服电话：010 - 83938350
举报盗版邮箱：jbwq@lawpress.com.cn　　咨询电话：010 - 63939796
版权所有·侵权必究

书号：ISBN 978 - 7 - 5244 - 0046 - 2　　　　　　　定价：85.00 元

凡购买本社图书，如有印装错误，我社负责退换。电话：010 - 83938349

基金项目
国家社会科学基金后期资助项目,项目批准号:18FFX002

目录 Contents

第一章　发人深省的典型案例 / 1
一、背离科研伦理底线行为案例 / 1
二、实验过程、数据、结果等存在造假行为的案例 / 3
三、论文抄袭案例 / 5
四、科研奖项申报中存在弄虚作假行为案例 / 7
五、科研经费违规违法使用案例 / 8
六、同行评审造假行为案例 / 8
七、特殊主体的学术不端行为案例 / 9
八、主管部门官方通报案例 / 10

第二章　科研诚信及其异化 / 20
一、理论界的回应 / 20
二、科研诚信的界定 / 25
三、科研诚信的失范 / 36
四、科研诚信失范的危害 / 41
五、科研诚信失范的原因 / 44

第三章　科研不端及其规制现状 / 52
一、我国学术界和实务界的认识 / 52
二、科研不端行为的内涵 / 57
三、科研不端行为与相关行为的辨析 / 64
四、我国科研诚信制度化建设现状 / 65
五、现行法律规制手段及其局限 / 67

第四章　法律行为：科研不端行为的类型化 / 74
一、科研不端行为的若干形态 / 75
二、法律规范中的科研不端行为 / 78

第五章 调整范围：从知识生产到成果转化 / 86

一、科研不端行为的过程性分布 / 86

二、界定调整范围应注意的问题 / 95

三、具体行为形态 / 97

第六章 法律关系：行政为主且民刑兼备 / 99

一、行政法律关系 / 99

二、民事法律关系 / 104

三、刑事法律关系 / 104

第七章 行为主体：从权利到权力 / 106

一、政府 / 109

二、政府职能部门及哲学社会科学工作办公室 / 110

三、法律法规规章授权组织 / 116

四、科研机构 / 117

五、其他企事业单位 / 119

六、第三方学术机构 / 119

七、科研诚信建设的专业机构 / 120

八、科研活动个体 / 120

第八章 法律责任：独立责任与共同责任 / 123

一、行政法律责任 / 123

二、民事法律责任 / 150

三、刑事法律责任 / 159

四、法律责任承担中的其他问题 / 178

五、调查与处理 / 180

第九章 立法完善：从行政法规到法律 / 194

一、统一立法的必要性 / 194

二、统一立法的原则 / 202

三、统一立法中的策略选择 / 203

四、科研诚信统一立法的作用 / 205

五、统一立法中的主要问题 / 207

附录 1　国家科技计划实施中科研不端行为处理办法(试行) / 212
附录 2　关于加强我国科研诚信建设的意见 / 217
附录 3　中国社会科学院关于处理学术不端行为的办法 / 221
附录 4　中国科学院对科研不端行为的调查处理暂行办法 / 224
附录 5　高等学校预防与处理学术不端行为办法 / 231
附录 6　关于进一步加强科研诚信建设的若干意见 / 238
附录 7　关于对科研领域相关失信责任主体实施联合惩戒的合作备忘录 / 246
附录 8　哲学社会科学科研诚信建设实施办法 / 252
附录 9　学术出版规范　期刊学术不端行为界定 / 257
附录 10　科学技术活动违规行为处理暂行规定 / 266
附录 11　科学技术活动评审工作中请托行为处理规定(试行) / 274
附录 12　医学科研诚信和相关行为规范 / 277
附录 13　科研失信行为调查处理规则 / 282
附录 14　国家自然科学基金项目科研不端行为调查处理办法 / 293
附录 15　科研诚信规范手册 / 305

参考文献 / 306

后　记 / 311

第一章 发人深省的典型案例

作为一项探索和认识未知领域和未知世界的专门性活动,科学研究一度是一种远离普通人的近乎神圣的活动。随着经济全球化和科技领域国际竞争的日益加剧,从事科学研究活动的群体越来越多,在功利化的诱导之下,本应秉承的求真与创新科学精神,却在科学研究活动中得不到应有的坚守,甚至还出现了越来越多故意违背科学精神的科研不端行为。这不仅玷污了科学的尊严,而且扭曲了科学研究的发展趋向,阻滞了他人探寻真理的步伐,最终对一个国家乃至全世界的科技进步都会造成恶劣的影响。更为严重的是,科研不端行为不仅只是发生在普通科研人员身上,也并非一般的弄虚作假那么简单;现有披露的证据证实,有些学术大家也深陷科研不端丑闻之中,且有些科研不端行为已经触及了人类的伦理底线,令人发指。近年来,世界各地媒体披露的科研不端行为案例很多,本书从已经有了明确定论的案例中择其要者进行简要叙述,既包括国内发生的很有影响的案例,也包括国外的典型案例,试图揭示当下科研不端行为危害性究竟有多么严重。

一、背离科研伦理底线行为案例

1. 塔斯基吉梅毒人体实验事件

为研究梅毒的传播及致死情况,1932年美国公共卫生部(U. S. Public Health Service)授权塔斯基吉研究所启动一项"塔斯基吉梅毒实验",全称为"针对未经治疗的男性黑人梅毒患者的实验",旨在研究未经治疗的潜伏期梅毒在黑人男性患者中的自然发展过程。[1] 这项实验违背人性之处在于,即使1947年青霉素已经成为治疗梅毒的有效药物后,研究人员仍为隐瞒真相而未对参与实验的黑人患者提供必需的治疗。截至1972年美国媒体首次披露这段臭名昭著的丑闻时,参与实验的患者中已有28人直接死于梅毒,100人因梅毒并发症死亡,40人的妻子受到传染,19名子女在出生时就染上梅毒。尽管美国政府后来进行了道歉,但仍然无法挽回对受

---

[1] See Brandt A. M., *Racism and Research: The Case of the Tuskegee Syphilis Study*, The Hastings Center Report, 1978, p. 9–21.

害人造成的巨大伤害。该事件更引起了人们对科学研究伦理的深刻反思。

塔斯基吉梅毒人体实验直接导致了《贝尔蒙报告：保护参加科研的人体实验对象的道德原则和方针》①伦理原则的出炉和人类研究保护办公室（Office for Human Research Protections）的成立。1974 年美国《国家研究法案》生效，建立了国家保护生物医药和行为研究受试者委员会。1978 年 4 月 18 日，该委员会发表了美国生物医学研究伦理的经典文件《贝尔蒙报告：保护参加科研的人体实验对象的道德原则和方针》。② 塔斯基吉梅毒研究并非孤立事件，类似地还有被媒体不断披露的美国人在危地马拉进行的大规模性病人体实验。显然，对塔斯基吉案例进行研究仍具有重要的现实意义。

2. "首例免疫艾滋病的基因编辑婴儿"事件

2018 年 11 月 26 日，南方某大学副教授贺某在第二届国际人类基因组编辑峰会召开前一天宣布：一对名为露露和娜娜的基因编辑双胞胎婴儿已于 11 月在中国健康诞生，这是世界首例免疫艾滋病的基因编辑婴儿。由于这对双胞胎的 C-C 趋化因子受体 5 型（CCR5 基因）经过修改，该基因是人类免疫缺陷病毒（HIV 病毒）入侵机体细胞的主要辅助受体之一，所以她们出生后即能天然抵抗艾滋病病毒。然而，他们修改的 CCR5 基因是绝大多数人都有的一个具有重要生理功能基因的正常版本。③ 与携带致病基因不同，具有正常的 CCR5 基因并不会直接导致艾滋病的发生，即使后天行为导致艾滋病也仅是可避免的小概率事件。相反，为了获得对某些艾滋病的免疫基因而人为地造成 CCR5 基因缺陷，会增加西尼罗流感病毒致人死亡的风险。所以贺某团队为了一种可以预防、可以控制的小概率感染，毫无必要地让一个正常基因失效，制造了天生就有免疫缺陷的婴儿。此事一出，国内 122 名生物学家、医学工作者联名签署一份声明坚决反对和谴责这一人体实验。④

---

① 《贝尔蒙报告：保护参加科研的人体实验对象的道德原则和方针》。Beauchamp, Tom L. 2020. *The Origins and Drafting of the Belmont Report*, Perspectives in Biology and Medicine, Vol. 63：2. p. 240 – 250 (The Belmont Report, Ethical Principles and Guidelines for the Protection of Human Subjects). 基本伦理原则一共三条：尊重人（respect for persons）、善行（beneficence）和公正（justice）。尊重人要求把每个人作为自主的行动者对待，而且要保护自主性不足的人，如儿童、智障人。善行要求保护受试者免遭伤害，而且还要尽力确保他的健康。科学研究的基本要求是在不伤害受试者的情况下对公众有利，最好对二者都有利。要尽量增加可能的好处，减少潜在的害处。公众要求公正地选择受试者，公正地对待研究的收益和风险。

② See Ferdowsian H. et al., *A Belmont Report for Animals*, Cambridge Quarterly of Healthcare Ethics, 2019, p. 19 – 37.

③ 参见王攀、肖思思、周颖：《"基因编辑婴儿"案一审宣判》，载《人民日报》2019 年 12 月 31 日，第 11 版。

④ 参见李存飞：《【聚焦】首例免疫艾滋病基因编辑婴儿引巨大争议　国家卫健委回应》，载搜狐网 2018 年 11 月 28 日，https://www.sohu.com/a/278271082_810019。

对于此事,国家卫生健康委员会(以下简称国家卫健委)、科学技术部(以下简称科技部)、中国科学技术协会三部门均表示:此次事件性质极其恶劣,已要求有关单位暂停相关人员的科研活动,对违法违规行为坚决予以查处。①

复旦大学陈家宽教授认为,该人类基因编辑事件引起了国内、国际社会的广泛关注,但是目前我们国家无法可依,没有法律约束,所以一定要尽快制定伦理性的法律规范,在转基因生物安全立法中,当务之急是要规范一线科学家及科研机构的行为和活动。② 科学的二重性决定了科技成果可以造福人类,也可能摧毁人类的生存与社会秩序,而科学伦理的提出,就是让科研与社会实现和谐。罔顾伦理的科学实验,不仅影响科学家的个人名誉,而且将使整个社会失去对科学的信任。

二、实验过程、数据、结果等存在造假行为的案例

1. 美国科学界"水门事件"——科学实验过程作伪行为

1974 年发生了轰动世界的威廉·T. 萨默林(Willian T. Summerlin)科学作伪的丑闻。免疫学家罗伯特·A. 古德(Robert A. Good)领导的癌症研究所里一位名叫萨默林的研究人员给实验老鼠手工涂色,通过欺骗手段给自己从事的皮肤移植研究提供资料。由于美国的"水门事件"发生在 1972 年 6 月,不到两年又发生萨默林科学作伪事件,很容易使人把二者联系起来,因此,萨默林给老鼠涂色这件事常常被称为美国科学界的"水门事件"。

这项有可能在医学上产生划时代意义的实验,是他们过去在明尼苏达大学就已经实施的。但是这项研究进展得并不顺利,斯隆—凯特琳癌症研究所和免疫学界不断对这项实验的真实性进行质疑。1974 年 3 月,为证明实验的可行性,萨默林用水笔将两只老鼠身上移植皮肤的斑块涂黑,并将其作为成功移植的证据。负责人并没有特别注意这些老鼠,他相信了萨默林,但实验室的一名高级助手詹姆斯·马丁却发现了端倪。当存放老鼠的笼子放回原处以后,马丁发现两个移植的黑块看上去很不寻常。他用酒精擦拭那块皮肤,发现颜色被洗掉了。

---

① 参见尹思源:《国家卫健委、科技部、中国科协负责人回应"基因编辑婴儿"事件:已要求有关单位暂停相关人员的科研活动、对违法违规行为坚决予以查处》,载新华网 2018 年 11 月 29 日,https://baijiahao.baidu.com/s? id =1618468799517829286&wfr = spider&for = pc。

② 参见陈家宽:《〈生物安全法〉应关注哪些生物安全问题?》,载《北京航空航天大学学报(社会科学版)》2019 年第 5 期。

萨默林的科学欺诈行为产生了巨大影响,引起科学界和美国社会的高度关注。美国著名学术期刊《科学》连续发文,对该事件作了报道和评论,认为"在科学界没有任何罪恶比作伪更令人不能忍受;科研人员犯了这样的罪行,对他进行任何谴责都不为过。作伪行为威胁着人们对科学纯洁性的强大信念,引起人们对整个科学社会产生深深的不信任、反感和矛盾心态。非常复杂、难以消除的萨默林事件正在使人经历这样一种情感"①。日本研究科学道德问题的专家山崎茂明认为:"不端行为的发生,与这些人是否在精神上存在问题无关,其症结为不甚合理的现代科学研究组织和研究体系。人们开始清醒地意识到,只要存在这种体系,就会不断出现第二个、第三个萨默林博士。"②

2. 韩国黄禹锡事件——科学实验结果造假行为

黄禹锡毕业于韩国首尔大学兽医学专业,因屡创科研成就,迅速成为韩国乃至世界生命科学研究领域的权威。其曾在1993年至2002年先后克隆出韩国第一头试管牛、第一头克隆奶牛和第一头克隆猪。2004年黄禹锡课题组在《科学》杂志上发表论文宣布,在全世界率先成功从人类克隆胚胎中提取出了"万能细胞"干细胞。2005年他通过《科学》杂志再次震惊世界——成功利用患者体细胞提取了干细胞。这一系列成果为治疗疑难病症开辟了新途径,因此被美国著名科学杂志《科学美国人》评选为年度科研领袖人物,并获得"韩国最高科学家"称号等诸多荣誉和巨额科研经费支持。

论文发表后,韩国一些生命伦理学家和科学家致信《科学》杂志社,指控黄禹锡在研究中违规采集女研究生卵子,并由"采卵风波"引发对黄禹锡研究造假的质疑。在同行持续质疑之下,该论文合作者之一、匹兹堡大学的夏腾博士(Gerald Schatten)要求从论文中撤出他的名字;另一个合作者卢松逸(Roh Sung-il)则称,在黄禹锡发现的11个干细胞系中,有9个容纳了伪造的数据。虽然黄禹锡对指控进行了否认,但也承认了该论文确实存在致命的错误并要求撤回论文,同时也承认用金钱购买卵子违反了伦理。随着《科学》杂志和韩国政府后续调查结果的出台,《科学》宣布撤销黄禹锡的造假论文,韩国政府也撤销其"韩国最高科学家"称号并解除其一切公职。③

---

① Barabara J. Culliton, *The Sloan-Kettering Affair: A Story Without a Hero*, Science, 1974, p.644.
② [日]山崎茂明:《科学家的不端行为——捏造·篡改·剽窃》,杨舰、程远远等译,清华大学出版社2005年版,第36~37页。
③ 参见沈铭贤:《黄禹锡事件:震惊与反思》,载《自然杂志》2006年第1期。

韩国科学界在相当长的时间内无法摆脱其后遗症,科学家担心在国际著名杂志刊登论文和接受验证的过程中,不能受到公平待遇。更严重的是黄禹锡的科研成果给其国家与民族带来的无限憧憬化为泡影后,韩国国民普遍感到失落、无助、失望和愤怒。韩国舆论认为,"黄禹锡干细胞造假事件"对韩国国内的政治、经济、社会和文化造成的恶劣影响无法估计。"黄禹锡风波"甚至还冲击了韩国证券市场,干细胞股和生物股以及新药开发股全线下跌,相关行业股也表现疲软,投资心理急剧降温。

3. 德国赫尔曼－布拉赫事件——论文篡改伪造数据行为

1997年1月,德国两位著名癌症研究人员弗里德海姆·赫尔曼和玛丽昂·布拉赫被赫尔曼实验室的一位博士后举报。两人被怀疑在德国马普分子医学中心工作期间有4篇论文造假。布拉赫承认迫于赫尔曼的压力伪造过数据,但赫尔曼否认了一切。调查小组介入后,发现他们造假的论文数量越来越多。1997年8月调查报告发布时已经发现37篇,2000年6月公布的调查结果表明,他们至少有94篇论文可能存在篡改或伪造数据的行为。赫尔曼和布拉赫最终辞去了研究机构的职位。这一事件给德国科学界敲响了警钟。1997年马克斯·普朗克科学促进学会(以下简称马普学会)通过了《关于提倡良好科学实践和处理涉嫌学术不端案件的指南》,并在2000年11月进行了修改,这一指南如今已经被绝大多数德国高校采用。①

三、论文抄袭案例

1. 为评职称大肆剽窃他人成果

2003年某学院教师沈某某在申报教授职称时,用某文集作为科研成果公示。② 该文集中"文学编"收录的13篇文章,"历史编"收录的1篇文章,与周某珠、吴某等人1982～1998年发表的14篇论文全文雷同。被举报后,沈某某仅受到学校"给予该同志通报批评,并责成本人作出深刻检查,消除不良影响"的明显畸轻处理决定。2004年5月,举报者向该学院所在市语言学会揭露了沈某某的剽窃行为,希望学会能够主持公道。2004年7月,该市语言学会常务理事会为此专门开会决定:撰写公开信,揭露沈某某的剽窃行径,维护学术健康发展,遏制造假歪风,弘扬学术正气。对于

---

① 参见张存浩:《西方学术腐败的两个案例》,载中国科学院网,https://www.cas.cn/zt/jzt/kyzt/xsydd/200209/t20020928_2664746.shtml。
② 参见杨玉圣:《开展学术批评反对学术不端维护学术尊严》,载《社会科学论坛》2005年第9期。

该市语言学会的公开批评,沈某某不但不接受,反而以举报内容严重失实侵犯其名誉权为由,将该市语言学会告到法院。该市某区人民法院在未弄清事实、未能认识到沈某某学术剽窃行为的严重性和危害性的情况下,作出了沈某某胜诉的判决。① 该市语言学会一审败诉后,引起了学术界和高教界的震惊。2005 年该市第二中级人民法院作出终审判决,认定沈某某在其出版的文集中收录的涉案 14 篇文章构成了对他人作品的剽窃,撤销一审法院判决,以沈某某败诉告终。②

目前学界还存在一种值得深思的情况,论著的原作者为达到某种目的,将多年前已独立完成并单独署名发表或出版的著述或随意给予他人,或幕后交易转让,或更名、联名再度发表,或"东窗事发"后发声知情。这种学术造假的新动向、新手段被新闻社记者概括为"友情剽窃",应引起学界关注与警觉。③

2. 国内教授抄袭国外本科生论文

2020 年 4 月 9 日,某世界著名期刊出版集团旗下的某杂志在其网站刊发声明,撤回 2015 年 12 月 15 日某大学教授发表的一篇论文,该论文第一作者为该大学某教授。在解释撤稿原因时,编辑部认为该论文大量抄袭了匈牙利某大学本科生于 2013 年完成的本科毕业论文,但论文并没有注明出处。由于证据比较充分,虽然涉事作者并不同意撤稿,但是他们依然决定对该论文做撤稿处理。

2020 年 4 月 22 日,该大学校长办公会召开专门会议,会议研究认为,该教授团队发表的论文在采用或转引国外本科生研究成果时,未注明引用出处,属于科研失信行为,并造成了不良影响。会议研究决定:该教授 3 年内不得评选先进、晋升职称职务以及申报各类科研项目;给予严重警告处分,处分期 6 个月;进行严肃批评教育,责令其尽快改正错误。④

3. 不当使用署名权发表论文

2020 年 11 月,一份长达 123 页的实名举报材料在网络热传,作者自称"原某大学某专业硕士研究生吕某",实名举报"该大学其所在学院张某某

---

① 参见马秋武:《莫名其妙的"转让" 荒唐透顶的判决》,载《社会科学论坛》2005 年第 9 期。
② 参见黄安年:《学术批评和司法诉讼的良性互动问题》,载《社会科学论坛·学术评论卷》2005 年第 9 期。
③ 参见姚国健:《案件调查:"友情剽窃"拷问学术人才晋级机制》,载北方网,http://news.enorth.com.cn/system/2006/01/21/001216955.html。
④ 来源于网易教育网 2020 年 4 月 30 日,https://www.163.com/edu/article/FBEJPBJ900297VGM.html。

教授和其女张某甲学术造假";包括实验、论文多次造假,指导学生将他人论文改写成自己的论文,利用学生研究成果为自己和女儿署名等。此事在学术圈内引起轩然大波。2020年11月19日,该大学在其官网发布情况说明称,经调查组查证,认定张某某教授学术不端行为属实,该大学已对其解聘。①

四、科研奖项申报中存在弄虚作假行为案例

2007年某大学教授李某某申报教育部科学技术进步奖,引起长期从事该项技术研究的退休老教授的注意,在查阅报奖材料后,退休老教授发现李某某的报奖材料中存在严重窃取他人成果的行为,于是多次联名举报。虽然后来学校向教育部申请撤回报奖,但对撤回原因及造假问题的真实性,学校并没有明确回应。多位老教授认为学术造假性质恶劣,必须严查才能警示师生,于是他们在网络上披露该事件,短时间内便引起重大关注。2009年5月该大学终于就这起事件成立了专门调查小组。2010年3月学校给予回应,认定李某某的申报材料部分内容不实,存在占用他人成果进行拼凑及包装的严重问题。

后来上述几位老教授又发现,2004年和2005年李某某获得的另外两个重要大奖——该大学所在省科学技术进步一等奖和国家科学技术进步二等奖,均存在造假嫌疑,疑点主要集中在获奖成果的经济效益证明上。根据相关规定,科技成果必须为所应用的企业带来一定效益。在该省科学技术进步一等奖的推荐书中,效益证明主要来自该大学所在市某公司,成果申报中显示2001年的纯效益为255万元,2003年的纯效益为1470万元;但该市工商行政管理局的公司年检报告显示,该公司2001年亏损148万元,2002年亏损307.8万元,2003年则亏损384万元。就在该项目已经停产后的2005年,李某某又以该项目获得了国家科学技术进步二等奖。

2010年3月,该大学举行专业技术职务聘任委员会和校党政联席会议,明确认定李某某存在"严重学术不端行为",并作出决定,"取消其教授职务,并解除其教师聘用合同"。2011年2月10日科技部在通告中称,经调查核实,2005年国家科学技术进步奖二等奖获奖项目某项技术的推荐材料中存在代表著作严重抄袭和经济效益数据不实等问题。根据《国家科

---

① 参见天津大学化工学院:《情况说明》,载天津大学化工学院网2020年11月19日,http://chemeng.tju.edu.cn/cn/news? type=detail&id=3473。

学技术奖励条例》(2003 年修订)第 21 条①及《国家科学技术奖励条例实施细则》第 92 条的规定,经国家科学技术奖励委员会审核同意,并经国务院批准,科技部决定撤销该项技术项目所获 2005 年国家科学技术进步奖二等奖,收回奖励证书,追回奖金。②

五、科研经费违规违法使用案例③

2014 年 7 月,原中国某院院士、某农业大学教授李某,因涉嫌将其承担的转基因项目的经费转移至自己控股的公司,被相关部门带走调查。2014 年 10 月 10 日,原中央纪委监察部官网发布中共科学技术部党组关于巡视整改情况的通报,证实李某已被依法批捕。科技部通报称,2012 年 4 月,审计署审计发现 5 所大学的 7 名教授存在弄虚作假套取国家科技重大专项资金 2500 多万元的问题,其中就有该大学教授李某等人承担的由原农业部牵头组织实施的某重大专项有关课题。④

六、同行评审造假行为案例

2017 年 4 月,因涉嫌同行评议造假,某著名学术出版集团宣布,一次性撤销旗下某杂志 2012 年至 2016 年发表的来自中国的 107 篇文章。据统计,这些论文共牵涉国内 77 家单位 524 名医生,包括国内知名高校和医疗机构,这也创下了正规学术期刊单次撤稿数量之最。该出版集团表示他们找到了确凿的证据,证明这些论文的同行评审过程被"做了手脚"。撤稿论文的同行评审人姓名真实,但是邮件地址却是假冒的。编辑以为论文发送给了真正的评审人,但是在与真正的评审人进行调查和沟通之后,确认评审人其实并没有对论文作出过评审。⑤

---

① 2024 年修订后改为第 30 条,内容修改为:获奖者剽窃、侵占他人的发现、发明或者其他科学技术成果的,或者以其他不正当手段骗取国家科学技术奖的,由国务院科学技术行政部门报党中央、国务院批准后撤销奖励,追回奖章、证书和奖金,并由所在单位或者有关部门依法给予处分。
② 来源于《齐鲁晚报》2011 年 2 月 21 日,第 4 版。
③ 参见科学技术部党组:《中共科学技术部党组关于巡视整改情况的通报》,载中央纪委国家监委网 2014 年 10 月 10 日,https://www.ccdi.gov.cn/special/zyxszt/2014dylxc/zgls_2014dyl_zyxs/201411/。
④ 参见计算机审计和内部审计指导中心:《国家审计故事系列报道之四:国家科技重大专项审计"解密" 多位"高知"涉案》,载金华市审计局网,http://sjj.jinhua.gov.cn/art/2016/3/21/art_1229159796_53982896.html。
⑤ 参见张省:《107 篇中国学者论文遭国外期刊撤稿 这锅谁背?中国科协回应》,载微信公众号"央视新闻"2017 年 4 月 23 日,https://mp.weixin.qq.com/s/zcDEhDYrKGwIMgR08kfkOQ。

撤稿事件既反映了以论文为导向的评价体系的弊端,又暴露了我国科研诚信文化建设的欠缺。2017年5月25日,在国务院新闻办公室举行的新闻发布会上,时任中国科协党组书记、常务副主席尚勇表示,这次撤稿事件严重损害了中国科技界的声誉,甚至对国家声誉也造成了不良影响。①

七、特殊主体的学术不端行为案例

1. 小学生的学术不端行为

2020年7月12日,某省某市六年级学生陈某某通过研究某项技术获得全国青少年科技创新大赛三等奖,引发争议。经核查,该获奖学生系中国著名研究院某市研究所某研究员之子。经调查该研究违反了竞赛规则中"项目研究报告必须是作者本人撰写"的规定。

事后,涉事学生父亲发声明致歉:"给大赛组委会、工作单位和家人造成了极大的伤害,造成了不好的社会影响。在此,我郑重道歉。"他承认在项目申报过程中过度参与了项目书文本材料的编撰过程。2020年7月16日,全国青少年科技创新大赛组委会发布通报:撤销该学生奖项,收回奖牌和证书。②

2. C刊主编的学术腐败行为

2017年5月16日,某省纪委发布的一则通报震动了学术圈:该省某杂志社原主编乌某某因严重违纪问题被立案审查。通报同时提到,乌某某违规经商办企业,直接参与投资多家企业;长期利用党的学术期刊阵地和职务便利,伙同他人私自大肆收取作者财物,数额巨大,涉嫌受贿犯罪。③

中国裁判文书网至2018年8月底陆续公布了涉该杂志案受贿、行贿的8份判决,经法院认定乌某某收取的论文"版面费"共近千万元。判决显示,庞大的市场需求、资源垄断引发的权力寻租,催生了一个关于"论文生意"的操作模式与完整利益链条,在该杂志发表一篇论文被收取的"版面费"最高达到5万余元。

---

① 参见中国科学技术协会:《【中国科协】国务院新闻办召开全国科技工作者日新闻发布会》,载科技部网,http://www.most.gov.cn/ztzl/qgkjcxdhzkyzn/gcls/bm/201705/t20170526_133110.html。
② 来源于全国青少年科技创新大赛网2020年7月16日,https://cyscc.org/castic/#/article/246180。
③ 来源于长沙晚报网,https://www.icswb.com/h/162/20170516/475034.html? from = singlemessage&isappinstalled = 0。

八、主管部门官方通报案例

1. 科技部通报案例

2020年9月16日,科技部通报9起论文造假等违规案件查处结果,认定某医科大学附属医院、某大学附属医院、某大学教师等7人,涉及"委托第三方代写、代投"购买论文、违反论文署名规范、套取财政科研资金的违规行为。相关责任人分别被处以终止承担国家项目、追回项目资金、停止研究生招生资格、终止或撤销相关荣誉称号、追回科研奖励资金等处罚。①

2. 国家卫健委通报案例

2022年2月22日,国家卫健委网站通报了11起医疗机构医学科研诚信案件调查处理结果,涉及某医院、某大学等7家单位,共计47人,认定其存在委托第三方代写代投论文、篡改数据、篡改图片、不当署名和编造研究过程等科研不端行为,并作出通报批评、科研诚信诫勉谈话、撤稿、取消申报科研项目人才称号和科研奖励资格、停报各类人才评优奖励项目、停招研究生资格、缓晋升高一级专业技术职称和计入科研诚信档案等处罚。②

3. 国家自然科学基金委员会通报案例

国家自然科学基金委员会近年来一直坚持对查实和处理的科研不端行为进行公开通报,收到了很好的教育警示效果。以2021年查处的科研不端行为处理决定为例,不仅查处数量多,而且揭露出来的科研不端行为种类也很多,如抄袭、剽窃、伪造数据和图表图片、代写和买卖论文、不当署名、虚构同行评议意见、擅自标注他人基金项目号、委托第三方机构修改项目申请书、篡改身份信息违规申报、项目评审过程中请托和严重违反评审专家行为规范等(见表1)。

---

① 参见科技部:《关于论文造假等违规案件查处结果的通报》,载科技部网,http://www.most.gov.cn/tztg/202009/t20200915_158751.html。
② 参见科技教育司:《部分机构医学科研诚信案件调查处理结果-科技教育司》,载中国政府网2022年2月22日,http://www.nhc.gov.cn/qjjys/ycdtxx/202202/f4460f48ce514321939ae873933dcb43.shtml。

表1 2021年国家自然科学基金委员会通报案例

主要处理人	涉案论文篇数	不端行为	学术不端具体情形	处理结果
华北某某大学孙某某	11篇	数据造假、抄袭剽窃	论文存在数据造假、抄袭剽窃、图片错用等问题。此外，孙某某还将涉事论文用于其国家自然科学基金项目进展报告、结题报告以及其他国家自然科学基金项目申请书	撤销孙某某2项国家自然科学基金项目，追回上述2个项目已拨资金，取消孙某某国家自然科学基金项目申请资格5年（2021年1月7日至2026年1月6日），给予孙某某通报批评
青岛某大学桂某某	20篇	图片造假、重复发表、署名不实、擅标他人基金项目号	论文8、9、11、19、20存在重复发表问题，论文17、19存在图片造假问题。论文8、9、11、17、19已撤稿。论文8、9、11、17、19、20第一作者桂某某对存在图片造假和重复发表问题负主要责任	取消桂某某国家自然科学基金项目申请资格5年（2021年1月7日至2026年1月6日），给予桂某某通报批评
上海某大学陈某某	5篇	虚构同行评议意见	作为涉事5篇论文中3篇论文的通讯作者和另2篇论文的实际联系人，完成了5篇论文的投稿。其在推荐审稿人的过程中提供了虚假的邮箱地址，并使用这些虚假的邮箱，向杂志社回复了10份审稿意见	撤销陈某某2项国家自然科学基金项目，追回上述2个项目已拨资金，取消陈某某国家自然科学基金项目申请资格7年（2021年1月7日至2028年1月6日），给予陈某某通报批评
青岛某大学张某某	1篇	代写代投	委托第三方公司完成了上述论文的代写和代投，并在论文中标注了其国家自然科学基金项目（批准号：81370567），还将此论文列入该项目的结题报告中	撤销张某某1项国家自然科学基金项目，追回已拨资金，取消张某某国家自然科学基金项目申请资格5年（2021年1月7日至2026年1月6日），给予张某某通报批评
某某医科大学张某某	1篇	代写代投、数据造假	论文通讯作者张某某以实验外包的形式将一些病理样本和数据交给第三方公司，要求发表一篇标注其国家自然科学基金项目（批准号：81672427）的SCI论文，该论文除由第三方代写代投外，还存在数据造假的问题	撤销张某某1项国家自然科学基金项目，追回已拨资金，取消张某某国家自然科学基金项目申请资格5年（2021年1月7日至2026年1月6日），给予张某某通报批评
某某医科大学王某某	1篇	代写代投、数据造假	王某某伪造论文数据后提供给第三方公司，由第三方公司完成论文的代写代投，并支付了2.4万元酬劳	撤销王某某1项国家自然科学基金项目，追回已拨资金，取消王某某国家自然科学基金项目申请资格5年（2021年1月7日至2026年1月6日），给予王某某通报批评

续表

主要处理人	涉案论文篇数	不端行为	学术不端具体情形	处理结果
海南某学院陈某某	1篇	抄袭剽窃、署名不实、擅标他人基金项目号	内容抄袭剽窃了他人论文,并在论文中擅署他人姓名、擅标他人国家自然科学基金项目	取消陈某某国家自然科学基金项目申请资格3年(2021年1月7日至2024年1月6日),给予陈某某通报批评
卫某某(先后就职于重庆某某学院、四川某某大学)、鲁某某(四川某某大学)	6篇	操纵同行评议、重复发表	论文1、2、3、4均因存在操纵同行评议问题被杂志社撤稿。卫某某称其未发表上述4篇论文,但领取了科研奖励并将这4篇论文列入其2015年度国家自然科学基金项目(批准号:71571128)进展报告中。此外,卫某某作为第一兼通讯作者发表的论文5、6,存在重复发表问题;鲁某某作为第一作者发表的论文1、4因操纵同行评议问题被杂志社撤稿,鲁某某称其未发表上述2篇论文,但也领取了科研奖励	撤销卫某某1项国家自然科学基金项目,追回上述2个项目已拨资金,取消卫某某国家自然科学基金项目申请资格5年(2021年1月7日至2026年1月6日),给予卫某某通报批评;决定根据《科研诚信案件调查处理规则(试行)》第2条、第33条[1]和《国家自然科学基金委员会监督委员会对科学基金资助工作中不端行为的处理办法(试行)》第9条的规定,取消鲁某某国家自然科学基金项目申请资格3年(2021年1月7日至2024年1月6日),给予鲁某某通报批评
南京某某大学葛某某	1篇	代写代投、数据造假、署名不实、擅标他人基金项目号	葛某某自费委托第三方公司代做实验、代写代投论文,该论文存在数据造假问题。此外,葛某某还擅自将他人署为作者,擅自标注他人国家自然科学基金项目号	取消葛某某国家自然科学基金项目申请资格5年(2021年4月7日至2026年4月6日),给予葛某某通报批评
山东某大学于某某	1篇	购买实验数据、代写代投、数据造假、署名不实、擅标他人基金项目号	论文第一作者于某某自费向第三方公司购买实验数据并委托其代写代投论文,该论文存在数据造假问题。此外,于某某还擅自将他人署为作者,擅自标注他人国家自然科学基金项目号	取消于某某国家自然科学基金项目申请资格5年(2021年4月7日至2026年4月6日),给予于某某通报批评
中某大学廖某某	1篇	违反科研伦理规范、代写论文、署名不实、擅标他人基金项目号	论文第一兼通讯作者廖某某在未经伦理审批的情况下收集临床样本,并自费委托第三方公司代做实验、代写论文。此外,廖某某还擅自将他人署为作者,擅自标注他人国家自然科学基金项目号	取消廖某某国家自然科学基金项目申请资格5年(2021年4月7日至2026年4月6日),给予廖某某通报批评

续表

主要处理人	涉案论文篇数	不端行为	学术不端具体情形	处理结果
新乡某学院侯某某	1篇	买卖论文、数据造假、擅标他人基金项目号	论文系第一作者侯某某通过购买所得,并擅自标注了他人国家自然科学基金项目号。该论文还存在数据造假问题	取消侯某某国家自然科学基金项目申请资格5年(2021年4月7日至2026年4月6日),给予侯某某通报批评
惠州某学院郑某某	1篇	国家自然科学基金项目申请书存在抄袭剽窃	郑某某国家自然科学基金项目(申请号:2200030342)申请书大量抄袭剽窃了他人项目结题报告中的内容	取消郑某某国家自然科学基金项目申请资格3年(2021年4月7日至2024年4月6日),给予郑某某通报批评
大连某某大学贾某某	15篇	图片复制、旋转问题并在项目申请书、进展/结题报告中提供虚假信息	论文存在图片复制、旋转等问题。贾某某作为论文7、8、9、10、11、12、14、15的通讯作者和论文1、2、3、4、5的第一作者负主要责任,同时对论文6、13的不端行为负次要责任,还将论文1、2、3、4、5、6列入其国家自然科学基金项目(批准号:81271910)申请书中,将论文2、3、4、5列入其国家自然科学基金项目(批准号:81071415)申请书中,将论文6、7、8、9、10、11、13列入其国家自然科学基金项目(批准号:81472014)申请书中,将论文6、7、8、9、10、11、13、14列入其国家自然科学基金项目(批准号:81772277)申请书中,将论文6、7、8、9、13列入其国家自然科学基金项目(批准号:81071415)进展报告中,将论文10、11、13列入其国家自然科学基金项目(批准号:81271910)进展报告中,将论文14列入其国家自然科学基金项目(批准号:81472014)进展报告中,将论文6、7、8、9、10、11列入其国家自然科学基金项目(批准号:81071415)结题报告中,将论文10、11、14列入其国家自然科学基金项目(批准号:81271910)结题报告中	撤销贾某某4项国家自然科学基金项目,追回上述4个项目已拨资金,取消贾某某国家自然科学基金项目申请资格5年(2021年7月20日至2026年7月19日),给予贾某某通报批评

续表

主要处理人	涉案论文篇数	不端行为	学术不端具体情形	处理结果
张某某（先后任职于大连某大学、大连某某大学）	5篇	图片复制、旋转问题并在项目申请书、进展/结题报告中提供虚假信息	论文存在图片复制、旋转等问题。张某某虽未直接参与论文图片处理编辑，但作为论文1、2、3、4、5的通讯作者疏于监管，负次要责任，将论文1列入其国家自然科学基金项目（批准号：30670466）申请书中，将论文2、3、4列入其国家自然科学基金项目（批准号：30670466）进展报告中，将论文4、5列入其国家自然科学基金项目（批准号：30670466）结题报告中	撤销张某某2项国家自然科学基金项目，取消张某某国家自然科学基金项目申请资格3年（2021年7月20日至2024年7月19日），给予张某某通报批评
郑州某大学乔某某	1篇	篡改图片、未经同意使用他人署名和擅自标注他人基金项目	论文存在篡改图片、未经同意使用他人署名和擅自标注他人国家自然科学基金项目的问题，第一兼通讯作者乔某某负全部责任	撤销乔某某1项国家自然科学基金项目，追回已拨资金，取消乔某某国家自然科学基金项目申请和参与申请资格3年（2021年7月20日至2024年7月19日），给予乔某某通报批评
四川某某大学刘某某	1篇	图片抄袭、重复使用、未经同意使用他人署名和擅自标注他人基金项目	论文存在图片抄袭、重复使用、未经同意使用他人署名和擅自标注他人国家自然科学基金项目的问题，共同第一兼共同通讯作者刘某某负全部责任	取消刘某某国家自然科学基金项目申请和参与申请资格3年（2021年7月20日至2024年7月19日），给予刘某某通报批评
西南某某大学喻某某	1篇	委托第三方机构修改项目申请书	喻某某在其2021年度国家自然科学基金项目（申请号：8217061523）申请过程中，委托项目参与人夏某某修改申请书，夏某某自费委托第三方修改了项目申请书。喻某某作为项目申请人，夏某某作为直接委托第三方的责任人，负同等责任	撤销喻某某1项申请的国家自然科学基金项目，取消喻某某、夏某某国家自然科学基金项目申请和参与申请资格4年（2021年7月20日至2025年7月19日），给予喻某某、夏某某通报批评

续表

主要处理人	涉案论文篇数	不端行为	学术不端具体情形	处理结果
郑州某大学王某某、范某某	—	委托他人代写项目申请书、抄袭剽窃他人项目申请书	王某某在2021年度国家自然科学基金项目（申请号：8217071062）申请过程中，全权委托项目参与人范某某撰写项目申请书，而范某某则在撰写过程中抄袭剽窃了他人申请书内容。范某某对抄袭剽窃负责，王某某对委托他人代写负责	撤销王某某1项国家自然科学基金项目申请，取消王某某国家自然科学基金项目申请和参与申请资格4年（2021年7月20日至2025年7月19日），给予王某某通报批评；根据《国家自然科学基金项目科研不端行为调查处理办法》（2020年修订）第40条的规定，取消范某某国家自然科学基金项目申请和参与申请资格3年（2021年7月20日至2024年7月19日），给予范某某通报批评
上海某某大学杨某某	—	抄袭剽窃他人项目申请书、伪造专家推荐信	杨某某在其2021年度国家自然科学基金项目（申请号：8210030300）申请书中，存在抄袭剽窃他人已获资助国家自然科学基金项目申请书内容和伪造专家推荐信的问题	撤销杨某某1项国家自然科学基金项目申请，取消杨某某国家自然科学基金项目申请和参与申请资格4年（2021年7月20日至2025年7月19日），给予杨某某通报批评
上海某某大学李某某	—	抄袭剽窃他人项目申请书	李某某在其2021年度国家自然科学基金项目（申请号：8210053367）申请书中，存在抄袭剽窃他人国家自然科学基金项目申请书内容的问题	撤销李某某1项国家自然科学基金项目申请，取消李某某国家自然科学基金项目申请和参与申请资格3年（2021年7月20日至2024年7月19日），给予李某某通报批评
四川某大学赵某某	—	严重违反评审专家行为规范	赵某某在2020年度国家自然科学基金项目通讯评审期间，向西安某某大学李某某透露其为项目评审专家，在得知李某某为同一组国家自然科学基金项目的评审专家后，多次向其索要评审意见，随后将其中4份作为自己的评审意见用于提交，严重违反了国家自然科学基金委员会关于评审专家的行为规范要求	取消赵某某项目评议、评审资格，永不聘任，给予赵某某通报批评
西安某某大学李某某	—	严重违反评审专家行为规范	评审专家李某某将其多份评审意见提供给同一组国家自然科学基金项目评审专家赵某某，严重违反了国家自然科学基金委员会关于评审专家的行为规范要求	取消李某某项目评议、评审资格5年（2021年7月20日至2026年7月19日），给予李某某通报批评

续表

主要处理人	涉案论文篇数	不端行为	学术不端具体情形	处理结果
吴某某(先后任职于南京某某大学、桂林某某大学、同某大学、南方某某大学、福某大学、重庆某某大学等高校)	—	篡改身份信息违规申报基金项目	吴某某在聘用期间通过篡改姓名和证件号码违规申报多项国家自然科学基金项目(均未获资助)	永久取消吴某某国家自然科学基金项目申请和参与申请资格,给予吴某某通报批评
北京市某某科学研究院熊某某	—	抄袭剽窃他人项目申请书	熊某某曾参与他人2019年度国家自然科学基金项目申请书撰写,但未经他人知情同意就将该申请书项目名称和主要内容用于其2021年度国家自然科学基金青年科学基金项目申请(申请号:4210071888),存在抄袭剽窃的问题	撤销熊某某1项国家自然科学基金项目申请,取消熊某某国家自然科学基金项目申请和参与申请资格3年(2021年7月20日至2024年7月19日),给予熊某某通报批评
西北某某大学谢某某	1篇	撤稿论文中存在代写代投、虚构论文作者的问题	谢某某委托第三方公司代写、代投,第三方公司在此过程中还虚构了通讯作者,谢某某对上述问题负全部责任	撤销谢某某1项国家自然科学基金项目,追回已拨资金,取消谢某某国家自然科学基金项目申请资格5年(2021年7月20日至2026年7月19日),给予谢某某通报批评
山西某某大学王某某	1篇	代写代投、抄袭剽窃、未经同意使用他人署名和擅自标注他人基金项目	第一作者王某某委托通讯作者Wang hong(查无此人)代写、代投,Wang hong又通过第三方公司完成论文代写、代投,在此过程中第三方公司还大量抄袭剽窃了他人论文内容、未经同意使用他人署名并擅自标注他人国家自然科学基金项目,王某某对上述问题负全部责任	取消王某某国家自然科学基金项目申请资格5年(2021年7月20日至2026年7月19日),给予王某某通报批评
哈尔滨某某大学孙某某	1篇	代写代投、虚构论文作者	第一作者孙某某委托其课题组合作单位人员代写、代投,该人员又通过第三方公司完成论文代写、代投并在第三方公司建议下虚构了第三作者,孙某某还将该论文列入其国家自然科学基金项目(批准号:61472096)进展报告中,孙某某对上述问题负全部责任	撤销孙某某1项已经批准的国家自然科学基金项目,追回已拨基金,取消孙某某国家自然科学基金项目申请资格5年(2021年7月20日至2026年7月19日),给予孙某某通报批评

续表

主要处理人	涉案论文篇数	不端行为	学术不端具体情形	处理结果
西南某某大学刘某某	1篇	代写代投、抄袭剽窃、未经同意使用他人署名和擅自标注他人基金项目	刘某某委托第三方公司代写、代投,在此过程中第三方公司大量抄袭剽窃了他人论文内容并编造学术术语,刘某某还未经同意使用他人署名并擅自标注他人国家自然科学基金项目,刘某某对上述问题负全部责任	取消刘某某国家自然科学基金项目申请资格5年(2021年7月20日至2026年7月19日),给予刘某某通报批评
成都某某大学舒某某	1篇	委托第三方公司代投、未经同意使用他人署名和擅自标注他人基金项目	舒某某委托第三方公司翻译、润色、代投,在此过程中其未经同意使用他人署名并擅自标注他人国家自然科学基金项目,舒某某对上述问题负全部责任	取消舒某某国家自然科学基金项目申请资格5年(2021年7月20日至2026年7月19日),给予舒某某通报批评
河南某某大学赵某某	1篇	抄袭剽窃、擅自标注他人国家自然科学基金项目	在此过程中其抄袭剽窃他人论文内容,并擅自标注他人国家自然科学基金项目,赵某某负全部责任	取消赵某某国家自然科学基金项目申请资格5年(2021年7月20日至2026年7月19日),给予赵某某通报批评
河南某某大学杨某某	1篇	抄袭剽窃	第一兼共同通讯作者杨某某和共同通讯作者任某某共同撰写发表,在此过程中大量抄袭剽窃了他人已发表论文内容,杨某某、任某某负同等责任	取消杨某某国家自然科学基金项目申请资格5年(2021年7月20日至2026年7月19日),给予杨某某通报批评
河南某某大学任某某	1篇	抄袭剽窃、擅自标注他人基金项目	共同通讯作者任某某和第一兼共同通讯作者杨某某共同撰写发表,在此过程中大量抄袭剽窃了他人已发表论文内容,任某某、杨某某须负同等责任。此外,任某某还擅自标注他人国家自然科学基金项目	取消任某某国家自然科学基金项目申请资格5年(2021年7月20日至2026年7月19日),给予任某某通报批评
中南某某大学陈某	2篇	抄袭剽窃、未经同意使用他人署名、擅自标注他人基金项目、在项目申请书中提供虚假信息	唯一作者陈某独立完成了论文1的撰写发表,在此过程中其虚构了数学公式和内容并大量抄袭剽窃了他人论文内容,还将该论文列入其国家自然科学基金项目(申请号:6207022300)申请书中;第一作者陈某独立完成了论文2的撰写发表,在此过程中其擅自将他人署名为通讯作者并擅自标注他人国家自然科学基金项目,陈某负全部责任	取消陈某国家自然科学基金项目申请资格5年(2021年7月20日至2026年7月19日),给予陈某通报批评

续表

主要处理人	涉案论文篇数	不端行为	学术不端具体情形	处理结果
张某某（先后任职于合肥某某大学、浙江某大学）	1篇	代写代投、抄袭剽窃、署名不实和基金项目标注不实	涉案论文为张某某帮助他人发表。张某某将论文题目、摘要和相关参考文献发给第三方公司，让其在此基础上拓展成1篇论文并代为投稿。该公司随后将论文投稿至张某某时任客座编辑的Multimedia Tools and Applications杂志。张某某存在委托第三方公司代写和代投论文的问题，同时需对第三方在代写过程中的抄袭剽窃行为负责；论文第一兼通讯作者的博士生导师解某某虽未被署名为该论文作者，但知道张某某协助发表论文事宜后，非但未予以制止，反而同意将与论文无关的其他三人署名为作者并授权标注其国家自然科学基金项目（批准号：11772301），造成了论文的署名虚假和项目不实标注	取消张某某国家自然科学基金项目申请资格7年（2021年1月7日至2028年1月6日），给予张某某通报批评；撤销解某某2017年度批准的国家自然科学基金项目，追回已拨资金，取消解某某国家自然科学基金项目申请资格3年（2021年1月7日至2024年1月6日），给予解某某通报批评
郑州某大学孙某某	1篇	编造实验过程、伪造研究结论、未经同意使用他人署名及在项目申请书及进展报告中提供虚假信息	论文存在编造实验研究过程、伪造实验研究结论、未经同意使用他人署名等问题，第一兼通讯作者孙某某承担全部责任；孙某某将该论文列入其国家自然科学基金项目（批准号：81702543）进展报告及其国家自然科学基金项目（批准号：82072710）申请书中，应对提供虚假信息负责	撤销孙某某2项批准的国家自然科学基金项目，追回上述2个项目已拨资金，取消孙某某国家自然科学基金项目申请和参与申请资格5年（2021年10月18日至2026年10月17日），给予孙某某通报批评
中南某大学钟某某	1篇	抄袭剽窃、未经同意使用他人署名及在项目结题报告中提供虚假信息	第一作者钟某某将其作为审稿人评审的论文拒稿后，对该论文稍加修改投稿发表，并未经同意使用他人署名，其应对抄袭剽窃和未经同意使用他人署名负全部责任。此外，钟某某还将该论文列入其国家自然科学基金项目（批准号：51405515）结题报告中，应对提供虚假信息负责	撤销钟某某1项国家自然科学基金项目，追回已拨资金，取消钟某某国家自然科学基金项目申请资格5年（2021年10月18日至2026年10月17日），给予钟某某通报批评

续表

主要处理人	涉案论文篇数	不端行为	学术不端具体情形	处理结果
长沙某某大学陈某某	1篇	抄袭剽窃	论文第一作者陈某某抄袭剽窃了其审稿的2篇中文论文,应对抄袭剽窃负主要责任。其他责任者另行处理	取消陈某某国家自然科学基金项目申请和参与申请资格5年(2021年10月18日至2026年10月17日),给予陈某某通报批评
海南某某学院罗某某	—	在基金项目评审过程中存在请托行为	罗某某向多位其猜测可能是评审专家的学者发送电子邮件,请求对其申请的2021年度国家自然科学基金项目(申请号:4216060047)给予关照,存在请托、打招呼等行为	撤销罗某某1项国家自然科学基金项目申请,取消罗某某国家自然科学基金项目申请和参与申请资格2年(2021年10月18日至2023年10月17日),给予罗某某通报批评
嘉兴某学院杨某某	—	严重违反评审专家行为规范	杨某某在担任2021年度国家自然科学基金项目评审专家期间,在其网站发布与其评审项目相关的评论信息,并引起了一定程度的舆论关注,其行为严重违反《国家自然科学基金项目评审专家行为规范》等相关规定和要求	取消杨某某国家自然科学基金项目评审专家资格5年(2021年10月18日至2026年10月17日),给予杨某某通报批评

[1] 已废止,对应《科研失信行为调查处理规则》(2022年修订)第2条、第32条。

第二章　科研诚信及其异化

一、理论界的回应

科研诚信,本来应该就是从事科学研究的人员及机构的应有禀赋和道德操守。在这种背景下,科研不端行为借助学术道德及科学共同体就能基本予以解决,社会力量乃至国家强制力的介入,就缺少了正当性和必要性。但是,当科学共同体的自律已经无法解决甚至无法有效遏制科研不端行为时,外部性力量的干预就适逢其时了。具有戏剧性的现象是,学术界特有的这种社会问题,也需要学术界自身来进行研究。

1. 国外学术界观点

就现有资料看,对科研不端行为的学术研究,最早可以追溯到1830年英国巴比奇的论文《英格兰科学的衰落及其原因的反思》。巴比奇对科研活动中的不端行为进行了类型学的探讨与分析,概括出"恶作剧"、"伪造"、"修剪(篡改)"和"烹饪(主观取舍)"4类行为,并指出其主要原因是对荣誉的追求和理论预设等。100多年后,美国社会学家罗伯特·金·默顿于1942年发表了《论科学与民主》,首次提出了现代科学精神概念及其普遍性、公有性、无私利性和有组织的怀疑主义四大规则;他还在1957年发表的《科学发现的优先权》中,对科学越轨行为进行了深刻揭示。此后,英国学者约翰·齐曼在其发表的《后学院科学:以网络和规范构造知识》和《真科学:它是什么,它指什么》中,对默顿的上述观点进行了拓展,形成了默顿学院科学的规范结构CUDOS,即公有性(communalism)、普遍性(universalism)、无私利性(disinterestedness)、独创性(originality)和怀疑主义(skepticism)。同时,伴随科研不端行为的日趋严重,不仅是科学界,社会和政府也都开始高度关注这一问题。

概括起来,国外的研究主要集中在以下几个方面。一是对科研诚信问题的研究。研究者和权威的科研机构普遍认为,科研诚信缺失是导致科研不端行为滋生的最根本原因。比如,美国科学院等机构发布的《负责任的科学卷Ⅰ:保证科研过程的诚信》《研究中的诚信与不端行为》等,就明确了科研活动中有关科研诚信的内涵、责任、策略措施等问题。德国研究联合会制定了《确保良好的科学实践备忘录》和《应对科研不端的程序》,文件明确规定了各科研主体的责任并建立了领导问责制度①,并将科研不端归纳为4种行为:造假、剽窃、学术侵权、隐瞒利益冲突②。有学者对科研不端的开放式定义进行了反思,认为开放条款将对那些做前沿研究或采用未被广泛认可的创新方法的科学家产生不利影响。③ 有学者研究认为,科研诚信与科研伦理不同,后者是指与科学研究有关的或者在研究过程中产生的道德问题,而前者则是指对于研究组织、科研机构、政府或公众制定的职业标准的遵守。有学者认为,诚信是研究和创新的核心,遵守科研诚信可以从基于价值的实现和基于规范的遵守两个视角来观察,但该学者更强调从价值实现的视角来遵守科研诚信。还有研究者对负责任研究行为教育与受教育者对其的态度之间的关系进行了实证研究等。有学者发现现实中存在大量的"灰色研究行为",如重复发表、以影响因子为导向发表、滥用研究自由度、数据不公开透明等。④ 有学者认为推测主观动机的结论不可靠,有的科学家深信期望结果而无意识地出现了违反科学规范的行为。有时被指控为抄袭的科学家,是由于未获得足够的科研经验,不恰当地引用他人成果,还有一些被举报的"科研不端",实际上是轻微的疏忽或错误。⑤

二是对科研不端行为产生的原因进行了研究。研究者主要围绕研究者个人因素、科研组织内部环境、科研活动结构性因素和社会环境等,对此问题进行了探讨。比如,有研究者认为,科学家与其他人并无本质区别,在特定情况下也会有欺诈行为;有研究者在对历史上的科研不端案件进行研究后,发现科研不端的认定受到历史背景与学科的影响,他认为只有在这种背景下的人,才能公正地判定科研不端;⑥有研究者认为,科研人员所处的工作环境可能会对其伦理取向产生潜在的不利影响;也有研究者认为,同行评议、重复试验等传统监督措施的失灵是导致科研不端行为产生的主

---

① 王飞:《德国科研不端治理体系建设的最新进展及启示》,载《中国高校科技》2017年第5期。
② 毛一名、冯永等:《德国科学基金会应对学术不端行为的措施及其启示》,载《世界科技研究与发展》2022年第2期。
③ See Price Alan R., *Research Misconduct and Its Federal Regulation: The Origin and History of the Office of Research Integrity-with Personal Views by ORI's Former Associate Director for Investigative Oversight*, Accountability in Research, 2013, p.291-319.
④ See Chambers C., *The Seven Deadly Sins of Psychology: A Manifesto for Reforming the Culture of Scientific Practice*, Princeton: Princeton University Press, 2017, p.172.
⑤ See Zwart H., *Tales of Research Misconduct: A Lacanian Diagnostics of Integrity Challenges in Science Novels*, Berlin Sprinter International Publishing, 2017, p.164.
⑥ See Guston D. H., *Changing Explanatory Frameworks in the US Government's Attempt to Define Research Misconduct*, Science and Engineering Ethics, 1999, p.137-154.

要诱因;还有研究者认为,现代科研活动如同其他行业一样,已经成为一种纯粹的知识生产活动,所面临的"不发表即死亡"的压力客观上导致了科研不端行为的发生;更有学者将视野拓展到了社会文化层面,认为社会文化中蕴含的不诚信因素,就是科研不端行为频发的重要原因之一;有学者对"学术不端行为与认知失调之间的关系"进行了深入的定性与定量研究。[1]

三是对科研不端行为的治理问题进行了研究。研究者认识到需要通过有效的政策和健全的措施来调查和惩处科研不端行为,以保证科学研究的真实性。比如,有学者对美国科研不端行为治理政策的制定过程进行了研究,探讨了政策制定中存在的主要问题;有学者研究认为,鉴于科研不端行为的危害性越来越严重,对科研不端行为的治理不能局限于传统的治理手段,而要追究刑事责任;还有学者对美国处理科研不端行为中不同层面主体的职责进行了探讨,分析了美国科研诚信办公室的作用及其未来发展,对查处科研不端行为过程中的举报人保护问题进行了论述,并开始尝试寻求借助法律制度来治理科研不端行为;有学者反对通过"经济人"假设来排除情感、道德对学术不端的影响,他认为科学家的自律与纠错机制常常被认为是科研活动顺利进行的重要保证之一;[2]有学者对互联网或网络时代的学术诚信问题进行了系统的定性与定量研究;[3]有学者比较了各国制度以后发现,从整体上看,还没有一个国家能够建立起全面预防、调查、处罚和纠正科研不端行为的治理体系;[4]有学者从政策效果方面发现,当政策目的是促进诚信,则科研不端认定门槛降低,更多行为被纳入"灰色地带",当政策以惩处为导向,则提高认定门槛,缩小定义范围;[5]美国有学者从如何完善法律法规、加强社会监督和科研诚信教育等方面进行了具体

---

[1] See Edward J. Vinski, *Academic Dishonesty and Cognitive Dissonance* (Ph. D. diss., University of New York,2007),p.38.

[2] See Stroebe W., Postmes T. & Spears R., *Scientific Misconduct and the Myth of Self-Correction in Science*, Perspectives on Psychological Science,2012,p.670 – 688.

[3] See William H. Yates, *Academic Integrity in the Internet Age* (Ph. D. diss., Nova Southeastern University,2007),p.207.

[4] See Ana, Joseph et al., *Research Misconduct in Low-and Middle-income Countries*, PLOS Medicine,2013,p.315.

[5] See Fanelli D., *The Black, the White and the Grey Areas*:*Towards an International and Interdisciplinary Definition of Scientific Misconduct*, World Scientific Publishing,2011,p.79 – 90.

探讨;①有学者研究发现德国研究联合会在组织环境、数据保存与科研评价、检举人保护三个方面的做法具有一定借鉴意义;等等。②

2. 国内学术界认识

相较而言,国内对科研不端行为的理论研究比国外要晚。就目前资料来看,1981 年邹承鲁院士等在《科学报》开展了"科学中的精神文明"大讨论,可以算是拉开了国内学术界对科研不端问题进行研究的序幕;1992 年又联合其他院士撰文《再论科学道德问题》,再次助推了学术界对该问题的深入研究。此后,国内有一批学者的相关著述问世,比如刘大椿等的《在真与善之间:科技时代的伦理问题与道德抉择》(2000)、邓正来主编的《中国学术规范化讨论文选》(2004)、杨玉圣等的《学术规范导论》(2004)、魏屹东的《科学活动中的利益冲突及其控制》(2006)、冯坚等的《科学研究的道德与规范》(2007)等,对科研伦理、学术剽窃、学术规范和科研不端行为等进行了较为深入的研究。但是,国内对科研不端行为的研究,则更多地集中在近年来的学术论文方面。

在科研不端行为的内涵方面,一般研究者通常是对国外特别是美国的定义进行介绍分析后加以演绎,或者是在经验认识的基础上对什么是科研不端行为进行归纳定义;有学者从新的视角来重新审视科研不端行为的内涵,认为应该从政府部门、科研管理机构和科学共同体三个主体的各自视角来界定其不同层面上的含义,而不能试图给科研不端行为下一个无懈可击而又使学界共同接受的定义;有学者通过对比不同政策发现,我国政策环境中使用的科研不端行为具有明确的政策定义,其核心含义指违背科研诚信的行为,但各个部门对不端行为的边沿界定存在显著不同;③有学者通过国际比较发现,科研不端行为并非仅指违反科研诚信,也包含违反科研伦理,这些学者同时指出美国的定义在国际上具有重要影响力但不具有广泛性,科研不端认定要充分考虑不同国家、地区的科技体制、科技发展状况、社会文化等特点,构建适应于本土的科研不端认定依据与程序,事实上,各国的科研不端定义也是多元的。④ 也有学者认为,认知局限和不可

---

① 参见李霞玲、陈炜、管锦绣:《科研诚信"自律"与"他律"协同建设的内在逻辑及现实路径研究》,载《科技进步与对策》2022 年第 13 期。
② 参见关巍、王飞:《中德国家科学基金会科研诚信建设的比较研究》,载《中国科学基金》2018 年第 2 期。
③ 参见王聪、和鸿鹏:《我国政策环境中的科研诚信概念研究》,载《中国科学基金》2017 年第 4 期。
④ 参见和鸿鹏、齐昆鹏、王聪:《科研不端定义的国际比较研究:表现形式与界定方式》,载《自然辩证法研究》2020 年第 5 期。

避免的系统性错误导致的诚实的错误是可以被接受的,①等等。

在科研不端行为产生的原因及其治理方面,早年国内学者是从主、客观两个方面来进行分析的。在客观方面,研究者认为主要是科研道德滑坡、社会诚信氛围不足和社会急功近利思想的影响,科研评价体系欠缺科学性与公正性,科研组织内部权威影响过大,②科研管理过程中的行政主导和功利化倾向,以及法律制度薄弱,有效的监督和处理机制缺失。在主观方面,有研究者认为,主要是科研人员对学术规范和学术道德了解不足,缺乏有效的自律,还有就是容易受到包括声誉、地位和经济利益的驱使,个人功利心理作祟等。随后也有研究者从科学共同体内部和外部两个方面对产生原因进行了较为深刻的剖析,认为科学共同体内部原因主要包括科学家个人学术道德的失范、争夺优先权的负效应、马太效应的副作用和学术评价制度不健全;科学共同体外部原因主要是功利主义的泛滥、官本位意识的影响和缺乏有力的惩罚措施;有研究者从制度方面分析了科研不端的成因;③还有研究者从经济角度分析了学术不端的成因并提出了相应对策;④有学者指出,我国各部门的政策没有对科研诚信的概念作出统一定义,不利于对科研诚信的管理。⑤ 一些法学家也对此提出看法,有学者阐述了科研不端责任承担的法理基础;⑥有学者认为频频出台的规范并未使我国科研不端乱象得到有效控制的原因有三点:一是惩戒主体的糅合,二是惩戒行为的同质化,三是惩戒责任的单一。⑦ 也有学者进一步指出,我国科研诚信政策的重心是国家层面先建设后规制,而省域层面重建设,并且政策显著凝聚于国家层次,下沉严重不足。⑧

在科研不端行为的表现形式方面,现有研究成果主要是采取列举式对科研活动的各个阶段行为进行概括,重点对伪造、篡改、剽窃行为展开多层

---

① 参见和鸿鹏、齐昆鹏、王聪:《科研不端定义的国际比较研究:表现形式与界定方式》,载《自然辩证法研究》2020年第5期。
② 参见王雅芬:《科研不端行为的界定及其防范与治理》,载《研究与发展管理》2007年第4期。
③ 参见解本远:《科研不端行为的制度成因分析》,载《首都师范大学学报(社会科学版)》2013年第3期。
④ 参见张莉莉、方玉东:《科研不端行为的治理路径——基于比较制度分析视角》,载《自然辩证法研究》2015年第4期。
⑤ 参见王聪、和鸿鹏:《我国政策环境中的科研诚信概念研究》,载《中国科学基金》2017年第4期。
⑥ 参见王少、孔燕:《科研不端责任承担研究》,载《科学学研究》2018年第8期。
⑦ 参见蒋悟真、阳雨璇:《科研不端惩戒机制:实质、困境及其逻辑构设》,载《法学论坛》2021年第6期。
⑧ 参见李霞玲、陈炜、管锦绣:《科研诚信"自律"与"他律"协同建设的内在逻辑及现实路径研究》,载《科技进步与对策》2022年第13期。

次论述,还对其他行为形式进行了研究,比如虚构和夸大科研成果、不当署名、重复发表、同行评议中的利益冲突等。有研究将署名变更、单位变更、基金项目变更和稿件内容变更归纳为信息不端变更。① 还有研究发现互联网时代隐性学术不端的问题,目前多数检测系统是根据文字重复情况进行判断,还没有实现对图形、表格、公式、引文及多语言内容的检测,因此具有隐蔽性特征的学术不端行为难以被检测系统识别。②

二、科研诚信的界定

1. 科研与诚信

从科研诚信的概念构成来看,科研诚信由科研与诚信构成。因此,对科研诚信的理解就需要从"科研"与"诚信"两方面着手。只有明确"科研"与"诚信"的内涵,才能较为准确地把握和界定科研诚信。

科研即科学研究,一般是指利用科研手段和装备,为了认识客观事物的内在本质和运动规律而进行的调查研究、实验、试制等一系列的活动,为创造发明新产品和新技术提供理论依据。科学研究的基本任务就是探索、认识未知。不同国家和地区基于其对科研的不同理解,对科研的定义也不同。我国教育部对科研的定义是:"科学研究是指为了增进知识包括关于人类文化和社会的知识以及利用这些知识去发明新的技术而进行的系统的创造性工作。"美国资源委员会对科学研究的定义是:"科学研究工作是科学领域中的检索和应用包括对已有知识的整理、统计以及对数据的搜集、编辑和分析研究工作。"虽然定义各有不同,但从中不难看出,"科研是科学领域内具有创造性的研究工作",这一点已经成为共识。

诚信即诚实守信,是日常行为的诚实和正式交流的信用的合称,主要表现为待人处事真诚、讲信誉、言必信、行必果。在一般意义上,"诚"即诚实诚恳,主要指主体真诚的内在道德品质;"信"即信用信任,主要指主体内在诚实的外化。

2. 我国关于科研诚信的理论探讨

科研诚信,简单而言就是在科研领域讲究诚实守信。科研诚信所针对的是科学研究的诚实性和客观性,是诚信在科学技术研究活动中的具体体现,一般与科研不端相对。科研诚信与科研活动密切相关,随着科学研究

---

① 参见陈志贤、黄仲一:《科技期刊论文信息不端变更的表现与防范措施》,载《编辑学报》2020年第5期。
② 参见张重毅、方梅:《科技论文隐性学术不端行为判别特征分析》,载《中国科技期刊研究》2019年第1期。

本身的不断发展以及科学研究与社会其他领域联系的日益多样化,科研诚信的内涵也在不断充实和丰富。

(1)学术界关于科研诚信的概念探讨

我国学术界试图就"科研诚信"的概念进行探讨,指出科研诚信是指科技人员在科技活动中弘扬以追求真理、实事求是、崇尚创新、开放协作为核心的科学精神,遵守相关法律法规,恪守科学道德准则,遵循科学共同体公认的行为规范。

我国学者在其各自学术领域对科研诚信的概念有不同的看法。以刘军仪和王晓辉为代表的部分学者主要从道德角度对科研诚信进行界定。他们认为:"科研诚信是主动遵守负责任研究行为要求的道德原则和职业标准,主动是指个体将道德原则和规范作为信条,而不是迫于规则制定者的压力来简单接受。科研诚信较之科研不端行为更多地关注如何事前防范不端行为的发生,而非事后调查揭发不端行为。"[1]这一观点对科研工作者的道德水平提出了很高的要求,科研工作者必须具有较强的自律能力。此观点区分了科研诚信与科研不端行为,其着眼点在于事前防范和事后调查,承认加强科研诚信建设对于防范科研不端行为的重要意义。

以唐壮和聂培琴为代表的部分学者从社会学角度给出了对科研诚信的看法:"所谓科研诚信,简而言之就是指社会主体在从事自然科学和人文社会科学研究活动中要遵循科学研究规律,拒绝科研不端行为的发生。科研诚信是诚信这一人类普遍遵守的价值规范在科研活动中的具体化,是科研主体在科研活动中必须遵守的基本价值规范。"[2]这一观点把科研活动划分为自然科学和人文社会科学研究活动,将科研工作者纳入社会学的范畴,认为诚信是人类普遍遵守的价值规范,而科研诚信就是这一价值规范在科研活动中的具体化。

以苏娜和陈士俊为代表的部分学者从博弈论角度来认识科研诚信,他们认为:"科研诚信问题在某种意义上是科研人员与政府监督部门的一种博弈。"[3]从此观点出发,科研人员与政府监督部门处于博弈双方的位置,而博弈的中心就是科研诚信。此视角把政府在科研诚信建设中发挥的作用上升到重要的位置,强调了政府在科研诚信建设中的责任。

---

[1] 刘军仪、王晓辉:《促进科研诚信:美国科研道德建设的经验》,载《外国教育研究》2010 年第 5 期。
[2] 唐壮、聂培琴:《建立并完善道德自律和法律规制互动的科研诚信体系》,载《科研管理》2008 年第 S1 期。
[3] 苏娜、陈士俊:《从博弈论视角看科研诚信缺失现象》,载《科技管理研究》2008 年第 9 期。

以曹南燕为代表的部分学者从否定的方面对科研诚信概念进行了说明。她认为，按程度和性质可以把科研诚信概念进行细分，除了剽窃、篡改和伪造等比较典型的科研不端行为外，"还有许多不负责任的研究行为虽然违背科学研究事业的基本道德原则，但又没有直接触犯被明确规定的研究行为的道德底线，它们被称为有问题的研究行为，简称QRP"①。这个观点认为科研诚信问题有严重程度之分，科研诚信概念的结构是多层次的。

综上所述，近年来我国对科研诚信概念的探讨是丰富的，研究视角是多样的。从不同的视角对科研诚信概念进行阐述有助于正确把握科研诚信的具体含义，对进一步研究科研诚信的原因、行为表现、特征无疑具有重要的意义。

(2) 对科研诚信相关概念的理论探讨

除对科研诚信的概念探讨外，对与其相关的概念进行探讨有利于进一步理解科研诚信的概念。

第一，科研诚信与科研信用、科研信誉的区别。科研诚信与科研信用、科研信誉具有相似之处。科研信用，是指"科技活动当事人遵守诺言和实践承诺的行为。它要求人们从事科技活动时，遵守科技界公认的行为准则和道德规范，表现为以诚实守信为基础的心理承诺和如期履行契约的能力"②。科研信誉，是指"从事科技活动人员或机构的职业信用，是对个人或机构在从事科技活动时遵守正式承诺、履行约定义务、遵守科技界公认行为准则的能力和表现的一种评价"③。从定义中可以看出，科研信用的主要着眼点在于承诺以及如期履行契约的能力，强调的是行为的过程；科研信誉是指职业信用，侧重于履行约定后的评价，一般存在于事后。以此观之，科研诚信的概念包含了科研信用与科研信誉的内容，科研诚信的外延更广，内涵较之这两者也更加深刻。

第二，科研诚信与学术诚信。学者窦靖伟认为"学术诚信是指科研人员在科学研究和学术活动中应当遵守诚实信用原则，并保证科研过程及结果真实、有效"④。由此可见，学术诚信与科研诚信在概念上并无多大差

---

① 曹南燕：《QRP——科学研究中的灰色领域——小恶不止，大祸立至》，载《河池学院学报》2007年第3期。
② 张明龙：《科技信用制度建设的纵向考察》，载《科技管理研究》2005年第12期。
③ 吴勇、朱卫东：《基金项目负责人科研失信行为的制度分析》，载《科学学研究》2007年第12期。
④ 窦靖伟：《论学术不端行为的法律规制》，载《河南财经政法大学学报》2012年第3期。

异,亦无本质区别,在诸多场合二者可以互相混同。本书出于统一的考虑,坚持"科研诚信"这种说法。

第三,科研诚信与民法范畴内诚实信用原则的关系。科研诚信与民法范畴内诚实信用原则均强调诚信,二者既是道德原则,又是法律原则,那么这两者之间的关系究竟如何?为此,必须明确诚实信用原则的含义,"诚实信用原则是指民事主体在民事活动中要诚实,守信用,善意地行使权利和履行义务……它既要求民事主体在民事活动中讲诚实,进行正当竞争,反对欺诈和一切不正当的竞争;也要求民事主体要守信用,严格按照法律规定和约定履行义务,实现自己的承诺;还要求民事主体按照权利的目的善意行使权利,不得滥用权利,不得以损害他人和社会利益为代价而换取私利"①。从诚实信用原则的含义可以看出,科研诚信与民法范畴内诚实信用原则在基本精神上是一致的。换言之,从事科研的人员在民法调整的领域内,应当遵循诚实信用原则。以《民法典》合同编中的技术开发合同为例,《民法典》属于民事性法律,技术开发合同的当事人自然应当遵循诚实信用原则,但如果技术开发合同约定的技术开发同时也是科研活动,那么该技术开发合同的当事人也应当遵循科研诚信原则,按科研诚信的行为准则履行合同。若在该合同履行过程中当事人存在不诚实的行为,这不仅违背诚实信用原则,同时该行为亦是科研不端行为。但民法范畴内诚实信用原则仅适用于平等主体之间,也就是民事领域,而科研诚信还包含行政关系上的诚实信用,不仅如此,违反科研诚信甚至可能涉嫌刑事领域的欺诈,需要承担刑事责任,比如《科学技术进步法》第 115 条规定:"违反本法规定的行为,本法未作行政处罚规定,其他有关法律、行政法规有规定的,依照其规定;造成财产损失或者其他损害的,依法承担民事责任;构成违反治安管理行为的,依法给予治安管理处罚;构成犯罪的,依法追究刑事责任。"应该说,科研诚信的外延相较于民法范畴内诚实信用原则要宽泛得多,科研诚信不仅适用于民事领域,也适用于行政领域和刑事领域。

3. 科研诚信的相关规范

用以规制科研诚信的规范业已存在不少。从法律效力等级上来看,《民法典》《刑法》等是我国的基本法律,《著作权法》《科学技术进步法》《高等教育法》《教师法》等是一般性法律,《国家科技计划实施中科研不端行为处理办法(试行)》属于部门规章,《国家自然科学基金委员会监督委员会对科学基金资助工作中不端行为的处理办法(试行)》《教育部关于严

---

① 郭明瑞、房绍坤主编:《民法》(第 3 版),高等教育出版社 2010 年版,第 13 页。

肃处理高等学校学术不端行为的通知》《关于加强学术道德建设的若干意见》《高等学校哲学社会科学研究学术规范(试行)》等应属于部门规范性文件。可以说,目前用以规制科研诚信的各项规范已经具有多层次的特点,但不可忽视的是,这些规范内容不一,无法形成一个完整的规范体系,相互之间缺乏有效衔接。从性质上来看,《民法典》和《著作权法》无疑应属于民事法律,《刑法》是刑事法律,其他各文件普遍包含民事、刑事、行政甚至党纪等性质的规范性内容。在实践中,科研诚信问题的表现形式多样,但归结起来,所有问题均可用民事、刑事、行政规范予以解决,因此,用以规制科研诚信的规范应以此三类规范为主。不可否认的是,党纪处理也是一种规制手段,且目前使用比较普遍,但本书着眼于对科研不端行为法律治理的探讨,故对党纪处理问题不作专门展开。

4. 国外关于科研诚信的界定

现有研究结果表明,国际上对科研诚信问题的研究开始于早期科学社会学的默顿学派。默顿学派将科学活动中可能存在背离诚信科研活动准则的研究行为称为"欺骗行为"。[①] "在科学的编年史中,欺骗行为实际上是很罕见的,这与其他活动领域的记载相比似乎是个例外,这种情况有时被归因于科学家的个人品质。言外之意,科学家是从那些具有不寻常的完美道德的人中招募的。然而事实上,没有令人满意的证据来证明情况就是如此;从科学自身的某些与众不同的特性中却可以找到一个更为合理的解释。科学研究包括其成果的可证实性,实际上都要受到同行专家的严格审查……对无私利性的要求在科学的公众性和可检验性中有坚实的基础,可以说,这种环境有助于科学家的正直。"[②]

但是,默顿的研究结果与科研活动的实际运行情况并不符合。而真正科学社会学意义上的有关科研诚信问题的研究,则始于20世纪80年代左右。1988年,美国政府发布《联邦登记手册》,第一次对科研不端行为作出正式界定。《联邦登记手册》规定:所谓"科研不端行为",是指那些"编造、伪造、剽窃或其他在申请课题、实施研究、报告结果中违背科学共同体惯例的行为,也即那些科学活动中违背诚实原则的违规行为"。

归纳起来,国外学者对科研诚信的探讨主要涉及三个方面:第一,对科研诚信基本理论的研究,如科研诚信的内涵、科学精神、科研人员的责任与伦理道德等;第二,对背离科研诚信的行为进行了研究,即对科研不端行为

---

① 参见默顿:《科学的规范结构》,林聚任译,载《哲学译丛》2000年第3期。
② [美]R. K. 默顿:《科学社会学——理论与经验研究》,鲁旭东、林聚任译,商务印书馆2003年版,第373页。

的界定,科学共同体运行机制弊端的剖析以及伪造、剽窃他人成果的科研不端行为的表现和成因等进行了探讨;第三,根据本国国情,对实现科研诚信的具体措施进行了研究,探讨如何在科研规范教育、完善法律法规、加强社会监督等层面上预防、惩治科研不端行为。①

5. 国内对科研诚信行为的界定

我国的法律位阶自上而下分别表现为宪法、法律、行政法规、地方性法规和行政规章等效力层级。就当前而言,我国在科研诚信建设方面虽有相关规定,但并无统一的立法,而是分散在各种法律、法规、部门规章及规范性文件之中。

第一,《科学技术进步法》相关规定。2022年1月1日起实施的新修订的《科学技术进步法》可以看作我国在科学技术领域的基本法,其中第5条规定,"国家统筹发展和安全,提高科技安全治理能力,健全预防和化解科技安全风险的制度机制,加强科学技术研究、开发与应用活动的安全管理,支持国家安全领域科技创新,增强科技创新支撑国家安全的能力和水平"。第8条规定,"国家保障开展科学技术研究开发的自由,鼓励科学探索和技术创新,保护科学技术人员自由探索等合法权益。科学技术研究开发机构、高等学校、企业事业单位和公民有权自主选择课题,探索未知科学领域,从事基础研究、前沿技术研究和社会公益性技术研究"。第9条规定,"学校及其他教育机构应当坚持理论联系实际,注重培养受教育者的独立思考能力、实践能力、创新能力和批判性思维,以及追求真理、崇尚创新、实事求是的科学精神。国家发挥高等学校在科学技术研究中的重要作用,鼓励高等学校开展科学研究、技术开发和社会服务,培养具有社会责任感、创新精神和实践能力的高级专门人才"。第11条规定,"国家营造有利于科技创新的社会环境,鼓励机关、群团组织、企业事业单位、社会组织和公民参与和支持科学技术进步活动。全社会都应当尊重劳动、尊重知识、尊重人才、尊重创造,形成崇尚科学的风尚"。第13条规定,"国家制定和实施知识产权战略,建立和完善知识产权制度,营造尊重知识产权的社会环境,保护知识产权,激励自主创新。企业事业单位、社会组织和科学技术人员应当增强知识产权意识,增强自主创新能力,提高创造、运用、保护、管理和服务知识产权的能力,提高知识产权质量"。第14条规定,"国家建立和完善有利于创新的科学技术评价制度。科学技术评价应当坚持公开、公平、公正的原则,以科技创新质量、贡献、绩效为导向,根据不同科学技术活

---

① 参见刘辉:《科研诚信问题研究》,吉林大学2011年博士学位论文,第6页。

动的特点,实行分类评价"。第 67 条规定,"科学技术人员应当大力弘扬爱国、创新、求实、奉献、协同、育人的科学家精神,坚守工匠精神,在各类科学技术活动中遵守学术和伦理规范,恪守职业道德,诚实守信;不得在科学技术活动中弄虚作假,不得参加、支持迷信活动"。第 103 条规定,"国家建立科技伦理委员会,完善科技伦理制度规范,加强科技伦理教育和研究,健全审查、评估、监管体系。科学技术研究开发机构、高等学校、企业事业单位等应当履行科技伦理管理主体责任,按照国家有关规定建立健全科技伦理审查机制,对科学技术活动开展科技伦理审查"。第 104 条规定,"国家加强科研诚信建设,建立科学技术项目诚信档案及科研诚信管理信息系统,坚持预防与惩治并举、自律与监督并重,完善对失信行为的预防、调查、处理机制。县级以上地方人民政府和相关行业主管部门采取各种措施加强科研诚信建设,企业事业单位和社会组织应当履行科研诚信管理的主体责任。任何组织和个人不得虚构、伪造科研成果,不得发布、传播虚假科研成果,不得从事学术论文及其实验研究数据、科学技术计划项目申报验收材料等的买卖、代写、代投服务"。第 112 条规定,"违反本法规定,进行危害国家安全、损害社会公共利益、危害人体健康、违背科研诚信和科技伦理的科学技术研究开发和应用活动的,由科学技术人员所在单位或者有关主管部门责令改正;获得用于科学技术进步的财政性资金或者有违法所得的,由有关主管部门终止或者撤销相关科学技术活动,追回财政性资金,没收违法所得;情节严重的,由有关主管部门向社会公布其违法行为,依法给予行政处罚和处分,禁止一定期限内承担或者参与财政性资金支持的科学技术活动、申请相关科学技术活动行政许可;对直接负责的主管人员和其他直接责任人员依法给予行政处罚和处分。违反本法规定,虚构、伪造科研成果,发布、传播虚假科研成果,或者从事学术论文及其实验研究数据、科学技术计划项目申报验收材料等的买卖、代写、代投服务的,由有关主管部门给予警告或者通报批评,处以罚款;有违法所得的,没收违法所得;情节严重的,吊销许可证件"。第 113 条规定,"违反本法规定,从事科学技术活动违反科学技术活动管理规范的,由有关主管部门责令限期改正,并可以追回有关财政性资金,给予警告或者通报批评,暂停拨款、终止或者撤销相关财政性资金支持的科学技术活动;情节严重的,禁止一定期限内承担或者参与财政性资金支持的科学技术活动,取消一定期限内财政性资金支持的科学技术活动管理资格;对直接负责的主管人员和其他直接责任人员依法给予处分"。第 114 条规定,"违反本法规定,骗取国家科学技术奖励的,由主管部门依法撤销奖励,追回奖章、证书和奖金等,并依法给予处分。违反本法规定，提名单位或者个人提供虚假数据、材料，协助他人骗取国家科学技术奖励的，由主管部门给予通报批评；情节严重的，暂停或者取消其提名资格，并依法给予处分"。如此，多项条款直接涉及科研诚信建设和对科研不端行为的规制。《科学技术进步法》通过上述条款规定了科技人员要遵守科研诚信，尊重知识产权，不得弄虚作假；相关科研活动要设立监管、监督机制，国家要建立和完善有利于自主创新的科学技术评价机制；首次明确了要建立"科学技术项目诚信档案"制度；并且规定了对科研不端行为的惩处与法律责任等科研诚信建设相关内容，《科学技术进步法》的修订是我国科研诚信建设立法迈出的重要一步。

第二，《著作权法》及其实施条例相关规定。2020年修正的《著作权法》第3条、第10条、第24条、第25条等明确了受著作权保护的作品类型、著作权的权利内容、合理使用的范围、作品使用时保护著作权之要求。第52条规定："有下列侵权行为的，应当根据情况，承担停止侵害、消除影响、赔礼道歉、赔偿损失等民事责任：（一）未经著作权人许可，发表其作品的；（二）未经合作作者许可，将与他人合作创作的作品当作自己单独创作的作品发表的；（三）没有参加创作，为谋取个人名利，在他人作品上署名的；（四）歪曲、篡改他人作品的；（五）剽窃他人作品的；（六）未经著作权人许可，以展览、摄制视听作品的方法使用作品，或者以改编、翻译、注释等方式使用作品的，本法另有规定的除外；（七）使用他人作品，应当支付报酬而未支付的；（八）未经视听作品、计算机软件、录音录像制品的著作权人、表演者或者录音录像制作者许可，出租其作品或者录音录像制品的原件或者复制件的，本法另有规定的除外；（九）未经出版者许可，使用其出版的图书、期刊的版式设计的；（十）未经表演者许可，从现场直播或者公开传送其现场表演，或者录制其表演的；（十一）其他侵犯著作权以及与著作权有关的权利的行为。"第53条规定，"有下列侵权行为的，应当根据情况，承担本法第五十二条规定的民事责任；侵权行为同时损害公共利益的，由主管著作权的部门责令停止侵权行为，予以警告，没收违法所得，没收、无害化销毁处理侵权复制品以及主要用于制作侵权复制品的材料、工具、设备等，违法经营额五万元以上的，可以并处违法经营额一倍以上五倍以下的罚款；没有违法经营额、违法经营额难以计算或者不足五万元的，可以并处二十五万元以下的罚款；构成犯罪的，依法追究刑事责任：（一）未经著作权人许可，复制、发行、表演、放映、广播、汇编、通过信息网络向公众传播其作品的，本法另有规定的除外；（二）出版他人享有专有出版权的图书的；（三）未经表演者许可，复制、发行录有其表演的录音录像制品，或者通过信息网络向公众传播其表演的,本法另有规定的除外;(四)未经录音录像制作者许可,复制、发行、通过信息网络向公众传播其制作的录音录像制品的,本法另有规定的除外;(五)未经许可,播放、复制或者通过信息网络向公众传播广播、电视的,本法另有规定的除外;(六)未经著作权人或者与著作权有关的权利人许可,故意避开或者破坏技术措施的,故意制造、进口或者向他人提供主要用于避开、破坏技术措施的装置或者部件的,或者故意为他人避开或者破坏技术措施提供技术服务的,法律、行政法规另有规定的除外;(七)未经著作权人或者与著作权有关的权利人许可,故意删除或者改变作品、版式设计、表演、录音录像制品或者广播、电视上的权利管理信息的,知道或者应当知道作品、版式设计、表演、录音录像制品或者广播、电视上的权利管理信息未经许可被删除或者改变,仍然向公众提供的,法律、行政法规另有规定的除外;(八)制作、出售假冒他人署名的作品的"。《著作权法实施条例》对上述规定作了细化,使其更具有可操作性。

第三,《科学技术普及法》相关规定。2002年公布的《科学技术普及法》(已修改)第8条规定科普工作应当坚持科学精神,反对和抵制伪科学。这是科研诚信建设在科普工作与国民科技素养提高事业中的体现,有助于弘扬科研诚信精神,营造全社会诚信的科学风气。

第四,《国家知识产权战略纲要》相关规定。2008年国务院发布的《国家知识产权战略纲要》作为一项国务院规范性文件,关涉新时期知识产权事业发展的全局。它从国家战略的高度出发,第3条第5款第15项规定"加强知识产权宣传,提高全社会知识产权意识。广泛开展知识产权普及型教育。在精神文明创建活动和国家普法教育中增加有关知识产权的内容。在全社会弘扬以创新为荣、剽窃为耻,以诚实守信为荣、假冒欺骗为耻的道德观念,形成尊重知识、崇尚创新、诚信守法的知识产权文化"。《国家知识产权战略纲要》将科研诚信建设的要求,蕴含于建设知识产权文化之中。

第五,《高等教育法》《教师法》相关规定。自2018年12月29日起修正的《高等教育法》和2009年修正的《教师法》并未有关于科研诚信建设的直接规定。但《高等教育法》第42条规定,"高等学校设立学术委员会,履行下列职责:(一)审议学科建设、专业设置,教学、科学研究计划方案;(二)评定教学、科学研究成果;(三)调查、处理学术纠纷;(四)调查、认定学术不端行为;(五)按照章程审议、决定有关学术发展、学术评价、学术规范的其他事项"。《教师法》第7条、第8条等规定教师权利、义务,涉及科研学术自由、鼓励创新以及对学生诚信的科学精神教育等内容,如

"从事科学研究、学术交流,参加专业的学术团体,在学术活动中充分发表意见"。

第六,《国家科技计划实施中科研不端行为处理办法(试行)》相关规定。2006年11月科技部发布《国家科技计划实施中科研不端行为处理办法(试行)》,这是我国政府部门出台的针对科研不端行为的专门部门规章。《国家科技计划实施中科研不端行为处理办法(试行)》规定了适用范围,并且明确了国家科技计划实施中科研不端行为的类型、调查处理机构、调查处理原则、处罚措施、处理程序以及申诉和复查等内容。如第11条规定:"项目承担单位应当根据其权限和科研不端行为的情节轻重,对科研不端行为人做出如下处罚:(一)警告;(二)通报批评;(三)责令其接受项目承担单位的定期审查;(四)禁止其一定期限内参与项目承担单位承担或组织的科研活动;(五)记过;(六)降职;(七)解职;(八)解聘、辞退或开除等。"第20条规定:"调查机构应当成立专家组进行调查。专家组包括相关领域的技术专家、法律专家、道德伦理专家。项目承担单位为调查机构的,可由其科研诚信管理机构进行调查。专家组成员或调查人员与举报人、被举报人有利害关系的,应当回避。"

第七,《国家科学技术奖励条例》相关规定。《国家科学技术奖励条例》于2024年进行了最新修订,在科学技术奖励机制层面对科研诚信建设作出激励与约束规定。尤其是第30条规定:"获奖者剽窃、侵占他人的发现、发明或者其他科学技术成果的,或者以其他不正当手段骗取国家科学技术奖的,由国务院科学技术行政部门报党中央、国务院批准后撤销奖励,追回奖章、证书和奖金,并由所在单位或者有关部门依法给予处分。"第31条规定:"提名专家、学者、组织机构提供虚假数据、材料,协助他人骗取国家科学技术奖的,由国务院科学技术行政部门给予通报批评;情节严重的,暂停或者取消其提名资格,并由所在单位或者有关部门依法给予处分。"第33条规定:"对违反本条例规定,有科研诚信严重失信行为的个人、组织,记入科研诚信严重失信行为数据库,并共享至全国信用信息共享平台,按照国家有关规定实施联合惩戒。"①

第八,《教育部关于进一步规范高校科研行为的意见》对如何进一步规范高校科研行为作出了总体要求,并列举了高校科研行为规范的具体内容,要求建立健全高校科研行为管理机制,最后要求依法惩处高校科研违

---

① 焦洪涛、肖新林:《科研诚信建设的立法思考》,载《中国高校科技与产业化》2010年第8期。

法违纪行为,如第 17 条规定:"高校要建立健全科研人员考核评价体系,建立科研诚信档案制度,及时准确记录科研人员从业行为,将廉洁从业情况纳入对科研人员考核的重要内容,考核结果作为对教学科研人员专业技术职务评聘、奖惩的重要依据。"第 18 条规定:"高校要完善学术不端行为的查处机制,严肃查处科研活动中的违规违纪违法行为。对于违反科研行为规范的,视情节轻重,给予约谈警示、通报批评、暂停项目执行和项目拨款、责令整改、终止项目执行和项目拨款直至限制项目申报资格等处理。构成违纪的,依据《事业单位工作人员处分暂行规定》、《财政违法行为处罚处分条例》,视情节轻重给予警告、记过、降低岗位等级或撤职、开除等处分。涉嫌犯罪的,移送司法机关依法追究其刑事责任。"第 19 条规定:"高校各级领导特别是主要负责人,要切实履行对科研人员的服务和科研活动的监管职责,加强服务保障、教育引导、监督管理,确保科研工作健康发展。因未能正确履行监管责任,发生科研人员重大违法违纪问题被依法判处刑罚的,参照《关于实行党政领导干部问责的暂行规定》,追究责任单位和有关领导、管理人员的责任。"

除了上述法律、法规和其他规范性文件外,为了建立科研诚信保障体系,我国先后制定和颁布了多部法律和部门规章,其中 2009 年颁布的《教育部关于严肃处理高等学校学术不端行为的通知》,明确地对科研不端行为进行了界定和分类,并且为各高校和科研机构查处和惩治科研不端行为提供了指导意见。此外,教育部还颁布了《关于加强学术道德建设的若干意见》《高等学校哲学社会科学研究学术规范(试行)》《教育部关于进一步加强和改进师德建设的意见》,科技部等部门制定了《关于加强我国科研诚信建设的意见》等规范。

目前,理论界与实务界对科研诚信内涵的探讨依然存在分歧。比如,科研诚信究竟是否仅属于道德范畴。不少学者与部分官方机构认为科研诚信仅是道德概念,在责任上仅需承担道德责任。笔者认为,科研诚信已经超出了道德范畴。毫无疑问,诚信是一个道德概念,在科研领域也应该遵守诚信的道德原则,就这个意义而言,科研诚信确实是一个道德概念。当科研领域中某些行为的性质极其严重时,就会超越道德的边界,正如同法律与道德的关系——法律缘起于道德,法律是最低限度的道德,道德中的某些行为会逐步被纳入法律调整范围,例如,民众之间的普通谩骂只是一个关乎素质的道德问题,但如果涉及对方隐私的谩骂和语言攻击,则需要由法律来进行调整;科研诚信也存在类似问题。因此,科研诚信是道德概念,但又不仅是道德概念,还是法律概念。又如,就过程而言,科研诚信是否仅限于对科研成果的研究阶段,也是个见仁见智的问题。笔者认为,科研诚信贯穿于科学研究过程的始终,并不局限于某个阶段。仅以课题研究来说,对课题项目的直接研究固然是重中之重,但课题的申报以及结题阶段同样可能发生危害性极大的科研诚信问题,例如申报阶段,这是课题开始阶段,若在此阶段出现诚信问题,则后续的诚信研究不可想象,尤其是对科研经费的审批,一旦出现问题,就会浪费宝贵的科研资源,所造成后果甚为严重。因此,对科学研究的各个阶段均须严格把关。

三、科研诚信的失范

1. 社会失范

社会失范概念,最初由法国社会学家杜克凯姆(Emile Durkheim)使用,他用此概念来描述当社会规范不力、彼此矛盾或规范缺失时,在个人与社会中出现的混乱状态。在一个高度失范的社会中,由于社会成员没有共同的生活目标与价值标准,缺少行为的指南与约束,因而,这个社会有解体的危险。[①] 杜克凯姆认为,个人的行为必须由社会规范控制,社会规范应当是一个完整的、没有冲突的体系,当社会存在规范不明确、抵触时,就会出现社会失范,在社会失范的情况下,个人不具备自我实现与获得幸福的条件。[②] 后来,美国社会学家默顿又在杜克凯姆的基础上进一步认为,社会失范是指这样一种社会状态:社会追求的目标同决定达到这些目标的规范不一致,即当社会规定的目标与用以达到这种目标的手段不一致时,社会就会出现失范。[③]

在日常生活中,一个人事实上能(该)做些什么,不能(该)做些什么,拥有什么权利,承担什么责任,做了某事、作出了某种行为就会得到什么或失去什么,这都是由他生活于其中的那个制度体系先在地规定了的。在大众层面上说来,一个人事实上只能享受这个制度体系规定、赋予的权利,一个人事实上必须履行这个制度体系规定、课予的义务。也正是由于这个原因,制度本身不仅是一个社会状态的整合机制,同时事实上还是一个社会的行为引导机制。

自改革开放以来,我国经济飞速发展,传统社会的价值体系在这一社会变革过程中发生裂变,从而引发了现代性社会风气的兴起与多元价值观

---

① 参见[美]伊恩·罗伯逊:《社会学》(上),黄育馥译,商务印书馆 1990 年版,第 246~247 页。
② 参见杜金亮、孙红霞:《中国现实人格的失范》,载《东岳论丛》2003 年第 3 期。
③ 参见[英]G. 邓肯·米切尔主编:《新社会学词典》,蔡振扬等译,上海译文出版社 1987 年版,第 12 页。

的初显,这导致我国的社会风气整体上处在一种价值选择多元化、道德规范无序化的态势。在以往道德建设中,我们在很长一段时间内忽视了历史尺度的重要作用,人为地抬高了道德尺度的影响,将现实生活中人的多元复杂关系,诸如人本身的价值关系、人与人之间的物质利益关系抽象理解为干瘪的道德符号。因此,我们不能简单地说整个社会风气发展的状况是以滑坡为主导,抑或以爬坡为主导的。① 中国目前社会风气的发展状况正处于十字路口,如果精神文明与文化建设发展协调,社会风气的爬坡倾向则会逐渐在整个社会道德发展中占据主导地位;否则,将会导致滑坡现象占据主导地位,诱发整个社会发展的曲折与反复。虽然整体的科学素养是爬坡向上的,但是不可否认的是其中也存在相当一部分的滑坡现象。改革开放后,经济的高速发展和社会发展水平存在一定的割裂,以经济建设为中心在一定程度上诱发了部分人以物质为中心的价值取向,这种社会价值取向的改变,客观上也影响科研诚信领域。例如,一项针对科研人员对科研不端行为宽容度的调查显示,62%的受访者都认为科研不端是"可以原谅的"或者"值得理解的"②。这种以物质为中心的思想,与当前的社会风气有着密切的联系。

科研诚信属于社会诚信的一部分,受整个社会的影响,科研诚信的状况不能脱离于整个社会诚信而存在。社会风气与科研诚信的关系犹如水与鱼一样,良好的环境能让科研诚信得到良好的培养,恶劣的环境会使科研诚信受到极为负面的影响。特别是在当前的学术体系下,科研人员通常是在硕士研究生阶段才开始进行系统的科学研究,在此之前其品德、性格、人生观、价值观受到家庭、学校、朋友等多方面的社会因素影响,也许可以说,社会在一定程度上影响甚至决定着科研诚信的根基。在很长的一段时间里,许多事物的好与坏通常都是从其带来的经济利益高低来判断的,这种社会风气带来的结果,便是有些科研人员在科研活动中往往也以利益为导向。因为科研人员在社会中并不是孤立且封闭的存在,社会风气的浸染和社会交往活动会影响科研人员的心理乃至行为,特别是在互联网高度发达的现代社会,社会风气的急功近利,往往是滋生科研不端行为的重要因素。

---

① 参见李耀萍:《关于改革开放以来的社会风气问题》,载《延安大学学报(社会科学版)》1999年第1期。
② 赵延东:《博士毕业生对学术不端行为的态度及成因分析》,载《中国软科学》2008年第5期。

2. 科研诚信的失范

科研诚信与科研不端是相对应的两个概念,科研不端行为是科研领域存在的不诚信行为,处于科研诚信的对立面;研究科研不端行为对于深入理解科研诚信的内涵具有重要的作用。有学者综合各国学术界对科研不端行为的定义,将科研不端行为定义为:在科学研究计划、经费申请、研究行为、研究评审和研究报告等学术和研究活动过程中伪造、篡改、剽窃,严重背离学术界普遍接受的学术规范、公认道德以及滥用和骗取学术科研资源、严重背离社会公德或社会规则的行为。[①] 但是,科研不端行为不应该包括学术科研活动中诚实性过错和不同意见争鸣的行为。2007年发布的《中国科学院关于加强科研行为规范建设的意见》将"科学不端行为"界定为:研究和学术领域内的各种编造、作假、剽窃和其他违背科学共同体公认道德的行为;滥用和骗取科研资源等科研活动过程中违背社会道德的行为。

关于科研不端行为的概念,我国学界多有争议,当前尚未达成统一的意见。教育界倾向于用"学术失范行为"和"学术违范行为"这两种说法,二者都是指"学者违背学术规范所犯下的技术性过失,例如行文失范、引注失范、演讲失范、会议失范、批评失范、论文发表失范等"[②];科研界则倾向于使用"学术不端行为"和"科研不端行为"的表达,这两种说法其实是对同一概念的不同表达;而媒体多使用"学术腐败"的表达。[③]

3. 国外的界定及规制办法

(1) 国外关于科研不端行为的界定

1989年美国公共卫生服务局把科研不端行为定义为:"在计划、完成或报告科研项目时伪造、弄虚作假、剽窃或其他严重背离科学界常规的做法,它不包括诚实的错误或者在资料解释或判断上的诚实的分歧。" 1995年美国科研道德建设办公室组建的科研道德建设委员会给出的界定是:"科研不端行为是盗取他人的知识产权或成果、故意阻碍科研进展或者不顾有损科研记录或危及科研诚信的风险等严重的不轨行为。这种行为在计划、完成或报告科研项目,或评审他人的科研计划和报告时,是不道德的

[①] 参见董兴佩:《学术不端行为惩戒立法论纲》,载《山东科技大学学报(社会科学版)》2007年第5期。
[②] 杨文硕:《高校学术不端现象的社会成因和多元治理》,载《廉政文化研究》2010年第3期。
[③] 参见刘军仪、王晓辉:《促进科研诚信:美国科研道德建设的经验》,载《外国教育研究》2010年第5期。

和不能容忍的。"①2000年11月6日,美国联邦政府将"科研不端行为"定义为:在申报、开展或评审科研项目或者提交科研成果报告过程中出现的捏造、篡改或剽窃行为。它不包括诚实的错误或者在资料解释和判断上出现的分歧意见。其中,捏造是指伪造资料或科研结果,并将其记录或写入研究报告;篡改是指对研究材料、设备或研究过程作假,更改或者省略研究数据或研究结果,使研究记录没有如实准确地反映研究工作;剽窃是指窃取他人的观点、研究过程、研究结果或文字而未给予注释。② 从美国关于科研不端行为的界定来看,美国主要将注意力集中于捏造、篡改和剽窃等科研不端行为。由此可见,美国的这种界定还是较为狭义的。

德国马普学会于1997年通过、2000年修订的《关于处理涉嫌学术不端行为的规定》中列出了"被视为学术不端行为方式的目录",指出:"如果在重大的科研领域内有意或因大意作出了错误的陈述、损害了他人的著作权或者以其他某种方式妨碍他人研究活动,即可认定为学术不端。"根据这个定义,行为人因主观上的过错而造成的错误的陈述或侵犯他人权利、研究活动的行为均可被认定为科研不端行为,由此观之,科研不端行为的责任人须承担无过错责任。

澳大利亚国家健康与药品研究所和校长委员会1997年5月联合发表的《关于科研行为的联合声明和规范》对不正当的科研行为也进行了定义:"指虚构、伪造、剽窃或其他有关的行为。这些行为从根本上偏离了科学界公认的科研项目的申请、实施和发表的准则。"从这个界定可以看出,澳大利亚对科研不端行为的界定与美国类似,其注意力聚焦于虚构、伪造、剽窃或其他有关的行为。

(2)国外关于科研不端行为的规制办法

治理科研不端行为是一项世界性难题,各国均依据自身国情进行尝试。在这个过程中,发达国家的一些经验也许值得我们参考。"作为科研不端行为最早出现的国家,美国率先进行了制定国家层面的科研不端行为法规的尝试。1985年,美国国会制定通过了《公共卫生拓展法案》,对于科研不端行为的临时定义、机构的职责以及案例的披露等做了明确的规定。随后,美国公共卫生部和国家科学基金会等部门分别制定了科研不端行为处理的政策措施。为加强科研不端行为调查和处理的规范性,2000年,美国《关于科研不端行为的联邦政策》正式发布实施。政策对科研不端行为

---

① 张镧:《科研不端行为的法律规制比较研究》,华中科技大学2008年硕士学位论文,第7页。
② 参见刘军仪、王晓辉:《促进科研诚信:美国科研道德建设的经验》,载《外国教育研究》2010年第5期。

的定义,评判依据,政府部门和科研机构各自的职责,指控者和被指控者的保护,科研不端行为的处理方法等方面做出了具体而明确的规定。该政策的正式生效,标志着美国科研不端行为治理统一和规范化趋势的增强。"①

德国没有成立专门的防治科研不端行为的行政机构,而主要是由学术机构或基金会自身来管理,目前在研究理事会、大学和研究机构层面已经建立了相应的机构,并出台了相应的规定和措施。例如,著名的德国马普学会在 2000 年出版发行了《科学研究中的道德规范》,分五章对科学研究发展中的道德规范、出版和署名、如何培养接班人、研究项目和计划以及利益冲突的处理等进行了详细阐述,其附录 2《关于处理涉嫌学术不端的规定》为认定科研不端、具体处理科研不端行为提供了明确的指引。

英国最高的学术组织团体英国研究理事会及其下属的 8 个分会都有各自的关于防治科研不端行为的规定。英国出版道德委员会 1999 年公布了《良好出版行为指南》,就出版过程中涉及的伦理和道德问题进行了规范。在国家层面上,2004 年英国科技办公室公布了《科学家通用伦理准则》。另外,2006 年 4 月,英国新成立了一个由多家机构共同支持、旨在促进学术诚信的督导小组"英国科研诚信小组",致力于消除大学中存在的科研不端行为。②

欧美的做法主要分为政府主导模式和科研机构主导模式,政府主导模式强调管理机构的独立性、法规政策的强制性和定义的可操作性,代表国家有美国和丹麦;科研机构主导模式强调政策的指导性和定义的正面引导性,代表国家有英国、德国和加拿大。③ 美国联邦政府主导建立了针对科研失信行为的信用管理制度,明确规定了各机构的责任和失信行为管理的统筹协调机制,各政府部门也均根据统一要求分别制定了适合本部门的补充条款,其目的是实现"一处失信,处处受限"的目标。④ 美国科技政策办公室认为科研不端要满足三条标准:严重违背研究共同体认可的实践;不端行为是故意的、明知的或轻率的、有优势证据证明指控;⑤同时,政府和

---

① 胡剑、史玉民:《欧美科研不端行为的治理模式及特点》,载《科学学研究》2013 年第 4 期。
② 参见张镧:《科研不端行为的法律规制比较研究》,华中科技大学 2008 年硕士学位论文,第 14~15 页。
③ 参见胡剑、史玉民:《欧美科研不端行为的治理模式及特点》,载《科学学研究》2013 年第 4 期。
④ 参见国丽娜、张婉宁:《美国政府对科研失信行为管理制度解析》,载《科技管理研究》2019 年第 5 期。
⑤ 参见和鸿鹏、齐昆鹏、王聪:《科研不端认定的依据与争议》,载《北京航空航天大学学报(社会科学版)》2022 年第 1 期。

科研机构共同制定了严格的学术不端调查程序及其法律后果。[1] 除了政府以外,美国各大学也纷纷建立了自己的学术不端处理机构,并明确了学校内部各组织的责任范围。[2] 英国学术不端治理的做法是建立以科研诚信办公室为中心,基金组织和科研机构相互监督的体系,其特点是多中心化和重视科研环境培养。[3] 德国的科研不端治理主要由科研机构推动,德国研究联合会成立了专门的委员会并制定了《确保良好的科学实践备忘录》和《应对科研不端的程序》,文件明确规定了各科研主体的责任并建立了领导问责制度,[4]前者侧重事前预防,后者侧重事后惩戒。[5] 由此可见,西方主要国家制定的关于应对科研不端行为的办法大多属于法规、政策,并未上升到"法律"层面。虽然主要发达国家并无关于科研不端行为的统一立法,但不能因此认为我国并不需要对科研不端行为实施统一立法,因为各国国情是不同的,我国的科研情况与主要发达国家也不完全一致,不必亦步亦趋。从这个意义上来讲,我国可以走出一条与其他国家不同的学术诚信建设之路,为人类社会有效治理学术不端行为进行有益的探索。

四、科研诚信失范的危害

1. 浪费科研资源

科研资源作为一种紧缺的社会资源,本应最大限度地予以利用,然而,在出现科研不端行为的情况下,科研资源将不可避免地被浪费。其一,浪费科研资源现象中最为常见的是科研经费使用上的浪费,主要是科研工作者没有将科研经费用于科研活动,而是用作他途甚至是中饱私囊;因贪污挪用科研经费而被追究法律责任的案例并不鲜见。其二,若在科研成果转化中出现科研不端行为,也有可能造成科研资源的浪费。例如,将所谓的"先进成果"投入实际生产,而这所谓的"先进成果"本身并不具有先进性、新颖性,但研发该"先进成果"需要使用相当一部分的科

---

[1] 参见刘爱生:《美国高校学术不端的调查程序与处罚机制——以埃里克·玻尔曼案为例》,载《外国教育研究》2016年第11期。
[2] 参见段世飞、梁晶晶:《美国顶尖大学学术不端行为处理机制研究——以美国四所顶尖大学为例》,载《科技进步与对策》2023年第3期。
[3] 参见冯磊:《英国学术不端治理体系的结构及特点研究》,载《高教探索》2018年第5期。
[4] 参见王飞:《德国科研不端治理体系建设的最新进展及启示》,载《中国高校科技》2017年第5期。
[5] 参见毛一名、冯永庆等:《德国科学基金会应对学术不端行为的措施及其启示》,载《世界科技研究与发展》2022年第2期。

研资源,这就造成了浪费。此外,将该"先进成果"投入实际生产必然又需要动用其他社会资源,这就造成了二次浪费。其三,部分科研工作者在从事科研活动时存在故意拖延的现象,由此造成科研资源的浪费。例如,某科研单位为从事某课题研究而购入了实验设备、原料,但在研究过程中屡屡出现拖延的状况,导致实验资源被长期闲置,而该实验资源本可以在正常研究结束后用于其他相关课题的研究,由此产生的浪费也是令人痛心的。

2. 破坏学术环境,损害社会风尚

科研活动的正常开展需要良好的社会环境,同时,崇尚诚信、创新的社会风尚也会促进科研活动的良性发展,二者是相辅相成的。与之相对应,科研不端行为会破坏良好的社会环境,而受过污染的社会环境亦会滋生更多的科研不端行为。当两院院士、知名高校教授等这些本应作为学术榜样的主体被屡屡揭发存在科研不端行为时,其对大众心理的冲击可想而知。更为可怕的是,各种科研不端行为被揭露、曝光,公众以及学术界对其已经处于"麻木"状态,这种已经"司空见惯"的现象不断地在试探科研诚信的底线,某些科研不端行为甚至会逐渐为人们所认可,这是极为不正常的。当前,科研不端行为大行其道,诚信的科研反而处于不利位置,利益的不对等使学术界的价值观念受到扭曲。当"天下文章一大抄"的负面思维"深入人心"时,科研不端行为只会愈演愈烈。更有甚者,这种不诚信的观念有可能从科研领域蔓延到其他社会领域,如此,构建公正、诚信、创新的社会风尚也就无从谈起。

3. 阻滞国家创新型战略的发展

科研不端行为的巨大危害性是有目共睹的,所带来的恶劣影响极为深远。其一,科研不端行为对国家发展战略有着严重的影响。科学技术的进步对经济社会发展的作用是不可替代的。为此,我国提出了"科学技术是第一生产力"以及科教兴国战略,这为我国科技的进步提供了巨大的动力。为了进一步推进创新型国家的建设,胡锦涛同志在党的十七大报告中指出,"提高自主创新能力,建设创新型国家。这是国家发展战略的核心,是提高综合国力的关键。要坚持走中国特色自主创新道路,把增强自主创新能力贯彻到现代化建设各个方面"。毫无疑问,科研创新是建设创新型国家的重要举措之一,对现代化建设的各个方面有着重要的影响。但是,科研不端行为的出现不仅不能推动国家创新能力的发展,反而令国家创新体系受到破坏,由此导致创新要素无法向企业集聚,科技成果向现实生产力转化更是成为"纸上谈兵",使本已稀缺的科技资源被浪费,创新的环境无法有效形成,培养科学家和科技领军人才的努力付诸东流。其二,科研不端行为对国家软实力有着严重的影响。一般认为,国家软实力的核心要素包括创新、制度以及文化等。科研不端行为本身是对创新的一种亵渎,这已是公认的事实。不仅如此,科研不端行为容易渗入科研管理体制甚至其他制度的各个环节,对制度的破坏作用亦不容忽视。还有,利用科研不端手段取得的"成果"以各种文化产品如论文、著作、报纸文章等发表出来,甚至出现在电视、广播和网络上,可能会对国家的文化能力以及国家形象造成巨大的负面影响。例如,我国某大学教师钟某等在英国国际学术期刊《晶体学报》发表的论文造假,使我国的科研形象在国际上颇为受损。因为学术形象的好坏在一定程度上也关乎国家形象的好坏,如果在国际上学术期刊论文造假事件频发,则必然会给国外读者直接留下该国学术能力不良的印象,进而影响对该国国家形象的认知。其三,科研不端行为对国家竞争力有着严重的影响。科研创新能力在国家竞争力中处于极为重要的地位,因此,如果一国存在大量的科研不端行为,无疑将会导致国家科研创新能力发展停滞甚至倒退,进而严重阻碍国家竞争力的增强。一言以蔽之,"从长远来看,学术不端行为导致我国的学术研究水平大滑坡,对国家科教兴国战略造成威胁,影响科技创新,妨碍社会进步,增加社会经济管理成本,甚至还会影响国内学者与国际学术界的交流"[①]。

4. 侵犯法律保护的社会关系

科研不端的行为主体实施科研不端行为一般都是基于利益的考虑,这些利益的表现形式是多样的,所构成的由法律保护的社会关系也是多样的。科研不端的行为主体出于一己之私而实施科研不端行为,不仅损害他人权益,同时也侵犯了法律保护的社会关系。概括而言,科研不端行为可能侵犯的社会关系有:其一,民事关系。在民事关系中,科研不端行为侵犯的最为频繁的就是知识产权关系。众所周知,科研不端行为中最为常见的是抄袭、剽窃等行为,而此类行为一般直接针对的对象是他人的知识产权。专利权、著作权是知识产权的重要组成部分,因此,科研不端行为主体抄袭、剽窃他人的专利成果、相关著作,是对知识产权关系的严重侵犯。除知识产权关系外,科研不端行为侵犯的民事关系还包括合同关系。举例而言,科研工作者与某企业就某项目的研发订立合同,由该企业投资项目,科研工作者则负责进行技术开发,若科研工作者在获取科研经费后故意拖延科研活动的实施或在实施科研活动中存在瑕疵,这既是科研不端行为,又

---

① 窦靖伟:《论学术不端行为的法律规制》,载《河南财经政法大学学报》2012 年第 3 期。

属于民法上的违约,需要承担民事责任。其二,刑事关系。极其严重的科研不端行为将侵犯刑事关系并构成犯罪,其中主要以贪污贿赂类犯罪为主。如课题主持人或课题组成员以报销为名,私吞科研经费,一旦数额达到刑法设定的追责标准,则其行为已经构成刑法上的贪污罪;又如,科研工作者在课题项目申报、结题或在科研成果奖励申报的过程中,为达到顺利通过评审的目的,向评审专家等行贿,如财物数额达到刑法设定的追责标准,就构成了刑法中的行贿罪,同时受贿的评审专家也构成了受贿罪。其三,行政关系。对于国家和政府主管部门组织的科研活动,科研人员的科研不端行为势必会侵犯到行政关系,与可能受到侵犯的刑事关系不同,科研不端行为侵犯行政关系的现象普遍存在。

五、科研诚信失范的原因

科研诚信问题的产生并不是没有原因的,分析其产生的诱因有助于进一步理解科研诚信的内涵。科研诚信问题频发,对科研本身以及整个社会的发展产生了极为严重的危害,而造成科研诚信问题的诱因是多方面的,学术界就此问题展开过深入的探讨,许多学者也给出了自己的观点。

有学者认为,体制环境、制度因素与科研不端行为的产生密切相关。一方面,"官本位"思想、单位制度以及利益冲突是导致科研不端行为产生的重要因素;另一方面,科研管理、对科研活动的评价又缺乏完善合理的制度支持,而导致这些诱因形成的更深层次原因是"科学的功利化和科学作为一种工具的极端倾向及其现实化"[①]。此观点的独到之处在于认识到了产生科研不端行为的内部因素与外部因素,体制环境、制度因素是产生科研不端行为的外部因素,科学的功利化及现实化是内部因素也是决定性因素,随着整个社会的功利主义倾向日趋明显,科研活动也不可避免地被打上"功利"的烙印。

有学者认为,高校科研诚信问题是源于科研人员、管理部门人员和科研管理者三类群体的不负责任。[②] 这一观点单纯从伦理学角度出发,把科研诚信问题归结为科研人员与监管部门的道德因素。道德原因固然是诱使科研不端行为发生的重要因素,但这一观点没有考虑到其他可能诱发科研诚信问题的因素,显然是失之偏颇的。

---

① 李真真:《转型中的中国科学:科研不端行为及其诱因分析》,载《科研管理》2004 年第 3 期。
② 参见胡泽保、杜润秋:《论高校科研管理工作者与科研诚信问题》,载《科研管理》2008 年第 1 期。

有学者认为,科研人员科研能力的不足与科研诚信缺失有直接关系,并提出要致力于提高研究者的科研能力。① 此观点指出了多数科研不端行为的产生原因。

抄袭剽窃他人科研成果、伪造数据和编造学术背景等常见的科研不端行为,往往源自科研能力的不足,这部分行为的主体一般都是科研能力处于较低水平的科研工作者。由于他们面临激烈的科研竞争,生存环境往往较之科研能力较强的工作者更为不利,迫于自身、单位、社会甚至家庭的压力,不惜以采取科研不端行为的方式来换取理想的待遇及地位。从根本上说,这依然是功利主义思维作祟的结果;但不可否认的是,现行的科研评价体制一味追求科研结果显示度,无疑也助长了这一现象的蔓延。总而言之,科研诚信问题的诱因是多方面的,可以归结为以下几点:一是科研管理体制特别是评价机制的不完善,成为科研不端行为发生的重要诱因;二是科研人员的科研能力不足却"迎难而上",科学精神缺失;三是科研资源分配不公,诱发科研人员"走捷径";四是功利主义思维大行其道,科研人员急于取得科研成果;五是社会环境的某些不良影响,学术风气浮躁。笔者认为,除了以上几点,法治的缺失也与科研诚信问题紧密关联。从客观影响来看,部分科研不端行为已经远远超出了学术道德的范畴,仅凭学术道德难以对防止科研不端行为产生作用。到目前为止我国关于规范学术方面的法律制度不健全,也在客观上助长了科研不端行为的滋生。如果以法律的形式来规范科研诚信行为,使其具有不可随意违反的强制性和约束性,那么,科研工作者就会基于对法律的敬畏感而不敢轻易触犯。

现有学者的研究成果不可谓没有说到要害之处,既直陈科研人员自身可能存在的问题,又探讨了科研人员、管理部门和科研管理者在形成科研不端行为中的作用,还深入科研制度层面进行剖析。但是,笔者认为,对科研不端行为产生原因的剖析,还需要从一个更宽的视野来进行审视,即科研不端行为作为一种社会行为,其与特定国家乃至整个国际社会这一大的社会环境存在某种关联,这种社会环境对科研活动可能会产生某种直接的或者间接的影响;同时,在分析科研不端行为产生的原因时,还需要借助一种系统分析的方法,围绕科研不端行为可能出现的各个环节,分门别类地阐述这些不同影响因素。鉴于此,笔者认为,分析科研失范行为的产生原因,应当从社会环境的整体影响、科研人员自身情况、科研发布单位和科研

---

① 参见孙平:《简析科研人员的科研能力与科研诚信的关系》,载《科技管理研究》2009 年第 9 期。

管理单位的功利性动机、科研管理制度和科研政策的制度功能异化等方面来进行思考。

1.社会环境:污染蔓延

中国传统文化中有着十分丰富的诚信文化资源。例如,孔子认为,"信"是君子立身修身的根本,强调做人要"言而有信",否则,"人而无信,不知其可也";他还强调,"信"是统治者治理国家的根本,指出"信则民任焉","民无信不立"。此后,孟子也对诚信这一道德范畴作过深刻的阐述,他说:"诚者,天之道也;思诚者,人之道也。"至汉代,"诚"成为儒家人生哲学的核心概念。

随着社会的发展,近些年来社会环境处于守与变的矛盾之中。源远流长、博大精深的文化传统对人的生存与生活方式、价值取向与行为方式仍然存在潜移默化与纷繁复杂的影响,但是随着社会主义市场经济的发展,中国传统文化也要进行转型。如习近平总书记强调道:"在发展社会主义市场经济的条件下,许多文化产品要通过市场实现价值,当然不能完全不考虑经济效益。然而,同社会效益相比,经济效益是第二位的……"①社会主义市场经济带来人的生存方式与生活方式的革命,由此产生新的价值诉求与行为方式。

当代中国社会转型是通过自上而下的一系列历史事件展开与推动的,诸如思想解放、拨乱反正、开放热、改革潮、下海潮、农民工潮、民营化、文化大众化、知识化、信息化和新时代反腐倡廉等的环环相扣与持续推进,产生了社会群体结构的分化与重组,由此形成了体现精英群体和新兴群体的新的生存方式与生活方式、价值取向与行为方式,在创新与因循、开放与封闭、竞争与均平、法治与伦理(特指伦理本位)的弃守求变中,形成了创新、开放、竞争与法治的良善社会风气效应。弃守求变的实现必然是复杂而又曲折发展的过程。② 创新与守旧、开放与封闭、竞争与垄断、法治和封建的矛盾构成了当代社会环境的主要矛盾点,社会也在其激烈的竞争中不断前进。

社会环境就如同土壤一般,在它的培养下科研诚信才能茁壮成长,如果最基础的土壤都有问题,那么在其孕育下的作物很难不出现问题。我们现在强调的科研诚信是在社会环境的基础上搭建的,社会环境会很大程度上影响科研诚信的构建。由于社会环境本身的矛盾性,在其中成长的科研

---

① 习近平:《习近平谈治国理政》(第2卷),外文出版社2017年版,第320页。
② 参见汪力平、冷树青:《当代中国社会风气的守与变》,载《中国人民大学学报》2019年第5期。

诚信也映射出社会环境的矛盾性。北京大学法学院博士研究生王桦宇在《诚信伦理与法治文化——以民法诚信原则的变迁与发展为中心》一文中指出:诚信作为一种伦理上的自我约束和价值原则,在商品经济社会日益凸显其重要的显性经济意义和隐性社会意义,从法治市民社会的角度讲,社会主体的行为操守和道德准则构建了公共福祉和社会正义实现的基础和平台,因为伦理道德上的意识精神实际上渗透到人们的思想观念和法律思维中来,并通过行为方式反映到人们对个体自由和社会正义的价值考量和利益约束中。① 社会环境通过伦理、道德等多种方式渗透到人们的思想之中并对其产生影响,一个人自出生开始就不断受到社会环境的影响,而系统的科研诚信培训通常是在进入研究生阶段后才开始进行,其人格已经发展成熟,研究生阶段的培训难以成为关键的影响因素,科研不端行为的规制必须从社会环境开始做起。

2. 科研人员:急功近利

科学研究的目的是帮助人们客观地认识、描述和预测外部世界。② 科学研究的目的要求科研人员在从事科研活动的过程中秉持客观的立场,无论科研的结果是否符合自己预设的结果,都应以客观的事实为依据。但是,在当下科研大环境下,科学研究中掺入了更多的主观色彩。

科学研究的成果需要制定一定的标准来进行评价,这也就是科研评价制度。当下科研评价主要是学术期刊评价,即通过对学术期刊的评价来评价学术成果。③ 而在这种环境下,科研机构将"唯论文、唯学历、唯职称、唯奖项"作为准则,以发表论文数量作为科研人员科研水平的认定标准,将发表文章作为科研工作者获得职务晋升、薪酬、社会声望以及科研经费的基础。第四次全国科技工作者状况调查显示,"在科研评价方面,尽管认为科技评价导向不合理问题非常突出或比较突出的科技工作者比例与2013年相比下降了13.5%,但数据比例仍然维持在45.9%。其中,以论文为导向的科技评价手段让科技工作者将发表论文看得非常重要,但发表论文的目的却不是展示创新成果,而是为了达到职称晋升要求、完成各种考核等。调查报告显示,高达93.7%发表过学术论文的科技工作者认同发表论文的主要目的是达到职称晋升要求,90.4%是为了完成各种考核要求;科教辅助人员为达到职称晋升要求而发论文的比例达到96.2%;62.1%的大学

---

① 参见王伟国:《诚信体系建设法治保障的探索与构想》,载《中国法学》2012年第5期。
② 参见林聚任、刘玉安主编:《社会科学研究方法》,山东人民出版社2004年版,第19页。
③ 参见张耀铭:《学术评价存在的问题、成因及其治理》,载《清华大学学报(哲学社会科学版)》2015年第6期。

教师、44.9%的科学研究人员在各种形式的科研成果中最看重论文"[1]。科研人员在科研过程中夹带了过多的主观因素,很容易使科学研究偏离客观的轨道,由此产生各种科研不端行为来维持自己主观上的需要,这种急功近利的心态无疑是当前科研不端行为产生的重要原因之一。

为了提高科研人员进行科学研究的热情,各个科研机构都对符合条件的科研成果设立了物质奖励制度。这些制度几乎从内容到形式上都表现出某种一致性,即大多是一种量化的考评机制。这种机制对科研工作量都有明确的要求,如发表多少篇论文、论文发表的期刊的级别高低、申请课题的多少、课题的级别、配套经费多少等规定得非常详尽。

一般来讲,如果科研人员论文发表得越多、发表期刊的级别越高、申请的课题越多、课题级别越高,科研的分数就越高,即表示一个人的科研能力和水平越高。[2] 设置这种激励制度的初衷是通过物质上的奖励激发科研工作人员的科研热情,并提高科研工作人员的生活水平。但随着时间的推移,这种激励方式也造成了不小的弊端。比如有调查研究指出,科研激励所带来的物质奖励对从事基础研究的科研人员来说影响较小,但是对从事应用研究和科研成果转化研究的科研人员来说具有极大的影响力。[3] 调查表明,并不是所有的研究都能用物质上的科研激励来推动,要进行差异化管理,按照研究的特殊性来决定评估方式。

另外,2020年中国科学技术信息研究所发布的《中国科技论文统计结果——中国卓越科技报告》显示,"2010年至2020年(截至2020年10月)中国科技人员共发表国际论文301.91万篇,继续排在世界第2位,数量比2019年统计时增加了15.8%;论文共被引用3605.71万次,增加了26.7%,排在世界第2位。美国仍然保持在世界第1位"。"中国平均每篇论文被引用11.94次,比上年度统计时10.92次/篇提高了9.3%。世界整体篇均被引用次数为13.26次,中国平均每篇论文被引用次数与世界水平仍有一定的差距。""在2010—2020年间发表科技论文累计超过20万篇的国家(地区)共有22个,按平均每篇论文被引用次数排序,中国排在第16位。"我国论文发表的数量在国际上处于领先的地位,但在质量上却尚未达

---

[1] 詹媛:《科研成果转化难、经费管理不合理等问题仍普遍存在》,载光明网,https://news.gmw.cn/2018-12/01/content_32084038.htm。
[2] 参见姜世健:《对当前大学科研激励机制"病态"现象的思考与建议》,载《教育评论》2016年第2期。
[3] 参见刘燕、柳海民:《科研激励制度对高校教师科研行为的影响》,载《中国高校科技》2017年第4期。

到领先水平,这种情况与当前的科研激励制度也是分不开的。过于追求物质上的利益,而忽视了学术成果的科学性和有用性,导致出现了大量的学术腐败与学术垃圾;同时,这也无疑偏离了激励制度设置的初衷。

在笔者看来,主观上的物质追求只能作为追求科研成果的附带产品,而不能作为科学研究的主要目的。有一些科研活动,涉及重大难题的解决,往往需要花费很长的时间,并且不能保证成果的产出,这些活动往往难以带来物质上的收获。科研活动应该是以科学的心态来进行的,在客观的科学研究过程中夹入过多的功利考量,显然不利于科学成果的产出。只有树立正确的科研态度、理性地对待科研激励制度、营造宽容的学术氛围,才能使科研不端行为得到有效的遏制。

3. 单位团体:推波助澜

科学合理的组织制度有助于在组织内部形成正直、诚信的科研伦理氛围,相反,不合理的制度在一定程度上会阻碍人们对研究方法和行为准则的坚持,甚至会滋生科研不端行为。[1] 具体而言,笔者认为科研不端行为在组织层面的影响因素主要包括科研单位失范以及当前科研管理制度缺位。

一方面,科研人员所在单位对科研人员的科研诚信有最为直接的影响。单位对科研人员的影响体现在两个方面:责任承担和伦理教育。责任承担是指当前的科研工作通常都是在一个团队或者几个团队之间合作进行的,任一人员或者团队在科研工作中的科研不端行为都会对整个团队的科研工作产生负面影响。伦理教育则是指科研人员遵循的科研准则往往受到其所在单位的影响,其所在单位漠视科研诚信会导致科研人员的诚信缺位。

另一方面,在市场经济改革的背景下,我国许多国有企业和行政机构体制都发生了变化,但是在科技领域方面,仍然实行"单位制",这对科研人员的科研诚信有间接但重要的影响。所谓"单位制",是指在计划经济体制下通过特殊的资源、权力与交换体系构成的一种独特的社会现象。[2] 科研主要依靠国家的财政拨款,政府直接参与和管理资源分配,使单位在一定程度依赖于政府,具有依赖性。政府通过对具体的科研机构保持影响,保证其政治权力的稳固;而科研机构内部则通过形成"领导"与"精英"

---

[1] See Martinson B. C. & Anderson M. S, *Vries RD. Scientists Behaving Badly*, Nature, 2005, p.737 – 738.
[2] 参见李真真:《转型中的中国科学:科研不端行为及其诱因分析》,载《科研管理》2004 年第 3 期。

间的利益联盟关系,实现和保持其对科学的政治权力。在"单位制"环境下,单位利益成为行为选择的一种无法回避的驱动力,单位组织构成的共同利益也成为追求单位利益的理由与依据。而"理由"无限制地使用,"动力"无限制地放大,必然导致规范制度的失效。① 这也是有学者提出我国的科研管理存在两套不协调甚至相悖的制度安排的原因。其一,动摇着遵从诚实原则的坚定性,导致制度性违规;其二,必须遵从诚信规范的制度安排,否则将受到处罚。② 这种制度的存在,使科研人员为自己的科研不端行为找到了合理的理由。

4. 制度成因:为虎作伥

除前文提到的三个原因外,制度的不完善也是造成科研不端行为愈加严重的重要原因之一。制度不完善主要包括法律体系的不完备和行业政策的缺位。

法律体系的不完备,是指在当今社会,通过互联网进行科研不端行为已经成为主要的科研不端行为之一,包括通过互联网请"写手"、收集资料进行抄袭、将外国文献翻译为中文并直接使用等,③但这些行为却没有受到法律的监督,法律缺位导致缺失统一的监督管理体系,虽有部分政策性文件但缺少基础性、规范性的法律文件。④ 近年来,各级科技管理部门以及教育和科研机构制定出台了诸多科研诚信相关法规及政策文本,但相关规定仍然缺乏可核查性和可操作性。尽管已出台多项规定,但问题仍然存在,例如,除国家自然科学基金委员会的处理办法等少数规定外,在管理部门及研究机构有关学术不端行为的查处规定中,被列入的违规行为与设定的处罚措施没有明确的对应关系,即关于哪种不端行为或何种程度的不端行为应当受到何种处罚,没有明确的规定,由此给实际处理造成困难。⑤ 此外,生成式人工智能的强势崛起及其在科研实验与学术论文写作中的深度介入,也给科研活动带来了全新挑战,但目前尚无法律制度进行规制。因此,进行相关的立法已经是刻不容缓的事情,通过高位阶的法律对科研

---

① 参见李真真:《转型中的中国科学:科研不端行为及其诱因分析》,载《科研管理》2004年第3期。
② 参见李真真、黄小茹:《中国科研诚信面临的突出问题及解决路径》,载《科学与社会》2017年第3期。
③ 在国家卫健委于2021年8月19日发布的《部分机构医学科研诚信案件调查处理结果》中,几乎所有通报的案件都有买卖论文、雇人撰写的行为。
④ 参见徐和平、袁玉立:《学术不端行为的行政法律规制探讨》,载《学术界》2011年第10期。
⑤ 参见李真真、黄小茹:《中国科研诚信面临的突出问题及解决路径》,载《科学与社会》2017年第3期。

不端行为进行强硬的管理是克制科研不端行为的重要手段。

行业政策的缺位,是指从科研诚信规范的结构来看,国外通常呈现出正三角的结构,即政府的政策通常比教育机构和科研机构的政策覆盖面要小,而教育机构和科研机构的政策又比专业学会或者协会的政策覆盖面小。[①] 但在我国呈现"倒三角"的结构,科研诚信依靠的是政府的政策,而不依赖科研机构本身的政策,这使科研不端行为的管理出现了缺位,科研机构无法直接对科研不端行为作出硬性的规定。

此外,现行科研管理制度对科研不端行为还表现出了另外一种反向激励作用。高校和科研院所等机构为了自身发展的现实需求,纷纷出台各自的科研奖励政策,将课题类别、期刊等级、成果奖规格、论文数量、论文引用次数、项目经费额度、人才称号等指标与物质奖励金额直接挂钩,与职称评审深度勾连,并普遍追求科研成果的显性化,难以容忍"板凳要坐十年冷"的真知探求,这些因素无疑在客观上诱发了科研人员的投机心理,助长了科研不端行为的发展。

[①] 参见李真真、黄小茹:《中国科研诚信面临的突出问题及解决路径》,载《科学与社会》2017年第3期。

第三章 科研不端及其规制现状

一、我国学术界和实务界的认识

国外重要学术机构对科研不端行为的有关规定,本书第二章已有专门介绍。故本章主要着眼于我国的情况进行展开。鉴于科研不端行为的表现较为复杂,我国多个部门与民间学者均试图对科研不端行为作出界定。

1. 学术界对科研不端行为表现的探讨

我国学术界试图对科研不端的具体行为表现作出界定:以吴寿乾为代表的部分学者从过程论的视角认为,科学研究可以分为4个阶段,即课题申请、课题评审立项、课题研究和成果发表评价,在每个阶段,都存在不符合科研道德的不端行为。[1] 由此观之,我国的科研管理体制还很不完善,整个过程存在诸多疏漏之处,令科研不端行为有机可乘,这表明制度上的欠缺是助长科研不端行为的重要原因。以曹南燕为代表的部分学者把大学科研中的不端行为归纳为5个方面:"一是伪造、篡改和剽窃;二是利益冲突;三是侵犯他人知识产权;四是浪费科研资源;五是分配科研资源不合理。"[2]这是从性质上对科研不端行为进行划分,所列举的也都是科研不端中的一些常见行为。以蒋兴华为代表的部分学者从综合的角度,把科研不端行为归结为以下几种表现形式:第一,转移、挤占和挪用科研经费等违规使用科研经费;第二,研究成果剽窃、抄袭、作假等学术不端行为;第三,科研项目重复申报及科研项目申报信息造假等,造成科技资源重复投资,严重浪费资源;第四,在科研项目、科技成果评审中,存在人情关系起作用的现象,学术霸权十分严重,部分学术权威凭借其学术威望在学术界压制不同声音,破坏了正常的科研秩序和公平的竞争环境;第五,由于科学研究具有高风险性,科学研究允许失败,再加上科研活动失败的评价、惩罚机制不健全,部分科研人员抱有投机心理,在通过各种手段获得科研经费后,以"允许失败"为借口,没有很好地实施项目,对科研资源造成严重损

---

[1] 参见吴寿乾:《科学研究中的不端行为及其防范》,载《科研管理研究》2006年第11期。
[2] 曹南燕:《大学科研中的诚信问题》,载《清华大学学报(哲学社会科学版)》2004年第2期。

失和浪费。① 这一观点不仅列举了科研不端的具体行为,还从科研项目的申报过程、评审中的人情现象、学术霸权的危害以及科研失败等多角度阐释了科研不端的行为表现。

学者袁维勤对 32 所高校 40 个文件进行了调查分析。文件包括《中央民族大学学术道德规范(试行)》、《北京大学教师学术道德规范》与《北京大学研究生基本学术规范》、《北京航空航天大学教师学术道德规范》、《东南大学学生学术道德规范条例》、《复旦大学学术规范及违规处理办法(试行)》、《哈尔滨工业大学学术道德规范》、《湖南大学研究生学术道德规范实施细则》、《华东师范大学研究生学术道德规范及违规处理实施办法》、《华中科技大学学术道德规范及学术不端行为处理规定(试行)》、《兰州大学研究生学术道德规范(试行)》、《南京大学科学研究行为规范与学风建设管理办法(试行)》、《南开大学落实研究生导师立德树人职责实施细则(试行)》与《南开大学研究生学术规范(征求意见稿)》、《山东大学学术道德规范(试行)》与《山东大学研究生学术规范》、《清华大学教师学术道德守则(试行)》与《清华大学关于处理学术不端行为的暂行办法(试行)》、《四川大学学术道德规范》、《西安交通大学学术行为规范及违规处理办法》与《西安交通大学研究生学位论文学术不端行为检测系统使用办法(试行)》等。根据该学者的研究,高校科研不端行为的具体表现形式已达 122 种之多。②

---

① 参见蒋兴华:《高校科研不端行为表现形式、产生根源及多元防治研究》,载《科技管理研究》2012 年第 15 期。
② 参见袁维勤:《"985"高校科研不端行为的"立法"研究》,载《山东科技大学学报(社会科学版)》2011 年第 2 期。该文对高校科研不端行为进行了梳理,具体表现形式如下:"(1)侵占、抄袭他人已发表或未发表的作品,或者剽窃他人的学术观点、学术思想。(2)引用没有获得原作者准许或没有以适当形式予以注明。(3)未参加科学研究或者论著写作,而在别人发表的作品等成果中署名。(4)编造、篡改数据或资料。(5)引证内容构成创造性作品的主要部分或核心内容。(6)伪造自己或他人的学术履历及其他证明材料(例如学位证书、毕业证书、获奖证书等)。(7)未经被署名人同意而署其名等行为。(8)一稿多投;含不同语种的一稿多投。(9)从他人作品转引第三人成果,未注明转引出处。(10)署名顺序没有按照对研究成果创造性的贡献大小或根据学科署名的惯例。(11)故意夸大研究成果的学术价值、经济与社会效益;故意夸大研究成果的经济价值及社会影响,且已造成不良后果。(12)对可能造成重大社会或环境影响的应用研究,未经严格科学验证或同行评议的研究结果而在公众媒体炒作、草率地推广应用;对于应该经过学术界严谨论证和鉴定的重大科研成果,未经论证并经项目主管部门批准而向新闻媒体公布。(13)在自己的研究成果中故意做出虚假的陈述。(14)泄露单位、集体和他人的专有信息和技术秘密;违反国家有关保密的法律、法规或学校有关保密的规定,将应保密学术事项对外泄露。(15)在对自己或他人的作品进行介绍、评价时未遵循客观、公正、准确的原则。(16)成果在发表前未经所有署名人审阅。(17)评议专家没有对评审对象作出客观、准确、公正的评价。(18)重复或变相重复发表自己

的科研成果；用中文发表后又译成外文发表、一项成果以多篇论文分散发表后而文章相互重叠、以论文形式发表后又不加改动以书的章节形式发表等。(19)伪造指导教师或专家推荐信及其他评定(或审批)意见；伪造指导教师、领导或专家签名。(20)伪造学术成果。(21)请他人代写学术文章或代他人写学术文章；购买论文作为自己的学位论文或学术论文；在撰写学位论文、其他拟发表论文的过程中进行不正当交易。(22)引用他人成果时故意篡改内容、数据或观测结果。(23)以不正当手段影响考试成绩、奖学金评定、论文评阅、论文答辩和学位授予。(24)隐瞒不利数据从而用于伪造创新成果和新发现。(25)在资助申请书中伪造推荐人或合作者的签名、编造前期成果或提供任何虚假信息。(26)对于确实在可署名成果中做出重大贡献者，并非应本人要求或保密需要而剥夺其署名权。(27)参与各种推荐、鉴定、职称评定、答辩、项目审批、评奖等学术活动时未秉公办理，因利益冲突或人情关系而影响其判断与决策。(28)在标注基金项目资助时未经项目负责人授权。(29)虚开或篡改发表文章接受函。(30)违反职业道德地利用他人重要的学术认识、假设、学说或者研究计划等行为；擅自使用在各类同行评议、评审活动或其他途径中获得的具有原创性质的学术信息、研究计划、学术思想等，未经授权将上述信息发表或者透露给第三者。(31)评议专家与评议对象存在利益冲突应回避时，评议专家未及时向评审组织机构申明利益冲突。(32)在所有涉及人类被试的实验中，研究过程本身未体现对人的尊重和保护。(33)包庇有严重学术不端行为的人。(34)对举报严重学术不端行为的人实施打击报复。(35)盗用、贩卖或擅自传播本课题组技术专利、专有数据、保密资料、有偿使用软件等未公开的技术成果。(36)绕过评议组织机构而与评议对象直接接触，收取评议对象赠予的有碍公正评议的礼物或其他馈赠。(37)凡使用动物的研究，无论是田野的观察试验还是实验室的受控实验，没有做到尽可能减少其痛苦和不必要的伤害。(38)滥用机密性，妨碍正常的学术交流；以不正当方式封锁非秘密资料、信息而妨碍正常的学术交流和沟通。(39)盲目追求数量不顾质量。(40)对涉嫌违反学术道德的行为，未经举报或举报后未经查证确认而随意向媒体或公众传播；对涉嫌违反学术道德的行为，未向相关管理部门反映举报(或举报后未经查证确认)，而随意通过媒体、网络或其他方式向公众传播而造成不良后果。(41)将本课题组已有研究成果在自己的论文中不加明明而据为己出。(42)故意干扰或妨碍他人的研究活动。(43)恶意诋毁研究成果的学术价值、经济与社会效益。(44)将未查阅过的文献转抄入自己的引文目录或参考文献目录中。(45)受别人成果的启发而未直接使用他人成果，没有做出说明并列出参考文献；发表学术论文(包括学位论文)未将所有参考的文献全部列出。(46)在教学、科研及相关活动中，未严格遵守和维护国家安全、信息安全、生态安全、健康安全等方面的规定。(47)不正当地获取学术荣誉。(48)诬陷他人。(49)未如实反映科研成果；虚报科研成果，或随意提高成果的学术档次，在出版成果时不如实注明著、编著、编、译著、编译等行为。(50)授意(或指导教师默许其指导对象)、指使、协助他人进行有违学术道德规范的行为。(51)在科研活动过程中违背社会道德，骗取经费、装备和其他支持条件等科研资源。(52)诽谤、陷害、恐吓、报复、辱骂或恶意攻击领导、导师、任课教师、论文(或成果)评审人和有关同学。(53)参与他人的学术造假。(54)故意藏匿、隐瞒重要科研结果和科学发现。(55)伪造注释。(56)为夸大研究结果的重要性而滥用统计方法。(57)借用科学名义宣传封建迷信和伪科学。(58)为未经严格科学检验的不成熟的科研成果作商业广告，误导消费，损害公众利益。(59)为增加引证率而将自己(或他人)与本论题不相干的文献列入引文目录。(60)以拥有的科技资源和条件为手段，迫使因缺乏这些研究条件而不得不与他们"合作"的研究人员出让署名权。(61)担任不熟悉学科的评议专家；长期脱离本学科领域前沿而不能掌握最新趋势和进展的人员，担任评议专家。(62)评议专家未经许可使用评议材料中有创意的思想、理论和假说或向他人泄漏有关材料。(63)未及时公开在校内完成的或主要利用学校资源做出的发明创造。(64)使用、复制盗版出版物、影像制品和软件等产品。(65)滥用科研经费和其他科研资源。(66)违反实验操作规定，故意损坏实验器材或原料，或私自将危险性实验用品带出实验室等违反实验安全的行为。(67)以一项成果重复申报同级奖项。(68)在各类考试中，以任何形式作弊，盗用试题、买卖(或传播)盗用的试题，篡改考试成绩。(69)仅对研究项目进行过一般性管理或辅助工作者，在著作上署名。(70)参与或与他人合谋隐匿学术劣迹。(71)对科研不端监察失职。(72)提供虚假的文献引用证明。(73)借学术批

2. 国家部门与科研机构对科研不端行为表现的规定

科技部于 2006 年 9 月 14 日经第 25 次部务会议审议通过了《国家科技计划实施中科研不端行为处理办法(试行)》,明确界定了该办法所说的科研不端行为的内容,包括提供相关人员的职称、简历、研究数据等虚假信息;剽窃他人成果;篡改、伪造数据资料;违反相关规定进行人体研究;在研

评的名义进行人身攻击和诽谤、打击、报复,压制与自己学术观点不同的人。(74)故意歪曲他人学术观点。(75)未经学校允许,无偿使用本校成果或将其变为非本校的成果。(76)未经导师或项目负责人许可,将集体研究成果私自发表。(77)发现成果中有疏漏或错误,未及时向相关人员和机构报告,未根据错误性质实施有效补救措施。(78)冒用他人名义申报项目和成果且造成不良影响。(79)(研究生)在承担助教、助研和助管等工作中以职谋私。(80)发现同学或同事有违反学术道德的行为不向学校举报。(81)滥用学术权力:利用职务便利或学术地位、学术评议评审权力,为个人或单位谋取不当利益。(82)对学术批评者进行压制、打击或者报复。(83)观察记录和事实陈述中出现有悖理性的表述。(84)指导教师未向同事和学生通报有可能影响本校学术活动的外部兼职并保证对研究生的指导工作独立于个人商业利益。(85)在学校审批外单位向本校(包括基层单位)提出的馈赠、资助计划、技术许可之前,与这些单位有咨询、兼职或重大利益关系的相关人员和接收单位未就相关情况如实向学校报告。(86)代表个人或者学校参加校外学术活动,不遵守该活动组织机构制定的有关利益冲突的规定。(87)凡涉及以人类为对象的试验,实施试验的课题负责人未事先对研究作出评估,未按规定向学校主管部门和国家授权的管理机构报告并获得审查与批准。(88)以人类为对象的实验由不具备科研资格的人员操作;如果有学生参加研究,没有相关教师负责安排和监管。(89)未以按期、优质、高效原则来完成科研合同约定的任务。(90)在入学课程考试的命题、阅卷、保密等方面出现严重错误、徇私或泄密的行为。(91)片面追求经济效益、降低学生培养质量的行为。(92)急于同违反学术道德规范的行为做斗争。(93)随意签注无关单位。(94)发现同学有违反学术道德的行为不加劝阻和制止。(95)对严重违反学术道德者知情不报。(96)研究生在校期间完成的学位论文并且其工作获本校主持的科研项目资助,以学位论文中的研究成果发表论文,没有署名为本校。(97)教师不遵守学校考试纪律。(98)泄露试题或配合、纵容学生考试作弊,或为私利而抬高或压低学生考试卷面成绩。(99)通过剪裁现成文献拼凑课程作业或撰写学位论文。(100)未经指导老师或任课教师许可,擅自将老师的讲义或课堂记录或集体的实验结果署名发表。(101)学生违反学校考试纪律。(102)在学术研究中获得的全部实验结果和调查资料等,未如实报告、妥善保存备查,离校时未按要求转交导师或实验室。(103)署名本校或本人导师(不论署名位次)所发表的学术论文,未征得导师同意。原始稿件未经过导师审核,投稿前未经导师签字同意并留存备查。(104)学术霸权主义和强权作风。(105)权学、钱学、情学交易。(106)非法私自占有、转让或以其他方式侵占、损害知识产权应归属于学校的科研成果。(107)以任何方式干扰学术评审活动。(108)未经严格论证主观臆造学术结论。(109)在校学习期间完成或主要利用学校资源做出的研究成果,没有把单位署名为本校。(110)冒用他人名义发表作品。(111)未参加实际研究或者论著写作,未经原作者同意而在别人发表的作品中署名。(112)制造或者恶意传播计算机病毒。(113)未征得合作者同意擅自发表论文。(114)违反正当程序或者放弃学术标准,进行不当学术评价。(115)利用专家身份,在媒体或其他公开场合为企业或产品做虚假、夸大等不实宣传的行为。(116)在内部的科学交流与合作以及外部的社会交往活动中,科研工作者带有人种、性别、地位、思想、宗教等方面的歧视。(117)利用科研活动谋取个人不正当利益。(118)利用学术论文、著作、科研成果等对他人进行学术贿赂。(119)擅自更改在科研项目、科研成果、学术论文中的排名顺序和成果等级。(120)不尊重他人尚未获得知识产权的成果。(121)不认真负责地对待各种科研项目的研究工作。(122)未经合作者同意而将与他人合作的研究成果作为自己单独创作的成果发表。"

究中触犯实验动物保护规范等科研共同体所公认的科研不端行为。①

2009年,《教育部关于严肃处理高等学校学术不端行为的通知》发布,其中规定高校必须要严肃处理抄袭、剽窃、侵吞、篡改他人学术成果;伪造或者篡改数据、注释、文献,捏造事实;在未参加创作的他人学术成果上署名;未经许可,不当使用他人署名等其他学术不端行为。②

中国科学院作为国内最为权威的科研机构,于2007年年初制定的《中国科学院关于加强科研行为规范建设的意见》对"科研不端行为"作了较为明确具体的界定,其是指"研究和学术领域内的各种编造、作假、剽窃和其他违背科学共同体公认道德的行为;滥用和骗取科研资源等科研活动过程中违背社会道德的行为"。并且将篡改、编造数据、科研申报过程中的有意虚假陈述的行为;侵犯他人署名权、恶意引用他人成果等损害他人知识产权的行为;使用不正当手段获取他人重要信息,并且违反职业道德的行为;重复发表的行为;破坏他人科研活动的行为;在科研活动中谋取不正当利益的行为认定为科研不端行为的标准。并且认为在科研过程中的部分过失与不足不能认定为科研不端行为。③

---

① 《国家科技计划实施中科研不端行为处理办法(试行)》第3条规定:"本办法所称的科研不端行为,是指违反科学共同体公认的科研行为准则的行为,包括:(一)在有关人员职称、简历以及研究基础等方面提供虚假信息;(二)抄袭、剽窃他人科研成果;(三)捏造或篡改科研数据;(四)在涉及人体的研究中,违反知情同意、保护隐私等规定;(五)违反实验动物保护规范;(六)其他科研不端行为。"

② 《教育部关于严肃处理高等学校学术不端行为的通知》第1条规定,"高等学校对下列学术不端行为,必须进行严肃处理:(一)抄袭、剽窃、侵吞他人学术成果;(二)篡改他人学术成果;(三)伪造或者篡改数据、文献,捏造事实;(四)伪造注释;(五)未参加创作,在他人学术成果上署名;(六)未经他人许可,不当使用他人署名;(七)其他学术不端行为"。

③ 《中国科学院关于加强科研行为规范建设的意见》"四、防治科学不端行为"中规定:"1. 在研究和学术领域内有意做出虚假的陈述,包括:编造数据;篡改数据;改动原始文字记录和图片;在项目申请、成果申报,以及职位申请中做虚假的陈述。2. 损害他人著作权,包括:侵犯他人的署名权,如将做出创造性贡献的人排除在作者名单之外,未经本人同意将其列入作者名单,将不应享有署名权的人列入作者名单,无理要求著者或合著者身份或排名,或未经原作者允许引用其它手段取得他人作品的著者或合著者身份。剽窃他人的学术成果,如将他人材料上的文字或概念作为自己的发表,故意省略引用他人成果的事实,使人产生为其新发现、新发明的印象,或引用时故意篡改内容、断章取义。3. 违反职业道德利用他人重要的学术认识、假设、学说或者研究计划,包括:未经许可利用同行评议或其它方式获得的上述信息;未经授权就将上述信息发表或者透露给第三者;窃取他人的研究计划和学术思想据为己有。4. 研究成果发表或出版中的科学不端行为,包括:将同一研究成果提交多个出版机构出版或提交多个出版物发表;将本质上相同的研究成果改头换面发表;将基于同样的数据集或数据子集的研究成果以多篇作品出版或发表,除非各作品间有密切的承继关系。5. 故意干扰或妨碍他人的研究活动,包括故意损坏、强占或扣压他人研究活动中必需的仪器设备、文献资料、数据、软件或其它与科研有关的物品。6. 在科研活动过程中违背社会道德,包括骗取经费、装备和其它支持条件等科研资源;滥用科研资源,用科研资源谋取不当利益,严重浪费科研资源;在个人履历表、资助申请表、职位申请表,以及公开声明中故意包含不准确或会引起误解的信息,故意隐瞒重要信息。7. 对于在研究计划和实施过程中非有意的错误或不足,对评价方法或结果的解释、判断错误,因研究水平和能力原因造成的错误和失误,与科研活动无关的错误等行为,不能认定为科学不端行为。"

这个定义比较准确地阐明了科研不端行为的内涵,比较全面地涵盖了其表现形式,也是目前可以用来界定科研不端行为的重要依据之一。与中国科学院关于科研不端行为的认定相比,科技部与教育部只是较为简单地列举了科研不端行为的表现形式,并无概括性的认定,且没有将科研活动中的错误或不足与科研不端行为作出科学的区分。因此,在综合各方关于科研不端行为认定的基础之上,笔者认为,中国科学院的认定是较为科学的、可取的。

2016年教育部审议通过的《高等学校预防与处理学术不端行为办法》中明确规定了科研不端行为的认定方法,其中包括对他人成果的剽窃、抄袭、侵占、篡改、不正当署名;伪造数据、资料;不正当途径获取或提供论文;提供虚假学术信息等。[①] 并且将造成恶劣影响的,存在利益输送或交换的,打击报复举报人的,组织实施、多次实施学术不端行为的,以及其他造成严重后果、恶劣影响的行为认定为情节严重的科研不端行为。[②]

二、科研不端行为的内涵

（一）现有界定与规范的分析

现行制度对科研不端行为进行的界定存在不少问题,从前文研究现状来看,学术界对何谓科研不端行为其实还是存在理论上的认知差异,此处不再赘述;而具体到现有制度规范来看,这种差异也直接导致了不同部门在这个问题上的观点出现了不统一。总体上看,现有制度规范在对科研不端行为的界定上存在以下几个主要问题。

1. 内涵不一,欠缺权威性

2006年科技部发布的《国家科技计划实施中科研不端行为处理办法(试行)》,是我国政府部门出台的针对科研不端行为的部门规章,规定了其适用范围,并且明确了国家科技计划实施中科研不端行为的类型、调查

---

① 《高等学校预防与处理学术不端行为办法》第27条规定:"经调查,确认被举报人在科学研究及相关活动中有下列行为之一的,应当认定为构成学术不端行为:(一)剽窃、抄袭、侵占他人学术成果;(二)篡改他人研究成果;(三)伪造科研数据、资料、文献、注释,或者捏造事实、编造虚假研究成果;(四)未参加研究或创作而在研究成果、学术论文上署名,未经他人许可而不当使用他人署名,虚构合作者共同署名,或者多人共同完成研究而在成果中未注明他人工作、贡献;(五)在申报课题、成果、奖励和职务评审评定、申请学位等过程中提供虚假学术信息;(六)买卖论文、由他人代写或者为他人代写论文;(七)其他根据高等学校或者有关学术组织、相关科研管理机构制定的规则,属于学术不端的行为。"

② 《高等学校预防与处理学术不端行为办法》第28条规定:"有学术不端行为且有下列情形之一的,应当认定为情节严重:(一)造成恶劣影响的;(二)存在利益输送或者利益交换的;(三)对举报人进行打击报复的;(四)有组织实施学术不端行为的;(五)多次实施学术不端行为的;(六)其他造成严重后果或者恶劣影响的。"

处理机构、调查处理原则、处罚措施、处理程序以及申诉和复查等内容。其第3条规定,科研不端行为是指违反科学共同体公认的科研行为准则的行为,包括:第一,在有关人员职称、简历以及研究基础等方面提供虚假信息;第二,抄袭、剽窃他人科研成果;第三,捏造或篡改科研数据;第四,在涉及人体的研究中,违反知情同意、保护隐私等规定;第五,违反实验动物保护规范;第六,其他科研不端行为。2009年,《教育部关于严肃处理高等学校学术不端行为的通知》发布,明确提出高等学校对下列学术不端行为,必须进行严肃处理:第一,抄袭、剽窃、侵吞他人学术成果;第二,篡改他人学术成果;第三,伪造或者篡改数据、文献,捏造事实;第四,伪造注释;第五,未参加创作,在他人学术成果上署名;第六,未经他人许可,不当使用他人署名;第七,其他学术不端行为。

对比科技部和教育部两个主管部门对于科研不端行为的上述界定,我们不难发现如下问题:一是对需要规范的对象命名上不尽一致,前者是科研不端行为,后者则是学术不端行为;二是界定标准与尺度并不统一,导致科研不端行为的内涵与外延上也存在明显的差异。作为我国科研活动最主要的两个政府主管部门,科技部和教育部对科研不端行为的不同界定,不仅损害了应有的权威性,也在实践中降低了可操作性。

2. 政出多门,欠缺统一性

从当前我国已经制定的规制科研不端行为的制度规范来看,其制定主体有科技部、教育部、中国科学院、中国社会科学院、中国科学技术协会、国家自然科学基金委员会以及各高等院校等。这些主体固然有权在各自权限或管辖领域内规制科研不端行为,但其制定的规范理应维护统一性。而现实情况是,规制科研不端行为的制度规范政出多门,内容亦存在不同程度的冲突,难免令人无所适从。这种统一性的欠缺,突出表现在各项规范对科研不端行为名称的称谓不尽相同。"'科研道德规范'与'学术道德规范','科研不端'与'学术不端',在我国的用语上是不严格区分的。不仅在社会科学领域,而且在自然科学领域也有使用'学术道德规范'、'学术不端'的。例如,《科技工作者科学道德规范(试行)》本身是规范科学研究的,但是它在文本中除了标题出现了'科学道德规范'用语之外,正文中根本不用'科研不端'或'科学道德规范'。相反,它各章的标题分别是'总则'、'学术道德规范'、'学术不端行为'、'学术不端行为的监督',除了总则之外都是用的'学术'"。[①] 如此

---

① 袁维勤:《"985"高校科研不端行为的"立法"研究》,载《山东科技大学学报(社会科学版)》2011年第2期。

一来,名称尚且各异,遑论内涵统一了。

3. 分类各异,欠缺科学性

除了欠缺权威性,现行制度规范政出多门带来的另外一个问题就是分类各异。在规制科研不端行为时,对其作出适当的分类是必要的,然而现行制度规范在对科研不端行为的分类上欠缺科学性。有的将其分为6类,有的分成7类,还有的就更多了。前文对国内部分高校的相关制度介绍中,就已经清楚地反映出了这个问题。客观地说,各制定主体根据各自领域内科研活动的实践而进行有针对性的分类,这是必要的。但问题在于,对科研不端行为的内涵认识不同,导致了行为分类不仅只是类型数量上的差异,而且还涉及涵盖领域和调整范围的扩大,这就直接降低了分类的科学性。

4. 鱼龙混杂,欠缺合理性

现行制度规范中,关于科研不端行为的界定欠缺合理性也是一个值得关注的问题。比如,国内高校大多制定了各自的科研规范制度,但在具体内容上却五花八门,甚至将"教师不遵守学校考试纪律""学生违反学校考试纪律""泄露试题或配合、纵容学生考试作弊,或为私利而抬高或压低学生考试卷面成绩""诬陷他人""对科研不端监察失职"等,也作为科研不端行为纳入调整范围。因此,对科研不端行为的界定不能草率,究竟哪些行为或具备何种特点的行为属于科研不端行为,必须在有科学的认定标准前提下才能准确界定,不能将科研不端行为的外延无限扩大。

(二)科研不端行为界定中的问题

科研不端行为不仅内容丰富且表现形式多样,而且还会因应科技进步出现新的变化;因此在具体界定科研不端行为内涵时,需要注意把握以下几个方面问题。

1. 科研不端行为的危害性

科研不端行为属于科研诚信失范行为中的一种,也可以说是主要的科研失范行为,其危害性与本书第二章中对科研诚信失范行为的危害性基本相同,此处将不再赘述。但鉴于高校中经常出现科研不端行为,同时高校又是教书育人的重要阵地,故高校中的科研不端行为危害性除了具有学术危害性和社会危害性外,还在人才培养和学术传承方面具有独特的危害性。

师者,所以传道授业解惑也,这是对所有教育者的要求。教师是学生的引路人,教师的言传身教直接影响学生治学与做人的态度。尤其是研究生第一次真正意义上开始接触科研,完全是在导师的带领下一步一步接触科研世界,导师对研究生的世界观和人生观的影响非常大。导师之"导"有双重含义,一是在专业知识上引导研究生向纵深方向发展;二是在人品、素养上引导研究生健康成长。导师应该既能在专业上不断钻研,始终站在国内外学术前沿;又能在遵循学术道德方面以身作则,给学生以正确的指导。如果导师不去钻研学问,让他们给学生"传道、授业、解惑",就将误人子弟,影响人才培养的质量。

古希腊诗人荷马曾发出过"以身作则对好人来说固然是绝伦的大好事;但是对坏人来说,它的害处是无以复加的"的感慨。研究生怀着对科研的憧憬进入大学的校门,如果他的导师是道德素质不高、科研行为不端的人,周围的同学、师长都在进行抄袭、剽窃等各种科研不端行为,可以想象出他对整个学术界的失望。如果更多的科研人员都是这样,那么学术传承将难以为继。这将动摇他们崇尚学习和钻研的价值取向,使他们对学术界不再信任,对学术丧失虔诚和投入的热情。教师作为为人师表者,其学术不端行为将给莘莘学子带来不当导向,产生极坏的示范效应。如果导师有学术不端行为,他带的研究生就会染上这种恶习。学生会在心里说:"为什么老师能抄,我们不能抄?"在当代社会,人才资源成为第一资源;国际竞争的核心是人才竞争,特别是高素质、高层次人才的竞争。高等教育以育人为本,培养人才是其第一职责。如果对当前十分猖獗的学术不端行为不予以有效遏制,将最终影响高等教育育人功能的正常发挥,损害我国人才培养的质量。

2. 科研不端行为的层次性

科研不端行为根据表现场域的不同,可以分为一般的科研不端行为和衍生的科研不端行为。一般的科研不端行为是指在从事科学研究活动的过程中产生的科研不端行为,如剽窃他人成果、抄袭他人文章、冒用他人名义等。这类科研不端行为是当前常见的行为形态,也是实践中容易被发现和被查处的主要问题。而衍生的科研不端行为是指在具体科研活动以外产生的科研不端行为,如科研成果评审过程中的舞弊行为、同行评议作伪行为、对科研资金的挪用占用、买卖论文版面费等。这类科研不端行为中,除了科研资金违规违法使用问题容易被审计和查处外,其他几种不端行为目前尚未引起理论界和实务界的应有重视,更没有形成常态化的查处机制;但客观情况却是,这些科研不端行为对科研诚信的危害性确实不容小觑。

科研不端行为根据行为危害性质的不同,可以分为直接科研不端行为和间接科研不端行为。直接科研不端行为是指在科研活动中直接发生科研不端行为的形态,如在科研活动中违反科研伦理,进行伪造、抄袭等行为,这类行为主体通常就是直接从事具体科研活动的人、科研团队和直接发表科研成果的载体等。而间接科研不端行为是指为科研人员的科研不端行为提供资料和信息、准备条件等间接行为,这类行为主体通常是科研人员所在单位和开展具体科研活动的组织机构。

此外,科研不端行为根据行为时序的不同,可以分为准备阶段的科研不端行为、研究过程中的科研不端行为和审批鉴定阶段的科研不端行为。这种分类虽然对区分行为主体的意义不大,但有助于我们从科研活动的整体性来认识科研不端行为的存续状态。

3.科研不端行为的过程性

对这种过程性的认识,主要是从科研不端行为寄生的科研活动全过程来进行把握,如科研活动的组织阶段、科研人员申请阶段、具体的科学研究阶段、获取和展现科研成果阶段、科研成果的转化阶段。通过这样的过程性展开,我们容易发现在具体科研活动中有哪些环节可能会发生科研不端行为、有哪些行为主体可能会做出科研不端行为。

换句话说,科研不端行为的过程性是科研活动的过程性所决定的,因为在具体科研活动的全过程中,目前尚未发现某个阶段或过程不会出现科研不端行为,区别可能只是易发和偶发而已。以常见的课题研究活动为例,其科研活动从过程性上来看一般包括课题申请、课题立项评审、展开具体研究、成果发表、成果鉴定与成果转化、申请评奖等。课题研究活动包含的多个连续性进程,决定了科研不端行为可能会在多个阶段发生。也就是说,从科研活动开始到结束的每一阶段,都有可能出现科研不端行为,而且其行为形态表现也会呈现出一定的差异性。比如说,在课题申请阶段容易出现伪造身份、学术经历和前期成果等,在课题评审阶段容易出现申请人请托行为和组织者违规行为等,在具体研究阶段容易出现违反科研伦理、数据造假、剽窃、违规使用经费等,在成果发表阶段容易出现抄袭、冒用他人身份、买卖版面费等,在成果鉴定与转化阶段容易出现伪鉴定和夸大成果转化效益等,在申请评奖阶段容易出现伪造信息、请托等不端行为。

4.科研不端行为的主体性

科研不端行为涉及多个主体,包括组织评审政府优秀成果奖的政府及其职能部门、学术共同体、承担相应科研任务的科研机构、具体从事科研活动的科研人员等。从目前情况来看,对于科研不端行为主体的认识通常局限于具体从事科研活动的科研人员及其团队,对其他各类行为主体的关注度还不够。高校是科学研究的主阵地,也是科研失信行为发生的主要场所。鉴于这一情况,各高校都根据教育部的规定设立了学术道德建设委员会,制定了相关制度,配备了工作人员和场所。然而,为了工作的便捷,很多高校的学术道德建设委员会都挂靠在发展规划处、科研处、校办、纪检监察等部门。将学术道德建设委员会挂靠在以上某个部门,是源于高校对科研诚信建设的高度重视,希望能够借助行政力量,严厉惩治科研失信行为。但是,高校科研诚信的治理应是一项系统性、综合性的工作,仅仅依靠某一个部门很难获得理想的效果。同时,高校科研诚信的治理也不能仅仅依靠行政力量。一般而言,除学校行政部门主导之外,还应与学校的科研院所、研究机构甚至是学术团体等合作,使其更加立体、全面。特别是当科研失信行为发生时,学校各级治理主体应联动起来协同治理。① 高校和科研院所作为科研活动的主要行为主体,处理好这些领域的科研不端行为,就可以解决好科研程序领域的大部分问题。

5. 科研不端行为的复杂性

对科研不端行为的界定始终是围绕科研活动进行的。但是,对于科研活动以外的因素也不能忽视。当前的科研活动已经不是一项孤立的活动,许多社会因素诸如政治、经济、文化等都会对科研活动产生巨大的影响,科研活动的过程、目的与应用都会受到这些因素的影响。科研活动早已不局限于对科研成果的直接研究,科研基金项目和课题申请、科研成果鉴定、科研论文的评审和发表等,均已成为科研活动的一部分。科研不端行为贯穿于科研活动的各个阶段,但不可否认的是,对科研成果的研究活动始终是科研活动中最重要的部分,因此,对科研不端行为的界定、认定、防范与惩罚,都应围绕研究活动进行。

在实践中,对科研不端行为的界定和分类应存在扩张解释的空间,以此可以在最大程度上涵盖可能以新形式出现的科研不端行为。就根本上而言,对任何一个学术概念的界定和分类,要作到明确且周延,都是很难的,尤其是类似科研不端这种形式极为多样的行为。但是,尽管如此,针对科研不端这一已经出现并可能产生极大学术负面影响甚至是极大社会危害性的行为,为了便于认定它进而基于此对科研不端行为人进行必要的惩罚,给出相关定义及作出一定分类仍是必不可少的。

---

① 参见史兆新:《科研诚信论》,南京师范大学 2019 年博士学位论文,第 99 页。

对科研活动中的一般学术错误行为,要与科研不端行为区别开来。现代科学研究活动作为一项人类活动,不可避免地会出现一些错误。就科研工作者自身而言,其科研能力、科研认知水平以及其他方面具有的知识储备往往是有限的,苛求其在科学研究活动中不犯任何错误是不现实的。就其主观态度而言,科研工作者的主观心态亦会对科学研究活动产生不可估量的影响,对科研不端行为的认定具有重要的意义,这正如刑法中的故意犯罪和过失犯罪一样,犯罪的主观方面是认定犯罪的重要标准。所以,对一般学术错误行为与科研不端行为的认定,要予以严格区分。

此外,与国外对科研不端行为的界定相比,我国对科研不端界定范围更为广泛,有些行为在国外不被认定为科研不端行为而在国内则有可能被认定为科研不端,如一稿多投、扰乱他人的科学研究的行为。

(三)本书的基本观点

在对科研不端行为的几类主要行为形态进行总结的基础之上,笔者将科研不端行为进行如下界定并尝试进行类型化:科研不端行为,是指实施伪造、剽窃、盗用、冒用、违反科研伦理以及其他违反科研义务的行为。简言之,伪造是指编造或者虚构数据、事实的行为。剽窃通常是指窃取他人的研究成果、学术思想、学术观点、研究方法、研究数据与图片和文字表述等。盗用是指在权利人不知道的情况下使用某物,其主观故意相较于冒用更为明显。冒用是承诺使用他人的物做某事,但却背着权利人使用其物做了其他的事。违反科研伦理主要是指涉及人体和动物实验的有违伦理的科研不端行为,表现为不当伤害研究参与者、虐待有生命的实验对象和违背知情同意原则等。除了伪造、剽窃、盗用、冒用、违反科研伦理这几类主要的科研不端行为,还存在一些其他违反科研义务的行为。在这一概念视域下,科研不端行为的内涵包含了常见的一般的科研失范行为和衍生的科研失范行为,科研不端行为的范围涉及了科研活动的全过程,科研不端行为的主体从具体从事科研活动人员拓展到跟科研活动直接相关的主体,科研不端行为的规制对象从学术规范拓展到科研伦理。有关科研不端行为的具体行为内涵及其表现形态,将在本书第四章"法律行为:科研不端行为的类型化"中予以展开,此处不再赘述。

科研不端行为的表现形式呈现多样化,危害日趋严重。就过程而言,从开始的项目申报到最终的结果评价或从自发的研究到最终的成果评价,科研不端行为可能存在于任何一个环节之中;就具体研究而言,提供虚假信息、抄袭剽窃、伪造数据资料等都是科研不端行为;就发表科研成果而言,一稿多发、未参加创作在他人学术成果上署名、未经他人许可不当使用他人署名等也是科研不端行为;就科研资源而言,科研资源分配不公、浪费科研资源等可以被视为科研不端行为;就科研环境而言,实行学术霸权,破坏科研自由亦是科研不端行为。另外,在科研不端行为的认定上,笔者认为,《中国科学院关于加强科研行为规范建设的意见》将"科学不端行为"与不知情的学术错误相区别的做法是十分可取的,但为防止某些科研人员以"学术错误"之名行"科研不端"之实,对科研不端行为与学术错误的具体区分实有必要,这也是我们在认定科研不端行为的实践中需要考虑的问题。

三、科研不端行为与相关行为的辨析

1. 科研不端行为与科研失败行为

一般认为,科研失败行为是指由于技术难度、经费或者科研工作者个人的问题致使科研无法进行下去进而导致失败的科研行为。在科学研究中,科研失败是经常性的,对于科研失败,应该抱有宽容的态度。从法律责任上看,科研失败行为可能导致科研活动组织者、承担者、所在单位需要承担合同上的民事责任,也可能根本不需要承担法律责任,至于行政责任和刑事责任,一般不用承担。而科研不端行为与科研失败行为是泾渭分明的,科研不端行为除了需承担民事责任外,严重的需承担行政责任甚至刑事责任。就行为的主体而言,科研失败行为的主体一般都是科研活动的主要承担者,而科研不端行为的主体包括科研活动的组织者、主要承担者、主要承担者的所在单位以及鉴定者。在认定上,二者的区别也是较为明显的,科研失败行为一般不会被认为是科研不端行为,但科研不端行为有可能是有关责任人在科研失败的情况下作出的。

2. 科研不端行为与学术失范行为

学术失范行为,一般是指学术研究行为违反相关规定或是学术成果在形式上不合乎规范。"学术失范行为"的范围较广,不仅包括主观上具有可谴责性的行为,也包括因为知识缺乏而造成的客观上形式不规范的行为。[1] 从责任的严重程度上来理解,"学术失范行为"责任较轻,一般不承担法律责任,可以通过行业自律来调整。科研不端行为责任较重,范围较之学术失范行为稍小,但一定条件下,某些严重的学术失范行为,如故意伪造注释,可被认为是科研不端行为。

---

[1] 参见李玉香、邓利敏:《科研不端行为的法律规制》,载《山东科技大学学报(社会科学版)》2011年第4期。

3. 科研不端行为与学术不法行为

学术不法行为通常泛指在科学研究活动中发生的国家法律规章、政策明确禁止的行为。就责任承担而言,科研不端行为有可能需要承担道德责任,若行为较为严重可上升为违法行为。换言之,也有可能需要承担法律责任。而学术不法行为是违法行为的一种,必须受到法律法规的调整,相关责任人也要承担与之相对应的法律责任,甚至可能涉及《刑法》上的入罪。就责任主体而言,学术不法行为的主体不仅限于直接从事科学研究的人员,还包括高校、行政机关、科研院所、企业的科研管理人员,与签订科研合同有关的当事人等,这与科研不端行为的责任主体趋同。就概念的外延而言,一般认为,科研不端行为既涉及道德问题,又可能涉及法律问题,而学术不法行为指的是法律明确禁止的行为,相较之下,科研不端行为的外延更为宽泛。

4. 科研不端行为与学术腐败

学术腐败,主要是指利用学术权力谋取不正当的利益。学术腐败是在一种相当宽泛的意义上就学术文化界和高等教育界存在的学风问题与学术弊端而言的。具体体现在利用学术资源谋取非正当利益或者利用不正当资源谋取学术利益,如权学交易、钱学交易。就严重程度而言,相比科研不端行为、学术失范行为等,学术腐败危害较为严重,极易触犯《刑法》。就范围而言,学术腐败主要涉及权力的不正当运用以及不正当交易,而科研不端行为则贯穿于科研的项目申请、研究、结果报告的全过程,因此,科研不端行为涵盖了学术腐败,其外延更广。

四、我国科研诚信制度化建设现状

由于科研诚信问题愈演愈烈,产生的社会影响越来越大,且有不断蔓延的趋势,因此,我国政府及其职能部门、科研共同体采取制定相关制度规范的举措,意图遏制科研不端行为,并取得了一定的成效。但同时也应当看到,当前的制度化建设仍无法从根本上解决科研诚信问题,这需要引起我们的深思。

1.21 世纪开始注重制度化建设

科研不端行为层出不穷,学术风气受到严重污染,其危害是有目共睹的。为了遏制科研不端行为这种蔓延的趋势,我国政府部门以及各高校纷纷出台相关规范治理科研不端行为,起到了一定的效果。

国务院及其各部门制定了不少相关制度规范,例如《国家自然科学基金条例》《国家科技计划实施中科研不端行为处理办法(试行)》《国家自然科学基金委员会监督委员会对科学基金资助工作中不端行为的处理办法(试行)》《教育部关于严肃处理高等学校学术不端行为的通知》《教育部关于加强学术道德建设的若干意见》《高等学校哲学社会科学研究学术规范(试行)》《国家知识产权战略纲要》等。

各科研院所以及高校也制定了相关规制科研不端行为的规范,如《中国科学院关于加强科研行为规范建设的意见》《中国工程院院士科学道德行为准则的若干自律规定》《中国工程院院士科学道德行为准则》《北京大学教师学术道德规范》《北京航空航天大学教师学术道德规范及管理暂行办法》《东南大学学生学术道德规范条例》《复旦大学学术规范及违规处理办法(试行)》《兰州大学研究生学术道德规范(试行)》《南京大学科学研究行为规范与学风建设管理办法(试行)》《南开大学落实研究生导师立德树人职责实施细则(试行)》《山东大学学术道德规范(试行)》。除此之外,地方政府也颁布了若干有关规制科研不端行为的规范,例如《福建省高等学校学风建设实施细则》《江西省高等学校学风建设实施细则》等。

2. 初步形成行政法规、规章和规范性文件的规范体系

在规制科研不端行为的制度规范纷纷出台的同时,我国关于治理科研不端行为的规范体系也初步形成了,这个体系主要包括行政法规、行政规章和其他规范性文件。

具体来说,当前规制科研不端行为的行政法规主要是国务院发布的《国家自然科学基金条例》,行政规章主要有《国家自然科学基金委员会监督委员会对科学基金资助工作中不端行为的处理办法(试行)》《国家科技计划实施中科研不端行为处理办法(试行)》等,其他规范性文件主要有《教育部关于严肃处理高等学校学术不端行为的通知》《教育部关于加强学术道德建设的若干意见》《高等学校哲学社会科学研究学术规范(试行)》等。

其中行政法规是国务院领导和管理国家各项行政工作,根据宪法和法律以及全国人大的授权,并且按照法律的程序制定的法规。规章是有关行政机关制定的具有普遍约束力的文件,包括部门规章和地方政府规章。规范性文件是各级机关、团体、组织制发的各类文件中最主要的一类,内容具有约束和规范人们行为的性质。行政法规、规章和规范性文件虽然在法律效力上各有不同,但可以在不同层面共同规范科研不端行为,由此可见,目前我国已经初步形成了行政法规、规章和规范性文件的规范体系。

3. 初步形成政府与科研共同体共同治理的格局

国务院、科技部、教育部、中国科学院、中国工程院以及各科研机构（主要是大学）等均根据自身情况出台了相关规范力图规制科研不端行为，由此形成了中央政府及其职能部门、地方政府职能部门、科研共同体以及各科研机构共同治理科研不端行为的格局。政府与科研共同体在规制科研不端行为的过程中应相互配合。

其中，中央政府及其职能部门、地方政府职能部门，包括科技部、教育部、工业和信息化部、国家自然科学基金委员会、国家发展和改革委员会以及地方政府的科技厅、教育厅等，对科研不端行为进行制度化的规范管理，因为政府及其职能部门本身就可能从事或主办一部分科研活动。除了政府，科研共同体也是治理科研不端行为的重要主体。科研共同体是具有相同或相近的价值取向、文化生活、内在精神或特殊专业技能的人，为了共同的价值理念或兴趣目标并且遵循一定的行为规范而构成的一个群体。当前我国规制科研不端行为的科研共同体主要有中国科学院、中国工程院、中国社会科学院、中国科学技术协会、国家自然科学基金委员会、全国哲学社会科学工作办公室以及高等院校等，各类科研机构是具体从事科研活动的主要单位，科研机构中的科研不端行为在整个科研不端行为中占有相当大的比例，因此，各类科研机构在规制科研不端行为过程中责无旁贷。

五、现行法律规制手段及其局限

1. 法律手段及其局限

在当前依法治国的背景下，法律作为调整社会关系的基本方式，自然也是规制科研不端行为的最重要手段。法律手段在规制科研不端行为方面具有其自身的独特优势：第一，法律具有国家强制力。这一点是法律的基本属性，也是法律手段具有强大震慑力的根源。由于法律具有国家强制力，科研工作者才会自觉遵守法律，远离科研不端行为。第二，法律手段可以令科研不端行为的实施者承担不同的责任。法律手段包括民事法律、行政法律与刑事法律，相应地，科研不端行为的实施者若触犯法律，也就相应地需要承担民事责任、行政责任或刑事责任。其中，民事责任主要包括停止侵害、消除影响、赔礼道歉、赔偿损失、恢复原状等；行政责任主要包括行政处罚、行政处分以及补偿性行政责任等；刑事责任主要包括罚金、剥夺政治权利、管制、拘役以及有期徒刑等。这些责任有轻重之分，分别针对不同程度的科研不端行为，构成了相对严密的责任体系。第三，法律手段有明确的实施依据、实施主体。法律是明确的、严谨的、理性的,因此,"通过立法的方式规制学术不端行为,既为处理学术不端行为提供了保障,也为广大科学研究者提供了可以预知到的法律警戒线"。① 法律的实施必须有明文规定作为依据,否则就是违法的;执法主体必须有明确的授权,否则也是违法的。正因为法律具备公开、公正的特性,在运用法律手段规制科研不端行为的过程中杜绝种种"人情"现象成为可能。第四,法律手段具有明确的救济渠道。正所谓"无救济,无权利",没有救济的权利就不是权利。对科研不端行为责任人的处理可能失之偏颇,甚至可能侵犯到责任人的正常权利,在这种情况下,需要对相关人员救济自身权利的要求予以回应,而法律完全能做到这一点。

我国当前与科研诚信相关的法律、政策业已不少,例如,《科学技术进步法》第 8 条、第 11 条、第 13 条、第 14 条、第 51 条、第 67 条、第 69 条、第 112 条、第 114 条等,《著作权法》第 10 条、第 24 条、第 25 条、第 52 条、第 53 条等,《科学技术普及法》第 8 条,《高等教育法》第 42 条,《国家科技计划实施中科研不端行为处理办法(试行)》第 11 条、第 12 条、第 13 条、第 14 条、第 15 条、第 16 条、第 17 条、第 18 条等,《国家科学技术奖励条例》第 30 条、第 31 条、第 33 条等;此外还有《国家知识产权战略纲要》《教育部关于严肃处理高等学校学术不端行为的通知》《教育部关于加强学术道德建设的若干意见》《高等学校哲学社会科学研究学术规范(试行)》《科技部关于加强我国科研诚信建设的意见》《山东省教育厅关于进一步加强教育科研工作的意见》《浙江省教育厅关于加强厅科研项目管理的通知》《云南省教育科研课题管理办法》《江苏省教育厅高等学校哲学社会科学研究项目管理办法》《江苏高等学校学术不端行为调查处理规程(试行)》《江苏高校教师专业技术职务评审学术不端和违规行为举报投诉处理规程(试行)》等。但这些法律、法规、政策不成体系,给进一步深入科研诚信建设造成了不小的困难,因此,对这些规定的整合、修改甚至废止是实属必要的,并且刻不容缓。

第一,立法形式分散,欠缺统一。

就目前而言,我国关于科研不端行为的立法覆盖了法律、行政法规、地方性法规、部门规章、规范性文件等各个层级,形式分散,并不统一。虽然《科学技术进步法》《著作权法》等法律这一层级的文件包含关于科研不端行为的内容,但此类法律的立法本意并非直接针对科研不端行为,直接规

---

① 胡志斌、刘紫良、孙超:《学术不端行为的刑法规制研究》,载《学术界》2011 年第 10 期。

制科研不端行为的文件主要由教育部、科技部制定颁布,根据我国的立法层级分类,此类文件应当属于部门规章或部门规范性文件这一层级。这些法规与政策的出台,在一定程度上对科研不端行为进行了规制,对纯洁科研活动,无疑是具有进步意义的,但我们应当看到,这些文件中依然存在不足之处。比如这些文件的出台均是为了各自部门、单位的利益着想,其效力仅适用于其内部,对外部出现的科研不端行为则无能为力。这种做法使对科研不端行为的规制无法统一起来,导致监督力度的欠缺,加之立法层级较低,对科研不端行为加大处罚力度也就难免力不从心。

第二,立法内容存在冲突和空白。

当前规制科研不端行为的法律、法规、规章以及规范性文件在内容上存在许多冲突。不仅如此,有关科研诚信的立法时间跨度较大,随着经济社会的发展,科研活动在内容、形式上均有了不同于以往的显著变化,出台文件的各部门在立法目的上也有不同程度的转移,先前文件中规定的很多条款和标准可能已经无法适应新形势下科研诚信建设中的需要。此外,各文件中的相关条款、规定本身存在矛盾、冲突,无法协调一致,因此,对这些法律、法规、规章以及规范性文件的整合是现实需要。另外,科学技术和科研水平的快速发展,导致无法可依的情况越来越多,例如,在 AI 创作、高科技成果转化、科技风险投资、知识产权的网络保护、学术不端行为惩治等方面,都需要及时出台法规予以应对。我国对学术研究的规范,长期以来都是以学者的道德自律为主,成文的规章制度较少。虽然 2004 年后,教育部陆续出台了若干规章,以加强学术诚信机制建设,遏制学术不端行为,但规制的范围基本限于哲学社会科学领域。[①] 从法律视角规制科研不端行为并不常见,尤其是《刑法》。《刑法》是所有规范中制裁措施规定得最为严厉的法律,也应是规制科研不端行为的最后一道防线,但《刑法》中并没有关于制裁科研不端行为的专门罪名,这是《刑法》立法的空白。当前《刑法》中用以规制科研不端行为的罪名主要是贪污贿赂犯罪,如贪污罪、行贿罪、受贿罪和挪用公款罪等。这些罪名只能规制科研不端行为中极少的一部分,如贪污科研经费和行贿受贿等,但无法对其他行为作出有效规制。总体而言,立法内容上的冲突和空白为规制科研不端行为带来了较大困难。

第三,规定过于原则化缺乏可操作性。

当前法律、法规、规章以及规范性文件中针对科研不端行为的规定过于原则化,所提供的大多是指导性意见,这些条款规定得较为模糊,以至于

---

① 参见窦靖伟:《论学术不端行为的法律规制》,载《河南财经政法大学学报》2012 年第 3 期。

欠缺针对性。在实践中,此类规定的可操作性受到质疑,无法对科研不端行为产生应有的执行力。因此,制定国家层面的有关科研诚信的法律就显得尤为必要,对科研不端行为的具体界定以及具有可操作性的规制措施应当是其重点,如此,法律的权威方能建立起来。只有把相关规定与措施具体化,形成健全的科研诚信法律体系,对科研不端行为的规制才不会落入窠臼。

第四,立法权限与程序存在瑕疵。

根据依法行政原则,不同层级的立法主体只能拥有与其所处层级相对应的立法权限,其所创设法律的内容亦存在限制,否则就违反了程序上的规定。但当前,我国不少行政规章以及规范性文件均越级设定了行政处罚以及其他处分措施,这样设定的处罚形式与责任并不符合依法行政原则,有悖相关立法程序的规定。

2. 其他调整手段的局限性

(1) 道德手段

长期以来,科研不端行为一直被认为是不道德的行为,许多学者认为应用道德手段来规制科研不端行为。的确,"学术风气堪忧,突出地表现在近年来我国学术界屡屡出现的学术不端和学术腐败现象,这既与当前的学术管理体制有关,与社会大环境和氛围有关,也与学者个人的学术道德和素养有关"。[1] 一般而言,道德手段主要包括自律与他律,即科研工作者的行业自律以及社会舆论的监督等。毋庸置疑,科研工作者的行业自律主要依靠科研工作者自身对科研诚信的秉持及对科研不端行为的自觉抵制。在科研工作者坚守科研诚信的过程中,道德诚信教育起着重要的作用,因为这有利于科研工作者形成关于科研道德的正确认识。与行业自律不同,作为他律手段的社会舆论监督主要是依靠科研工作者的同行、各类媒体以及广大社会公众对科研活动中出现的不端行为进行曝光、批评。

科研不端行为最初是以不道德行为的形式出现在公众视野中的,至今仍有部分专家学者认为科研不端行为属于道德范畴,应以科研道德予以应对。在笔者看来,以科研道德作为调整科研不端行为的手段是一种"理想模式",其局限性是十分明显的。第一,道德诚信教育缺失。基于政策的引导,我国的教育一直侧重于科学知识的传授,对学生道德感的培育长期没有受到重视,更何况是对其科研道德的培养,因此,在科研领域遵守诚信道

---

[1] 姚申:《学术体制、学术评价与学术风气》,载《重庆大学学报(社会科学版)》2010年第6期。

德的观念一直未能深入人心,这是道德诚信教育缺失。① 由于没有受过系统的科研道德诚信教育,广大科研工作者在科研道德上处于先天不足的状态,以至于部分科研工作者将实施科研不端行为视为理所当然。再者,当前学术底线被一再降低,尚未形成对科研不端行为"零容忍"的社会环境,科研工作者难免会受到某些不利因素的影响,因此,意图从源头上杜绝科研不端行为就变得十分困难。第二,科研领域的监督有其独特之处。科研活动作为一项高智力的人类活动,内容复杂,并具有一定的保密性,非科研活动的直接参与者一般很难知晓其具体过程,因此,若科研活动中出现科研不端行为,对其实施社会舆论监督就很难做到。从实际情况来看,目前科研不端行为的举报者多是与科研工作者关系较为亲密之人,如同事,而且由于我国仍然处于熟人社会阶段,此类举报并不多见。第三,用道德调整科研不端行为最大的缺陷在于道德手段缺乏约束力。科研道德具有道德的一般属性,无论是科研工作者的行业自律抑或社会舆论的监督,科研道德都强调内心的遵守。很明显,这缺乏刚性约束,对科研不端行为没有足够的震慑力。第四,道德手段强调自律,"但是科学共同体的自律机制难免出现失灵,自律和自我纠错并不能充分承担维护科学共同体的科研诚信基本精神的使命时,就需要通过立法借助外部力量介入,克服自律失灵,实现他律"。② 因此,单纯凭借传统文化形成的诚信道德标准去约束科研工作者的学术行为,其所达到的效果很难令人满意。

(2)学术手段

除道德手段外,规制科研不端行为的方式还有学术手段,实践中具体包括:高等院校与科研单位对所属科研人员实施的纪律处分;取消学位(如硕士学位、博士学位)、撤销相关学术职务(如教授、副教授);论文著作出版单位撤销相关责任人发表的论文著作或取消其发表的资格;对于其从事的学术工作,可采取暂停、终止科研项目并追缴已拨付的项目经费,取消其获得的学术奖励和学术荣誉,以及在一定期限内取消其申请科研项目和学术奖励资格等处理措施。③ 综合而言,学术手段内容不一,在规制科研不端行为上起到了一定的作用。

相较于道德手段,学术手段在规制科研不端行为的过程中具有一定的强制性,因此具有一定的震慑力,也容易发挥积极效果。具体而言,例如,

---

① 参见窦靖伟:《论学术不端行为的法律规制》,载《河南财经政法大学学报》2012年第3期。
② 焦洪涛、肖新林:《科研诚信建设的立法思考》,载《中国高校科技与产业化》2010年第8期。
③ 参见《教育部关于严肃处理高等学校学术不端行为的通知》。

取消学位、撤销相关学术职务等措施,能对科研不端的行为者产生较为重大的影响;论文著作出版单位撤销相关责任人发表的论文著作或取消其发表的资格、责任人所在单位取消其获得的学术奖励和学术荣誉,可以使责任人在其学术领域内的学术声誉显著降低;暂停、终止责任人申报的科研项目并追缴已拨付的项目经费,可以让科研不端行为者减少获得科研经费资助的机会。因此,在一定程度上,学术手段不失为规制科研不端行为的一种有效手段。但是相比于法律手段,学术手段亦存在一定的局限性。第一,学术手段并不一定具有明确的依据。法律以明文规定作为实施的依据,具有确定性;学术手段在发挥作用时往往没有明确的依据,这就为"暗箱操作"提供了可能。第二,学术手段的实施主体不确定。在以法律手段规制科研不端行为时,执法主体是有职权的或得到授权的,因此是确定的;而学术手段的实施主体众多,内容千差万别,因此是不确定的。第三,学术手段的运用易受到其他因素干扰。举例而言,高等院校与科研单位对所属科研人员实施的科研不端行为进行查处时,可能存在"包庇"现象,最后不了了之;有些科研不端行为的责任者利用自身的影响力、地位或其他手段使自己免受应有的惩罚。如此种种,学术手段的实施效果就可想而知了。第四,学术手段运用失当时缺乏救济渠道。与法律手段不同,学术手段在运用失当时,相关人员没有规范的救济渠道可以令自身的合法权益得到救济,这显然有失公平正义。

3. 现有规制方式发挥作用的路径分析

道德手段、学术手段、法律手段具有不同的特性,以之来规制科研不端行为分别具有优势与不足,那么,如何让现有规制方式最大限度地发挥作用呢?

第一,现有规制方式发挥作用应有主次之分。目前,现有的几种规制方式均在各自领域内单独发挥作用,并没有形成合力,有时甚至会造成"僭越"的现象,即不分主次,各种手段混用。为避免出现此类情况,需要对现有规制方式的主次作用有所认识。笔者认为,法律手段应居于主要地位。当下,我国正处于建设法治社会的关键阶段,法律是判断是非善恶的基本标准,其作用不言而喻,加之法律手段与其他手段相比具有不可比拟的优势,将法律手段作为规制科研不端行为的主要方式是理所当然的。

第二,现有规制方式发挥作用应有程度上的轻重之分。当出现科研不端行为时,应根据其情节轻重适当选择予以规制的方式,尽量做到"罚责一致"。一般而言,道德手段无疑应当属于程度最轻的规制方式,学术手段次之,法律手段最重。在法律手段中,民事手段最轻,行政手段次之,刑事手段最重。但这并不尽然,例如,法律手段中的民事手段与部分学术手段相比,并不是程度较重的规制方式,如赔偿损失与取消教授资格相比,显然后者程度更重,因此,在实际运用规制方式时,应视具体情况慎重选择。

第三,现有规制方式发挥作用应有时间上的区分。虽然规制科研不端行为应以法律手段作为主要方式,但这并不意味着在实际运用时一定要运用法律手段或首先使用法律手段。笔者认为,在发生科研不端行为时,应以是否违法作为判断该行为性质的首要标准,然后确定适用何种规制方式。一方面,若该行为违反了法律的明确规定,则应根据情节严重程度以法律手段予以规制。若该行为性质较轻,应运用民事手段予以规制;若该行为性质较为严重,应运用行政手段或行政手段与民事手段并用的方式予以规制;若该行为性质极其严重,应当追究行为者的刑事责任。应当注意的是,在运用法律手段的同时,也可以适当运用道德手段如在各类媒体上曝光该行为,或学术手段如撤销学术职务、取消学位。另一方面,若该行为没有违反明确的法律规定,则应运用道德手段或学术手段予以规制。若该行为性质轻微,可以考虑运用道德手段如由教师进行批评教育,予以规制;若该行为性质较为严重,则应以学术手段作为主要应对措施,并辅之以必要的道德手段。一言以蔽之,在选择规制科研不端行为的方式时,须将是否违法、情节严重程度、各类规制方式的利弊等因素妥善予以考虑,只有如此,才能让规制科研不端行为的效果达到最佳。

第四章 法律行为：科研不端行为的类型化

根据前文关于科研不端行为的现状分析，我们可以看出，科研不端行为不仅仅只是在实质性的科学研究过程中才会发生，在具体科学研究开展之前和成果转化过程中也会时有发生。概言之，按照课题申报和组织研究、研究结果与发表、奖励和人才计划申报以及科研成果转化等客观时序，科研不端行为会呈现不同的行为形态。当前课题研究中科研不端行为的具体行为形态主要包括以下几种：第一，在课题申报的过程中，科研工作者可能虚报前期研究成果、伪造个人信息、剽窃他人的课题申报研究内容或实施自我剽窃、违反课题申报的条件限制进行申报；第二，在课题研究的过程中，科研工作者可能伪造实验数据或调查数据、抄袭剽窃他人研究成果或实施自我剽窃、贪污挪用或以其他方式不正当使用科研经费、不实际参加研究且仅参与课题的立项与结题、长期拖延不开展科研活动；第三，在课题结题的过程中，科研工作者可能将尚未完全研究成功且可靠性不强的研究成果作为最终成果用于课题结题、企图过分渲染研究成果的价值及影响、以不正当方式影响专家以求通过成果鉴定；在科研成果转化过程中，科研工作者可能将并不能产生"应有"效益的成果称为"先进成果"，进而与企业签订相关合同。另外，在论文、著作的写作过程中，科研工作者可能会作出抄袭、剽窃、伪造数据、一稿多投、重复发表，未经他人许可不正当使用他人署名或相互约定在对方的论文、著作上署名，以及伪造注释等科研不端行为。在科研成果奖励的过程中可能出现的科研不端行为有：第一，将尚未实际应用或并未得到认可的研究成果申报奖励，也即虚假申报；第二，奖项评审不公平；第三，重复申报奖项；第四，故意夸大成果的社会影响；第五，邀请专家、学者作为科研成果的共同开发者一起申报奖励，但这些专家、学者实际并未参与具体科研成果的实质性研究活动；第六，利用不正当手段加入申报奖励的人员之中。

从以上科研不端行为的具体形态中不难看出，课题研究、论文著作的写作以及科研奖励申报中的科研不端行为有相似之处。在进行筛选甄别之后，科研不端行为的具体形态应主要涵盖以下若干情形：(1)在有关人员职称、简历、研究基础、研究成果以及研究人员等方面提供虚假信息；(2)抄袭、剽窃、侵吞他人科研成果或实施自我剽窃；(3)违反科研活动的条件限制从事科研活动;(4)捏造或篡改实验数据或调查数据、文献,捏造事实,伪造注释;(5)贪污、挪用或不按照科研目的及约定使用科研经费或者故意骗取、私吞、私分科研经费或设备;(6)谋取科研经费但不履行或延迟履行科研义务;(7)过分渲染研究成果的价值及影响;(8)将同一研究成果提交多个出版机构出版或提交多个出版物发表以及将基于同样的数据集或数据子集的研究成果以多篇作品出版或发表,除非各作品间有密切的承继关系,否则也属于一稿多发、重复发表;(9)科研管理者或评审专家的科研腐败行为;(10)未参加创作,而在他人科研成果上署名或未经他人许可,不正当使用他人署名;(11)故意干扰或妨碍他人的研究活动;(12)其他科研不端行为。对于在研究计划和实施过程中并非有意的错误或不足,对评价方法或结果的解释、判断错误,因研究水平和能力原因造成的错误和失误,与科研活动无关的错误等行为,则不能认定为科研不端行为。

科研诚信建设立法中至为关键的问题就是对科研不端行为如何分类,由于科研活动日益活跃,科研不端行为形态层出不穷,具体行为形态呈现出多样化的特征,对其进行科学分类实有必要,只有将其予以科学地分类,才能更为有效地规制科研不端行为。当前世界各国对于科研不端行为的分类一般采取"概括+列举"的模式。笔者建议对科研不端行为的分类采取"一般原则+具体类型化+兜底条款"的模式,通过"一般原则"确定科研不端行为的基本构成要素,通过"具体类型化"列举典型的科研不端行为,通过"兜底条款"来涵盖可能出现的新形式的科研不端行为,通过"一般原则""具体类型化""兜底条款"相结合的模式,对科研不端行为作出较为周延但又不失裁量空间的规定。

一、科研不端行为的若干形态

在对科研不端行为的几类主要行为形态进行总结的基础之上,笔者将科研不端行为进行了如下类型化的分类,并基于这种具体分类来尝试界定科研不端行为概念。科研不端行为是指伪造、剽窃、冒用、盗用、违反科研伦理以及其他违反科研义务的行为。就科研不端行为的具体形态而言,其各自内涵可以理解如下。

1.伪造

伪造是常见的科研不端行为,通常是指编造或者虚构数据、事实的行为。在实践中伪造可能出现在科研活动的各个阶段。就具体行为而言,伪造主要包括:在有关人员职称、简历、研究基础、研究成果以及研究人员等方面提供虚假信息,捏造或篡改实验数据或调查数据、图片和音视频,编造无法通过重复实验而再次取得的样品,编造无法重复验证的研究方法与结论,伪造编造注释和参考文献,伪造论著的基金资助来源,编造审稿人信息和审稿意见,伪造科研成果的学术价值和应用价值等。从规范科研不端行为的实践来看,在被惩戒的科研不端行为中,此类情形比比皆是。

2. 剽窃

剽窃也是常见的科研不端行为,通常表现为窃取他人的研究成果、学术思想、学术观点、研究方法、研究数据与图片以及特定文字表述等。就具体行为而言,一般表现为对他人成果整体剽窃、观点剽窃、数据图片和音视频剽窃、研究方法剽窃和特定文字表述剽窃等。此类科研不端行为的核心在于,行为人使用他人成果与研究方法等却不标明出处,意图让人理解为是行为人自己的科研成果。如果此类行为不被揭发出来,则行为人可以轻易获得非法利益,所以剽窃就成为不少人冒险一搏的"捷径"。当然,剽窃的形式也表现得多种多样,在实践认定中需要特别注意。简言之,成果的整体剽窃要比部分剽窃严重,学术思想剽窃比学术观点剽窃严重,研究结论剽窃要比研究方法剽窃严重。

值得注意的是,剽窃的具体行为还包括自我剽窃。自我剽窃一般是指科研人员在已经公开发表研究成果或既有研究内容的基础上,对其稍加改动,作为新的研究成果进行发表或新的研究内容申报项目、奖励。

3. 冒用

冒用,简单来说就是冒充使用,从科研实际情况来看,主要包括两种情形:一种是冒充他人使用,该行为主要是冒充他人身份信息等;另一种是冒充他物使用,该行为主要是指承诺使用他人的物做某事,但背着权利人使用该物做了其他的事。对于冒用行为,目前除了对贪污和挪用科研经费有严格规范外,其他行为则有待继续规范。

笔者认为应将其作为一种类型予以单独列出,主要理由是在科研实践中确实存在此类行为,具有社会危害性,而且其行为性质与伪造、剽窃等又有所不同。比如在科研经费使用上、成果署名上该行为就有明显的个性化特点,而且该行为又是科研活动中频发的科研不端行为,故有必要将其单独列出。具体而言,作为冒用的科研不端行为主要有贪污挪用科研经费、以真发票假业务使用科研经费、不遵守预算规定或项目任务书约定而擅自改变经费用途;在论著署名中,冒用的情形包括未参加研究而在他人科研成果上署名,为追求论文、著作的发表数量而共同约定相互在对方的论文、著作上署名,为了提高论文、著作的被关注度或者便于发表,未经他人许可而将一些在学术界处于权威地位却没有参与研究或撰写工作的人员作为研究成员在自己的论文、著作上署名甚至列为第一作者,为了提高项目立项机会而擅自将他人列为课题组成员等;在学术评审活动中,冒充真正的评审专家进行评审活动,如前文介绍的用自己的邮箱冒充评审专家邮箱的典型案例;在科研资源获取和科研成果推广上,冒名顶替使用他人身份信息和科研经历;等等。

4. 盗用

盗用是指未经他人同意或授权,擅自使用或实施某种活动,以抬高自己身价或谋求不正当的利益,其主观故意相较于冒用更为明显。作为盗用的科研不端行为,主要有未经他人同意而擅自利用他人的科研资源,故意骗取、私吞、私分、占用科研设备设施等。这一科研不端行为类型也是目前尚未被予以规范的行为,但笔者认为有必要将其单独列出,主要理由在于,盗用他人科研资源和成果的危害性很大,需要对此予以专门规制。客观地说,盗用与冒用虽然存在一定的范围交叉,但又不能完全等同。在未经他人同意的情况下擅自使用他人名义从事科研活动上,冒用和盗用似乎区别不是很明显;但是,如果区分了被擅自使用的对象和科研资源归属后就可以发现差异。从对象上来看,盗用的主要是他人的科研资源和科研成果,而冒用的通常是科研人员身份信息和科研经费;从科研资源和科研成果归属上来看,冒用发生在归属于行为人自己可以支配的科研活动中,而盗用则是采取窃取手段来骗取和占用本属于他人的科研资源和科研成果;从主观恶性上来看,盗用比冒用的主观恶性更大,所造成的危害后果更为严重,更需要从严惩戒。

5. 违反科研伦理

违反科研伦理主要是指涉及人体和动物实验时有违伦理的科研不端行为,通常表现为不当伤害研究参与者、虐待有生命的实验对象和违背知情同意原则等。具体而言,行为人不顾基本科研伦理从事人体和动物实验或实验方法过于残忍,以及在违反权利人知情同意的情况下利用人体、动物或其他生物资源从事相关科学研究等。违反科研伦理的不端行为在性质上一般都较为严重,有可能产生极为严重的后果以及恶劣的社会影响。比如前文介绍的基因编辑婴儿案,则是非常严重的违反科研伦理的科研活动,行为人最终也被判决有罪而受到了刑事处罚。我国虽然出台了《涉及人的生物医学研究伦理审查办法》这一部门规章,对伦理审查原则也作出了详细的规定,但还是没有很好地解决科研活动中的伦理审查问题,科研活动中的伦理审查制度还有待完善。

6. 其他违反科研义务的行为

除了伪造、剽窃、冒用、盗用、违反科研伦理这几类主要的科研不端行为，还存在一些其他违反科研义务的行为，比如违反科研活动的限制条件从事科研活动、谋取科研经费但不履行或延迟履行科研义务、过分渲染研究成果的价值及影响、一稿多发、重复发表、科研管理者或评审专家的科研腐败行为、故意干扰或妨碍他人的研究活动、泄露科研活动的秘密等。

本书将一稿多发而不是一稿多投视为科研不端行为，这与有关主管部门如国家新闻出版署的规定还是有差异的。国家新闻出版署在其发布的《学术出版规范 期刊学术不端行为界定》中认定，"将同一篇论文或只有微小差别的多篇论文投给两个及以上期刊，或者在约定期限内再转投其他期刊的行为"属于一稿多投的科研不端行为。客观地说，一稿多投确实是多发常发现象，其原因既有作者急于求成或增加发表机会的主观功利性因素，又有学术期刊基于垄断优势地位而迟迟不作出是否录用的客观因素；在这二者之间，我们应该从区分优势劣势的角度来加以考量，而不能简单地将责任全部归咎于处于弱势一方的作者。另外，从论文发表的实际效果看，一稿多投并不直接引发重复发表而浪费学术资源的问题，对于所谓权威期刊来说，不予发表是常态化操作；也就是说，绝大部分投稿都不会被录用，允许这些作者为寻求发表机会而投稿，客观上并不会造成多大不利影响。对于其他期刊而言，这种一稿多投带来的重复发表是存在的，但在信息化程度越来越高的当下，随着期刊联盟运行机制的完善，重复发表还是可以避免的；因为期刊论文的编辑周期普遍比较长，期刊社的处理时间是有保障的。如果将"一稿多发"视为科研不端行为，则更具说服力。为防止"一稿多投"演变为"一稿多发"，我们只需要给投稿者设定一个及时通知义务即可解决问题，约定或规定其在收到用稿通知后限期联系其他杂志社予以告知，防止其他已经接受稿件的杂志社重复刊发；而这在即时通信手段便捷化、普遍化和投稿电子化的今天，显然已经不再是个问题了。如果投稿者在收到录用通知后未能及时告知其他杂志社，从而导致一稿多发，则可视为科研不端行为。

二、法律规范中的科研不端行为

笔者对科研不端行为主要从法律视角进行分类。具体而言，分类的标准主要是哪些科研不端行为属于需要运用法律实施规制的对象，以及若某科研不端行为须以法律予以规制，究竟应当适用何种法律规范。下文笔者将就各类科研不端行为分别具体进行阐述。

1. 提供虚假信息

应当看到,无论是课题申报还是科研奖励申报,有关人员的职称、简历、研究基础、研究成果以及研究人员等方面的信息均是评审内容的必要组成部分,其重要性不言而喻。需要注意的是,一般意义上,提供虚假申报信息的行为情节较轻,不太容易直接造成严重后果,因为课题能否成功获批,主要还是要看选题、论证及其创新之处,国家新近提倡的"揭榜挂帅"制,更是淡化了上述信息而看重课题论证本身。因此,对提供虚假信息的,则可以考虑主要以道德手段或学术手段对其予以规制,再辅之以必要的法律规制手段。

就法律角度而言,科研工作者实施课题申报或科研奖励的申报时,若课题申报成功,则视其主办单位是民间组织还是行政组织的不同而从法律上分别认定为民事合同或行政合同;若科研奖励申报成功,则该奖励有可能属于行政奖励,如国家和地方科学技术奖、哲学社会科学优秀成果奖,也有可能属于社会力量设奖,如孙冶方经济科学奖、何梁何利基金奖。因此,现有法律规范对科研活动过程中提供虚假信息的行为作出了规定,一般是按照合同管理来处置的,如课题管理中的中止、终止、撤项、退回经费;当然,现有法律规范中也有了行政处置措施,如设定限制申报期限。至于刑事关系,基于法无明文规定不为罪的基本原则,目前该科研不端行为一般不会触犯到《刑法》,因此与刑事责任无关;但是,这并不排除《刑法》以来将严重的不端行为纳入调整范围的可能性。

2. 伪造数据

捏造或篡改实验数据或调查数据、文献,捏造事实,伪造注释,这些行为属于较为常见的科研不端行为,也是严重的科研不端行为。伪造核心数据而获得的"科研成果",则更是学术共同体和整个人类社会都不能容忍的恶劣行径。就法律视角而言,该科研不端行为可能触犯民事法律如《著作权法》,亦有可能触犯行政法律。举例而言,若某科研工作者与某单位签订了一项技术开发合同,该科研工作者在研究成果中捏造或篡改实验数据或调查数据、文献,导致该科研成果不具有真实性,则从《民法典》的角度来看,该科研工作者明显构成违约,需要承担违约责任。至于行政责任,若科研工作者通过与行政机构签订合同来参与科研活动并且从事了该科研不端行为,就应当承担行政法律责任。至于是否需要对造成严重社会影响的极少数伪造数据行为进行刑事追责,也是一个有待进一步研究的问题。

3. 剽窃

抄袭、剽窃、侵吞他人科研成果或实施自我剽窃,则是最为常见的科研不端行为,其形式多样,情节轻重各不相同,造成的危害结果也各有不同。一般认为,抄袭、剽窃、侵吞他人科研成果或实施自我剽窃会触犯法律。以《著作权法》与《专利法》为例,《著作权法》第 52 条规定:"有下列侵权行为的,应当根据情况,承担停止侵害、消除影响、赔礼道歉、赔偿损失等民事责任……"第 53 条规定:"有下列侵权行为的,应当根据情况,承担本法第五十二条规定的民事责任;侵权行为同时损害公共利益的,由主管著作权的部门责令停止侵权行为,予以警告,没收违法所得,没收、无害化销毁处理侵权复制品以及主要用于制作侵权复制品的材料、工具、设备等,违法经营额五万元以上的,可以并处违法经营额一倍以上五倍以下的罚款;没有违法经营额、违法经营额难以计算或者不足五万元的,可以并处二十五万元以下的罚款;构成犯罪的,依法追究刑事责任……"《专利法》第 68 条规定,"假冒专利的,除依法承担民事责任外,由负责专利执法的部门责令改正并予公告,没收违法所得,可以处违法所得五倍以下的罚款;没有违法所得或者违法所得在五万元以下的,可以处二十五万元以下的罚款;构成犯罪的,依法追究刑事责任"。另外,《刑法》第 217 条规定了构成侵犯著作权罪的几种行为方式,例如,未经著作权人许可,复制发行其文字作品、音乐、美术、视听作品、计算机软件及其他作品的;出版他人享有专有出版权的图书的;未经录音录像制作者许可,复制发行其制作的录音录像的;制作、出售假冒他人署名的美术作品的等。由此可见,抄袭、剽窃、侵吞他人科研成果或实施自我剽窃视具体情况而定分别有可能触犯民事法律、行政法律以及刑事法律。当然,该科研不端行为并非必须以法律予以规制,若情节轻微,处以道德责任或学术责任也无不可,但若触犯法律,则必须令其行为者承担法律责任。

4. 违法或不当使用科研经费

贪污挪用或不按照科研目的及合同约定合理使用科研经费,或者是故意骗取、私吞、私分科研经费或设备,这些行为目前也比较常见。在课题申报时,承担课题研究的科研工作者、科研单位一般都会与课题主办单位就科研经费具体如何使用作出约定。正如前文所述,原则上,科研经费必须严格按照课题申报书经费预算及所列举的事项来使用;在实际科研活动中,课题承担者可以根据科研活动的进度以及实际需要适当调整科研经费的使用,但基本前提是科研经费必须用于科研活动。然而在实际的科研活动中,贪污挪用或不按照科研目的及合同约定合理使用科研经费的现象时有发生,某些行为的性质甚至已经达到了需要追究刑事责任的程度。毫无疑问,该科研不端行为者应当承担与其具体行为相符合的民事责任、行政责任乃至刑事责任。需要特别强调的是,该科研不端行为容易触犯刑事法律。可能触犯刑事法律的科研不端行为包括贪污、挪用、截留、克扣国家财政用于科学技术进步经费的行为;在科学研究活动中玩忽职守,造成重大经济损失等。"这类行为根据违法主体和违法行为的不同可分别适用《刑法》里挪用资金罪、挪用公款罪、渎职罪、贪污罪、诈骗罪、巨额财产来源不明罪、私分国家集体财产罪等不同的刑事法律责任的规定"。[①] 比如,《刑法》第382条规定:"国家工作人员利用职务上的便利,侵吞、窃取、骗取或者以其他手段非法占有公共财物的,是贪污罪。受国家机关、国有公司、企业、事业单位、人民团体委托管理、经营国有财产的人员,利用职务上的便利,侵吞、窃取、骗取或者以其他手段非法占有国有财物的,以贪污论。与前两款所列人员勾结,伙同贪污的,以共犯论处。"第384条第1款规定:"国家工作人员利用职务上的便利,挪用公款归个人使用,进行非法活动的,或者挪用公款数额较大、进行营利活动的,或者挪用公款数额较大、超过三个月未还的,是挪用公款罪,处五年以下有期徒刑或者拘役;情节严重的,处五年以上有期徒刑。挪用公款数额巨大不退还的,处十年以上有期徒刑或者无期徒刑。"一旦贪污挪用或不按照科研目的及合同约定合理使用科研经费违反了《刑法》的相关规定,依《刑法》对其进行规制也就顺理成章了。

5. 不履行或延迟履行科研义务

该科研不端行为有可能涉及民事法律关系或行政法律关系。从民法来看,在履行期限到来以后,当事人不履行或不完全履行合同义务的,将构成现实违约。其中,不履行是指在合同期限到来以后,一方当事人无正当理由没有履行合同规定的全部义务。《民法典》第577条规定:"当事人一方不履行合同义务或者履行合同义务不符合约定的,应当承担继续履行、采取补救措施或者赔偿损失等违约责任。"法条中的"一方不履行合同义务"就是指不履行的行为。谋取科研经费但不履行科研义务作为违约行为的一种,可能是两个原因导致的:一是能够履行而不履行,即拒绝履行;二是客观上没有履行能力而无法履行,即履行不能。而延迟履行是指合同当事人的履行违反了履行期限的规定。根据《民法典》的规定,凡是违反了合同期限的履行都可以称为延迟履行。那么,在此类科研不端行为中,延迟履行科研义务就是指科研项目承担者一方违反了科研合同的履行期限,且未经审批而延期结项或者批准延期结项后仍未能按期结项。根据科研

---

① 张锏:《科研不端行为的法律规制比较研究》,华中科技大学2008年硕士学位论文,第23~24页。

合同的性质不同,若科研合同属于民事合同,该科研不端行为的实施者需要承担民事责任;若科研合同属于行政合同,该科研不端行为的实施者需要承担行政责任。

6. 过分渲染研究成果的价值及影响

在实践中,科研工作者一般为通过最终的成果鉴定及验收或者申报科研奖励而过分渲染研究成果的价值及影响,这也是不诚信的科研行为之一。应当说,该科研不端行为并不是十分严重的行为,对其是否需要予以法律规制须慎重考虑。一般而言,做出该科研不端行为的科研工作者只需承担道德责任或学术责任。若科研工作者以其科研成果与企业签订合同或者申报行政奖励,则需要以法律予以规制,因为这将不可避免地违反民事法律与行政法律,在这种情况下,理应加强对该科研不端行为的法律规制。

7. 重复发表

将同一研究成果提交多个出版机构出版或提交多个出版物发表以及将基于同样的数据集或数据子集的研究成果以多篇作品出版或发表,除非各作品间有密切的承继关系,一般都属于重复发表行为。有学者认为,"对某些行为是否属于科研不端行为有争议的,也无须法律化。比如'一稿多投'行为,它实质上属于作者和出版者之间利益的均衡问题,中国法学界最具有学术影响力的专业杂志之一《法学研究》就公开声明'本刊一贯反对一稿多用,但从不反对一稿多投';另一本权威杂志中国法学会主办的《中国法学》也只声明'提倡一稿专投,反对一文多用'"。[①] 笔者认为,重复发表确属科研不端行为,但其危害性相比于其他科研不端行为较小。因为,即便出现"一稿多投"、重复发表的行为,该研究成果及其附属的权利也依然属于其创作者和期刊社,这一点是无可争议的。既然如此,该科研不端行为并无明显侵犯特定法律关系之处,同时,亦无明确的法律规范对"一稿多投"的行为作出规制,常见的只是期刊社的自行限制。因此,笔者对上述学者的观点持认可的态度,再结合前文对"一稿多投"行为的阐释,笔者认为对一稿多投行为并无进行法律规制的必要,甚至"一稿多投"行为本身就不属于需要法律规制的科研不端行为。当然这并不意味着科研行为者在实施一稿多投后就不需要承担任何责任,相应的道德责任与学术责任还是需要承担的。另外,在对重复发表行为追究法律责任时,笔者认为也应当区分行为人的主观过错进行区别对待,对于无主观过错的行为人,即使

---

① 王清平:《论科研不端行为的法律性》,载《安徽农业大学学报(社会科学版)》2011年第6期。

其有重复发表行为,也不应认定其有科研不端行为。比如实践中较多的一种情形是,某作者向甲杂志社投稿3个月后未能收到是否录用的通知,电话和邮件询问也不作明确答复;后改投乙刊被发表,但甲刊后来在未与作者联系的情况下也予以发表,造成了事实上的重复发表现象。对于这类行为,则不应认定为科研不端行为。

8. 关联人员的科研腐败行为

在科研活动,尤其是课题申报以及科研奖励申报过程中,科研管理者或评审专家的科研腐败行为并不罕见。部分科研工作者以行贿的手段试图获取自身所希冀的利益,而某些科研管理者或评审专家不顾既有的规定与行政纪律,为图一时的利益,收取了这些"好处",这就有可能构成《刑法》上的受贿罪与行贿罪。《刑法》第385条规定:"国家工作人员利用职务上的便利,索取他人财物的,或者非法收受他人财物,为他人谋取利益的,是受贿罪。国家工作人员在经济往来中,违反国家规定,收受各种名义的回扣、手续费,归个人所有的,以受贿论处。"当然,受贿的不仅是个人,单位受贿的可能性亦存在。《刑法》第387条规定:"国家机关、国有公司、企业、事业单位、人民团体,索取、非法收受他人财物,为他人谋取利益,情节严重的,对单位判处罚金,并对其直接负责的主管人员和其他直接责任人员,处三年以下有期徒刑或者拘役;情节特别严重的,处三年以上十年以下有期徒刑。前款所列单位,在经济往来中,在帐外暗中收受各种名义的回扣、手续费的,以受贿论,依照前款的规定处罚。"科研工作者在此过程中若犯有行贿罪,亦须承担刑事责任。《刑法》第389条规定:"为谋取不正当利益,给予国家工作人员以财物的,是行贿罪。在经济往来中,违反国家规定,给予国家工作人员以财物,数额较大的,或者违反国家规定,给予国家工作人员以各种名义的回扣、手续费的,以行贿论处。因被勒索给予国家工作人员以财物,没有获得不正当利益的,不是行贿。"若科研单位实施行贿行为,就可能构成单位行贿罪。《刑法》第393条规定:"单位为谋取不正当利益而行贿,或者违反国家规定,给予国家工作人员以回扣、手续费,情节严重的,对单位判处罚金,并对其直接负责的主管人员和其他直接责任人员,处三年以下有期徒刑或者拘役,并处罚金;情节特别严重的,处三年以上十年以下有期徒刑,并处罚金。因行贿取得的违法所得归个人所有的,依照本法第三百八十九条、第三百九十条的规定定罪处罚。"

9. 不正当署名

此类科研不端行为侵犯了他人的署名权。《著作权法》第10条规定:"……(二)署名权,即表明作者身份,在作品上署名的权利……"从学理上讲,署名权是指作者向公众表明其与作品之间的自然关系、表明作者身份的权利。实践中,作者在作品上署名、署真名或署笔名或者不署名等均是行使署名权的方式。

作者通过其创作的作品传递其思想、人格、精神和情感。作品是作者向公众表达思想的桥梁。作者与作品之间有着这种与生俱来的自然身份关系,并通过行使署名权的方法来体现。侵犯他人署名权需要承担民事责任、行政责任,严重者需要承担刑事责任。《著作权法》第52条规定:"有下列侵权行为的,应当根据情况,承担停止侵害、消除影响、赔礼道歉、赔偿损失等民事责任……(三)没有参加创作,为谋取个人名利,在他人作品上署名的……"第53条规定:"有下列侵权行为的,应当根据情况,承担本法第五十二条规定的民事责任;侵权行为同时损害公共利益的,由主管著作权的部门责令停止侵权行为,予以警告,没收违法所得,没收、无害化销毁处理侵权复制品以及主要用于制作侵权复制品的材料、工具、设备等,违法经营额五万元以上的,可以并处违法经营额一倍以上五倍以下的罚款;没有违法经营额、违法经营额难以计算或者不足五万元的,可以并处二十五万元以下的罚款;构成犯罪的,依法追究刑事责任……(八)制作、出售假冒他人署名的作品的。"应当注意的是,在实践中会出现这样的情况,部分科研工作者为向某些领导人员示好,主动向领导人员提出在其科研成果中署上领导人员的名字,以此"贿赂"领导人员,为其今后的前途作铺垫,而领导人员也表示同意或者不明确拒绝。不难看出,此类行为虽名为"贿赂",但依然属于"未参加创作,而在他人科研成果上署名"的范畴,其性质依然属于侵犯署名权的科研不端行为。

但就具体如何规制而言,此种科研不端行为较为特殊。《著作权法》第52条中有"没有参加创作,为谋取个人名利,在他人作品上署名的"规定,而在此种科研不端行为中,领导人员虽无"谋取个人名利"的动机,但事实上完成了"谋取个人名利"的行为,可以依据《著作权法》第52条予以规制;而科研工作者虽有"为谋取个人名利"的动机,但署名的是自身的作品,并非"他人作品上",更非"没有参加创作",故对其不能以《著作权法》第52条作为依据予以规制。就实际情况而言,此类不当署名行为的产生,真正的作者责任最大,因此,对该行为不能放任不管。在当前对作者此种行为尚无法施以法律规制的背景下,笔者认为必须要强化学术责任惩处和道德责任惩戒,迫使其承担较大的行为成本,尽可能遏制这种歪风。

10. 故意干扰或妨碍科研活动

该类不端行为虽然并未见诸报道,但在实践中的表现形式多样,主要是指科研管理人员运用恐吓、胁迫甚至暴力等手段对科研工作者的研究工作实施故意干扰,打击、迫害、报复科研工作者,对科研工作者的身心造成严重伤害。这类科研不端行为的主体主要是科研管理人员,按其情节轻重之分以及可能触犯的法律关系不同,分别需要承担相应的民事责任、行政责任和刑事责任。若此科研不端行为侵犯民事法律关系,可能侵犯到他人的人身权与财产权,笔者认为,可以考虑适用《民法典》侵权责任编。《民法典》第1164条规定,"本编调整因侵害民事权益产生的民事关系"。若此科研不端行为侵犯行政法律关系,可以考虑适用《行政处罚法》来对其予以规制。若此科研不端行为侵犯刑事法律关系,可以考虑适用《刑法》第254条来对其予以规制。具体而言,《刑法》第254条规定:"国家机关工作人员滥用职权、假公济私,对控告人、申诉人、批评人、举报人实行报复陷害的,处二年以下有期徒刑或者拘役;情节严重的,处二年以上七年以下有期徒刑。"另外,值得注意的是,若科研工作者对批评、举报其存在科研不端行为的人员实施报复陷害,亦属于科研不端行为,若情节严重,也可适用《刑法》第254条。

11. 其他科研不端行为

应当看到,科研不端行为的种类极为多样,随着科研活动的进步,科研不端行为的种类也随之增加。笔者以"其他科研不端行为"作为兜底条款试图涵盖新出现或并不常见的科研不端行为。举例而言,泄露国家秘密,采用或者转让、经营国家明令禁止的技术等行为也可归类于科研不端行为,但在日常科研活动中,此类科研不端行为并不常见,因此笔者不将其作为主要科研不端行为单独列出。若要对此类科研不端行为实施法律规制,亦有章可循。比如科研工作者向境外转让、经营国家明令禁止的技术的,就触犯《刑法》第111条"为境外窃取、刺探、收买、非法提供国家秘密、情报罪",其规定为:"为境外的机构、组织、人员窃取、刺探、收买、非法提供国家秘密或者情报的,处五年以上十年以下有期徒刑;情节特别严重的,处十年以上有期徒刑或者无期徒刑;情节较轻的,处五年以下有期徒刑、拘役、管制或者剥夺政治权利。"另外,一项科研活动既可能属于民事活动,也可能属于行政活动。若某科研工作者或科研单位在不符合某项科研活动的研究条件的情况下,依然从事该科研活动,就是违反了民事合同或行政合同的相关构成要件,自然违反了民事法律或行政法律,如此,该科研不端行为就应该受到相关法律的规制。

第五章　调整范围：从知识生产到成果转化

一、科研不端行为的过程性分布

科学技术的进步对经济社会发展的作用是有目共睹的,我国改革开放前后就开始意识到科学技术的重要性。被誉为中国改革开放总设计师的邓小平同志,早在1975年就提出了"科学技术就是生产力"的论断,他在1978年全国科学大会上提出了四个现代化的关键是科学技术现代化,1988年他会见捷克斯洛伐克总统古斯塔夫·胡萨克时更是提出了"科学技术是第一生产力"的著名论断,1992年在视察南方的讲话中他又再次重申了这一思想。可以说,邓小平关于科学技术是第一生产力的重要思想,对提高全民族的科学文化水平,大力发展科学技术,促进科学技术进步,推动我国改革开放和社会发展起到了十分重要的推动作用。[①] 然而,不可忽视的是,在科学研究活动中还客观存在种种科研不端行为,这些科研不端行为对科学研究活动的损害无疑是巨大的。针对这一情况,我国曾努力以道德、舆论监督、学术自治等手段来规制科研不端行为,但收效不甚理想;当下越来越多的科研不端行为就是例证。鉴于此,法律规制手段就应该成为规制科研不端行为的重要方法。

根据前述分析,科研不端行为有可能出现在科学研究的任何一个过程环节。就课题项目研究而言,在课题的申报、课题的实际研究过程、结题等阶段均会出现科研不端行为。就一般的论文、著作发表以及科研成果的评奖而言,也有科研不端行为发生的可能。就科研活动的具体组织者而言,也可能在课题评审、评奖和成果转化过程中出现科研不端行为。由于科研不端行为污染了学术界本应具有的纯洁空气,其危害不言而喻,故其所需承担的法律后果也应当予以明确。

1. 课题项目中的科研不端行为

当下的许多重要科学研究活动,仅仅依靠个人的工作能力、财力,很难有所作为,因此,向科研资助机构提出相关课题项目的申报就成为科研工

[①] 参见新华社:《新中国档案:邓小平提出科学技术是第一生产力》,载中央人民政府网,https://www.gov.cn/test/2009-10/10/content_1435113.htm。

作者的不二选择。简单来说,课题申报就是课题申报人向有关科研资助机构提出课题申报,设想完成某些具体研究任务,并请求提供研究经费资助。当然,课题申报是要经过严格审查的。科研资助机构有自身的审查程序,具体实施审查的人员一般由该课题领域的同行专家组成。同行专家组成的评议委员会在对申报的课题进行严格的审查之后,就是否同意给予立项资助提出专家评审建议,供课题资助机构最终决定。由此可见,在课题申报的整个过程中,同行专家对课题项目的审查起着极为关键的作用。总体而言,一个课题项目能否申报成功,主要取决于申报选题的创新性、研究内容的科学性、研究方法的新颖性以及课题实施的可行性等;但不可忽视的是,课题申报者的主要研究经历和已有研究成果也在一定程度上影响审查结果,若主要研究经历和已有研究成果较为丰富,则无疑会在课题申报中具有积极作用。

(1) 课题申报中的科研不端行为

在课题项目的申报中,一般会出现以下几种科研不端行为:

第一,在课题申报的过程中,课题申报者就前期研究成果作假。一般来说,在伪造前期研究成果时,课题申报者会采取的措施有将他人的研究成果当作自己的研究成果写入课题申报材料中,或者故意伪造根本不存在的所谓"成果"作为研究基础等,这些都是严重的科研不端行为。课题申报者的已有研究成果对申报课题有着重要的影响,因为,课题申报者已有研究成果的丰富程度、关联性、重要与否,都与该课题申报者的研究能力直接相关。若已有研究成果较为丰富且已发表在重要期刊、报纸、杂志或其他文献上,则表明该课题申报者的科学研究能力已经达到一定的水平,这对成功申报课题的作用是不可忽视的;与之相反,课题申报者的已有研究成果较少且并不重要、与申报课题的关联性也不足,则课题的前期研究基础较为薄弱,该课题申报者的科学研究能力亦会受到质疑,课题申报成功的可能性亦会随之下降。因此,正是基于这一认识,部分课题申报者伪造前期研究成果或故意拔高研究成果的层次,希望以此增加课题申报成功的砝码。此类科研不端行为中比较典型的事例有某部委副总工程师张某某在评选院士中作假一事。张某某为成功评选院士,在 2007 年"出版"了两本专著,"发表"了 5 篇论文。"这些学术著述,与某部的推荐材料一同成为张某某参选的重要砝码。尤其是《铁路高速列车应用基础理论与工程技术》与《超大型工程系统集成理论与实践》两书,共计 119 万字,既有理论也有实践,涉及机械、力学、电传动技术等多个领域和学科"。① 事实证明,这些所谓的学术著述均为"捉刀代笔之作"。该案在社会上产生了广泛的影响,由此更是引来了社会对院士评选机制的质疑。院士是对具有突出科研贡献人员授予的最高学术称号,在社会上享有极高的声誉,公众对其的认可是毋庸置疑的,因此,院士评选也应是最为公正、客观的。张某某案令公众心中正面的院士形象产生动摇,事实上也引发了国家对院士评选和管理制度的后续完善。

第二,申报者伪造个人信息。申报者对个人信息进行伪造亦是一种严重的科研不端行为,具体而言,伪造的个人信息可以包括申报者的学位证书、学历、奖励证书和人才称号等。申报者通过伪造这些虚假的学习经历或荣誉,故意抬高申报人或成员的学术职称、学历、履历以及评价鉴定,目的是以此为基础成功申报课题。举例而言,2012年某大学教授傅某的哥伦比亚大学博士文凭被确认为造假,影响甚广。傅某凭借该"博士学位"在某大学获得了讲座教授职位,并进而获得了诸多利益。② 从这个例子中不难看出,由科研不端行为带来的物质利益和其他利益很多,需要警惕的是,这种"利益"可能会吸引更多的科研工作者冒险作出科研不端行为,由此产生的危害不言而喻。

第三,申报者剽窃他人的课题申报研究内容或实施自我剽窃。申报课题的创新性、研究方法的新颖性以及课题实施的可行性是同行专家审查课题的重点,这是课题研究的精华所在。某些申报者以不正当手段得到他人课题申报书的创新性研究方案以及具有新颖性的研究方法,以此作为自己的研究方案或研究方法来申报课题。剽窃他人的课题申报研究内容是科研不端行为,同样地,实施自我剽窃亦是科研不端行为。自我剽窃一般是指科研工作者在已经作为某项课题申报的研究内容的基础上,对其稍加改动,作为新的研究内容申报另一项课题。如此一来,新课题研究内容的新颖性就很难得到保证了,若该课题申报成功,将会对科研资源造成浪费。

第四,申报者违反课题申报的限制条件。实践中,部分课题申报会包含一定的条件限制,例如申报者的年龄、技术职称、已有的研究成果,这些限制一般是出于课题本身的需要而作出的。某些科研工作者为了谋取该课题,在违反相关条件的情况下依然予以申报,这类不顾既有条件限制而

---

① 曾鸣、藏瑾:《权力惜败学术惨胜 张曙光只差一票成院士》,载科学网,https://news.sciencenet.cn/htmlnews/2013/9/283232.shtm。
② 参见佘峥:《厦大确认女教授博士学位造假 已被辞退》,载科学网,https://news.sciencenet.cn/htmlnews/2012/7/267415.shtm。

申报课题的行为亦是科研不端行为。例如,某科研工作者已经获批了一项国家社科基金项目,在该项目研究期间又申报教育部人文社科基金项目,按照现行政策规定,其申报教育部项目的行为违反了课题申报的限制条件。

课题申报立项阶段是课题的初始阶段,若在此阶段严格审查,可以在很大程度上减少科研不端行为;若在此阶段默许甚至纵容以上种种科研不端行为的存在,则之后便难免会出现更多更严重的科研不端行为。目前在很多重要的基金项目管理过程中,管理者都加大了审查力度,正式立项前还进行公示以借助社会力量进行监督,也取得了很好的效果。但是,实践中也还存在有些申报单位基于部门利益考虑而放松资格审查等现象,这种现象应该坚决杜绝。

(2)课题研究中的科研不端行为

课题研究阶段,主要包括实验设计、实验操作、撰写论文和研究报告、研究经费的使用等环节。以工科项目为例,在一般情况下,课题承担者在课题研究阶段要组织实施大量的实验操作,得到真实可靠的实验数据后,经过反复比对,提取其中有价值的部分,以此为基础展开论文的撰写。为了防止实验数据和论文观点外泄,这一研究过程通常要在相对保密的情况下进行。总而言之,课题研究过程是整个课题实施过程中最主要的阶段,大量的科研不端行为会出现在这一阶段,这些科研不端行为会对课题研究的真实性、权威性、可信性造成难以弥补的损害,也会对有限的科研资源造成浪费。

第一,伪造实验数据或调查数据。课题承担者得出的实验结论或调查数据应当是建立在真实的实验数据或调查报告基础之上的,而真实的实验数据或调查报告应是在实际实验操作或实际调查之后取得的。这样,以实验数据或调查数据为依据撰写的实验报告、论文才具有可信性,以伪造的实验数据或调查数据作为实验报告或调查报告的依据,就是严重的科研不端行为。如某大学医学博士后贺某论文造假就是典型事件。2008年5月,德国《NSA药理学》杂志刊登以贺某为第一作者的文章《丹酚酸B和贝尔普力对小鼠慢性心肌梗塞心脏保护作用的比较》,其他作者包括吴某、李某,文章表明丹酚酸B和贝尔普力对治疗心肌梗塞的药理作用是相同的;波兰《药理学通报》杂志2008年第60卷刊登题为《丹酚酸B和贝尔普力对小鼠大面积心肌梗塞心脏保护作用的比较》,作者依次为上述贺某、吴某、李某等6人。两篇文章描述的实验过程和反映情况相同,唯一不同的是,前者针对的是慢性心肌梗死,后者针对的是急性心肌梗死。

但是,两个完全不同的实验,实验数据竟然高度一致。① 这是典型的伪造实验数据的行为,行为者的多篇论文被国际期刊撤销,其造成的恶劣影响是显而易见的,令中国学术的声誉受到了影响。

第二,抄袭剽窃他人研究成果或实施自我剽窃。抄袭剽窃他人研究成果是比较常见的科研不端行为,抄袭剽窃的主要对象包括研究报告、论文、实验数据等。一般而言,抄袭他人研究成果分为直接抄袭和间接抄袭。直接抄袭是指科研人员抄袭已经正式发表的研究成果,或者在对他人已经正式发表的研究成果稍作修改之后将其作为自己的研究成果来发表,抑或在整合、修改数篇论文的基础上作为自己的研究成果来发表。间接抄袭是指科研人员抄袭他人尚未发表的实验数据、方法、计划或主体思想等,并以此为基础写成论文作为自己的研究成果来发表。举例而言,2009年原全国哲学社会科学规划办公室通报,某大学陈某主持完成的国家社科基金项目"中国制造业的国际竞争优势及其跨国投资战略"阶段性成果之一《我国制造业国际竞争力的显示性指标研究》,2007年发表于《国际商务(对外经济贸易大学学报)》,全文约9100字,其中抄袭2300字,抄袭率约为25%;阶段性成果之二《四因素模型视角下中国制造业的国际竞争优势研究》,2007年5月发表于《上海大学学报(社会科学版)》,全文约5500字,其中抄袭1660字,抄袭率超30%,陈某因此被撤销相关职务。② 除了抄袭剽窃他人研究成果外,实施自我剽窃也是科研不端行为。顾名思义,自我剽窃就是抄袭剽窃自身的研究成果。自我剽窃与剽窃他人研究成果在形式、性质与目的等方面并无太大区别,均为科研不端行为。

第三,科研经费使用上的科研不端行为。原则上,科研经费必须严格按照课题申报书经费预算所列举的事项来使用,但在实际科研活动中,课题承担者根据科研活动的进度以及实际操作的需要也可适当调整预算,但预算调整需要获得批准,且科研经费必须用于科研活动,这是学术界的共识。若课题承担者并未将科研经费用于科研活动,就是科研不端行为,例如段某某贪污科研经费案中,段某某使用虚假票据报销差旅费100余万

---

① 参见郭国松:《浙大院士课题组涉嫌造假 国际期刊撤销多篇论文》,载科学网,https://news.sciencenet.cn/htmlnews/2009/2/215850.html。
② 参见李征:《上海大学一博导抄袭论文被免职 项目成果被撤销》,载科学网,https://news.sciencenet.cn/htmlnews/2009/4/218520.html。

元,最终被判处有期徒刑。① 该案中,段某某以报销科研经费为由而行中饱私囊之实,这不仅是违规使用科研经费,形成科研不端行为,更是触犯《刑法》中的贪污罪,必须受到《刑法》的制裁。由此可见,严重的科研不端行为会导致大量的科研资源被浪费。不仅如此,这种行为被曝光后,造成的社会影响更为恶劣,公众对学术界的信心会随之下降,正常的科研秩序也难免受到干扰。一旦涉及刑法调整范围,相关责任人还需要承担刑事责任,这是对科研不端行为者的最严厉制裁。

第四,不实际参加研究,仅参与课题的立项与结题。在实际研究过程中,经常出现这样的情况,即部分科研工作者为了成功申报某项课题,运用个人的社会关系或请托邀请某些知名的专家、学者成为课题组成员,其主要目的在于利用这些专家、学者既有的学术知名度来作为提高申报课题成功率的砝码。然而,在成功获批课题立项之后,这些专家、学者并不实际参与课题研究,只是纯粹"挂名"而已。更有甚者,有些课题负责人自身也不实际参与课题研究,而是将研究任务交给自己指导的研究生,在研究生进行具体研究的过程中,不加以指导甚至完全不过问,自己仅参与课题的立项与结题等"公关"活动。部分科研工作者以及课题组成员这种不实际参加研究的行为,对课题研究而言是不负责任的,这也使科研活动的质量无法得到保证,优秀的科研成果也就无从谈起了。

第五,长期拖延不开展科研活动。在科研活动的实践中,某些科研工作者在成功申报课题并获得科研经费后,在研究活动的进程上故意拖延,以致正常的科研任务被一拖再拖,严重影响了课题的结项。例如,某位科研工作者申报了一项由国家财政资助的项目,承担了重要的科研任务。就行政法的角度而言,该科研工作者承担该研究课题可以被理解为与国家签订了行政合同,既然如此,科研工作者就必须承担行政合同中规定的义务,其中包括具体的成果形式、研究期限等。若科研工作者对研究活动长期拖延,则是对行政合同的违反,亦是不诚信的科研行为,这会扰乱科研管理秩序,因此也应当引起重视。当然,除上述内容外,课题研究中的科研不端行为还有众多表现形式,如论文形式不规范。

(3)课题结项中的科研不端行为

课题结项是整个课题研究的最终阶段。一个课题是否最终结项,需要同行评议和专家鉴定,评审结果对课题申报者、承担者而言甚为重要。因

---

① 参见张媛:《段振豪因贪污科研经费一审被判13年》,载科学网,https://news.sciencenet.cn/htmlnews/2013/1/273603.shtm。

此,在此阶段也容易出现科研不端行为。

第一,将尚未完全研究成功的、可靠性不强的研究成果作为最终成果。科研人员为了应付即将到来的结题评审,将尚未完全研究结束的研究成果拼拼凑凑仓促发表,以求获得评审的通过,这是对科学研究不负责任的做法,更是科研不端行为。

第二,过分渲染研究成果的价值及影响。这是在课题结题中的一种常见的科研不端行为。课题申报者、承担者为通过最终的成果鉴定及验收,故意拔高研究成果的价值及影响,将原本并不具有先进性、新颖性的研究成果称为具有重大实用价值的成果,意图以此获取评审专家的肯定。另外,为了进一步取信于评审专家以图通过成果鉴定,部分课题承担者利用各种手段让某些单位、企业为其出具相关成果的肯定性证明,以此作为研究成果具有先进性、新颖性的"明证"。

第三,以不正当方式影响专家以求通过成果鉴定。一个课题能否成功结题很大程度上取决于鉴定专家对研究成果的鉴定。部分课题人员以各种方式拉拢鉴定专家,如许以某些好处或进行某些利益交换,让鉴定专家对这些"研究成果"作出违背真实情况的鉴定,以图蒙混过关。这是严重的科研不端行为,甚至有可能涉及《刑法》中的行贿受贿罪。更有甚者,部分课题人员为使研究成果能通过鉴定,违规运作让与其有密切联系的熟人,如同事、同门师长,充当鉴定专家。如此一来,良莠不齐的研究成果均能顺利通过鉴定,整个成果的鉴定过程就徒具形式了,根本无法收到应有的效果。

(4) 科研成果转化中的科研不端行为

当科研成果被研究出来并通过审核鉴定之后,需要将科研成果投入社会实践,唯有如此,科研成果才能转化为具有实践价值的技术、产品和政策制度等,科研成果的社会价值也就得到了体现。在实践中,某些科研成果被其研究者称为"先进成果",但在实际运用中并不能产生"应有"的先进性效益,这也是科研不端行为。例如,在蒋某某诉兰州某大学案中,蒋某某为湖南某精细化工有限公司董事长,声称在与兰州某大学项目合作过程中,遭遇对方学术造假、技术欺诈、骗取己方科研经费的行为,致使公司损失4200万元,原因是湖南某精细化工有限公司与兰州某大学签订一份《红薯淀粉制备 APG 工艺开发合同》。2006 年 3 月,这份名为《甘薯淀粉制备烷基糖苷工艺中试技术开发与应用研究》的成果,通过了湖南省科技厅组织的专家鉴定。结论认为,"该项目具有明显的环境效益、经济效益和社会效益。整体技术达到国际先进水平,建议尽快实施工业化,并进一步加强应用研究"。事实上这份鉴定报告并不符合事实,实际的产品生产依然面临诸多问题,导致该案长期深陷法律纠纷之中。① 这样的科研不端行为不仅损害了成果运用一方的实际利益,更是对社会资源的极大浪费。

2. 论文、著作中的科研不端行为

在论文、著作的写作过程中,科研不端行为亦会大量地出现。如同课题中的科研不端行为,抄袭、剽窃、伪造数据等均为论文、著作中常见的科研不端行为。在论文、著作的发表过程中,一稿多发、重复发表的行为亦为数不少。

(1) 科研人员在署名中发生的科研不端行为

部分科研人员为追求论文、著作的发表数量,共同约定相互在对方的论文、著作上署名;不仅如此,为了提高论文、著作的关注度,部分科研人员将一些在学术界处于权威地位却没有参与研究或撰写工作的人员作为研究成员,在自己的论文、著作上署名,甚至列为第一作者或通讯作者;还有一种情况是没有将参与研究或撰写工作的人员列入作者名单,擅自剥夺他人的署名资格。这方面很有影响的一个学术不端事件是,某大学教师钟某和刘某在英国国际学术期刊《晶体学报》上发表的 70 篇论文涉嫌造假,这两位学者已经同意收回这些论文,该事件被国际著名医学期刊英国《柳叶刀》杂志点名,给中国学术界在国际上的声誉造成了严重的负面影响。②

(2) 注释不规范的现象也大量出现在论文、著作中

其中,伪造注释是较为严重的科研不端行为。伪造注释是指在论文、著作中标注引用的内容无法与相关注释所指向的期刊、报纸、杂志等原文相匹配。伪造注释有可能出于无心之失,也有可能是有意为之,但无论如何,这都是对被引用文章及其作者的不尊重,也是对科学研究的不负责任。与伪造注释一起出现的,还有关于引用的问题。简言之,与引用有关的科研不端行为有:第一,作者为提高本人的学术声望,故意在写作论著的过程中非必要地引用本人发表过的论文、著作;第二,某位作者与其他作者约定相互引用对方的论著,意在提高本人的引用率与影响因子;第三,作者引用特定刊物的论著可以获得奖励,例如,某些刊物与部分作者约定若要在该刊上发表论著,必须引用若干篇在该刊上已经发表过的论文,其目的显然就在于提高刊物的影响力。综合而言,论文、著作作为常见的科研成果,其

---

① 参见吴昊:《技术欺诈还是转化失败——兰州理工大学一科研成果陷入法律纠纷》,载科学网,https://news.sciencenet.cn/sbhtmlnews/2012/2/254730.shtm。
② 参见姬贺礼:《外媒关注中国科研造假:根本原因在于学术失范》,载科学网,https://news.sciencenet.cn/htmlnews/2010/1/227574.shtm。

中存在大量的科研不端行为,产生的危害不可小觑。

3.科研成果奖励中的科研不端行为

科研成果奖励是对科研人员的研究工作与研究成果的承认和肯定。科研成果奖励有物质性奖励与精神性奖励之分,从物质上与精神上对科研人员给予鼓励。通过获得科研成果奖,科研人员可以增强其学术影响力,得到同行的认可,对其将来的学术发展大有裨益;同时,获奖者也可以获得数额不等的奖金。正是基于科研成果奖励的积极影响,奖励的申报者、组织者、评议者出于自身利益的考虑,容易在科研成果奖励中弄虚作假,破坏奖励的公开性、公正性,科研不端行为也由此而生。

在科研成果奖励中常见的科研不端行为有:第一,将尚未实际应用或并未得到认可的研究成果申报奖励;第二,奖项评审不公平不公正,如请托受托专家影响评审的公正性,重要研究成果得到的奖项层次较低而价值相对较低的研究成果得到的奖项层次较高等;第三,重复申报奖项,部分报奖者将之前获得过奖励的研究成果稍加改动,以新成果的形式申报同类或类似奖项;第四,故意夸大成果的社会影响,部分科研人员为获奖故意夸大其研究成果在某些领域的实用价值,如为某企业产生巨额的经济效益、为机关部门提供了政策建议等。例如,西安某大学6位老教授联合举报李某某造假事件。2007年12月,在2007年度高等学校科学技术奖公示期间,该大学陈教授等实名举报李某某在申报"往复式压缩机及其系统的理论研究、关键技术及系列产品开发"获奖项目中存在造假、侵占他人学术成果进行拼凑和包装等严重学术不端问题,之后该项目获得的2007年度高等学校科学技术奖被撤销,李某某被免去国家工程研究中心副主任职务以及博士生导师资格。①

除上述几种常见的科研不端行为外,科研工作者为获得科研成果奖励还可能存在以下行为:第一,类似于课题申报中邀请知名专家、学者作为成员但并不实际参与研究的做法,部分科研工作者为成功获得科研成果奖励,主动邀请一些在该学术领域内有一定知名度的专家、学者,作为科研成果的共同开发者一起申报奖励,但这些专家、学者实际并未参与科研成果的任何研究活动,科研工作者只是希望借用其知名度、学术影响力而已;第二,鉴于科研成果奖励的巨大利益,部分科研工作者利用职权、人脉等各类手段企图加入他人申报奖励的科研项目参与人员中,而申报者可能屈从于

---

① 参见张显峰:《评论:且看西安交大的"快慢哲学"》,载科学网,https://news.sciencenet.cn/htmlnews/2010/3/229956.shtm。

领导压力或忌惮将来可能出现的学术打压,或者是出于资源交换的考虑,选择满足这些要求。

科研成果奖励有其特定的程序与规则,其评审应当是严谨和公正的,在科研成果奖励中作假是严重的科研不端行为,这会使奖励活动本应产生的积极效果大打折扣,甚至产生负面影响。

二、界定调整范围应注意的问题

1. 严格法律和科研道德的分界

在科研不端行为的认定中,法律和科研道德的界限需要作出明确的区分。法律是最低限度的道德,法律和道德联系密切,所有需要承担法律责任的科研不端行为均需要承担科研道德上的责任,但需要承担科研道德责任的科研不端行为并不都需要承担法律责任。法律责任是严格责任,因此,法律与科研道德之间应有界限。那么,法律与科研道德应如何区分呢?笔者认为,这要视实际情况而定,一般来说,认定中主要考虑的因素有科研人员的主观过错、科研不端行为的类型、是否明确违反法律规定、情节是否严重、有无造成恶劣的影响、社会危害是否达到一定程度等。

2. 尽量压缩科研不端行为的空间

科研不端行为的表现形式确实有很多,但并非在科研活动中出现的所有失范行为均是科研不端行为。为避免法律规范对科研活动的过度干预,应当只有部分科研不端行为需要承担法律责任,法律的谦抑性也要求应尽量压缩科研不端行为的空间。那么,应如何压缩科研不端行为的空间呢?第一,科研不端行为不同于一般的科研错误。对于在研究计划和实施过程中非有意的错误或不足,对评价方法或结果的解释、判断错误,因研究水平和能力原因造成的错误和失误,与科研活动无关的错误等行为,不能认定为科研不端行为。第二,科研不端行为不同于科研失败。科研失败是由于技术难度、经费或者科研工作者个人的问题致使科研无法进行下去进而失败的。在科学研究中,科研失败是经常性的,对于科研失败,应该抱有宽容的态度。第三,科研不端行为不同于一般的科研失范行为。科研失范行为一般是指科学研究行为违反相关规定或是科研成果在形式上不合乎规范,故"科研失范行为"的范围较广。① 因此,我们在通过法律来规范科研不端行为时,应当秉持尽量压缩科研不端行为空间的理念,尽可能将科研错误、

---

① 参见李玉香、邓利敏:《科研不端行为的法律规制》,载《山东科技大学学报(社会科学版)》2011年第4期。

科研失败和一般的科研失范行为排除在外,将法律的惩治效果聚焦在有主观恶性、谋取不当利益、玷污学术风气、损害科研秩序、侵占科研资源和有违科研伦理等情节严重的行为上。唯有如此,我们才能获得既严厉惩治严重科研不端行为,又防范法律过度干预学术活动的积极效果。

3. 须行为人存在主观过错

在科研不端行为的认定过程中,还需要注意的一个问题就是科研不端行为的归责原则。笔者认为,若行为人在实施科研不端行为时主观上存在过错,才能追究科研不端行为人的法律责任;若行为人在实施科研不端行为时主观上属于无意或者一般过失,则该行为不能被认定为科研不端行为。这是因为,在科研活动中出现过失是难免的,尽管行为人在无意的状态下实施了客观上可归责的科研不端行为,但因主观上属于过失,其行为就不能被认定为科研不端行为,例如,某科研人员填写实验数据因一时疏忽而写错,虽客观上造成了伪造实验数据的不严谨不科学行为,但其主观上并不存在过错,该行为就属于一般的科研错误,不能被认定为"伪造实验数据"。与之相反,若行为人存在主观过错,其实施科研不端行为就确属无疑,必须承担相关责任。

4. 须存在一定的社会危害性

科研不端行为之所以需要受到法律规制,很重要的一个原因就是其具有一定的社会危害性,会产生负面的社会影响。既然如此,在科研不端行为的认定中,社会危害性也是必须考虑的因素。笔者认为,尚未产生社会危害的科研不端行为与已经造成社会危害的科研不端行为是不同的,在认定中应区别对待。值得注意的是,某些科研不端行为虽尚未产生社会危害但不代表不会产生社会危害,因为科研不端行为的社会危害性可能具有一定的潜伏性或滞后性,行为做出之后其危害可能不会立刻显现出来,因此具有迷惑性,在具体认定时也须特别注意。

5. 须区别行为人的自身状态

在科研不端行为的认定中,行为人的自身条件良好与否亦是需要得到关注的。一般而言,科研不端行为人可以分为两类,一类是正在接受科研训练的人员,另一类是训练有素者,这两类行为人在科研能力、基本素质、技术水平等方面存在较大差距,而这种现实差距对科研不端行为的认定有着重大影响。具体来说,正在接受科研训练者,如实习生、在读研究生、实习研究员,其从事的科研活动尚处于初级阶段或者刚刚起步阶段,对科研活动的认识还不够深入和系统,对有关规章制度客观上也不够了解,对科研活动内容更是缺乏应有的独立学术判断,故在实践中可能出现行为人已经实施了科研不端行为而自身尚未发觉的现象。因此,在认定正在接受科研训练者的科研不端行为时,应适当放宽要求,不应过于苛责;若确需追责,也应主要追究其导师责任,毕竟导师负有指导其规范从事科研活动的义务。与之不同的是,训练有素者的科研能力处于较高水平,对科研活动及其规范化要求理应熟稔,对相关制度规定也应当有足够的了解。若训练有素者实施科研不端行为甚至"知法犯法",就不能过于宽容,应按相关规定予以惩治。

三、具体行为形态

根据上述对科研不端行为的分析,笔者认为,一般意义上需要承担法律责任的科研不端行为包括:(1)在有关人员职称、简历、研究基础、研究成果以及研究人员等方面提供虚假信息;(2)抄袭、剽窃、侵吞他人科研成果或实施自我剽窃;(3)违反科研活动的限制条件从事科研活动;(4)捏造或篡改实验数据或调查数据、文献,捏造事实,伪造注释;(5)贪污挪用或不按照科研目的及合同约定合理使用科研经费或者故意骗取、私吞、私分科研经费或设备;(6)谋取科研经费但不履行或延迟履行科研义务;(7)科研管理者或评审专家的科研腐败行为;(8)未参加创作而在他人科研成果上署名,或未经他人许可而不正当使用他人署名;(9)故意干扰或妨碍他人的研究活动;(10)其他需要承担法律责任的科研不端行为。这些科研不端行为是从法律视角来进行的整体概括,具体到不同法律领域,其具体表现如下。

1. 民法领域的科研不端行为

在这些需要承担法律责任的科研不端行为之中,可能侵犯民事法律关系的有:(1)抄袭、剽窃、侵吞他人科研成果或实施自我剽窃;(2)违反科研活动的限制条件从事科研活动;(3)捏造或篡改实验数据或调查数据、文献,捏造事实,伪造注释;(4)贪污挪用或不按照科研目的及合同约定合理使用科研经费或者是故意骗取、私吞、私分科研经费或设备;(5)谋取科研经费但不履行或延迟履行科研义务;(6)未参加创作而在他人科研成果上署名,或未经他人许可不正当使用他人署名;(7)故意干扰或妨碍他人的研究活动;(8)其他需要承担民事责任的科研不端行为。需要说明的是,上述诸多行为首先表现为侵犯民事法律关系的行为,行为人需要承担相应的民事法律责任,但这些行为也可能属于行政法律规范调整的范围,行为人需要承担相应的行政法律责任。

2. 行政法领域的科研不端行为

可能侵犯行政法律关系的科研不端行为有:(1)在有关人员职称、简历、研究基础、研究成果以及研究人员等方面提供虚假信息;(2)抄袭、剽窃、侵吞他人科研成果或实施自我剽窃;(3)违反科研活动的限制条件从事科研活动,下文几种情形也属于类似情形;(4)捏造或篡改实验数据或调查数据、文献,捏造事实,伪造注释;(5)贪污挪用或不按照科研目的及合同约定合理使用科研经费或者故意骗取、私吞、私分科研经费或设备,尚未达到追究刑事责任的情形;(6)谋取科研经费但不履行或延迟履行科研义务;(7)科研管理者或评审专家的科研腐败行为;(8)未参加创作而在他人科研成果上署名,或未经他人许可不正当使用他人署名;(9)故意干扰或妨碍他人的研究活动;(10)其他需要承担行政责任的科研不端行为。需要说明的是,上述诸多行为首先表现为侵犯行政法律关系的行为,行为人需要承担相应的行政法律责任,但这些行为也可能属于刑事法律规范调整的范围,如果达到了《刑法》确定的严重程度,则行为人需要承担相应的刑事法律责任。

3. 刑法领域的科研不端行为

可能侵犯刑事法律关系的科研不端行为有:(1)抄袭、剽窃、侵吞他人科研成果;(2)贪污挪用科研经费或者故意骗取、私吞、私分科研经费或设备;(3)科研管理者或评审专家的科研腐败行为;(4)故意干扰或妨碍他人的研究活动;(5)其他需要承担刑事责任的科研不端行为。

4. 学术道德领域的科研失范行为

除上述行为外,仅须以道德手段或学术手段规制的科研不端行为有:冒用身份信息行为,引注不规范行为,不当署名行为,论文重复发表行为,自我剽窃行为,渲染科研成果影响行为等。

值得注意的是,上述需要分别承担民事责任、行政责任以及刑事责任的科研不端行为,亦需同时承担道德责任与学术责任。其原因在于,一方面,法律是最低限度的道德,承担法律责任自然而然地也就需要承担道德责任;另一方面,科研不端行为作为在学术活动中出现的不端行为,无论其是否需要承担法律责任,其必须承担学术责任是世界公认的,这一点毋庸置疑。故在规制科研不端行为时,必须令行为者在承担法律责任的同时承担道德责任以及学术责任。

第六章 法律关系:行政为主且民刑兼备

应当看到,科研诚信各类主体之间的法律关系是复杂的。那么,作为自然人的个体科学研究人员与作为科研单位的各类科研组织之间存在何种法律关系,或者说科研诚信的各类主体应依据何种规则纳入适用范围呢?笔者认为,科研诚信各类主体之间的法律关系主要包括民事法律关系、行政法律关系以及刑事法律关系,但这三种法律关系在科研不端行为领域中的权重分布是不同的。

一、行政法律关系

在当下,科研活动已经不能自我封闭于单纯学术圈子,而是需要受到法律规范和调整的社会活动。从现行的法律制度来看,民商事法律、刑事法律等对科研活动的调整已经比较成熟和规范,但行政法律的调整和适用还存有相当大的完善空间。要完善这类行政法律规范和制度,就需要首先分析清楚内在的行政法律关系。行政法律关系是指"受法律规范调控的因行政活动而形成(或引发)的权利义务(权力与责任)关系"[1]。行政法律关系又可以分为处分性行政法律关系、确认性行政法律关系以及指导性行政法律关系。

1. 处分性行政法律关系

(1)授益性行政法律关系

授益性行政法律关系一般是指授予行政相对人一定权利或利益,或者免除其义务的行政法律关系,如行政许认可、行政合同和行政奖励等。在具体的科研活动中,科研合同一般是由科研人员、科研单位与行政机关或法律法规授权组织签订的,而"国家机关(项目的委托方)和科研人员(项目的申请、承担者)之间本质是行政合同关系"[2]。而行政合同构成的行政法律关系就是典型的授益性行政法律关系。

一般而言,行政合同是指行政主体为了实现行政目的,与另一方当事人就行政法上的权利义务互为意思表示并形成合意的法律行为,其特点是:第一,行政合同是一个由双方主体而为的双方行为;第二,缔约行政合

---

[1] 杨解君:《行政法与行政诉讼法》(上),清华大学出版社2009年版,第18页。
[2] 褚宸舸:《我国科研不端行为调查处理的法律关系论要》,载《山东科技大学学报(社会科学版)》2011年第1期。

同的目的是实现行政管理目标。就科研合同而言,科研合同是行政机关为了完成国家的技术开发项目或其他科研项目以及政策咨询活动,与科研人员或机构缔结的行政合同。《国务院关于科学技术拨款管理的暂行规定》明确要求国家重大的科技项目需要普遍实行合同制。科研人员、单位与行政委托单位(主要是主持项目的行政部门)通过缔结行政合同确立双方的权利义务,按规定使用科研经费。在当前科研活动的实践中,科研课题是最为典型的行政合同。例如,某行政机关为了完成国家的某项技术开发项目,对外发布了以该项技术开发项目为研究内容的科研课题,某科研人员申报了该项课题,经过该行政机构或者法律法规授权组织的审查,双方达成合意,该课题的研究由申报的科研人员承担。从课题研究的整个流程来看,课题是由课题发布单位与具体承担者的双方行为共同完成的,发布课题是为了实现行政机关的行政目的,这完全符合行政合同的基本构成要件,确属行政合同无疑。在课题申报结束后,课题申报者与课题发布单位之间就形成了行政法律关系,这时课题的申报者就成了课题承担者。课题承担者与课题发布单位各自具有不同的权利义务。

具体而言,课题承担者享有的权利包括:第一,有权取得并使用科研经费;第二,可以获得课题发布单位的某些政策或优惠;第三,有权使用课题项目标志;第四,在发生不可预见的困难情况下享有因课题研究对个人或单位造成损失的补偿请求权;第五,在经过课题发布单位同意的情况下可以部分转让合同。课题承担者需承担的义务包括:第一,按照课题承诺书中承诺的条件和期限以及其他承诺的内容,认真完成课题研究;第二,接受课题发布单位的监督检查;课题不能中断履行;第三,按照经费预算的约定使用科研经费。课题发布单位享有的权利包括:第一,对合同中具有共性的条款由课题发布单位确定,以保证合同的统一性;第二,对科研经费的使用有权进行审查和监督,有权要求课题承担者按照约定完成课题研究;第三,对课题的研究进程具有监督检查权;第四,课题不能约束课题发布单位自由裁量权的行使;第五,在约定条件下课题发布单位有权单方面变更或解除科研合同;第六,对不履行或不适当履行合同义务的课题承担者有权实施制裁。课题发布单位需承担的义务包括:第一,依法缔结科研合同并履行合同的义务;第二,按照约定拨付科研经费;第三,按照合同的约定给予课题承担者以政策照顾;第四,补偿课题承担者因课题研究而受到的合理损失;第五,为课题负责人及课题组成员出具相应研究经历的官方背书。

除行政合同外,行政奖励也是科研活动中一种重要的授益性行政法律关系。行政奖励是奖励的一种,是指行政机关或者法律法规授予奖励权的组织依照法定的条件和程序,对那些为国家和社会作出重大贡献的单位和个人,给予物质或精神奖励的行政行为。行政奖励具有如下特征:第一,实施行政奖励的主体一般是行政机关或得到法律、法规和规章授权的组织,一些企事业单位也可以接受行政机关的委托实施行政奖励;第二,行政奖励的对象十分广泛,根据我国相关法律法规的规定,包括行政机关的工作人员、普通公民、企事业单位、社会团体,甚至外国人;第三,行政奖励的内容是给予受奖者一定的物质或精神利益;第四,行政奖励的性质是使受奖者获得奖励性权利的一种法定奖励行为。一般来说,行政奖励的形式具有多种:第一,通报表扬,对受奖者在一定的范围内以一定的形式予以公开表扬,属于精神奖励;第二,记功,按照不同的法律法规规定,记功有不同的等级;第三,发放奖金或奖品;第四,晋级,主要是指提高工资级别,一般晋升一至二级工资;第五,晋职,主要是指提高职务级别;第六,通令嘉奖,是指在较大的范围内予以公开表彰;第七,授予荣誉称号,如授予先进工作者等称号,授予荣誉称号一般也有不同的等级。各种形式的行政奖励既可以单独适用,也可以同时并用,受奖者会得到特定证书、奖章以资证明。作为行政奖励的科研成果奖励,便是对科研人员的研究工作与研究成果的肯定和褒扬。

(2)损益性行政法律关系

损益性行政法律关系一般是指要求行政相对人承担一定义务或者对其权利进行限制的行政法律关系,如命令、禁令、处罚等行为所形成的法律关系。一般而言,科研不端行为人承担行政法律责任的形式主要有行政处罚与行政处分。从性质来看,行政处罚属于外部性行政法律关系,行政处分属于内部性行政法律关系,但对于实施科研不端行为的人员、单位来说,这两种责任均是损益性行政法律关系。

一是行政处罚。行政处罚的含义包括:第一,行政处罚的实施主体应是行政机关和被授权组织,在科研不端行为中,行政处罚的实施主体主要是拥有行政处罚权的、与科研活动有密切关系的行政机关和被授权组织,典型者有科技部、教育部、中国科学院、中国工程院、中国社会科学院和全国哲学社会科学工作办公室等,当然也包括相应的地方机构;第二,实施行政处罚的前提是必须有科研不端行为人违反行政法律规范的事实,否则行政处罚就不能实施;第三,行政处罚的对象应当是实施了违法行为的人,在科研不端行为的处理中,违法人员主要包括直接从事科研活动的人员、科研项目的发布者、项目承担单位或者项目的鉴定者;第四,行政处罚是制裁性行政行为,与执行性的行为存在明显区别;第五,行政处罚是一种具体行政行为,同时是科研不端行为人承担的制裁性行政法律责任的形式,科研不端行为人必须承担与其违法行为相适应的责任形式。

二是行政处分。行政处分一般是指国家机关、企事业单位对所属工作人员尚不构成犯罪的违法失职行为,依据法律、法规所规定的权限而给予的一种惩戒。行政处分针对的对象是国家机关、企事业单位的内部人员,能在一定程度上对这部分人员的权益造成不利的影响,因此,行政处分应当归于损益性行政法律关系。在实践中,国家机关、企事业单位所属的国家工作人员实施科研不端行为的情况屡见不鲜,根据相关法律法规的规定,应对其处以行政处分。根据《行政机关公务员处分条例》(已废止)第6条的规定,行政机关公务员处分的种类为:第一,警告;第二,记过;第三,记大过;第四,降级;第五,撤职;第六,开除。在治理科研不端行为的实践中,行政处分的适用既可以单处,也可以与行政处罚并处。但需要注意的是,在科研不端行为人被处以行政处罚之后,应当同时对其处以行政处分;但是,对于某些行为则可以仅处以行政处分而不必予以行政处罚。

除了行政处罚与行政处分,在实践中,类似责令改正违法行为、取消奖励和荣誉称号等针对科研不端行为的具体处理措施也在大量适用,但关于其是否属于行政处罚在理论上还存在一定的争议。[①] 在笔者看来,责令改正违法行为等责任形式究竟属于行政处罚,还是行政命令,抑或其他行政法律关系,其对科研不端行为人会产生不利影响这一点是毋庸置疑的,因此,其应归类为损益性行政法律关系;在治理科研不端行为的实践中,此类责任形式也将继续发挥作用。

2. 确认性行政法律关系

在实践中,确认性行政法律关系的具体表现形式就是行政确认。行政确认是指行政主体根据各项法律、法规的授权或规定,依据自身的职权或根据当事人的申请,对一定的法律事实、权利、法律关系、法律地位或者法律资格等进行甄别、认定或证明的行为。一般来说,行政确认具有以下几个特征:第一,行政确认的主体是行政主体,在特殊情况下,受专业知识限制,行政机关也可能委托科研院所来进行确认。第二,行政确认的目的在于明确某种尚未认定的事实,在治理科研不端行为的实践中,这种不明确的事实就是一行为是否属于科研不端行为。第三,行政确认的内容具有中立性,对科研不端行为的确认必须客观中立,否则,确认结果难以服众,也会对相关科研人员产生不利的影响。行政确认的方式有多种,如确定、

---

① 参见栾志红、马晓鹏:《科技行政处罚:问题与对策》,载《理论探索》2012年第5期。

裁决、鉴定、认证或验证、划定、勘定、证明。需要注意的是,在科研活动实践中,鉴定环节在性质上就属于行政确认,是行政主体依据自身的职权进行的确认,而根据举报人的举报进行的确认就是行政主体依申请进行的确认。

在治理科研不端行为的过程中,对某一科研行为是否属于不端行为而进行的行政确认是至关重要的,若该行为被确认为科研不端行为,则接下来就要对相关行为人启动责任追究的程序。就性质而言,行政确认既非授益性行政法律关系也非损益性行政法律关系,因为一方面,若某一科研行为被确认为正当的行为,则相关科研人员的权益不会受到任何影响;另一方面,即便该行为被确认为科研不端行为而需要追究科研人员责任,行政确认也只不过是对一项科研行为是否属于科研不端行为而进行的甄别、认定或证明的过程,其本身不会对相关科研人员的权益产生任何影响,后续的责任追究并不属于行政确认的环节,与行政确认并非同一性质的行为。因此,笔者将其单独作为确认性行政法律关系,而非归入授益性或损益性行政法律关系之中。

3. 指导性行政法律关系

除了处分性行政法律关系与确认性行政法律关系,在治理科研不端行为的实践中,还存在指导性行政法律关系,具体来说就是行政指导。行政指导,是指行政主体为了实现一定的行政目的,在其法定职权或事项范围内,采取指导、劝告、建议、提醒等非强制性手段,引导行政相对人作出或者不作出某种行为的活动。行政指导属于行政主体职权范围内的行为,但其本身并不是一种可以直接产生外部影响力的行政权力方式,因此不具有法律强制性,对行政相对人的具体权益当然也不会产生直接的具体影响。一般而言,行政指导具有以下几个特点:第一,行政指导兼具单方性与合作性。一方面,行政指导是与科研活动相关的行政主体单方面作出的,具有单方性;另一方面,行政指导需要经行政相对人的项目承担单位、科研人员的同意或接受才能实现,因此具有合作性。第二,在科研不端行为中,行政指导的目的就是治理科研不端行为。第三,行政指导不具有法律上的强制力。行政指导不能为行政相对人设定法律上的义务,虽然在客观上行政指导可能会对项目承担单位以及科研人员产生一定的拘束力,但在法律上是不具有拘束效力的。第四,行政指导的方式具有多样性。

在治理科研不端行为的实践中,笔者建议,教育部、科技部、国家自然科学基金委员会、全国哲学社会科学工作办公室等国家科研项目主管部门和机构,可以考虑广泛采用行政指导这一形式来规制科研不端行为,比如建立科研诚信档案,将相关科研不端行为人的行为列入诚信档案,诚信档案平时可以对外公布,也可以供人查阅。科研诚信档案本身并不会对科研不端行为人的具体权益产生实质影响,但若相关行为人被列入诚信档案,其将在以后的项目申请、评审中处于不利的地位,这对遏制科研不端行为来说能起到一定的积极作用,行政指导的目的也就达到了。

二、民事法律关系

科研诚信各类主体之间存在民事法律关系的情形主要是:科研活动的承担者与非国有机构的科研活动、科研项目承担者与其他科研人员之间的关系以及科研人员科研活动中涉及的其他民事法律关系。科研活动的承担者与非国有机构的科研活动主要是指部分科研工作者与非国有机构如某些企业订立合同,从事非国有机构指定的科研活动。从性质上说,这类合同应当属于民事合同,科研活动的承担者与非国有机构之间形成的法律关系当属民事法律关系无疑,若在合同履行过程中出现科研不端行为,应依民事法律予以规制。另外,科研项目的承担者与其他科研人员的合作也有可能形成民事法律关系。比如,某科研项目的承担者与其他科研人员约定将部分项目任务交由科研项目成员之外的科研人员来完成,构成类似于民法上分包、转包的关系,那么,该科研项目的承担者与其他科研人员之间应适用民事法律关系。

除上述情形外,科研人员在科研活动中构成民事法律关系的行为还有:抄袭、剽窃等侵犯著作权的行为,冒用身份信息行为和科研经费行为,盗用他人科研资源设备行为等。

三、刑事法律关系

科研诚信各类主体的行为有可能形成刑事法律关系。当前,科研诚信各类主体行为所形成的法律关系,主要以民事法律关系以及行政法律关系为主,较少形成刑事法律关系。一方面是因为实践中,科研诚信各类主体确实违反民事法律以及行政法律较多;另一方面是由于《刑法》的谦抑性,在对各类科研不端行为进行规制时,能不适用刑事法律就尽量不适用刑事法律,而以民事法律与行政法律为主要规制手段。从科研活动的进行过程来看,在科研活动的各个阶段,科研诚信各类主体之间可能形成的法律关系是不同的。

第一,从科研活动的组织层面来看,科研活动组织者、申请者、评审者可能依据民事法、行政法以及刑事法被纳入适用主体范围。因为科研活动组织者和申请者既可能是合同关系(如订立技术合同)中的平等民事主体,也可能是行政法上的行政主体与行政相对人,若涉及犯罪则需要刑法的介入,由此所形成的法律关系则是刑事法律关系,比如可能出现行贿受贿、贪污挪用等犯罪行为。

第二,从科研活动的具体过程来看,科研活动负责人和具体承担者可以依据民事法、行政法、刑事法被纳入适用主体范围,因为科研活动负责人和具体承担者的行为均可能涉及民事、行政甚至刑事关系,自然应适用民事法、行政法或刑事法。比如科研合同履行过程中的合同违约问题,既可能属于民事违约行为,又可能属于行政合同违约行为;完成研究任务过程中,既可能存在民事侵权行为,又可能出现需要承担行政法律责任的行为;研究全过程中都可能出现触犯刑事法律的犯罪行为等。

第三,从科研活动的终结程序来看,科研活动组织者和承担者之间、科研活动组织者和所在单位之间、科研活动组织者和评审者之间可能存在民事法上的合同关系或行政法上的关系(如行政合同),可以依据民事法或行政法被纳入适用主体范围;课题承担者和其所在单位之间主要是行政法律关系;若科研活动组织者、承担者、评审者因科研不端行为涉嫌犯罪,应当依据刑事法纳入适用主体范围;若科研活动组织者和承担者的所在单位均为行政主体,则依据行政法被纳入适用主体范围;若科研活动组织者、承担者分别为行政主体与行政相对人,则依据行政法被纳入适用主体范围。

第七章 行为主体：从权利到权力

科研诚信的主体是特定的。在"诚信"前面加上"科研"二字，表明科研诚信是人们在科研领域中的诚信，并非其他领域的诚信；虽然它与社会其他领域的诚信有共通之处，但应当具有科学研究领域的独特含义。需要注意的是，在科研领域中，并非所有人员均需要成为科研诚信的主体。就一般情况而言，一项科研成果的取得除了具体科研人员外，基本上还要涉及以下机构：期刊杂志社、出版社、学术网站、基金组织、评议机构、相关科研机构和科学技术服务机构等。其中科研机构就有政府、企业和事业单位中的研究院、各级各类研究中心，以及国家和地方的各级科研院所；科学技术服务机构，涉及测试中心、数据中心、技术转移中心等。在这些机构中，主要科研任务的承担者是专门的研究人员和管理人员，这些具体的人员应当为其承担的科研任务承担科研失信的责任；通常来说，这部分人员是科研诚信的主体，而其所在的科研机构也可以成为科研诚信的主体。那么，从事科研活动的所有人员是否都可以成为科研诚信的主体呢？笔者认为，在科研机构中承担服务性和辅助性事务的人员，由于他们不对科研成果的产出起到直接的作用，所以一般不能成为科研诚信的主体。简言之，科研诚信的主体是直接从事具体科研活动和产出科研成果的科研人员、科研机构和科研活动的组织及其管理人员。政府及其职能部门、其他科研活动组织单位、科研活动行为人、科研活动连带责任人、学术机构、学术共同体、出版机构媒体等均可以作为科研诚信的主体。

从不同视角进行划分，科研不端行为的主体是不同的。以在具体科研活动过程中享有的权利(力)来划分，科研诚信的主体可以分为权利主体与权力主体。权利主体主要是指从事科研活动的科研人员及科研机构，他们享有在法律允许范围和合同约定内的科研活动自主权、著作权、物质资助权和名誉权等权利。而科研诚信的权力主体则与权利主体有所不同，其一般包括政府科研管理部门、基金组织、学术评价机构、学术出版机构等掌握一定科研活动组织权力和成果评价权力的机构；他们的权力则集中体现在组织、资助、评价、出版和监督科研活动中的管理权力上。政府科研管理部门一般有科技部、教育部、文化部、国家卫生健康委、财政部与审计部等部门，在我国，行政部门主导科研资源的分配，包括科研立项管理、科研经费在内的科研资源的分配均须经过行政部门的批准。① 不仅如此,科研的立项、科研经费的分配、科研成果的评审等科研活动的全部过程均处于行政部门的监督之下。除政府部门外,我国还有党的机构和国家事业单位也在经常性地行使上述科研管理权力,前者如全国哲学社会科学工作办公室,后者如国家自然科学基金委员会等。科研单位主要是指高等院校和各类研究所以及其他各级各类学术机构。科研单位实际上也掌握一定的科研管理权力。根据有关规定,在国家授权的情况下,科研单位可以对中央国家机关、地方政府的科研资源,如中央高校基本科研业务费等进行再次分配。在本单位范围内,该科研单位自然也对本单位的科研资源享有分配权。此外,学术出版机构和学术评价机构在成果发表与出版、科研成果学术评价等方面也享有相应的科研管理权力。长期以来,我们过多关注对科研人员科研不端行为的预防和惩戒,而忽略了对科研诚信权力主体行为的制度性规制,最多就是强调其在科研诚信建设过程中的组织和领导作用,没有清醒地认识到他们也可能是科研不端行为的行为人。也许可以说,科研诚信问题越发严重,权力主体负有不可推卸的责任。具体而言,科研管理制度绝大部分由权力主体制定,其实际运行也由权力主体负责,因此,权力主体行为的失当,也是科研诚信问题频发的重要原因。如果只惩戒权利主体的科研不端行为而对权力主体采取默许甚至纵容的态度,这种差别待遇不仅会严重违反公平原则,而且还可能纵容权力主体继续滥用权力,导致科研不端行为问题的解决会越发棘手。

  以个体与单位的视角来划分,科研诚信的主体既包括作为自然人的科学研究人员个体,也包括作为法人或其他组织的科研单位。当前的科研诚信立法将主要着眼于作为自然人的个体科学研究人员,因为个体科学研究人员是当前科研活动的基本主体,个体科学研究人员的科研诚信水平直接决定整个科研共同体的科研诚信程度。因此,对于个体科学研究人员的科研诚信建设以及科研不端行为的规制理应成为科研诚信立法的重点关注对象。那么,作为个体的科学研究人员具体包括哪些呢?笔者认为,具体科研活动的行为人无疑是科研诚信的主体,包括论文著作撰写人、科研项目负责人与课题组成员、科研奖励申报人、科研成果署名人和科技成果转化人等。

  对于人文学科领域的科研活动来说,"单干户"是比较常见的,故具体

---

① 参见董兴佩:《学术不端行为惩戒立法论纲》,载《山东科技大学学报(社会科学版)》2007年第5期。

科研活动中科研不端行为的认定比较简单；但理工科和主要社会科学学科领域的研究，则通常是以团队形式来共同合作完成的。既然科研活动需要以团队的形式出现，那么在这个团队中，合理的分工则很有必要，所以，一个科研团队一般包括负责人与其他直接从事科研活动的人员。若一个科研团队承担的项目中出现了科研不端行为，则该科研团队负责人需要对整个科研项目过程中出现的所有科研不端行为负责，这是团队负责人应当承担的责任。与项目负责人不同，直接从事科研活动的人员若实施科研不端行为，则需要对自身实施的科研不端行为负责，当然，这些科研团队中常常会出现跨单位甚至是跨区域乃至跨国界的成员，他们在科研活动中的科研诚信则是以该具体科研活动为连接纽带，一同履行科研诚信义务和承担相应的责任。

在实践中，许多科研项目中的科研不端行为是由作为科研单位的各类科研组织直接或间接实施的，然而，当前我国科研诚信立法尚未将作为科研单位的各类科研组织纳入科研不端行为的规制对象，这样的立法缺位对构建科学共同体乃至全社会的科研诚信体系而言，是一项重大的漏洞和潜在的威胁。[1] 我国科研诚信的统一立法应将作为自然人的个体科学研究人员与作为科研单位的各类科研组织纳入科研不端行为的主体范围。按照这一逻辑思路，笔者认为，科研单位包括政府及其职能部门、其他科研活动组织单位、学术机构、学术共同体以及媒体。其中，政府及其职能部门成为科研诚信的主体，是因为政府及其职能部门本身就实际组织一部分科研活动，如科技部。其他科研活动组织单位，主要包括政府"放管服"改革后承接一部分科研管理职能的第三方机构，以及各类与科研活动有关的企事业单位，如知识产权服务与技术转移中心。学术机构当然是典型的科研单位，如各类高校、研究中心、研究院所，应当说，学术机构是当前具体从事科研活动的主要单位，学术机构中的科研不端行为在整个科研不端行为中占有很大比例。学术共同体则是指具有相同或相近的学术价值取向，且遵循一定的行为规范而构成的一个群体，如各级各类学会、学术研究会和学术联盟。除了上述几类科研单位外，媒体亦是重要的科研组织。这是因为，媒体虽然不是科研活动的直接参与者，但大量的科研成果需要通过各类媒体如期刊、出版社、报纸和网站发表出来，以便彰显科研成果的价值，发挥其应有作用。在这一发表和出版过程中，媒体等也可能存在科研不端行为。

---

[1] 参见焦洪涛、肖新林：《科研诚信建设的立法思考》，载《中国高校科技与产业化》2010年第8期。

一、政府

《宪法》第 89 条对国务院行使职权范围进行了明确规定,即"领导和管理教育、科学、文化、卫生、体育和计划生育工作"。《科学技术进步法》第 13 条规定"国家制定和实施知识产权战略,建立和完善知识产权制度,营造尊重知识产权的社会环境,保护知识产权,激励自主创新;企业事业单位、社会组织和科学技术人员应当增强知识产权意识,增强自主创新能力,提高创造、运用、保护、管理和服务知识产权的能力,提高知识产权质量"。《科学技术进步法》第 16 条规定:"国务院科学技术行政部门负责全国科学技术进步工作的宏观管理、统筹协调、服务保障和监督实施;国务院其他有关部门在各自的职责范围内,负责有关的科学技术进步工作;县级以上地方人民政府科学技术行政部门负责本行政区域的科学技术进步工作;县级以上地方人民政府其他有关部门在各自的职责范围内,负责有关的科学技术进步工作。"由此可见,政府介入科研不端行为不但符合政府自身职能设定的需要,更是推动科技进步以造福人民与社会的现实需要。

当然,政府在处理科研不端行为中确实需要把握好尺度界限,毕竟科研活动是一种专业性很强、规范性很高、失败风险性也很大的科学技术活动。政府介入科研不端行为调查处理的广度不能过宽,这实际上涉及国家权力的外在界限,即哪些事项是需要国家干预才能解决的,哪些事项只需要国家引导就可以了,哪些事项是可以由公民自己就能解决或者通过社会组织就能解决。[①] 政府介入科研不端行为调查处理的强度也不能过大,政府介入是建立在社会控制的基础之上的,对科研不端行为的认定要建立在已违反科学共同体公认的学理和惯例基础之上,政府介入应以专业认定作为处理前提。在科研不端行为的具体处理过程中,专业问题要由专家解决,确定科研不端行为的情节、性质和程度。而政府主要在科研不端行为严重侵犯公民合法权益,严重损害国家利益、公共利益,对社会构成较大危害时才宜介入。2024 年国务院发布的《国家科学技术奖励条例》第 17 条规定,国务院科学技术行政部门应当建立覆盖各学科、各领域的评审专家库,并及时更新。评审专家应当精通所从事学科、领域的专业知识,具有较高的学术水平和良好的科学道德。2014 年发布的《国务院关于改进加强

---

① 参见李大勇:《政府介入科研不端行为的正当性及界限》,载《山东科技大学学报(社会科学版)》2011 年第 1 期。

中央财政科研项目和资金管理的若干意见》第 22 条规定要完善科研信用管理,建立覆盖指南编制、项目申请、评估评审、立项、执行、验收全过程的科研信用记录制度,由项目主管部门委托专业机构对项目承担单位和科研人员、评估评审专家、中介机构等参与主体进行信用评级,并按信用评级实行分类管理。2021 年发布的《国务院办公厅关于完善科技成果评价机制的指导意见》"二、主要工作措施"第 6 条规定,推进评价诚信体系和制度建设,将科技成果评价失信行为纳入科研诚信管理信息系统,对在评价中弄虚作假、协助他人骗取评价、搞利益输送等违法违规行为"零容忍"、从严惩处,依法依规追究责任,优化科技成果评价行业生态。上述行政法规和政策的规定,实际上也体现出政府在介入科研不端行为中秉承了科学精神。

二、政府职能部门及哲学社会科学工作办公室

当前我国的科研诚信建设已经上升到国家战略的位置。2016 年国务院发布的《国家创新驱动发展战略纲要》规定,加强科研诚信建设,引导广大科技工作者恪守学术道德,坚守社会责任。此外,地方也有对此进行法律规制的实践,如江苏省人民代表大会常务委员会发布的《江苏省科学技术进步条例》第 80 条规定,科学技术人员应当遵守学术规范,恪守职业道德,诚实守信,不得在科学技术活动中有抄袭、剽窃、支解、篡改、假冒等弄虚作假的行为等。科技部、教育部、国家卫生健康委员会等部门均出台了相关规范力图规制科研不端行为。除了国家层面外,地方也开始通过制定地方性法规等方式来调整科研不端行为。江苏省委、省政府 2019 年发布的《关于进一步加强全省科研诚信建设的实施意见》要求相关职能部门健全工作机制和责任体系,文件第 3 条第 9~25 项对各项具体工作作出了安排。① 2019 年 12 月南京市人民代表大会常务委员会通过、2020 年 1 月江苏省人民代表大会常务委员会批准的《南京市社会信用条例》第 23 条,就明确将学术不端纳入了失信行为。其他省、市也发布了诸多地方性法规与规章,如《河北省科学技术进步条例》《广州市科技创新条例》《重庆市科技创新促进条例》等。目前,规制科研不端行为的行政法规、规章和规范性文

---

① 《关于进一步加强全省科研诚信建设的实施意见》第 2 条第 4 项规定,地方各级政府和相关行业主管部门要充分认识加强科研诚信建设的重要性和紧迫性,积极采取措施加强本地区本系统的科研诚信建设,充实工作力量,强化工作保障。科技计划管理部门要加强科技计划的科研诚信管理,建立健全以诚信为基础的科技计划监管机制,将科研诚信要求融入科技计划管理全过程。教育、卫生健康、新闻出版、科协等部门要明确要求高校、医疗、学术期刊出版等单位以及学会、协会等社会团体完善管理制度,加强科研诚信建设。

件虽然在效力、内容上各有不同,但都对政府及其职能部门在规制科研不端行为中的权利义务作出了规定。

1. 科技部

2006年《国家科技计划实施中科研不端行为处理办法(试行)》明确规定了科研不端行为的调查主体,并对处理程序和处理结果作出了规定①。2016年《科技监督和评估体系建设工作方案》规定要依托信息资源建立科研信用数据库,提高监督和评估工作的质量和效率。② 2019年《科研诚信案件调查处理规则(试行)》(已废止,下同)第5条进一步区分了自然科学领域和哲学社会科学领域的调查主体,建立了多部门联合调查机制和案件信息报送机制③;第48条规定了信息公开制度以及科研诚信建设联席会议的工作机制。④ 2020年《科技部、自然科学基金委关于进一步压实国家科技计划(专项、基金等)任务承担单位科研作风学风和科研诚信主体责任的通知》第2条规定了相关单位应当将科研诚信案件的调查处理结果与本单位科研诚信建设情况报送相关行政管理部门⑤;第9条规定各单位应当严格执行其所签署的承诺书,否则科技部、自然科学基金委有权依据《科

---

① 《国家科技计划实施中科研不端行为处理办法(试行)》第4条规定,科技部、行业科技主管部门和省级科技行政部门、国家科技计划项目承担单位是科研不端行为的调查机构,根据其职责和权限对科研不端行为进行查处。
② 《科技监督和评估体系建设工作方案》规定:"三、科技计划组织实施的监督和评估……(三)建立统一的监督和评估工作信息平台。依托国家科技管理信息系统,构建统一的监督和评估信息平台,建立监督和评估数据库、科研信用数据库、监督和评估支撑机构数据库,开展电子监督检查,推动监督、评估信息数据积累和共享,实现风险预警和防控,提高监督和评估工作的质量和效率。"
③ 《科研诚信案件调查处理规则(试行)》第5条规定,科技部和社科院分别负责统筹自然科学和哲学社会科学领域科研诚信案件的调查处理工作。应加强对科研诚信案件调查处理工作的指导和监督,对引起社会普遍关注,或涉及多个部门(单位)的重大科研诚信案件,可组织开展联合调查,或协调不同部门(单位)分别开展调查。主管部门负责指导和监督本系统科研诚信案件调查处理工作,建立健全重大科研诚信案件信息报送机制,并可对本系统重大科研诚信案件独立组织开展调查。
④ 《科研诚信案件调查处理规则(试行)》第48条规定,科技部和社科院对自然科学和哲学社会科学领域重大科研诚信案件应加强信息通报与公开。科研诚信建设联席会议各成员单位和各地方应加强科研诚信案件调查处理的协调配合、结果互认和信息共享等工作。
⑤ 《科技部、自然科学基金委关于进一步压实国家科技计划(专项、基金等)任务承担单位科研作风学风和科研诚信主体责任的通知》第2条规定,各有关单位要严格执行信息报送制度,对重大科研作风学风和科研诚信问题的调查处理情况及结果须按要求报送所在地省级科技行政管理部门,涉及科技计划(专项、基金等)科研项目、创新基地、科技奖励、人才工程等的,应同时报送相关管理部门。每年年底要通过国家科研诚信管理信息系统报告本单位科研作风学风和科研诚信建设情况。

研诚信案件调查处理规则(试行)》对各单位进行处理①。2020年《科学技术活动违规行为处理暂行规定》第2条进一步细化了科研不端行为的责任主体②;第13条还规定了相关主管部门和行业协会可以在其职权范围内对第三方科学技术服务机构进行处理③;第27条规定了各部门在进行联合调查时的权责范围④。2022年科技部等22个部门联合发布《科研失信行为调查处理规则》,系统地规定了调查处理科研失信行为过程中的职责分工、调查程序、处理结果、申诉复查以及保障与监督等内容。

2. 教育部

2011年发布的《教育部关于切实加强和改进高等学校学风建设的实施意见》第8条规定,教育部和高校要通过设立委员会以更有效地加强学术道德建设,委员会还要负责对学术不端行为进行调查取证⑤。2016年《高等学校预防与处理学术不端行为办法》第4条规定,由有关部门负责指导高校建立健全学术不端的处理机制和信息公开制度。⑥

---

① 《科技部、自然科学基金委关于进一步压实国家科技计划(专项、基金等)任务承担单位科研作风学风和科研诚信主体责任的通知》第9条规定,科技部、自然科学基金委将把各有关单位签署的承诺书作为批复相关科技活动的重要依据并纳入重点核验范围。对不实承诺或违背承诺的,依据《科研诚信案件调查处理规则(试行)》关于"以故意提供虚假信息等获得科研活动审批"的规定进行处理并限期整改。

② 《科学技术活动违规行为处理暂行规定》第2条规定:"对下列单位和人员在开展有关科学技术活动过程中出现的违规行为的处理,适用本规定。(一)受托管理机构及其工作人员,即受科学技术行政部门委托开展相关科学技术活动管理工作的机构及其工作人员;(二)科学技术活动实施单位,即具体开展科学技术活动的科学技术研究开发机构、高等学校、企业及其他组织;(三)科学技术人员,即直接从事科学技术活动的人员和为科学技术活动提供管理、服务的人员;(四)科学技术活动咨询评审专家,即为科学技术活动提供咨询、评审、评估、评价等意见的专业人员;(五)第三方科学技术服务机构及其工作人员,即为科学技术活动提供审计、咨询、绩效评估评价、经纪、知识产权代理、检验检测、出版等服务的第三方机构及其工作人员。"

③ 《科学技术活动违规行为处理暂行规定》第13条规定,对于第三方科学技术服务机构及人员违规的,可视情况将相关问题及线索移交具有处罚或处理权限的主管部门或行业协会处理。

④ 《科学技术活动违规行为处理暂行规定》第27条规定,科学技术活动违规行为涉及多个部门的,可组织开展联合调查,按职责和权限分别予以处理。

⑤ 《教育部关于切实加强和改进高等学校学风建设的实施意见》第8条规定,发挥专家咨询委员会和学术委员会的作用。教育部社科委、科技委分别成立学风建设委员会,以更加有效地加强高校学风建设。高校要充分发挥学术委员会在学风建设、学术评价、学术发展中的重要作用。学术委员会应积极承担学术规范教育和科研诚信宣传,负责本校学术不端行为调查取证。

⑥ 《高等学校预防与处理学术不端行为办法》第4条规定,教育部、国务院有关部门和省级教育部门负责制定高等学校学风建设的宏观政策,指导和监督高等学校学风建设工作,建立健全对所主管高等学校重大学术不端行为的处理机制,建立高校学术不端行为的通报与相关信息公开制度。

3. 国家卫生健康委员会、国家中医药管理局

2021 年《医学科研诚信和相关行为规范》第 23 条规定,医学科研机构应当根据《科研诚信案件调查处理规则(试行)》完善科研诚信案件的处理办法,并积极配合有关部门的调查。①

4. 国家新闻出版署

2019 年《学术出版规范　期刊学术不端行为界定》规定了各类学术不端的类型。2014 年发布的《国家新闻出版广电总局关于规范学术期刊出版秩序促进学术期刊健康发展的通知》第 4 条规定了学术期刊要注重学术道德和学术诚信建设,抵制学术不端行为;②第 12 条规定了主管部门有权对不符合要求的期刊进行处理并向社会公布。③

5. 其他政府职能部门

根据《科研失信行为调查处理规则》的规定,中宣部、财政部、国家发展和改革委员会等部门均负有一定职责。④

由多部门共同发布的规定有:2018 年《关于对科研领域相关失信责任主体实施联合惩戒的合作备忘录》规定了联合惩戒对象及惩戒措施。《科研失信行为调查处理规则》第 7 条规定了对由财政资金资助的科研活动所涉及的科研失信行为,应当由项目管理单位负责调查处理。与所涉项目有关的各单位均应主动开展并积极配合调查,在自身权限范围内对责任人作出处理;⑤第 8 条规定了科研奖励、科技人才所涉科研不端行为的处

---

① 《医学科研诚信和相关行为规范》第 23 条规定,医学科研机构应当根据《科研诚信案件调查处理规则(试行)》制定完善本机构的科研诚信案件调查处理办法,明确调查程序、处理规则、处理措施等具体要求,并认真组织相关调查处理。对有关部门调查本机构科研不端行为应当积极配合、协助。
② 《国家新闻出版广电总局关于规范学术期刊出版秩序促进学术期刊健康发展的通知》第 4 条中规定,学术期刊要注重学术道德和学术诚信建设,自觉抵制学术不端行为,禁止由其他单位和个人代理发表论文,杜绝刊发抄袭、剽窃他人成果的文章。
③ 《国家新闻出版广电总局关于规范学术期刊出版秩序促进学术期刊健康发展的通知》第 12 条规定,国家新闻出版行政主管部门将开展学术期刊清理和资质认定工作。由各省级新闻出版行政部门和中央期刊主管单位按照学术期刊认定标准,审核报送本地区本单位学术期刊名单。总局组织专家对名单进行审定后,对符合学术期刊条件的予以认定并分期分批向社会公布;对主办单位符合条件、经批准办刊宗旨及业务范围明确为学术研究与交流等,但其他条件不符合本通知要求的,责令限期整改,整改仍达不到要求的,予以调整或退出。
④ 《科研失信行为调查处理规则》第 10 条规定,负有科研失信行为调查处理职责的相关单位,应明确本单位承担调查处理职责的机构,负责登记、受理、调查、处理、复查等工作。
⑤ 《科研失信行为调查处理规则》第 7 条规定,财政性资金资助的科技计划(专项、基金等)项目的申报、评审、实施、结题、成果发布等活动中的科研失信行为,由科技计划(专项、基金等)项目管理部门(单位)负责组织调查处理。项目申报推荐单位、项目承担单位、项目参与单位等应按照项目管理部门(单位)的要求,主动开展并积极配合调查,依据职责权限对违规责任人作出处理。

理机构;①第 10 条规定了各调查单位应当明确本单位负责进行调查的机构;②第 17 条规定了调查应当具备的内容及调查依据;③第 5 条规定了主管部门负责对本系统科研诚信案件的处理进行指导和监督。④ 2009 年由科技部、教育部、财政部三部门联合发布的《关于加强我国科研诚信建设的意见》第 8 条规定了各行政部门、人民团体、行业组织均应积极制定有关准则和行为规范,加强科研行为规范的建设;⑤第 9 条规定了政府部门和相关管理机构要根据不同科技活动的特点建立适合各科研活动的项目管理模式;⑥第 10 条规定了政府部门和科技机构要充分发挥学术共同体的作用;⑦第 11 条规定了与利用财政性资金设立的科技计划项目、基金项目相关的制度建设要求,完善诚实守信的激励和约束机制;⑧第 14 条规定了各

---

① 《科研失信行为调查处理规则》第 8 条规定,科技奖励、科技人才申报中的科研失信行为,由科技奖励、科技人才管理部门(单位)负责组织调查,并分别依据管理职责权限作出相应处理。科技奖励、科技人才推荐(提名)单位和申报单位应积极配合并主动开展调查处理。
② 《科研失信行为调查处理规则》第 10 条规定,负有科研失信行为调查处理职责的相关单位,应明确本单位承担调查处理职责的机构,负责登记、受理、调查、处理、复查等工作。
③ 《科研失信行为调查处理规则》第 17 条规定,调查应包括行政调查和学术评议。行政调查由单位组织对相关事实情况进行调查,包括对相关原始实验数据、协议、发票等证明材料和研究过程、获利情况等进行核对验证。学术评议由单位委托本单位学术(学位、职称)委员会或根据需要组成专家组,对涉及的学术问题进行评议。专家组应不少于 5 人,根据需要由相关领域的同行科技专家、管理专家、科研诚信专家、科技伦理专家等组成。
④ 《科研失信行为调查处理规则》第 5 条规定,科技部和中国社科院分别负责统筹自然科学和哲学社会科学领域的科研失信行为调查处理工作。有关科研失信行为引起社会普遍关注或涉及多个部门(单位)的,可组织开展联合调查处理或协调不同部门(单位)分别开展调查处理。主管部门负责指导和监督本系统的科研失信行为调查处理工作,建立健全重大科研失信事件信息报送机制,并可对本系统发生的科研失信行为独立组织开展调查处理。
⑤ 《关于加强我国科研诚信建设的意见》第 8 条规定,制定和完善科研行为准则和规范。政府部门引导和支持科界加强科研行为规范建设,科技社团和有关科技行业组织应积极制定有关准则和行为规范,科技机构、高等学校及相关管理部门应研究制定处理科学研究、同行评议、成果发表、决策咨询、技术转移等活动中利益冲突的管理规定。
⑥ 《关于加强我国科研诚信建设的意见》第 9 条中规定,政府部门和相关管理机构要建立适合不同科技活动特点的项目管理模式,完善目标责任制、专家评审制度及程序,健全计划管理中的决策与监督机制,建立和落实问责制。
⑦ 《关于加强我国科研诚信建设的意见》第 10 条规定,改革考核评价与奖励制度。政府部门和科技机构、高等学校要不断完善适用于不同领域和机构类型的考核评价与奖励制度,充分发挥科学共同体的作用,完善评审、监督、管理机制,提高透明度和公开性。建立符合科技发展规律和科技人才成长规律的评价指标体系,引导科技人员和科研管理人员树立正确的价值取向和政绩观,提倡严谨治学,反对急功近利,防止简单量化、重数量轻质量等倾向。
⑧ 《关于加强我国科研诚信建设的意见》第 11 条规定,建立健全科技信用管理体系。利用财政性资金设立的科技计划项目、基金项目的管理机构,应当为申请、执行、评估评审项目的单位和个人建立科技信用档案,作为审批其申请项目、承担评估评审工作的依据。建立和完善科研诚信承诺制度。科技机构和科技人员在申请、执行、评估评审财政性资金资助科研项目时,应当签署科研诚信承诺书。推进科技信用信息的共享,完善有利于诚实守信的激励和约束机制。科技机构和高等学校应当将科技信用状况作为科技人员职务聘任和职称评定中对职业道德要求的重要内容。

主管部门和科研单位都应设立科研不端行为的举报渠道,完善相关处理程序①;第 15 条特别强调了要充分利用现代信息技术加强监督;②第 16 条为追究科研不端行为的民事责任和刑事责任提供了法律基础;③第 17 条规定科技主管部门对全国科研诚信建设进行宏观指导,通过与各单位建立联席会议等方式建立全国性工作网络;④第 18 条要求各部门、各地方要把科研诚信建设作为重点工作,齐抓共管。⑤

6. 全国哲学社会科学工作办公室(原全国哲学社会科学规划办公室)

2017 年原全国哲学社会科学规划办公室发布了《国家社会科学基金关于进一步防范和惩处学术造假行为的通知》,对项目申请、项目实施过程、经费使用、成果中的科研不端行为均予以禁止性的明确规定,并规定了具体的制裁措施。⑥ 需要说明的是,全国哲学社会科学工作办公室和省级

---

① 《关于加强我国科研诚信建设的意见》第 14 条规定,建立健全科研不端行为调查处理制度。政府部门、相关管理机构、科技机构和高等学校应根据各自的管理职责制定科研不端行为处理规定和程序,并设立专门渠道受理有关科研不端行为的举报。

② 《关于加强我国科研诚信建设的意见》第 15 条规定,完善防范科研不端行为的监督机制。政府部门、相关管理机构、科技机构和高等学校应强化对科研活动和科研管理主要环节的监督。充分发挥科学共同体内部监督和社会监督的作用。充分利用现代信息技术等,完善监督手段。

③ 《关于加强我国科研诚信建设的意见》第 16 条规定,加强对科研不端行为的惩戒。政府部门、相关管理机构、科技机构、高等学校和企业要根据职责权限和有关规定,加强对科研不端行为的调查处理力度。对经查证属实的科研不端行为责任人给予行政处罚或纪律处分,并将处理情况在适当范围内予以公布。必要时,依法追究其民事或刑事责任。

④ 《关于加强我国科研诚信建设的意见》第 17 条规定,完善科研诚信建设工作协调机制。国务院科技行政部门通过与其他有关部门和单位建立科研诚信建设联席会议制度等方式,对全国科研诚信建设工作进行宏观指导和统筹协调。各部门、各地方要大力协同,建立与完善适当的工作机制,逐步建立全国性的科研诚信建设工作网络。

⑤ 《关于加强我国科研诚信建设的意见》第 18 条规定,全面营造有利于科研诚信建设的制度环境。各部门、各地方要进一步完善科研项目和经费管理、科研诚信教育、科技人员评价等制度,把科研诚信作为引导和推进诚信社会建设的重点工作,齐抓共管。

⑥ 该通知规定:"1. 项目申请人在项目论证过程中,不得抄袭他人研究成果和论证设计,不得虚构、虚报前期成果,不得伪造身份、学历、职称等重要个人信息,未经他人同意不得将其列入研究团队;2. 项目承担者在项目实施过程中,不得抄袭、剽窃或侵占他人研究成果,不得虚构或篡改研究数据;3. 项目承担者在申请项目结项中,不得虚构、虚报阶段性成果,不得虚构野外考察、社会调查等科研活动,不得擅自变更课题组成员;4. 项目承担者在项目经费支出中,不得使用虚假票据套取资金,不得虚报冒领劳务性费用,不得支出与项目研究无关的费用。国家社科基金项目申请人违反上述第 1 条规定的,一律取消其项目申请资格,若项目立项则作撤项处理;国家社科基金项目承担者违反上述第 2 条、第 3 条和第 4 条规定的,一律终止或撤销项目。所有违反上述规定的项目申请人、负责人(首席专家)和直接责任人,5 年内不得申请或参与申请国家社科基金项目。凡属学术造假行为,我办将发现一起,惩处一起,通报一起,情节严重的上网公布。项目负责人在其他学术研究活动中有剽窃他人研究成果等学术造假行为的,对其承担的国家社科基金项目也作终止或撤项处理。同时,我办将进一步加大学风审查力度,完善学术信誉机制,信誉不良的除项目申报受限外,不得参与项目评审和成果鉴定等工作。"

哲学社会科学规划办公室均是同级党委宣传部的工作机构,在机构性质上不属于国家机关,更不属于政府职能部门;本书之所以将其与政府职能部门同列,是因为其在规制科研不端行为方面确实是一个重要主体;同时,它又不同于下文的中国社会科学院、中国科学院和国家自然科学基金委员会等属于国务院事业单位,不能以法律法规规章授权组织来加以概括,故作此技术性安排。

三、法律法规规章授权组织

1. 国家自然科学基金委员会

1988年发布的《国务院办公厅关于国家自然科学基金委员会机构问题的函》①,明确国家自然科学基金委员会是管理国家自然科学基金的副部级事业单位。2007年国务院颁布《国家自然科学基金条例》第6条第1款规定,国务院自然科学基金管理机构负责管理国家自然科学基金,监督基金资助项目的实施,这是国家自然科学基金委员会成为法规授权组织的权源。国家自然科学基金委员会2025年修订的《国家自然科学基金委员会章程》第48条规定了科研诚信的投诉与举报、受理、调查核实与处理。

2. 中国社会科学院

1994年公布的《中国社会科学院机关机构编制方案》规定了中国社会科学院是国务院正部级直属事业单位②,2022年4月施行的《中国社会科学院职能配置、内设机构和人员编制规定》再次确认了国务院直属事业单位的机构性质,并在"三定方案"中明确规定了"加强哲学社会科学科研诚信体系建设,统筹指导全国哲学社会科学科研诚信管理工作"的职责。中国社会科学院2010年印发的《中国社会科学院关于处理学术不端行为的办法》对学术不端进行了界定,并规定了相应的调查主体、调查程序和处理结果。

3. 中国科学院

1998年公布的《国务院关于机构设置的通知》明确规定,中国科学院是国务院直属事业单位,是国家自然科学最高学术机构和全国自然科学与

---

① 《国务院办公厅关于国家自然科学基金委员会机构问题的函》规定了国家自然科学基金委员会为副部级机构,享受国务院直属局待遇,不列入国务院机构序列,由原国家科学技术委员会(现科技部)归口管理。

② 《中国社会科学院机关机构编制方案》规定中国社会科学院是国务院直属事业单位,是中国哲学社会科学研究的最高学术机构和全国社会科学综合研究中心。

高新技术综合研究与发展中心。中国科学院分别于2007年、2008年印发的《中国科学院关于加强科研行为规范建设的意见》《中国科学院院士违背科学道德行为处理办法》明确了学术不端的认定与处理。2016年《中国科学院对科研不端行为的调查处理暂行办法》规定了调查机构和调查程序及处理结果。

4. 中国工程院

1995年《中国工程院机关机构编制方案》明确规定，中国工程院是国务院的直属事业单位，是全国工程技术界的最高荣誉性、咨询性学术机构。1997年中国工程院成立了科学道德建设委员会，负责指导并推动中国工程院院士自身及学部的精神文明建设，指导各学部常委会处理有关的科学道德和学风问题等，并先后发布和修订了《中国工程院院士科学道德行为准则》《中国工程院院士违背科学道德行为处理办法》等，明确了违背科学道德行为及科技活动中其他不端行为的内容，并规定了具体的处置办法。

2022年发布的《科研失信行为调查处理规则》也对中国社会科学院、中国科学院、中国工程院设置了一定权责。

四、科研机构

一项科研活动的有序进行，除基于科研工作者本身负责任的态度外，离不开科研管理工作者的有效组织管理与监督。高等学校与科研院所作为培养科研人员和承担科研任务的重要载体，与科研诚信建设及科研诚信问题治理的关系十分密切。2011年发布的《教育部关于切实加强和改进高等学校学风建设的实施意见》第6条就对加强教师科研教育作出了详细的规定。[①] 2016年教育部发布了《高等学校预防与处理学术不端行为办法》，在第二章"教育与预防"部分特别强调了高校作为科研主体应当在科研诚信制度建设过程中承担更多的责任。[②] 高校作为我国主要的研究机构，在科研诚信建设中应当承担起重要的责任。正如以上文件提到的一样，高校在科研诚信制度的建设过程中要采取多种方法，预防科研不端行为的发生，并对本校科研诚信工作的权责作出明确规定，严格按照规章制

---

① 《教育部关于切实加强和改进高等学校学风建设的实施意见》第6条规定，高校要对教师进行每年一轮的科研诚信教育，在教师年度考核中增加科研诚信的内容，建立科研诚信档案。教育引导教师热爱科学、追求真理，抵制投机取巧、粗制滥造、盲目追求数量不顾质量的浮躁风气和行为，把优良学风内化为自觉行动。
② 《高等学校预防与处理学术不端行为办法》第二章规定高校作为科研主体应当完善学术治理体系，建立科学公正的学术评价和学术发展制度，营造鼓励创新、宽容失败、不骄不躁、风清气正的学术环境。

度开展科学研究活动,履行相应职责,杜绝科研不端行为,一经发现,应严格处理,在机构内部树立科研诚信的良好风气,建立惩戒科研不端行为的处理机制。

2014年发布的《国务院关于改进加强中央财政科研项目和资金管理的若干意见》对承担科研项目单位的科研活动作出了进一步的规定,要求单位要建立常态化的科研诚信审查机制,提高本单位人员的科研水平。① 2018年中共中央办公厅、国务院办公厅印发关于进一步加强科研诚信建设的若干意见》,其中也提到科研机构要在自己内部设立诸如学术委员会等相关的科研诚信审查组织,对本单位的科研成果定期进行审查。② 2021年国家卫生健康委员会等三部门联合发布了《医学科研诚信和相关行为规范》,规定医学科研机构要加强对科研不端行为的主动处理,保证医学科研机构的科研诚信。③ 上述政策规定,则是对高校与科研院所等科研机构科研诚信建设的总体要求。

科研机构一般是指通过科研活动进行科学研究的研究院和研究所,不仅包括各种公立的科研机构,如公办的研究院、研究中心、研究所、社科院、政府及其部门的研究室、工业研究院、实验室、国有企业研究机构和智库等,还包括拥有自有科研基金从事科研活动的民办科研机构,比如企业研发中心、民间智库等,其中国内比较知名的如阿里达摩院、腾讯研究院等非公办科研机构,这些机构虽然不像公立科研机构以公共研究作为主要科研任务,但是也对特定的科学领域开展了科学研究,也属于科研机构。

---

① 《国务院关于改进加强中央财政科研项目和资金管理的若干意见》第28条规定,项目承担单位要强化法人责任。项目承担单位是科研项目实施和资金管理使用的责任主体,要切实履行在项目申请、组织实施、验收和资金使用等方面的管理职责,加强支撑服务条件建设,提高对科研人员的服务水平,建立常态化的自查自纠机制,严肃处理本单位出现的违规行为。科研人员要弘扬科学精神,恪守科研诚信,强化责任意识,严格遵守科研项目和资金管理的各项规定,自觉接受有关方面的监督。
② 《关于进一步加强科研诚信建设的若干意见》第5条第2款规定,科研机构、高等学校要通过单位章程或制定学术委员会章程,对学术委员会科研诚信工作任务、职责权限作出明确规定,并在工作经费、办事机构、专职人员等方面提供必要保障。学术委员会要认真履行科研诚信建设职责,切实发挥审议、评定、受理、调查、监督、咨询等作用,对违背科研诚信要求的行为,发现一起,查处一起。学术委员会要组织开展或委托基层学术组织、第三方机构对本单位科研人员的重要学术论文等科研成果进行全覆盖核查,核查工作应以3~5年为周期持续开展。
③ 《医学科研诚信和相关行为规范》第24条规定,医学科研机构要主动对本机构科研不端行为进行调查处理,同时应当严格保护举报人个人信息。调查应当包括行政调查和学术评议,保障相关责任主体申诉权等合法权利,调查结果和处理意见应当与涉事人员当面确认后予以公布。

五、其他企事业单位

除高校和科研院所等科研机构外,在科研活动过程中还有其他一些主体,如哲学社会科学界联合会、科学技术协会、情报所、技术转移中心、学术网站、期刊社与杂志社等,实际上也承担组织科研活动、组织评审与评价、发表与出版、咨询服务和科技成果转化等职能。比如教育部科技发展中心主要承担全国高校有关科研基金、科研成果、科技开发、成果转化与推广、科技产业等方面的管理工作,并为教育部在高等学校科技政策方面提供咨询和建议。

通常这些主体都属于事业单位,但也有部分属于事业单位改制为企业化运作模式。近年来,涉及出版发表特别是学术期刊社的学术不端行为屡见报端,有的还因触犯刑法而被追究刑事责任。

六、第三方学术机构

这里的第三方学术机构,与前面提到的其他企事业单位则有所不同,它们仅仅只是进行学术活动而不承担具体科研管理职责的服务机构,包括但不限于以下机构。

1. 中国社会科学研究评价中心

1997年,南京大学在全国率先提出了研制"中文社会科学引文索引"(Chinese Social Sciences Citation Index,CSSCI)的计划,为深入开展CSSCI的研制,2000年南京大学成立了中国社会科学研究评价中心。该中心除了向全国高校科研机构提供CSSCI数据服务,同时开展下列方向研究:(1)引文分析、知识库与人文社科评价研究;(2)哲学社会科学研究现状与趋势研究;(3)人文社会科学信息资源与研究状况评价研究。目前,CSSCI系列数据库已被国内外数百所高等院校和科研院所订购或包库使用,在我国学术界和期刊界都产生了重要影响。

2. 中国社会科学评价研究院

中国社会科学评价研究院于2017年7月在此前成立的中国社会科学评价中心基础上,由中央机构编制委员会办公室正式批复成立。中国社会科学评价研究院是中国社会科学院直属的研究单位,"以制定标准、组织评价、检查监督、保证质量"为主要职责,以制定和完善中国哲学社会科学评价标准,承担和协调中国哲学社会科学学术评价,构建和确立中国特色哲学社会科学评价体系为主要职能。

3. 中国科学评价研究中心

武汉大学中国科学评价研究中心（Research Center for Chinese Science Evaluation，RCCSE）是我国高等院校中第一个综合性的科学评价研究中心，是集科学研究、人才培养和评价咨询服务为一体的多功能的中介型实体机构。

此外，有关省、市、自治区也有相应的第三方学术机构。

七、科研诚信建设的专业机构

科研诚信是科技创新的基石。党的十八大以来，我国科研诚信建设在很多方面都取得了明显成效，但整体上仍存在短板和薄弱环节，违背科研诚信要求的行为时有发生。为培育和践行社会主义核心价值观，弘扬科学精神，倡导创新文化，加快建设创新型国家，中共中央办公厅和国务院办公厅 2018 年 5 月就进一步加强科研诚信建设、营造诚实守信的良好科研环境出台了专门文件，即《关于进一步加强科研诚信建设的若干意见》，就建立健全职责明确、高效协同的科研诚信管理体系问题提出了明确要求。其中，科技部负责全国自然科学领域、中国社会科学院负责全国哲学社会科学领域科研诚信工作的统筹协调和宏观指导。也就是说，科技部和中国社会科学院是负责全国科学领域科研诚信建设的专责机构。2019 年，中宣部等七部门联合发布了《哲学社会科学科研诚信建设实施办法》，[①]其中对哲学社会科学领域的科研诚信建设作出了规定。当前，地方各级政府和相关行业主管部门也在积极采取措施，加强本地区本系统的科研诚信建设工作。

八、科研活动个体

任何一项科研活动都离不开科研人员，科研成效也基本上取决于科研人员。《关于进一步加强科研诚信建设的若干意见》详细规定了科研诚信制度建设过程中各个科研主体应当履行的职责，其中就包括科研人员，特别是教师和青年学生。2021 年国家卫生健康委员会等三部门联合发布了

---

① 如《哲学社会科学科研诚信建设实施办法》第 11 条规定，哲学社会科学科研诚信建设责任单位应当完善学术治理体系，建立科学公正的科研制度，营造鼓励创新、宽容失败、不骄不躁、风清气正的学术环境。第 12 条规定，哲学社会科学科研诚信建设责任单位应当把科研诚信和学术道德教育作为学习培训的必要内容，以多种形式开展教育培训。第 13 条规定，哲学社会科学科研诚信建设责任单位应当建立覆盖科研活动全领域全流程的科研诚信监督检查制度，在科研项目、人才计划、科研奖项、成果发表等各项科研活动的各个环节加强科研诚信审核。

《医学科研诚信和相关行为规范》,对医学领域的科研诚信建设作出了详细的规定,包括导师、科研项目负责人、学生等各个主体。[①] 这些规定使科研人员在科研诚信建设过程中应承担的责任和义务更加具体。除了直接从事科研活动的科研人员外,科研活动通常又会与科研管理服务人员、成果评价机构人员和成果出版发表机构人员直接相关,而后者在管理、服务过程中也可能存在科研不端行为,其行为也需要纳入法律规制范围内。通过制度梳理并结合具体科研活动实践,笔者认为科研人员主要分为以下4类。

第一,直接从事科研活动人员。这是法律需要规制的科研活动个体中的最主要部分。作为直接从事科研工作的科研人员,在从事科学研究工作时,首先,要严格遵守科学道德准则,按照科研诚信的相关要求开展科学研究活动,不做违反学术道德、学术诚信的行为;其次,在科学研究过程中要实事求是,诚实守信,不伪造编造实验数据,不提供虚假信息,不能引注不规范,不夸大成果影响,不试图影响评审公正,不虚构同行评议专家的评审意见等;最后,还要做到不抄袭、剽窃他人的研究成果,不购买、不代写学术论文,不违规署名,不一稿多发,不自我剽窃等。

在具体科研活动过程中,有大量研究生甚至本科生也在导师指导下参与了科研活动,他们也理应属于直接从事科研活动人员;但因为其学生身份,还是需要进行进一步分析。之所以有这样的考虑,是因为对于研究生导师而言,其责任在于教书育人,在其自己的科学研究活动,包括实验、论文撰写、课题申报与结项、申请各种奖项等过程中,导师首先要遵守科研诚信的规范与准则,不仅要为学生树立良好的榜样,而且还有责任教导学生坚守科研诚信;同时,在具体科研活动中,导师有义务指导学生进行科研训练从而为其独立从事科研打好基础,如果学生因为实验水平、写作规范、知识掌握程度等能力问题而出现不端行为,则不宜将学生作为单独的追责对象,而应当将其导师及课题组负责人作为追责对象,但有证据证明是学生故意为之的除外。另外,如果是研究生在未经过指导老师同意的情况下,为方便发表论文而擅自将导师挂名到自己的论文,或者存在抄袭、假冒等

---

① 《医学科研诚信和相关行为规范》第15条规定:"医学科研人员作为导师或科研项目负责人,要充分发挥言传身教作用,在指导学生或带领课题组成员开展科研活动时要高度负责,严格把关,加强对项目(课题)成员、学生的科研诚信管理。导师、科研项目负责人须对使用自己邮箱投递的稿件、需要署名的科研成果进行审核,对科研成果署名、研究数据真实性、实验可重复性等负责,并不得侵占学生、团队成员的合法权益。学生、团队成员在科研活动中发生不端行为的,同意参与署名的导师、科研项目负责人除承担相应的领导、指导责任外,还要与科研不端行为直接责任人承担同等责任。"

科研不端行为,则研究生应该对此科研不端行为独立承担责任。

第二,从事科研管理服务人员。这类人员在科研诚信建设中的角色尚未引起足够重视,但实际上他们所起的作用很大,其不端行为引发的后果也很严重。具体而言,从事科研管理服务人员可能存在以下科研不端行为。一是在组织课题项目、人才称号和奖项申报等过程中,设置不合理限制条件、有针对性地设定申报资格、不合理发布申报通知等;二是在评审过程中违规选定评审专家、泄露评审信息和尚未公开的评审结果、接受请托违规找评审专家"打招呼"、篡改评审过程性信息乃至评分等;三是在项目验收过程中不坚持验收标准,走过场、泄露鉴定专家信息、接受请托违规找鉴定专家"打招呼"、篡改鉴定信息与结论等;四是在组织申报过程中弄虚作假,把尚不符合条件的科研人员包装成符合条件人员、以科研机构名义请托找关系"打招呼"、对本单位科研成果故意做虚假宣传、对本科研机构发生的科研不端行为进行掩饰甚至是包庇、对已经发生的科研不端行为不予调查处理等。

第三,科研评价评审人员。《关于进一步加强科研诚信建设的若干意见》不仅对直接参与科研活动的人员提出科研诚信的要求,还对评审人员、评估人员、咨询专家等提出了科研诚信的要求。但是,科研成果评估、评价和评审相对于直接的科研活动来说,其科研不端表现得更为隐蔽,如评审中接受请托或基于利益交换考量,对不符合条件的科研成果"睁一只眼闭一只眼"、将不符合条件的评上、将不能结项的予以结项、将不能通过鉴定的予以通过等。由于上述评价人员在科研诚信建设中处于非常重要的位置,其行为规范与否将直接影响科研诚信的建设成效;因此,评估人员在进行评估、审查、核算等过程中必须遵守职业道德,保持公平公正的态度,不能受到外界非学术性因素的干扰。

第四,科研成果出版和发表机构工作人员。国家新闻出版署在2019年发布的《学术出版规范 期刊学术不端行为界定》中,对审稿专家、编辑的科研不端行为进行了详细的划分,加强了科研成果出版领域的科研诚信建设。之所以需要作出如此规定,是因为出版和发表机构的学术活动通常是科研工作的最后一个环节,科研人员的科研成果需要在适当的载体上予以公开,因此,成果发表机构工作人员若存在发关系稿和人情稿、接受请托甚至是受贿、为追求轰动效应而不够严谨地发表学术成果以及未尽合理审查义务而刊发有意识形态问题的论著等行为,都将严重影响科研活动的正常进行。

第八章 法律责任:独立责任与共同责任

《科学技术进步法》与《促进科技成果转化法》是当前规范科研活动主要法律中层级较高的法律,其中不难看到,民事责任、行政责任以及刑事责任均是这两部法律规定的基本法律责任,但这两部法律调整的科研不端行为并未涵盖科研实践中可能出现的所有类型,而且相关法律条文仅是简单地规定了责任,至于责任具体如何承担、惩戒的力度应如何设置,则并未作出详细规定,因此其可操作性也备受质疑。鉴于此,笔者将从法学原理、相关法律规定等角度就如何科学且合理地加以设定科研不端行为的法律责任作出阐述。当然,科研不端行为人应当承担的责任还包括道德责任和学术责任,但本书主要研究科研诚信的法律规制问题,故下文仅限于探讨法律责任问题。

一、行政法律责任

(一)行政法律责任的设定

1. 行政责任的内涵

行政责任有广义与狭义之分,广义的行政责任分为行政主体及其人员的行政责任以及行政相对人的行政责任,狭义的行政责任仅指行政主体及其人员的行政责任。笔者认为,科研不端行为承担的行政责任应属广义的行政责任。一般而言,科研工作者因其科研不端行为而需要承担行政法律责任的情形较多出现在行政合同与行政奖励之中。行政合同是指行政主体为了实现行政目的,与另一方当事人就行政法上的权利义务互为意思表示并形成合意的法律行为。举例而言,国家机关(项目的委托方)和科研人员(项目的申请、承担者)之间本质是行政合同关系。科研活动的委托者和承担者之间的约定(如立项申请书、项目合同书、计划任务书或委托协议书)具备合同的特征。按照对我国行政合同理论影响较大的王名扬教授在《法国行政法》中提出的行政合同的三个识别标准:第一,合同当事人中必须有一方是行政主体;第二,直接执行公务的合同;第三,超越私法规则的合同,上述主体之间的合同可以定性为行政合同。因为这种合同一方主体是国家机关,具有公权力要素;其合同目的是进行科学、技术等学术研究活动,具有公益因素;同时,合同的执行超越一般私法规则,具有行政性,特别是行政主体具有单方解除权。当科研人员发生科研不端行为时,行政主体一方有权单方面决定解除或撤销该合同。解除撤销合同也是制裁科研不端行为的重要手段之一。① 与行政合同一样,行政奖励亦是一种行政行为。行政奖励的形式有通报表扬、记功、发给奖金或奖品、晋升职务、通令嘉奖、授予荣誉称号等。在科研活动领域,行政奖励通常表现为政府科技奖和哲学社会科学优秀成果奖等各种奖项。由于科研获奖对科研人员的职称评审、晋级和工资福利待遇等都有直接推动作用,因此科研工作者为获取科研奖励而实施科研不端行为的现象时有发生,因此,在行政奖励中规制科研不端行为也需要引起足够的关注。

2. 行政法律责任的主体辨析

(1) 行政法律责任主体特定

科研不端行为的行政法律责任主体是特定的。在"不端行为"前面加上"科研"二字,表明该不端行为是人们在科研领域中的不端行为,并非其他领域的不端行为。通常而言,在科研领域中,一项科研成果的取得基本上要涉及以下机构和人员:科研人员、科研主管部门、基金组织、科研机构、科学技术服务机构、杂志出版社、评议机构和科技成果转化机构等。具体而言,上述机构包括政府及其职能部门、国家自然科学基金委员会、全国哲学社会科学工作办公室和省级地方哲学社会科学工作办公室、高校和科研院所、其他企事业单位、第三方学术机构以及科研诚信建设专责机构等,上述人员则包括直接从事科研活动人员、从事科研活动管理服务人员、从事评审评估评价人员和从事出版服务人员等。当然,在科研机构中承担服务性辅助作用的人员,由于不对科研成果的产生起直接的作用,所以不能成为科研不端行为的行政法律责任主体。简言之,科研不端行为的行政法律责任主体,是指与科研活动直接有关的科研人员及科研活动参与者。

(2) 独立行为的行政法律责任主体

为了更好地区分不同的科研不端行为,我们可以将科研不端行为大致分为"独立行为"与"非独立行为"两类。"独立行为"主要是指科研人员作为个体可以单独实施的科研不端行为,如科研人员发表学术论文、著作。

一般而言,作为独立行为的科研不端行为,主要表现为科研人员对科研自由以及科研资源的不正当使用,从而违背科研诚信的行为。例如,抄袭、剽窃他人科研成果;捏造或篡改科研数据;在有关人员职称、简历以及

---

① 参见褚宸舸:《我国科研不端行为调查处理的法律关系论要》,载《山东科技大学学报(社会科学版)》2011年第1期。

研究基础等方面提供虚假信息。当前对科研不端行为的规制,就是将主要着眼点聚焦于作为自然人的个体科学研究人员,因为个体科学研究人员是当前科研活动的基本主体,其行为对其所从事的科研活动起着至关重要的作用。笔者认为,除作为个体的科学研究人员外,期刊、报纸等科研成果发表单位亦有可能成为独立行为的行政法律责任主体。这是因为,虽然期刊、报纸等科研成果发表单位不是科研活动的直接参与者,但大量独立行为的科研成果如论文、著作,需要通过各类科研成果发表单位发表出来。在这些科研成果的发表过程中,往往会伴随诸多科研不端行为,例如,科研成果发表单位未尽认真审查义务,将抄袭剽窃的科研成果予以发表,或者科研人员通过贿赂等手段让发表单位发表其带有不端行为的"成果",助长了科研不端行为。由此观之,如果不将科研成果发表单位归为科研不端行为的行政法律责任主体,则大量的科研不端行为将无法得到规制,这对规制科研不端行为来说无疑是不利的。

(3)非独立行为的行政法律责任主体

"非独立行为",是指科研机构内部或科研机构与其他科研人员有组织地共同合作实施的行为。一般而言,非独立的科研不端行为主要存在于课题研究、奖励的申报与评定之中。相较于独立的科研不端行为,非独立的科研不端行为情况也更加复杂。

第一,科研活动的组织者。

非独立的科研不端行为是有组织的科研不端行为,既然是有组织的科研不端行为,那科研活动的组织者自然应当成为非独立行为的行政法律责任主体。科研活动组织者的组织活动贯穿于科研活动的始终,若科研活动的组织者对自身的义务均认真履行,理应可以杜绝很多科研不端行为;若科研活动的组织者对自身应尽的义务不认真履行,对科研不端行为的存在视若无睹甚至自身直接参与实施某些科研不端行为,则之后便难免会出现更多更严重的科研不端行为。以课题申报为例,当前有些课题申报的管理单位及其工作人员,在审查申报课题的过程中,发现申报书中存在前述问题,可为了增加单位获批概率而仍然予以审查通过,这自然也是科研不端行为。

那么,科研活动的组织者具体包括哪些呢?笔者认为,科研活动的组织者一般包括政府科研管理部门以及科研机构。政府科研管理部门一般都有科技部门、教育部门、文化部门、卫生部门等,在我国,行政部门主导科研资源的分配,包括科研立项管理、科研经费在内的科研资源的分配均须经过行政部门的批准。① 而科研机构主要是指高等院校和各类研究所以及其他各种科研机构。科研机构掌握一定的行政权力和学术权力。在各单位范围内,科研机构有权分配本单位的科研资源。科研不端行为越发严重,这些行政部门与科研机构负有不可推卸的责任。具体而言,科研项目以及大部分科研资源均由这些主体掌握,科研项目的实际操作也由这些主体负责,行政法律责任主体行为的失当,也应该是科研不端行为频发的重要诱因。

第二,科研活动的承担者。

在实践中,绝大部分科研不端行为是由科研活动的承担者实施的,科研项目的承担阶段也是科研不端行为发生的"高峰期"。科研活动的承担者一般是指承担科研项目,直接参与科研活动的研究人员或单位。部分科研活动的承担者没有认真履行科研合同,违反合同的相关条款,在研究中实施各种科研不端行为,造成了科研资源的浪费并产生了极其恶劣的影响。鉴于此,对于实施科研不端行为的科研活动的承担者,必须课以相关的行政法律责任。

至于科研活动的承担者的具体类型,笔者认为,宏观来看包括各类科研机构(主要是高校和科研院所)、从事科研活动的企事业单位等,微观来看包括各类项目组和成员等。其中,各类项目组及其成员是具体承担者,即便由科研机构或各类企事业单位承担的项目,具体研究也是由科研机构或各类企事业单位内部的项目组和成员负责。因此,各类项目组及其成员是主要的行政法律责任主体。在各类项目组中,又有科研项目的负责人与直接从事科研活动的人员之分,他们各自需要承担的责任又会因为其具体角色不同而有所差异。这在本书前文已有述及,故此处不再赘述。另外,在科研活动的承担者中,除了各类项目组及其成员是主要的行政法律责任主体,科研活动连带责任人亦是科研不端行为的行政法律责任主体。何为科研活动的连带责任人?在实践中,可能出现这样的情况:一个科研团队在承担某科研项目后,将该科研项目的部分研究任务委托其他科研团队或个人完成,这样一来,若科研活动中出现科研不端行为,负责该项目的科研团队与具体从事研究的科研团队就需要承担连带责任,此所谓科研活动的连带责任人。同时,根据前文的分析,在现实科研项目活动中,相当数量的科研项目是由各类单位共同承担的,这些单位种类多样,性质上虽然可以

---

① 参见董兴佩:《学术不端行为惩戒立法论纲》,载《山东科技大学学报(社会科学版)》2007年第5期。

分别属于法人或其他组织,但均是科研单位。在实践中,许多科研项目中的科研不端行为是由作为科研单位的各类科研组织直接或间接实施的,然而,当前我国科研不端行为的行政法律责任体系尚未将其纳入科研不端行为的行政法律责任主体,这样的责任主体缺位对构建科研共同体乃至全社会的科研不端行为惩戒体系而言,是一项明显的漏洞和潜在的威胁。①

第三,科研活动的鉴定者。

科研活动的最终目的是产生具有实用价值的科研成果,而科研成果是否具备其应具有的价值则需要进行鉴定。因此,在科研活动中,尤其是在科研奖励的评定中,鉴定环节具有十分重要的意义,以此产生的鉴定者职责是不容忽视的。然而,科研活动的鉴定者亦有可能实施科研不端行为,如在接受他人的"好处"后作出不实的鉴定,该行为直接造成的危害就是令科研活动的公信力受到严重损害,后续影响更是不可估量。由此观之,科研活动鉴定者也必须被纳入科研不端行为的行政法律责任主体。一般而言,在科研活动的实践中,科研活动的鉴定者与组织者在一定程度上是重合的,一科研项目的鉴定者往往就是该项目的组织者本身。但也存在例外情况,部分科研项目的组织者为确保项目鉴定的公平性,会将鉴定工作交由其他单位或个人来完成。

具体来说,科研活动的鉴定者主要包括政府及其职能部门、其他科研活动组织单位、科研机构、科研共同体及其工作人员。其中,政府及其职能部门成为科研诚信的主体是因为政府及其职能部门本身就可能从事或主办一部分科研活动,如科技部、教育部、工业和信息化部、国家自然科学基金委员会、国家发展和改革委员会,其从事或主办一些科研活动,同时鉴定工作也由其完成。其他科研活动组织单位可以是各类与科研活动有关的企事业单位,如某些以技术开发为主的企业。科研机构当然是典型的科研活动鉴定者,如各类高校、研究中心、研究所,由于具有较高的专业水准,是当前具体从事科研成果鉴定的主要单位,科研机构鉴定中的科研不端行为在科研活动鉴定者的科研不端行为中占有相当的比例。至于科研共同体,是指具有相同或相近的价值取向、文化生活、内在精神和具有特殊专业技能的人员或单位,为了共同的价值理念或兴趣目标,并且遵循一定的行为规范而构成的一个群体。例如,各个高校组成一个联合体共同展开某项科研活动,或针对某一事件联合发布声明、采取措施,就可以将这个由各个高

---

① 参见焦洪涛、肖新林:《科研诚信建设的立法思考》,载《中国高校科技与产业化》2010年第8期。

校组成的联合体视为科研共同体。部分重要的鉴定工作可能交由科研共同体完成,因此科研共同体亦能成为科研活动的鉴定者。

综上所述,非独立行为的行政法律责任主体包括科研活动的组织者、承担者和鉴定者。这三者的活动并不是孤立的,各类主体之间有可能形成各种行政法律关系。具体而言,其一,在政府资助的科研活动中,组织者与承担者之间一般需要签订行政合同,例如,某科研工作者承担了一项教育部的基金项目,该项目是由教育部资助的,那么该科研工作者是项目承担者,其所在单位是项目承担单位,而教育部就是项目组织者。从行政法上来看,该基金项目属于行政合同,该科研工作者和其所在单位与教育部之间就形成了行政法律关系。另外,不同组织者之间也有可能形成行政法律关系,例如,教育部与科技部联合组织某科研项目的实施,教育部与科技部均为行政主体,它们之间的关系自然也属于行政法律关系。其二,在公立科研机构中,单位与具体承担者之间有可能形成行政法律关系。当下,我国公立科研机构为数众多,在科技创新领域也确实作出了很大的贡献。这些公立科研机构就法律性质而言,在一定程度上可以被认为是被授权组织,也就是行政主体。如此一来,在这些公立科研机构内部,本单位与科研项目的承担者,无论是在科研管理方面,还是在人事管理方面,均构成了行政法律关系。其三,在公立科研机构的合作中,单位与单位之间有可能形成行政法律关系。例如,在中国科学院与中国工程院的合作中,二者均为行政法上的被授权组织,二者的合作就有可能在行政法上构成横向的行政主体之间的关系,应当属于行政法律关系。其四,在科研不端行为的查处中,查处机构与被查处者之间有可能形成行政法律关系。举例而言,若在某一科研不端行为的查处中,查处机构是行政主体,被查处者是行政相对人,查处机构对被查处者实施了行政处罚;或查处机构是行政主体,被查处者是行政主体的内部工作人员,查处机构对被查处者实施了行政处分,则查处机构与被查处者之间形成了行政法律关系。

3. 行政法律责任的具体设定

当前设定科研不端行为的行政法律责任的法律法规业已存在不少,包括作为法律的《科学技术进步法》《促进科技成果转化法》,作为行政法规的《国家自然科学基金条例》《国家科学技术奖励条例》,作为部门规章的《国家科技计划实施中科研不端行为处理办法(试行)》等。这些规范虽然初步构成了治理科研不端行为的行政法律责任体系,但其规定内容上存在冲突,缺乏统一性,因此无法在规制的过程中形成合力,在治理科研不端行为的实践中还存在可操作性不强的问题。我们在研究科研不端行为的行政法律责任时,应充分借鉴这些已经制定的法律规范,并结合相关学理进行探讨。需要说明的是,鉴于科研奖励的组织、申报、鉴定与科研合同存在大量的相似之处,为了避免不必要的重复,笔者主要从科研合同的角度切入展开研究。

(1)行政法律责任的内涵

行政法律责任,一般是指责任主体因违反行政法律规范而需要承担的法律责任,其中,责任主体包括两方,一方是行政主体及其工作人员,另一方是行政相对人。[①] 这两方的行政法律责任实现方式是不一样的,既有行政制裁的方式,又有非行政制裁的方式。行政主体的行政法律责任实现方式主要是行政制裁,如行政赔偿、行政处分、责令改正违法行为、恢复原状以及在一定情况下的行政处罚。另外,非行政制裁的方式主要是通过对行政违法行为效力的否定、行为的改变甚至撤销等方式来实现行政法律责任的追究,如确认违法,确认无效,予以撤销、变更或补正。行政相对人的行政法律责任实现方式主要有行政处罚、责令改正违法行为、行政处分等。在科研不端行为中,行政法律责任就是责任主体因违反与科研有关的行政法律规范而需要承担的法律责任。科研不端行为的行政法律责任主体亦包括行政主体与行政相对人两方,如科研活动的组织者一般情况下属于行政主体,科研活动的承担者主要是行政相对人,科研活动的鉴定者视情况不同既可能是行政主体,也可能是行政相对人,比如科研组织者自行鉴定的属于前者,组织者通过遴选确定的专家则属于后者。

(2)行政法律责任设定中应注意的问题

第一,严格法律责任和道德责任的分界。在法律治理科研不端行为过程中,必须要尽可能严格区分法律责任和道德责任。当前科技界有不少人士担忧法律介入科研诚信领域,其关注点是法律介入的度,而不是笼统地反对法律的适当介入。第二,尽量压缩追究法律责任的空间。简言之,能够通过道德责任调整的就不必设定法律责任,但是,被追究法律责任的则需要同时追究道德责任。第三,查实行为人是否存在主观过错。笔者认为,行为人在实施科研不端行为时主观上存在过错,才能追究科研不端行为人的责任;若行为人在实施科研不端行为时主观上属于无意或者一般过失,则该行为不能被认定为科研不端行为。第四,具有一定的社会危害性。法律调整社会关系的一个重要前提为是否具有一定的社会危害性,虽然社会危害性理论在我国法学界特别是刑法学界引起了很大争鸣,特别是因其

---

① 参见田文利、张艳丽:《行政法律责任的概念新探》,载《上海行政学院学报》2008年第1期。

缺乏规范性、实体性和专属性而备受争议，但是，社会危害性作为判断某种行为是否违法的基本特征，在我们设定科研不端行为法律责任时仍然具有重要的评价作用。鉴于前文在对科研不端行为的法律调整范围论述时已有阐述，故此处不再予以展开论述。

(3) 独立行为的行政法律责任

独立的科研不端行为主体主要包括作为个体的科研人员以及科研成果发表单位。其中，作为个体的科研人员并不是完全孤立的个人，其亦是高校、科研院所、国家机关等科研单位的工作人员。作为个体的科研人员实施的需要承担行政法律责任的科研不端行为主要有抄袭、剽窃、侵吞他人科研成果或实施自我剽窃，捏造或篡改实验数据或调查数据、文献，捏造事实，伪造注释，故意干扰或妨碍他人的研究活动等。若科研人员实施以上科研不端行为，根据《科学技术进步法》第112条的规定，科研人员所在单位或者有关主管部门应责令其改正并予以行政处罚和处分。① 笔者认为，这种规定还是过于笼统，应当予以细化。责令改正自不必说，行政处分由轻到重分为多种，应根据行为人的情节轻重与否予以适用，例如，情节较轻的，可以适用警告；情节较重的，应当予以降级甚至开除。不仅如此，笔者认为，除了行政处分，其他行政法律责任形式也可以考虑适用，如取消其在一定期限内申请科研项目和科研奖励的资格以及其他行政处罚种类。因为既然行为人在独立的科研活动中会实施科研不端行为，那么其在类似科研项目的非独立科研活动中亦有可能实施科研不端行为，为了不使其独立实施的科研不端行为蔓延至非独立实施的科研活动中，对其进行一些资格限制是十分必要的。至于资格限制的期限，也应酌情予以考虑，根据行为人情节轻重的不同，资格限制的期限也可长可短。需要注意的是，若行为人实施的科研不端行为极其严重，造成的影响极为恶劣，可以永久取消其申请科研项目和科研奖励的资格，这样才能提高其实施科研不端行为的违法成本，并形成一定的威慑作用。关于行政处罚，在追究行为人法律责

---

① 《科学技术进步法》第112条规定："违反本法规定，进行危害国家安全、损害社会公共利益、危害人体健康、违背科研诚信和科技伦理的科学技术研究开发和应用活动的，由科学技术人员所在单位或者有关主管部门责令改正；获得用于科学技术进步的财政性资金或者有违法所得的，由有关主管部门终止或者撤销相关科学技术活动，追回财政性资金，没收违法所得；情节严重的，由有关主管部门向社会公布其违法行为，依法给予行政处罚和处分，禁止一定期限内承担或者参与财政性资金支持的科学技术活动、申请相关科学技术活动行政许可；对直接负责的主管人员和其他直接责任人员依法给予行政处分和处分。违反本法规定，虚构、伪造科研成果，发布、传播虚假科研成果，或者从事学术论文及其实验研究数据、科学技术计划项目申报验收材料等的买卖、代写、代投服务的，由有关主管部门给予警告或者通报批评，处以罚款；有违法所得的，没收违法所得；情节严重的，吊销许可证件。"

任时也有其适用的空间,例如,故意干扰或妨碍他人的研究活动这种科研不端行为,一旦被行为人实施可能危及他人的身体安全,在这种情况下对行为人进行行政处罚就显得很有必要。具体来看,行政处罚的种类以罚款、行政拘留为主,二者可以并处,罚款的数额以及行政拘留的期限应当视具体情况而定。至于行政拘留的适用范围,笔者认为不宜扩大适用,除了上述故意干扰或妨碍他人的研究活动外,科研人员的科研不端行为一般不必适用此类处罚。

那么,科研成果发表单位若实施科研不端行为,其行政法律责任又该如何设定呢?这也需要区分个人与单位。如果科研成果发表单位的内部人员与需要发表科研成果的外部行为人之间存在某种交易,发表或出版科研成果甚至是存在科研不端行为的成果,则发表单位的内部人员应受到其所属单位的内部行政处分;情节较重的,应当受到行政处罚,如警告、罚款、吊销资格、没收违法所得与没收非法财物;情节严重触犯刑法的,需承担刑事责任。若科研成果发表单位耽于履行自身的职责,应受到行政处罚,可以考虑适用双罚制,对单位和直接责任人员(代表人、主管人员及其他有关人员)均予以行政处罚,对单位的行政处罚种类以警告、罚款为宜。需要说明的是,即便是警告、罚款等处罚,也应在科研成果发表单位完全不履行正常义务的情况下适用,而非只要发表了不端的科研成果就要对其进行处罚。

(4)非独立行为的行政法律责任

根据当前科研活动的实践,非独立的科研不端行为主要存在于科研合同签订、履行以及科研奖励的发布、申报、鉴定等过程之中。相较于独立的科研不端行为,非独立的科研不端行为涉及的主体较多,行为内容也更加复杂并会发生某些变化,其行政法律责任的设定就需要认真地加以研究。下文以科研项目为例进行论述。

第一,组织者的行政法律责任。科研合同的主体主要是组织者、承担者、鉴定者,这三者均有可能实施科研不端行为。作为科研合同的一方当事人,组织者一般是行政主体及其工作人员,其实施科研不端行为主要阶段是合同的缔结以及履行过程之中。具体来说,科研合同的组织者可能实施的科研不端行为有:接受他人给予的财物或其他不正当利益后将科研项目交由不具备相关条件的科研单位或人员来承担;与他人合谋故意骗取、私吞、私分科研经费或设备;未按照合同约定履行自身义务,如疏于监督承担者的具体研究活动;干预鉴定者的鉴定工作等。在实践中,科研合同中的组织者一般以个体即内部工作人员的形式实施科研不端行为。根据《国家自然科学基金条例》第 40 条的规定,若行政主体内部工作人员实施科研不端行为,应当承担行政处分的法律责任。① 该条的叙述明显过于笼统,对不同的科研不端行为未作区分,情节轻重也未作考虑。笔者认为,科研合同中组织者的行政法律责任应作适当区分。如果行政主体的工作人员未按照合同约定履行自身义务或实施了类似干预鉴定者的鉴定工作的科研不端行为,视其情节轻重,需要承担的行政法律责任应当包括警告、记过、记大过、降级、撤职、开除等行政处分。如果行政主体的工作人员在缔结科研合同的过程中接受他人给予的财物或其他不正当利益,单独或者与他人合谋故意骗取、私吞、私分科研经费或设备,那么这类科研不端行为性质是严重的,有可能造成科研合同无法实现其初衷,因此,行为人应当承担的行政法律责任也与其行为性质相符,若处以行政处分,其应当承担的责任至少不应低于记过这一级别,一般情况下应予以降级或撤职处分,使其不再享有类似权力。当然除了行政处分,行政处罚也可以考虑予以适用。有行政处罚权的相关机关应对行为人处以警告、罚款、没收违法所得或非法财物等行政处罚。

第二,承担者的行政法律责任。在科研合同中,作为另一方当事人的承担者属于行政相对人。具体而言,在科研活动的实践中,承担者一般包括各类项目组以及项目组依托的单位,其中,项目组是直接从事科研合同规定的研究内容的承担者,也是研究过程中的科研不端行为的主要实施者。在科研合同的不同阶段,承担者会实施不同的科研不端行为,而不同的科研不端行为所需承担的行政法律责任也相应地有所不同。

首先,在科研合同的申报阶段,承担者在申报过程中实施的科研不端行为主要是在有关人员职称、简历、研究基础、研究成果以及研究人员等方面提供虚假信息,目的是获取科研项目资助。根据《国家自然科学基金条例》第 36 条的规定,该行为人所需要承担的行政法律责任是警告、追回已拨付的基金资助经费、最长 5 年不得申请或者参与申请国家自然科学基金

---

① 《国家自然科学基金条例》第 40 条规定:"基金管理机构工作人员有下列行为之一的,依法依规给予组织处理、处分:(一)未依照本条例规定申请回避的;(二)披露未公开的与评审有关的信息的;(三)干预评审专家评审工作的;(四)利用工作便利谋取不正当利益的;(五)有其他滥用职权、玩忽职守、徇私舞弊行为的。"

资助、不得晋升专业技术职务(职称)。①笔者认为,申报阶段是科研活动的起始阶段,若将科研项目交由不符合相关条件的承担者研究,后果可想而知,因此,对提供虚假信息的申报者应当给予较为严厉的惩罚。上述规定的行政法律责任可以起到一定的效果,若增加通报批评、情节极为严重情况下申报资格的限制期限进一步延长,如延长至10年甚至终身禁止申报,惩罚效果可能会更好。

其次,在具体研究过程中,承担者可能实施的科研不端行为有:抄袭、剽窃、侵吞他人科研成果或实施自我剽窃;违反科研活动的条件限制从事科研活动;擅自变更研究内容或者研究计划、捏造或篡改实验数据或调查数据、文献,捏造事实,伪造注释;谋取科研经费但不履行或延迟履行科研义务;贪污挪用或不按照科研目的及约定合理使用科研经费等。根据《国家自然科学基金条例》第37条以及《国家科技计划实施中科研不端行为处理办法(试行)》第11条的规定,笔者认为,若承担者实施了上述科研不端行为,作为行政主体的项目组织者必须责令其改正并接受项目组织单位的定期审查,予以警告或通报批评。②如果承担者拒不改正,追回已拨付的科研经费理所当然,必要时项目组织者可以考虑解除科研合同,限制其在一定期限内申报科研项目,情节严重的应永久禁止其参与项目申报,以避免更多的科研项目落入不端行为人之手。除此之外,为了加大行为人的违

---

① 《国家自然科学基金条例》第36条规定:"申请人、参与者有下列行为之一的,由基金管理机构给予警告,正在申请基金资助的,取消其当年申请或者参与申请国家自然科学基金资助的资格;其申请项目已实施资助的,撤销原资助决定,追回已拨付的基金资助资金;情节较重的,1至3年不得申请或者参与申请国家自然科学基金资助;情节严重的,3至5年不得申请或者参与申请国家自然科学基金资助:(一)虚构、伪造、剽窃、篡改申请材料的;(二)以请托、贿赂等不正当方式干预评审工作的;(三)有其他违背科研诚信和科技伦理行为的。申请人、参与者有前款所列行为的,由依托单位按照人事管理有关规定取消其在一定期限内参加专业技术职称评审的资格。"

② 《国家自然科学基金条例》第37条规定:"项目负责人、参与者有下列行为之一的,由基金管理机构给予警告,暂缓拨付基金资助资金,并责令限期改正;逾期不改正的,撤销原资助决定,追回已拨付的基金资助资金;情节较重的,1至5年不得申请或者参与申请国家自然科学基金资助;情节严重的,5至7年不得申请或者参与申请国家自然科学基金资助:(一)擅自变更研究方向或者降低申报指标的;(二)不依照本条例规定提交项目年度进展报告、结题报告或者研究成果报告的;(三)提交弄虚作假的报告、原始记录或者相关材料的;(四)成果发表署名不实或者虚假标注资助信息的;(五)不配合监督、检查或者绩效评价工作的;(六)虚报、冒领、贪污、侵占、挪用、截留基金资助资金的;(七)虚构、伪造、剽窃、篡改研究数据或者结果的;(八)有其他违背科研诚信和科技伦理行为的。项目负责人、参与者有前款所列行为的,由依托单位按照人事管理有关规定取消其在一定期限内参加专业技术职称评审的资格。"
《国家科技计划实施中科研不端行为处理办法(试行)》第11条规定:"项目承担单位应当根据其权限和科研不端行为的情节轻重,对科研不端行为人做出如下处罚:(一)警告;(二)通报批评;(三)责令其接受项目承担单位的定期审查;(四)禁止其一定期限内参与项目承担单位承担或组织的科研活动;(五)记过;(六)降职;(七)解职;(八)解聘、辞退或开除等。"

法成本,对行为人进行行政处罚是必要的。行为人有个体与单位之分,如果行为人是个体行为人,对其可以处以罚款、没收违法所得的处罚,情节严重的可以设定资格限制。需要强调的是,暂扣或吊销行为人的执照或资格证应当考虑适用,因为行为人拥有的相关执照或资格证是其从事某一或多项科研活动资格的证明,暂扣或吊销其执照或资格证可以暂时或永久使其无法进入相关科研行业,如此可以将其对科研活动的危害显著地降低;如果行为人是单位,尤其是从事技术开发的企业,对其可以处以罚款、责令停产停业、暂扣或吊销许可证的处罚。需要注意的是,如果行为人是单位,则应采用双罚制,对单位按情节轻重实施行政处分,对单位的直接负责人须予以警告、罚款等处罚。

最后,在项目的鉴定阶段,承担者可能实施的科研不端行为主要是给予项目组织者内部工作人员、鉴定专家以财物或其他不正当利益以图通过项目鉴定。应当看到,这也是很严重的科研不端行为,甚至可能构成《刑法》中的行贿罪。笔者认为,鉴于该科研不端行为的性质,必须对行为人予以严惩,因为此类行为直接影响到国家科研资源的投入特别是财政经费的使用效率,也深刻影响具体科研活动的成效。

以上主要是项目组在科研合同履行过程中可能实施的科研不端行为以及需要承担的行政法律责任,与项目组不同,项目组所依托的单位可能实施的科研不端行为是不履行自身在科研合同中应当承担的义务,主要包括没有对项目组应得到的研究条件予以保障、对项目组的具体研究没有尽到监督的职责、没有对项目组的研究成果进行合理的审查、应按照合同约定提交研究报告的没有提交或拖延提交、对项目组的科研不端行为进行包庇纵容、不配合组织者的监督审查与项目实施、截留挪用科研经费等。根据《国家自然科学基金条例》第 38 条的规定,项目组依托的单位若实施上述科研不端行为应承担的行政法律责任有警告、责令限期改正行为,情节严重的处以通报批评并在 3~5 年不得作为依托单位。① 笔者认为,行政

---

① 《国家自然科学基金条例》第 38 条规定:"依托单位有下列情形之一的,由基金管理机构给予警告,责令限期改正;逾期不改正的,核减基金资助资金,并可以暂停拨付或者追回已拨付的基金资助资金;情节较重的,1 至 3 年不得作为依托单位;情节严重的,向社会公布其违法行为,3 至 5 年不得作为依托单位:(一)不履行保障基金资助项目研究条件的职责的;(二)不对申请人或者项目负责人提交的材料的真实性、完整性和合法性进行审核的;(三)不依照本条例规定提交项目年度进展报告、年度基金资助项目管理报告、结题报告和研究成果报告的;(四)组织、参与、纵容、包庇申请人或者项目负责人、参与者弄虚作假的;(五)擅自变更项目负责人的;(六)不配合基金管理机构监督、检查基金资助项目实施的;(七)虚报、冒领、贪污、侵占、挪用、截留基金资助资金的;(八)违反保密规定或者管理严重失职,造成不良影响或者损失的;(九)以请托、贿赂等不正当方式干预评审工作的;(十)不履行科研诚信和科技伦理相关管理职责的。"

法律责任如此设定是可以起到惩诫效果的,但实践中的情况却是,该规定并未能得到很好的执行。

第三,鉴定者的行政法律责任。鉴定阶段一般属于课题研究科研活动的最后环节,在科研活动中具有重要的意义,因为一项科研成果是否具有其应具有的科学价值和应用价值,需要通过相关鉴定才能得到证明。如果某项科研成果通过了鉴定,则意味着该项课题研究获得了成功,有可能对学术研究和社会发展产生程度不同的积极影响;如果某项科研成果未能通过鉴定,则意味着该项课题研究没有完成预定科研任务。因此,鉴定者在科研活动过程中的工作是不容忽视的。在科研活动的鉴定实践中,鉴定者一般是组织者从各自专家库中遴选出来的,或者是委托其他科研管理机构遴选的专家,当然实践中也有一些课题是发布单位内部组织专家进行鉴定的。就前两种情形而言,一般是涉及财政资金资助且学术影响较大的课题,而后者则通常是企事业单位组织开展的横向课题研究和科研院所内部发布的课题研究。就具体遴选鉴定专家来说,为了公平起见和尽可能减少外部干扰,一般遵循"小同行评审"、随机遴选和临时通知原则;但是,因为科研活动的专业性强,鉴定意见对课题承担者又十分重要,因此,实践中确实有可能出现"外行评内行"和"请托、打招呼"等情况,从而导致课题鉴定过程和结论不够规范。

鉴定者的鉴定工作是重要的,但鉴定者也有可能实施科研不端行为,包括:不履行组织单位规定的鉴定职责;应当回避没有回避;在鉴定过程中将未公开的与鉴定工作有关的信息对外公开;在鉴定过程中存在不公正现象;接受他人财物或其他不正当利益等。根据《国家自然科学基金条例》第39条的规定,鉴定者若实施前述科研不端行为,应承担的行政法律责任是警告、责令限期改正;情节严重的,通报批评,组织者不得再聘请其为鉴定专家。① 根据《促进科技成果转化法》第48条的规定,鉴定者应承担的行政法律责任有责令改正、没收违法所得、罚款、依法吊销营业执照和资格

---

① 《国家自然科学基金条例》第39条规定:"评审专家有下列行为之一的,由基金管理机构给予警告,责令限期改正;情节较重的,2至7年不得聘请其为评审专家;情节严重的,向社会公布其违法行为,不得再聘请其为评审专家:(一)不履行基金管理机构规定的评审职责的;(二)未依照本条例规定申请回避的;(三)披露未公开的与评审有关的信息的;(四)对基金资助项目申请有接受请托、说情干预等不公正评审行为的;(五)利用工作便利谋取不正当利益的。"

证书。① 这两条的规定皆有可取之处与不足之处,《国家自然科学基金条例》规定了不得受聘担任鉴定专家的资格罚,但却没有规定吊销营业执照和资格证书的处罚措施;而《促进科技成果转化法》则正好与之相反。结合上述这两条的规定,笔者认为,鉴定者实施了科研不端行为,其应承担的行政法律责任可以根据情节来具体设定。若情节较轻,可以是警告、责令限期改正;若情节较重,可以是通报批评、罚款、没收违法所得、在一定期限内取消其参与鉴定工作的资格、吊销资格证书等;如果鉴定者是单位,还应其吊销营业执照。

笔者认为,无论是独立行为还是非独立行为,在考虑科研不端行为人承担行政法律责任的过程中,区别行为人的主观过错是十分重要的。毕竟法律制裁一种行为,是要考虑主客观相一致原则的,且法律惩戒也不是最终目的,而预防才是最终目的。具体而言,其一,如果行为人对科研不端行为的出现并无主观追求,一般不宜追究行为人的法律责任;当然这并不自然免除其所应承担的学术责任或道德责任。其二,如果行为人主观态度较好,可以考虑从轻惩罚。根据《国家科技计划实施中科研不端行为处理办法(试行)》第 15 条的规定,主观态度较好的情形是:主动承认存在错误并积极配合调查;经批评教育确有悔改表现;主动消除或者减轻科研不端行为不良影响。② 其三,如若行为人主观态度较恶劣,应当从重惩罚。根据《国家科技计划实施中科研不端行为处理办法(试行)》第 16 条的规定,主观态度较恶劣的情形有:伪造、藏匿、销毁证据;不配合或干扰调查工作;对举报人实施打击、报复;同时涉及多种科研不端行为。③

4. 行政法律责任的主要形式

一般而言,行政相对人承担行政法律责任的主要形式是行政处罚,行政主体及其人员承担行政责任的主要形式是行政处分。从行政行为的性质来看,行政处罚属于外部行政行为,行政处分则属于内部行政行为。

---

① 《促进科技成果转化法》第 48 条第 1 款规定:"科技服务机构及其从业人员违反本法规定,故意提供虚假的信息、实验结果或者评估意见等欺骗当事人,或者与当事人一方串通欺骗另一方当事人的,由政府有关部门依照管理职责责令改正,没收违法所得,并处以罚款;情节严重的,由工商行政管理部门依法吊销营业执照。给他人造成经济损失的,依法承担民事赔偿责任;构成犯罪的,依法追究刑事责任。"
② 《国家科技计划实施中科研不端行为处理办法(试行)》第 15 条规定:"被调查人有下列情形之一的,从轻处罚:(一)主动承认错误并积极配合调查的;(二)经批评教育确有悔改表现的;(三)主动消除或者减轻科研不端行为不良影响的;(四)其他应从轻处罚的情形。"
③ 《国家科技计划实施中科研不端行为处理办法(试行)》第 16 条规定:"被调查人有下列情形之一的,从重处罚:(一)藏匿、伪造、销毁证据的;(二)干扰、妨碍调查工作的;(三)打击、报复举报人的;(四)同时涉及多种科研不端行为的。"

(1)行政处罚

行政处罚,是指行政机关和被授权组织基于行政职权,对违反行政法律规范的公民、法人或其他组织实施的行政惩戒;对实施惩戒的行政主体来说是一种制裁性行政行为,对承受惩戒的主体来说则是一种惩罚性的法律责任。由此观之,行政处罚的含义包括以下五个方面:第一,行政处罚的实施主体是行政机关和被授权组织;第二,行政处罚以当事人违反行政法律规范为前提;第三,行政处罚的对象是实施违法行为的人,即违反行政法律规范的公民、法人或其他组织;第四,行政处罚是制裁性行政行为,从而与执行性行政行为相区别;第五,行政处罚既是一种具体行政行为,也是违法者承担的制裁性法律责任形式。[①] 结合《行政处罚法》的规定,常见的行政处罚有警告、通报批评、罚款、拘留、没收财物、吊销暂扣许可证或执照、责令停产停业。

从种类上看,行政处罚可分为人身自由罚、声誉罚、财产罚、资格罚以及义务罚(责令作为或不作为罚)。具体而言,第一,人身自由罚是指对违法公民的人身自由权利在一定期限内进行限制或剥夺的行政处罚,主要表现形式是行政拘留。第二,声誉罚是指对违法者的名誉、荣誉(或信誉)等精神上的利益造成一定损害的行政处罚。凡是对其名誉、荣誉或信誉以及其他精神上的利益施加不利影响的行政处罚,都可归为声誉罚。这类处罚的具体形式主要有警告、通报批评、剥夺荣誉称号等。第三,财产罚是指处罚人的财产权利和利益受到损害的行政处罚,需要违法者缴纳一定数额的金钱或者剥夺其一定财物,并不限制违法者的人身自由,也不影响其从事其他活动的权利。财产罚的这种特性决定了其是适用情形比较广泛、适用得最普遍的行政处罚。财产罚的具体形式主要有罚款、没收、追缴非法所得等,其中适用最多的是行政罚款。第四,资格罚是指以剥夺或限制被处罚人的某种资格为内容的行政处罚,主要是对行为人从事特定职业或生产、经营活动权利的剥夺或限制。其主要形式有吊销许可证、执照,取消证书和资格,停止或取消某种优惠等。第五,义务罚。这种处罚直接要求被处罚人作出某种行为或不得作出某种行为,实际上是处以义务,因此才被称为义务罚。这类处罚的形式主要有责令停止生产、暂停营业、限期整顿、责令追回不合格的产品等。关于责令改正违法行为,是否属于行政处罚存在一定的争议,部分学者认为是行政处罚,还有部分学者认为是行政命令。是否属于行政处罚,关键在于其是否给行政相对人施加了一种额外的负

---

① 参见杨解君:《行政法与行政诉讼法》(上),清华大学出版社2009年版,第258~259页。

担,而且这种负担是针对其存在违法行为而施加的一种带有惩戒性的义务。因而,责令当事人改正或者纠正其违法作为,不宜作为一种行政处罚形式。就这几种处罚形式的内涵而言,其各自内容如下:

第一,警告。警告是一种影响被处罚人声誉的行政处罚形式,它是指行政机关或被授权组织对违法者实施的一种书面形式的谴责和告诫。它既具有教育性质又具有制裁性质。其目的是警戒违法者,申明行为人的行为已经违法,避免其再犯。警告处罚与批评教育有相似之处,二者都要摆事实、讲道理,以理服人,还要讲明后果及危害。但它们之间有着严格的区别:警告是一种处罚形式,必须以书面形式作出,指明行为人的违法错误,并令其纠正违法行为,具有国家强制性;而批评教育只有摆事实、讲道理,通过思想政治工作使行为人在思想上有所触动,自觉地认识到自己的错误并主动加以改正,批评教育不具有国家强制性。警告一般适用于情节轻微或未造成实际危害后果的违法行为,警告处罚既适用于个人,也适用于法人或其他组织。

第二,通报批评。通报批评,与警告处罚一样,也是一种影响被处罚人声誉的行政处罚。它以公开宣布的方式,使被处罚人的名誉受到损害,既制裁、教育本人,又广泛地教育他人。通报批评虽然和警告一样,都是对违法者通过书面形式予以谴责和告诫,指明其违法及危害,避免再犯,但它们是有区别的:①警告处罚适用范围广泛,既可以适用于自然人,也可以适用于法人或其他组织;而通报批评则主要适用于违法的法人或其他组织而不适用于自然人,这主要是由于自然人的活动范围有限,给予通报批评不能在一定范围内产生影响,也就起不到惩戒作用。②处罚的内容不同,即损害的权益不同。警告主要是对被处罚人的精神利益造成一定的损害,而通报批评则是对被处罚人的荣誉或信誉造成损害。③形式不同。虽然二者都必须以书面形式表示,但通报批评是通过报刊或政府文件在一定范围内公开宣布的,造成的影响很大,警告则只是以警告处罚书的形式下达本人,或只在很小的范围内使人知晓。④处罚程度不同。通报批评影响的范围广,因而处罚程度比警告处罚严重。⑤处罚方法不同。警告处罚形式上既可以单处,也可以并处;而通报批评往往单独适用。

第三,罚款。罚款是作为行政处罚的一种形式,属于财产罚。它是指行政机关和被授权组织强制违法者承担一定的金钱给付义务,要求违法者在一定期限内缴纳一定数量货币的处罚。罚款这种处罚形式,既具有经济内容,又具有强制性,从而与不具有经济内容的其他行政处罚形式区别开来。其制裁性同时又使其与执行罚相区别,其适用目的又使其与人民法院为维持司法秩序所作的罚款相区别。罚款是对被处罚人一定经济利益的剥夺,且该利益必须是被处罚人的合法利益,罚款款项应上缴国库;非法收入一般不作为罚款的内容,而是没收或追回发还给受害人。

第四,拘留。拘留又称治安拘留或行政拘留,只在治安处罚管理中适用,属于人身自由罚。它是指公安机关对违反治安管理秩序的人,短期剥夺其人身自由的一种处罚形式。治安拘留,是一种严厉的行政处罚方式,它只适用于自然人而不能适用于法人或其他组织,但其法定代表人或负责人可以作为处罚对象。根据《治安管理处罚法》的规定,拘留的期限是1日以上15日以下。拘留一般适用于严重违反治安管理的行为人,因为适用警告和罚款尚不足以惩罚和教育他们。公安机关在适用拘留处罚时,应根据具体违法行为的性质、情节、后果等,在法定的幅度内确定适当的拘留期限。由于拘留直接剥夺公民的人身自由,因此,对于能通过其他行政处罚形式制裁的违法行为,一般不适用拘留。

第五,没收财物。没收财物属于财产罚,是由行政机关实施的将违法行为人的部分或者全部违法收入、物品收归国有的处罚方式。可成为没收对象的是违法者的非法所得及非法占有的利益、违法工具和物品、违禁品等。没收可以视情节轻重决定部分没收或者全部没收,没收的物品,除应予销毁及存档备查的外,应上缴国库或交由法定专管机关处理,合法的收入和没有用来进行违法活动的物品不应成为没收的对象。没收财物的处罚不同于刑罚中的没收财产刑。没收财产是把犯罪分子个人所有的一部分或全部财产强制无偿地收归国家所有的刑罚。二者的区别主要表现在以下三点:①性质不同。没收财产是刑罚;没收财物是一种行政处罚,不具有刑罚的法律后果。②对象不同。没收财产只限于犯罪人的合法财产;而没收财物的对象则是违禁品、赃款赃物和非法使用的工具。③适用范围不同。没收财产只能作为一种附加刑适用于犯罪行为;没收财物既可适用于一般行政违法行为,也可适用于犯罪行为。

第六,吊销、暂扣许可证或执照。吊销、暂扣许可证或执照,是剥夺或限制某种已经许可的权利或取消某种资格的处罚。它是指行政机关或被授权组织,收回或暂扣违法者已经获得的从事某种活动的权利或者资格的证书,其目的在于取消被处罚人的一定资格和剥夺、限制某种特许的权利。在我国,许可证是有关行政机关依据申请核发的,允许公民、法人或其他组织从事某种活动、享有某种资格的证明文件。执照属于许可证件的形式之一,包括营业执照、驾驶执照等,主要是指准许公民个人或组织从事生产、经营等活动的证书。例如,工商企业和个体工商户等,必须先获得营业执照方可从事特定的营业活动,未经市场监督管理部门登记和发给营业执照,就不能进行生产和经营活动。我国的许可证形式很多,如卫生许可证、采矿许可证、驾驶证、狩猎证、持枪证、烟草专卖许可证。值得注意的是,吊销与暂扣是有区别的。吊销许可证或执照,是对违法者从事某种活动的权利或享有的某种资格的剥夺或取消;而暂扣许可证或执照,则是暂停或中止行为人从事某项活动的资格,待行为人改正或经过一定期限后,再发还许可证、有关证书或执照,恢复其权利或资格。

第七,责令停产停业。责令停产停业,是对工商企业和个体工商户适用的一种处罚方式。它是行政主体强令违法从事生产、经营者停止生产或经营的处罚。这种处罚对生产经营者的物质利益造成的损害非常大,是一种比较严厉的处罚。责令停产停业,只是对权利作了一定的限制,违法者在一定期限内及时纠正了违法行为,按期履行了法定义务之后,仍可继续从事生产经营活动,无须重新申请获领许可证和执照。责令停产停业,常附有限期整顿的要求。如果受处罚人在限期内纠正了违法行为,就可以恢复生产、营业。①

除以上这些行政处罚的种类外,有关责令改正或限期改进、撤销奖励和追回奖金、取消奖励和荣誉称号、取消优惠待遇和奖励等行为是否属于行政处罚,学术界存在争议,有学者认为,"'撤销奖励和追回奖金、取消奖励和荣誉称号、取消优惠待遇和奖励'这些行为在性质上是相同的,实质上是行政主体对已经成立的给予奖励等具体行政行为因在事后发现相对人不具备给予奖励、奖金、优惠待遇的条件的撤回,是行政主体对自己业已作出的前一行为的收回,体现为对自己行为的修复"。② 因此,这些措施不属于行政处罚。但笔者认为,鉴于这些措施能够对科研不端行为人造成一定的利益损害,实质上是对行为人既有利益的合法减损,因此将其归为"其他法律法规规定的行政处罚"亦无不可。在具体的处罚上,"为达到教育和防止再犯的目的,有关立法应当设定针对科研不端行为人或其所依托单位的精神性利益造成一定的损害、能够增加行为人的违法经济成本以及限制其从事相关活动的权利和资格的处罚形式,例如警告、通报批评、罚款和限制或剥夺从事科研活动或教育活动的资格"。③

(2)政务处分

政务处分是监察机关对违法的公职人员给予的惩戒,也包括公职人员

---

① 参见杨解君:《行政法与行政诉讼法》(上),清华大学出版社2009年版,第261~264页。
② 胡建淼:《"其他行政处罚"若干问题研究》,载《法学研究》2005年第1期。
③ 栾志红、马晓鹏:《科技行政处罚:问题与对策》,载《理论探索》2012年第5期。

任免机关和单位依法给予的处分。在实践中,国家机关、企事业单位所属的公职人员实施科研不端行为并构成违法的情况是客观存在的,根据违法必究原则,应对其给予政务处分。2020年《中华人民共和国公职人员政务处分法》颁布,以法律形式确立了对违法的公职人员予以政务处分。《公职人员政务处分法》第7条规定:"政务处分的种类为:(一)警告;(二)记过;(三)记大过;(四)降级;(五)撤职;(六)开除。"第8条规定:"政务处分的期间为:(一)警告,六个月;(二)记过,十二个月;(三)记大过,十八个月;(四)降级、撤职,二十四个月。政务处分决定自作出之日起生效,政务处分期自政务处分决定生效之日起计算。"

在科研活动中实施违法行为的公职人员,应根据其主观过错、违法行为情节、共同违法行为中的作用及纠错补救效果等,分别予以从重、从轻或者减轻、免予或者不予政务处分。如《公职人员政务处分法》第11条规定:"公职人员有下列情形之一的,可以从轻或者减轻给予政务处分:(一)主动交代本人应当受到政务处分的违法行为的;(二)配合调查,如实说明本人违法事实的;(三)检举他人违纪违法行为,经查证属实的;(四)主动采取措施,有效避免、挽回损失或者消除不良影响的;(五)在共同违法行为中起次要或者辅助作用的;(六)主动上交或者退赔违法所得的;(七)法律、法规规定的其他从轻或者减轻情节。"第13条规定:"公职人员有下列情形之一的,应当从重给予政务处分:(一)在政务处分期内再次故意违法,应当受到政务处分的;(二)阻止他人检举、提供证据的;(三)串供或者伪造、隐匿、毁灭证据的;(四)包庇同案人员的;(五)胁迫、唆使他人实施违法行为的;(六)拒不上交或者退赔违法所得的;(七)法律、法规规定的其他从重情节。"第11条规定:"公职人员有下列情形之一的,可以从轻或者减轻给予政务处分:(一)主动交代本人应当受到政务处分的违法行为的;(二)配合调查,如实说明本人违法事实的;(三)检举他人违纪违法行为,经查证属实的;(四)主动采取措施,有效避免、挽回损失或者消除不良影响的;(五)在共同违法行为中起次要或者辅助作用的;(六)主动上交或者退赔违法所得的;(七)法律、法规规定的其他从轻或者减轻情节。"

5.各类科研不端行为具体的行政责任设定

在实践中,关于科研不端行为人需要承担的行政责任具体应如何设定,笔者认为应考虑如下问题:

第一,在有关人员职称、简历、研究基础、研究成果以及研究人员等方面提供虚假信息。此类科研不端行为的实施者一般以行政相对人居多,且经常出现在科研项目和科研奖励的申报中。《国家自然科学基金条例》第

36 条规定:"申请人、参与者有下列行为之一的,由基金管理机构给予警告,正在申请基金资助的,取消其当年申请或者参与申请国家自然科学基金资助的资格;其申请项目已实施资助的,撤销原资助决定,追回已拨付的基金资助资金;情节较重的,1 至 3 年不得申请或者参与申请国家自然科学基金资助;情节严重的,3 至 5 年不得申请或者参与申请国家自然科学基金资助:(一)虚构、伪造、剽窃、篡改申请材料的;(二)以请托、贿赂等不正当方式干预评审工作的;(三)有其他违背科研诚信和科技伦理行为的。申请人、参与者有前款所列行为的,由依托单位按照人事管理有关规定取消其在一定期限内参加专业技术职称评审的资格。"由此可见,此类科研不端行为的实施者必须承担的行政责任,有警告、撤销资助决定、追回资助经费以及限制申请资格。笔者认为,鉴于该科研不端行为一般不会产生严重的后果,如此设定较为合理,但若申请人、参与者是科研单位而不是作为个体的科研工作者,则可以考虑对其处以通报批评的处罚。另外,如果行政合同已经缔结,则签订该行政合同的行政主体可以考虑解除行政合同。

第二,抄袭、剽窃、侵吞他人科研成果或实施自我剽窃。此类行为作为极为常见的科研不端行为,在诸多法律、行政法规、部门规章、规范性文件中均有对其处以行政责任的有关规定。举例而言,《国家科技计划实施中科研不端行为处理办法(试行)》第 3 条规定:"本办法所称的科研不端行为,是指违反科学共同体公认的科研行为准则的行为,包括:(一)在有关人员职称、简历以及研究基础等方面提供虚假信息;(二)抄袭、剽窃他人科研成果;(三)捏造或篡改科研数据;(四)在涉及人体的研究中,违反知情同意、保护隐私等规定;(五)违反实验动物保护规范;(六)其他科研不端行为。"在其他法律规范中,对此类科研不端行为课以"处分"责任的规定不胜枚举,但这些规定对如何具体处分则含混不清。笔者认为,此类科研不端行为的行政责任应如何设定,不能一概而论,应区分不同情形,因为此类科研不端行为的责任人存在行政主体内部人员与行政相对人之分。一方面,若此类科研不端行为的责任人是行政相对人,且该行政相对人抄袭、剽窃、侵吞他人科研成果是为了获得相关学位,根据《学位法》第 37 条的规定予以撤销学位;①若该行政相对人抄袭、剽窃、侵吞他人科研成果是

---

① 《学位法》第 37 条规定:"学位申请人、学位获得者在攻读该学位过程中有下列情形之一的,经学位评定委员会决议,学位授予单位不授予学位或者撤销学位:(一)学位论文或者实践成果被认定为存在代写、剽窃、伪造等学术不端行为;(二)盗用、冒用他人身份,顶替他人取得的入学资格,或者以其他非法手段取得入学资格、毕业证书;(三)攻读期间存在依法不应当授予学位的其他严重违法行为。"

为了申报科研奖励,则授予奖励的单位应撤销奖励并追回奖金、取消奖励和荣誉称号或取消优惠待遇并没收违法所得,在此过程中亦可对科研不端行为的责任人采取警告或通报批评的措施;若该行政相对人抄袭、剽窃、侵吞他人科研成果的行为出现在履行行政合同的过程中,则行政主体可以令行政相对人承担警告或通报批评、在一定期限内禁止申报或参与特定科研活动的责任;若行政相对人是企业且行为性质严重,行政主体可以根据实际情况对责任人采取罚款、吊销或暂扣许可证或执照、责令停产停业等措施。另一方面,若此类科研不端行为的责任人是行政主体内部工作人员,则应视具体情况如科研不端行为造成的实际损失、影响等,对相关责任人分别处以警告、记过、记大过、降级、撤职、开除等行政处分。

第三,违反科研活动的条件限制从事科研活动。此类科研不端行为一般出现在行政合同的履行过程中,且实施者一般以行政相对人居多。鉴于这类行为性质并不严重,笔者认为,此类科研不端行为须承担的行政责任可以是警告或通报批评、取消或追回科研经费;如果行为性质严重,应取消有关人员在一定期限内申报或参与特定科研活动的资格。从目前有关主管部门通报的案件情况来看,取消一定期限内的申报资格已经被频繁适用。

第四,捏造或篡改实验数据或调查数据、文献,捏造事实,伪造注释。此类科研不端行为也是较多地出现在行政合同的履行过程中,责任人以行政相对人为主。《促进科技成果转化法》第48条规定:"科技服务机构及其从业人员违反本法规定,故意提供虚假的信息、实验结果或者评估意见等欺骗当事人,或者与当事人一方串通欺骗另一方当事人的,由政府有关部门依照管理职责责令改正,没收违法所得,并处以罚款;情节严重的,由工商行政管理部门依法吊销营业执照。给他人造成经济损失的,依法承担民事赔偿责任;构成犯罪的,依法追究刑事责任。科技中介服务机构及其从业人员违反本法规定泄露国家秘密或者当事人的商业秘密的,依照有关法律、行政法规的规定承担相应的法律责任。"《国家自然科学基金条例》第37条规定:"项目负责人、参与者有下列行为之一的,由基金管理机构给予警告,暂缓拨付基金资助资金,并责令限期改正;逾期不改正的,撤销原资助决定,追回已拨付的基金资助资金;情节较重的,1至5年不得申请或者参与申请国家自然科学基金资助;情节严重的,5至7年不得申请或者参与申请国家自然科学基金资助:(一)擅自变更研究方向或者降低申报指标的;(二)不依照本条例规定提交项目年度进展报告、结题报告或者研究成果报告的;(三)提交弄虚作假的报告、原始记录或者相关材料的;(四)成果发表署名不实或者虚假标注资助信息的;(五)不配合监督、检查或者绩效评价工作的;(六)虚报、冒领、贪污、侵占、挪用、截留基金资助资金的;(七)虚构、伪造、剽窃、篡改研究数据或者结果的;(八)有其他违背科研诚信和科技伦理行为的。项目负责人、参与者有前款所列行为的,由依托单位按照人事管理有关规定取消其在一定期限内参加专业技术职称评审的资格。"在实践中,此类科研不端行为的情节轻重不一。若此类科研不端行为情节较轻,没有造成严重的后果及影响,则相关责任人须承担的责任可以是警告或通报批评、限期改正、取消或追回科研经费、撤销奖励和追回奖金、取消奖励和荣誉称号等;若此类科研不端行为情节较重,造成了严重的后果并且引发了恶劣的影响,则相关责任人在承担前述责任的同时,还需承担吊销或暂扣许可证或执照的责任,在一定期限内申报或参与特定科研活动的资格亦可能被剥夺。

　　第五,贪污挪用或不按照科研目的及约定合理使用科研经费或者是故意骗取、私吞、私分科研经费或设备。此类科研不端行为是公认的性质严重的行为,《科学技术进步法》第110条规定:"违反本法规定,虚报、冒领、贪污、挪用、截留用于科学技术进步的财政性资金或者社会捐赠资金的,由有关主管部门责令改正,追回有关财政性资金,责令退还捐赠资金,给予警告或者通报批评,并可以暂停拨款,终止或者撤销相关科学技术活动;情节严重的,依法处以罚款,禁止一定期限内承担或者参与财政性资金支持的科学技术活动;对直接负责的主管人员和其他直接责任人员依法给予行政处罚和处分。"《国家自然科学基金条例》第37条也有类似规定。由此可见,现行法律法规关于此类科研不端行为的行政责任规定是较为严厉的。鉴于此类科研不端行为性质的严重性,笔者认为,责任设定可以进行如下考虑:如果此类科研不端行为的责任人是行政相对人,其应承担的法律责任是并处警告或通报批评、罚款、追回科研经费、没收违法所得、取消在一定期限内申报或参与特定科研活动的资格,情节严重构成犯罪的,应追究其刑事责任。如果此类科研不端行为的责任人是行政主体内部工作人员,考虑到此类科研不端行为不仅影响科研活动的正常开展,还直接影响国家财政资金的有效使用,故其承担的责任应是记过以上的行政处分,必要时可以考虑将其降级、调离工作岗位;影响恶劣的,则可以适用开除处分;情节严重构成犯罪的,应追究其刑事责任。

　　第六,谋取科研经费但不履行或延迟履行科研义务。此类科研不端行为较多出现在项目实施即行政合同履行过程中,其行为的情节可轻可重,但一般不会产生非常严重的后果。《国家自然科学基金条例》第38条规定:"依托单位有下列情形之一的,由基金管理机构给予警告,责令限期改正;逾期不改正的,核减基金资助资金,并可以暂停拨付或者追回已拨付的基金资助资金;情节较重的,1至3年不得作为依托单位;情节严重的,向社会公布其违法行为,3至5年不得作为依托单位:(一)不履行保障基金资助项目研究条件的职责的;(二)不对申请人或者项目负责人提交的材料的真实性、完整性和合法性进行审核的;(三)不依照本条例规定提交项目年度进展报告、年度基金资助项目管理报告、结题报告和研究成果报告的;(四)组织、参与、纵容、包庇申请人或者项目负责人、参与者弄虚作假的;(五)擅自变更项目负责人的;(六)不配合基金管理机构监督、检查基金资助项目实施的;(七)虚报、冒领、贪污、侵占、挪用、截留基金资助资金的;(八)违反保密规定或者管理严重失职,造成不良影响或者损失的;(九)以请托、贿赂等不正当方式干预评审工作的;(十)不履行科研诚信和科技伦理相关管理职责的。"由此可见,此类科研不端行为需承担的责任一般是警告、通报批评、责令限期改正以及取消在一定期限内申报或参与特定科研活动的资格。笔者认为,鉴于此类科研不端行为产生的不良影响有限,如此设定其责任较为合理。

第七,科研管理者或评审专家的科研腐败行为。此类科研不端行为是性质严重的行为,其较多表现为科研管理者或评审专家接受某些项目负责人的恩惠后,做出违反自身学术良知或应尽义务的行为。《国家自然科学基金条例》第39条规定:"评审专家有下列行为之一的,由基金管理机构给予警告,责令限期改正;情节较重的,2至7年不得聘请其为评审专家;情节严重的,向社会公布其违法行为,不得再聘请其为评审专家:(一)不履行基金管理机构规定的评审职责的;(二)未依照本条例规定申请回避的;(三)披露未公开的与评审有关的信息的;(四)对基金资助项目申请有接受请托、说情干预等不公正评审行为的;(五)利用工作便利谋取不正当利益的。"一般来说,此类科研不端行为的责任人是科研管理机构的内部人员和评审专家,笔者认为,其承担的责任应是警告、通报批评、责令限期改正、罚款、没收违法所得、取消在一定期限内或永久参与特定科研活动的资格。若此类科研不端行为的责任人是行政主体的内部工作人员,除承担前述责任外,警告、记过、记大过、降级、撤职、开除等处分也应适用;当然,情节严重构成犯罪的,自然应追究刑事责任。

第八,未参加创作,而在他人科研成果上署名或未经他人许可,不正当使用他人署名。此类科研不端行为的责任人一般是作为个体的科研工作者。《著作权法》第53条规定:"有下列侵权行为的,应当根据情况,承担本法第五十二条规定的民事责任;侵权行为同时损害公共利益的,由主管著作权的部门责令停止侵权行为,予以警告,没收违法所得,没收、无害化销毁处理侵权复制品以及主要用于制作侵权复制品的材料、工具、设备等,违法经营额五万元以上的,可以并处违法经营额一倍以上五倍以下的罚款;没有违法经营额、违法经营额难以计算或者不足五万元的,可以并处二十五万元以下的罚款;构成犯罪的,依法追究刑事责任;……(八)制作、出售假冒他人署名的作品的。"结合该法律条文的规定,笔者认为,此类科研不端行为责任人应承担的责任是警告、通报批评、责令改正、罚款、没收违法所得甚至刑事责任;若该科研工作者是行政主体内部人员,应承担警告、记过、记大过、降级、撤职、开除等责任。

第九,故意干扰或妨碍他人的研究活动。此类科研不端行为的责任人既可能是作为行政相对人的科研工作者,也可能是行政主体的内部人员。《科学技术进步法》第109条规定:"违反本法规定,滥用职权阻挠、限制、压制科学技术研究开发活动,或者利用职权打压、排挤、刁难科学技术人员的,对直接负责的主管人员和其他直接责任人员依法给予处分。"对于作为行政相对人的科研工作者,视情节轻重,分别处以警告、通报批评、罚款、拘留、取消在一定期限内申报或参与特定科研活动的资格等责任;对于行政主体的内部工作人员,视情节轻重,分别处以警告、记过、记大过、降级、撤职、开除等责任。当然,如果此类行为对科研活动造成的破坏后果很严重,则可以考虑适用《刑法》上的破坏生产经营罪来追究其刑事责任。

6.行政法律责任的追究与救济

在科研不端行为的行政法律责任设定之后,责任具体应如何追究的问题应被提上议事日程,否则,设定的行政法律责任将仍然面临可操作性不强的问题。在追究行为人责任的同时,为保障行为人的合法权益,行为人的法律救济途径也应当得到明确。

(二)行政法律责任的追究

1.责任追究的主体

欲对行为人实施的科研不端行为进行行政法律责任的追究,必须明确法律责任追究的主体。法律责任追究的主体不明,则责任追究根本无从谈起。那么,法律责任追究的主体应当包括哪些呢?笔者认为,责任追究的主体应当是有权单位与有关单位。有权单位即对科研不端行为人有惩罚权的单位;而有关单位,即与行为人所实施的科研不端行为密切相关的单位。

具体来说,就非独立的科研不端行为而言,科研项目与科研奖励的组织者无疑是责任追究的主体,因为科研活动的组织者与科研不端行为人从事的科研活动密切相关,且作为行政法上的行政主体,一般都拥有行政处罚权。行政主体包括行政机关与被授权组织,在实践中,与科研活动有关的行政机关有各级政府及其相关职能部门,被授权组织有国家自然科学基金委员会、中国科学技术协会等(全国哲学社会科学工作办公室目前尚为特例)。这些主体可以对项目申报者与承担者、奖励申报者与获得者实施行政处罚,也可以对内部工作人员实施行政处分。另外,科研项目承担者所依托的单位以及科研奖励申报者的推荐单位亦是责任追究的主体,项目承担者与奖励申报者若实施科研不端行为就应当由这些依托的单位、推荐单位进行行政处分。但不可忽略的一个残酷现实是,上述课题依托单位或奖励推荐单位也可能基于本单位利益考虑而默许某些科研不端行为,故也应当就它们主导或参与的科研不端行为追究相应的法律责任。

就独立的科研不端行为而言,行为人所属单位自然应当成为法律责任追究的主体,其受到的惩戒措施主要是行政处分、技术职务和教学资格等惩戒;同时,科研项目与科研奖励的组织者也是不可或缺的法律责任追究主体。从科研诚信实践来看,目前对这部分人员的追责应该是比较明确的。但考虑到目前科学技术部已经成立了科研诚信建设办公室,专门负责科研诚信建设的日常工作,对科研不端行为的调查处理也是其日常工作之一,因此,在对个体科研人员科研不端行为处罚上,是否可以由科学技术部门集中行使对理工科领域科研不端行为人的行政处罚权,是否可以由中国社会科学院集中行使对人文社科领域科研不端行为人的行政处罚权,则是一个需要探讨的问题。因为《关于进一步加强科研诚信建设的若干意见》就建立健全职责明确、高效协同的科研诚信管理体系问题提出了明确要求,科技部负责全国自然科学领域、中国社会科学院负责全国哲学社会科学领域科研诚信工作的统筹协调和宏观指导。当然,这只是一种基于目前科研诚信建设国家架构的设想,实际情况肯定非常复杂和烦琐,单纯依靠这两个单位肯定解决不了现实问题;但可以通过行政委托等方式来寻求解决之道。

2. 责任追究的程序

法律责任主体在追究科研不端行为人的行政法律责任时,必须按照一定的程序进行。法律责任的追究只有按照既定的程序展开,才能实现公平公正,才能保证追究的效果落到实处。笔者认为,责任追究的程序可以设置如下:第一,程序的启动。一般来说,程序的启动分为两种,一种是责任追究的主体依据职权主动启动程序,另一种则是责任追究的主体根据接到的举报启动程序。其中,根据接到的举报启动程序的前提是被举报的科研不端行为应当在追究主体的职责范围内,若被举报的科研不端行为超出了追究主体的职责范围,追究主体应将其转送有关单位处理。第二,成立专家组。专家组的组成人员应当包括被举报行为涉及科研领域的技术专家,有条件或者根据需要也可以邀请法律方面的专家等。当然,专家组的组成人员必须严格遵照回避原则。第三,展开调查。专家组进行具体调查的内容应当包括:听取行为人的陈述、申辩并调查其提交的证据;审阅、核实原始文献、记录,听取有关人员的建议、意见;要求行为人提供相关资料并说明情况;展开科学实验以验证科研不端行为。若被调查的科研不端行为难以认定或争议较大,专家组可以考虑召开听证会,听证会的具体组织由追究主体负责。第四,专家组在调查结束后,在调查的基础上撰写调查报告并提交给责任追究主体。调查报告应当包括被调查的行为人基本情况、具体调查的内容与过程、认定的事实以及相关证据、定性理由及定性结论意见。第五,责任追究主体在审阅专家组的调查报告以及充分讨论的基础上,作出追究行为人责任的决定并将处理决定送达行为人。[①]

需要注意的是,法律责任追究的程序必须要做到公开透明。阳光是最好的防腐剂,不少科研不端行为人本身就是责任追究主体的内部工作人员,对其进行的责任追究在公众看来难免有"内部处理"之嫌,因此,为避免责任追究流于形式,程序公开是必要的。具体的公开应当做到:第一,涉嫌科研不端的行为公开。追究程序要突出公开透明,首先要做到的就是涉嫌科研不端的行为必须公开。涉嫌科研不端的行为是责任追究的核心,所有的程序都是围绕涉嫌行为进行的,若涉嫌科研不端的行为不公开,则整个追究程序的公正性也就可想而知了。但例外情况是存在的,若涉嫌科研不端的行为可能泄露国家秘密、侵犯科研不端行为人的隐私权以及商业秘密等,就不能公开。第二,追究主体公开。除了涉嫌科研不端的行为需要公开之外,责任追究主体亦需要公开,特别是在追究程序中成立的专家组,这些专家组成员必须公开,充分利用公众的监督力量来保证专家组公正开展调查工作;当然,根据调查需要可以是事前公开,也可以是事后公开。因为在追究科研不端行为的实践中,经常出现这样的情况,某些涉嫌科研不端行为的科研人员利用自身的人脉以及影响力,使与自身关系密切的人担任专家组成员,或专家组成员明知涉嫌人员与自己有密切关系但拒绝回避,如此一来,责任追究可能就流于形式,起不到应有的作用,这也就从反面更加说明追究主体公开的必要性了。第三,程序进程公开。追究科研不

---

① 参见《国家科技计划实施中科研不端行为处理办法(试行)》第 19~28 条。

端行为的程序进程处于整个追究程序的关键阶段,公开程序的进程是必要的,因为,"案件调查和处理情况的公布体现了公共利益,可以满足公众的知情权,也可以以此警戒潜在的科研不端行为者,可以增加案件处理的威慑力,具有一般预防的功能"[1]。如果追究科研不端行为的程序进程不公开,则普通公众很难知晓其中的具体情况,责任追究能否落到实处也就难以得到保证了。因为只有公开,才能防止程序进程中出现"暗箱操作"的行为。第四,认定标准公开。在科研不端行为的责任追究程序中,科研不端行为的认定标准是至关重要的,因为某一行为是否属于科研不端行为,需要根据认定标准来具体判断。一旦行为人的某一行为被认定为科研不端行为,则其后的情节轻重、性质严重与否仍然需要根据认定标准来判断。更为重要的是,行为人需承担的责任与认定标准具有直接的关联性;如果科研不端行为的认定标准可以被恣意地改变,则责任追究就无法作到公正客观了。所以,科研不端行为的认定标准必须对外公开,对科研不端行为的认定方能受到来自各方的检验,有关认定才具有公信力。第五,处理决定公开。一般而言,国家资助的科研活动尤其是重大科研活动中的科研不端行为,容易受到社会各方面的关注,因此,对其处理决定的公开就显得很有必要了。通常情况下,科研不端行为的处理决定包括科研不端行为的事实、性质分析与行为认定、责任承担和权利救济等。在当前追究科研不端行为的实践中,不少科研不端行为的处理决定只在单位内部通报,这样一来,单位外部的人员无法知晓处理结果,也就无法对处理结果进行监督。如果科研不端行为的处理结果有失公正,也无法得到纠正,则对治理科研不端行为来说无疑是不利的。

(三)行政法律责任的救济

追究了科研不端行为人的行政法律责任,并不当然地意味着对科研不端行为的处理就此终结。在对行为人科研不端行为进行认定的过程中,责任追究主体的调查可能出现偏差,依据调查而作出的处理决定也可能有失公允。在这种情况下,行为人的正常权益就有可能受到侵害,因此,行为人可以就自身所受到侵害权益寻求救济。就当前我国治理科研不端行为的实践而言,行为人寻求救济的途径一般包括三种:第一,针对单位内部的行政处分,行为人可以向本单位的人事部门或者上级主管部门提出申诉;第二,针对行政主体实施的行政处罚,行为人可以根据《行政复议法》的规

---

[1] 董兴佩、于凤银:《我国科研不端行为惩戒制度缺失论析》,载《山东科技大学学报(社会科学版)》2011年第1期。

定,向有关机关申请复议;第三,针对行政主体实施的行政处罚,除了行政复议之外,行为人还可以根据《行政诉讼法》向法院提起行政诉讼,以维护自身的合法权益。除此之外,行为人还可以通过向追究主体的上一级主管部门提出申诉的方式寻求救济。① 收到行为人申诉的机构,应当予以复查,复查应当另行成立专家组进行调查,复查的程序可以按照原责任追究的程序进行。需要注意的是,复查程序也必须公开。在复查结束之后,复查的结果应以书面形式通知行为人,如果行为人对复查的结果仍然不服,再次以同一事实和理由向复查机构提出申诉的,复查机构可以不予受理。

二、民事法律责任

1. 民事责任的内涵

一般而言,民事法律责任是民事主体违反民事义务而应承担的法律后果。民事责任具有以下主要特点:(1)民事责任是违反民事义务的法律后果。民事义务尽管也是以履行一定义务的方式来实现的,但它不同于行政义务。民事义务是民事责任的前提,而民事责任是违反民事义务的法律后果。没有义务,不会产生责任;有义务而未违反义务,也不需要承担民事责任。当然民事义务有法定义务与约定义务之分。与绝对权相对应的法定义务主体具有不确定性,只有违反义务时,主体才特定,于此情形下违反义务的特定主体应承担民事责任,此时似乎是先有责任后有义务,但实质上也是因主体违反法定义务才产生责任的。(2)民事责任以恢复被侵害的权利为目的。权利的实现有赖于义务的履行,义务的违反也就是对权利的侵害。为恢复被侵害的权利,义务的违反人必须承担民事责任。因此,民事责任的目的在于恢复被侵害的民事权利。也正因如此,民事责任是一方当事人(违反义务的加害人,即科研不端行为人)向另一方当事人(权利人,即受害人)承担的责任,民事责任的承担方式与范围应当与违反的义务性质与损害后果相适应。因此,民事责任也就是保护性民事法律关系中的义务。民事责任既以恢复被侵害的权利为目的,也就只能是平等主体之间的一种"私"关系,而不是国家与责任人之间的制裁关系。(3)民事责任具有强制性,但当事人之间可以协商。民事责任虽为民事主体之间的责任,但作为法律责任,必定具有强制性,这表现在民事责任可以以国家的强制

---

① 《国家科技计划实施中科研不端行为处理办法(试行)》第29条规定:"被处理人或实名举报人对调查机构的处理决定不服的,可以在收到处理决定后30日内向调查机构或其上级主管部门提出申诉。科学技术部和国务院其他部门为调查机构的,申诉应向调查机构提出。"

力强制当事人承担民事责任。但民事责任的强制性不同于其他法律责任。民事责任一般由当事人自愿承担,只有在当事人不能自愿承担的情形下,国家才强制其承担。另外,有的民事责任(如违反民事合同的民事责任)当事人可以事先约定,有的民事责任(如侵权的民事责任)虽不得事先约定,事后却可以进行协商。因为是否允许义务人违反义务,是否允许义务人承担全部责任,也是权利人的权利。[①] 从分类上来看,科研不端行为的民事责任主要有以下几种。

第一,债务不履行的民事责任与侵权的民事责任。从民事责任发生的根据来看,民事责任可以分为债务不履行的民事责任与侵权的民事责任。债务不履行的民事责任是指债务人不履行已经存在的债务而发生的民事责任。《民法典》第578条规定,当事人一方明确表示或者以自己的行为表明不履行合同义务的,对方可以在履行期限届满前请求其承担违约责任。债务不履行的民事责任中最常见、最主要的就是不履行合同债务即违反合同的民事责任。从性质上说,债务不履行的民事责任是"应为而不为"的民事责任。侵权的民事责任是指因实施侵权行为而发生的民事责任,简称侵权责任。《民法典》第120条规定:"民事权益受到侵害的,被侵权人有权请求侵权人承担侵权责任。"侵权责任主要是行为人违反消极义务而发生的责任。在侵权责任发生之前,行为人与权利人之间一般不存在具体的债务。再结合前文的分析,科研不端行为须承担的责任既可能是债务不履行的民事责任,也可能是侵权的民事责任。

第二,财产责任与非财产责任。根据责任的内容是否具有财产性,民事责任可分为财产责任与非财产责任。财产责任是指直接具有一定财产内容的民事责任,责任人必须承担不利的财产后果,使受害人一方得到财产利益的补偿。《民法典》第179条规定的承担民事责任的方式中,返还财产,恢复原状,修理、重作、更换,赔偿损失,支付违约金等都属于财产责任。非财产责任是指不直接具有财产内容的民事责任,责任人承担的是使受害人的非财产利益得到恢复的责任。《民法典》第179条规定的承担民事责任的方式中,消除影响、恢复名誉,赔礼道歉即为非财产责任。需要说明的是,《民法典》第179条规定的承担民事责任的方式,有的属于预防性的责任,既不属于财产责任,也不属于非财产责任,如停止侵害、排除妨碍、消除危险。

第三,履行责任、返还责任与赔偿责任。根据财产责任的范围,民事

[①] 参见郭明瑞、房绍坤主编:《民法》(第3版),高等教育出版社2010年版,第31页。

责任可分为履行责任、返还责任与赔偿责任。履行责任是指责任人需履行自己原承担的债务的民事责任。例如《民法典》第577条规定,"当事人一方不履行合同义务或者履行合同义务不符合约定的,应当承担继续履行、采取补救措施或者赔偿损失等违约责任"。违约行为人承担的继续履行责任、采取补救措施的责任,就属于履行责任。返还责任是指责任人承担的以返还利益为内容的民事责任,例如,《民法通则》(已废止)第117条第1款规定:"侵占国家的、集体的财产或者他人财产的,应当返还财产,不能返还财产的,应当折价赔偿。"非法占有人将占有的财产返还给权利人的责任,就是返还责任。赔偿责任是指责任人须赔偿受害人损失的民事责任。赔偿责任的赔偿范围原则上与受害人的损害相当,它既可以单独存在,也可以与履行责任、返还责任并存。从法律上来看,履行责任、返还责任与赔偿责任均是科研不端行为承担责任的主要形式。

第四,单独责任与共同责任。根据科研不端行为民事责任承担主体的人数,民事责任可分为单独责任与共同责任。单独责任是指由一人独自承担的民事责任。需要注意的是单独责任不同于单方责任,单方责任是相对于双方责任而言的,无论是单方责任还是双方责任,只要承担责任的一方只有一个人承担责任,就是单独责任。共同责任是指由二人以上共同承担的民事责任。共同责任为多数人的责任,根据责任人就承担责任时的关系,可分为按份责任、连带责任与补充责任。按份责任是指各个责任人按照一定的份额共同承担民事责任,相互间没有连带关系。连带责任是指各个责任人不分份额地共同向受害人承担民事责任。连带责任为加重责任,只有在法律有明确规定或者当事人有明确的约定的情况下才能承担。例如,《民法典》第164条第2款规定:"代理人和相对人恶意串通,损害被代理人合法权益的,代理人和相对人应当承担连带责任。"补充责任是指在责任人不能承担全部民事责任时由他人应承担不足部分责任的情形下发生的共同责任。在科研不端行为中,行为者既有单个的科研工作者,也有作为单位的科研组织,因此在设定科研不端行为的责任时,单独责任与共同责任必须予以考虑。

第五,过错责任、无过错责任与公平责任。根据民事责任的归责原则,民事责任可分为过错责任、无过错责任与公平责任。过错责任是指依据法律规定以过错为归责原则的民事责任,只有在行为人有过错时才能发生,如果行为人能够证明自己没有过错,则不承担民事责任。无过错责任是指依据法律规定无论行为人有无过错均要承担的民事责任,行为人只有具备法律规定的免责事由才可以不承担民事责任。公平责任是指法律规定不适用无过错责任而适用过错责任,但无人承担责任,依公平原则由当事人承担民事责任。例如,《民法典》第1190条第1款规定:"完全民事行为能力人对自己的行为暂时没有意识或者失去控制造成他人损害有过错的,应当承担侵权责任;没有过错的,根据行为人的经济状况对受害人适当补偿。"这种适当补偿的责任就是公平责任。既然如此,科研不端行为的民事责任应当适用何种责任呢?笔者认为,科研不端行为的民事责任一般应适用过错责任,因为科研不端行为一般是在行为人有过错时才能认定,如果科研不端行为人能够证明自己没有过错,一般不承担民事责任。① 部分科研不端行为在法律有明确规定的情况下,应承担无过错责任;但需要明确的是,这些需要被追究民事法律责任的科研不端行为应该是在法律法规有明确规定的情况下才可以被追责,并且应该是作为补充情形的无过错责任,意在防范可能出现的具有较大社会危害性的行为,不能随意扩大追责范围。

2.民事责任的具体责任形式

根据前文的分析,科研不端行为人承担民事责任时的具体责任形态存在违约责任与侵权责任两种。

(1)违约责任

违约责任又称违反合同的民事责任,是指合同当事人违反合同义务所承担的责任。违约责任具有如下特点:第一,违约责任的产生以合同当事人不履行合同义务或履行合同义务不符合约定为条件。违约责任是以合同的有效存在为前提的,与合同债务有密切联系。这表现在:一方面,债务是责任发生的前提,债务是原因,责任是结果,无债务则无责任,责任是债务不履行的后果。因此,只有在债务合法存在的情况下才能发生债务不履行的责任。另一方面,违约责任是在债务人不履行债务时,国家强制债务人履行债务和承担法律责任的表现。第二,违约责任具有补偿性。违约责任具有补偿性是指违约责任旨在弥补或补偿因违约行为造成的损害后果。作为违约责任主要形式的损害赔偿,应当主要用于补偿受害人因违约所遭受的损失,而不能将损害补偿变为一种惩罚,受害人也不能因违约方承担责任而获得额外的利益。第三,违约责任可以由当事人约定,当事人可以在法律规定的范围内,对一方的违约责任作出事先的约定。此外,当事人还可以设定免责条款以限制和免除其在将来可能需要承担的责任。对违约责任的事先约定,从根本上说是由合同自由原则决定的。

---

① 参见郭明瑞、房绍坤主编:《民法》(第3版),高等教育出版社2010年版,第31~33页。

违约责任的形态有预期违约与现实违约两种,在科研不端行为的民事责任承担中,一般不会发生预期违约,而现实违约却是大量存在的。具体而言,现实违约就是指当事人不履行或不完全履行合同义务,包含不履行、延迟履行、不适当履行、部分履行合同义务或存在其他不完全履行的行为。在有关科研不端行为的合同中,这几种现实违约的类型都可能出现。

就违约责任的承担形式而言,主要有继续履行、损害赔偿以及支付违约金等。继续履行又称为强制实际履行,是指一方违反合同义务时,另一方有权要求其依据合同的规定继续履行。违约损害赔偿是指违约方因不履行或不完全履行合同义务给对方造成的损失,应承担赔偿损失的责任。违约金是指当事人通过协商预先确定的,在违约发生后作出的独立于履行行为以外的给付。《民法典》第585条第1款规定:"当事人可以约定一方违约时应当根据违约情况向对方支付一定数额的违约金,也可以约定因违约产生的损失赔偿额的计算方法。"

(2) 侵权责任

一般来说,需要承担民事责任的科研不端行为主要侵害的民事权利是他人的著作权与专利权。关于著作权的具体含义,法律有明确的规定。《著作权法》第3条规定:"本法所称的作品,是指文学、艺术和科学领域内具有独创性并能以一定形式表现的智力成果,包括:(一)文字作品;(二)口述作品;(三)音乐、戏剧、曲艺、舞蹈、杂技艺术作品;(四)美术、建筑作品;(五)摄影作品;(六)视听作品;(七)工程设计图、产品设计图、地图、示意图等图形作品和模型作品;(八)计算机软件;(九)符合作品特征的其他智力成果。"第9条规定:"著作权人包括:(一)作者;(二)其他依照本法享有著作权的自然人、法人或者非法人组织。"第10条规定:"著作权包括下列人身权和财产权:(一)发表权,即决定作品是否公之于众的权利;(二)署名权,即表明作者身份,在作品上署名的权利;(三)修改权,即修改或者授权他人修改作品的权利;(四)保护作品完整权,即保护作品不受歪曲、篡改的权利;(五)复制权,即以印刷、复印、拓印、录音、录像、翻录、数字化等方式将作品制作一份或者多份的权利;(六)发行权,即以出售或者赠与方式向公众提供作品的原件或者复制件的权利;(七)出租权,即有偿许可他人临时使用视听作品、计算机软件的原件或者复制件的权利,计算机软件不是出租的主要标的的除外;(八)展览权,即公开陈列美术作品、摄影作品的原件或者复制件的权利;(九)表演权,即公开表演作品,以及用各种手段公开播送作品的表演的权利;(十)放映权,即通过放映机、幻灯机等技术设备公开再现美术、摄影、视听作品等的权利;(十一)广播权,即以有线或者无线方式公开传播或者转播作品,以及通过扩音器或者其他传送符号、声音、图像的类似工具向公众传播广播的作品的权利,但不包括本款第十二项规定的权利;(十二)信息网络传播权,即以有线或者无线方式向公众提供,使公众可以在其选定的时间和地点获得作品的权利;(十三)摄制权,即以摄制视听作品的方法将作品固定在载体上的权利;(十四)改编权,即改变作品,创作出具有独创性的新作品的权利;(十五)翻译权,即将作品从一种语言文字转换成另一种语言文字的权利;(十六)汇编权,即将作品或者作品的片段通过选择或者编排,汇集成新作品的权利;(十七)应当由著作权人享有的其他权利。著作权人可以许可他人行使前款第五项至第十七项规定的权利,并依照约定或者本法有关规定获得报酬。著作权人可以全部或者部分转让本条第一款第五项至第十七项规定的权利,并依照约定或者本法有关规定获得报酬。"

关于专利权的具体含义,法律同样有明确的规定。《专利法》第2条规定:"本法所称的发明创造是指发明、实用新型和外观设计。发明,是指对产品、方法或者其改进所提出的新的技术方案。实用新型,是指对产品的形状、构造或者其结合所提出的适于实用的新的技术方案。外观设计,是指对产品的整体或者局部的形状、图案或者其结合以及色彩与形状、图案的结合所作出的富有美感并适于工业应用的新设计。"第11条规定:"发明和实用新型专利权被授予后,除本法另有规定的以外,任何单位或者个人未经专利权人许可,都不得实施其专利,即不得为生产经营目的制造、使用、许诺销售、销售、进口其专利产品,或者使用其专利方法以及使用、许诺销售、销售、进口依照该专利方法直接获得的产品。外观设计专利权被授予后,任何单位或者个人未经专利权人许可,都不得实施其专利,即不得为生产经营目的制造、许诺销售、销售、进口其外观设计专利产品。"第75条规定:"有下列情形之一的,不视为侵犯专利权:(一)专利产品或者依照专利方法直接获得的产品,由专利权人或者经其许可的单位、个人售出后,使用、许诺销售、销售、进口该产品的;(二)在专利申请日前已经制造相同产品、使用相同方法或者已经作好制造、使用的必要准备,并且仅在原有范围内继续制造、使用的;(三)临时通过中国领陆、领水、领空的外国运输工具,依照其所属国同中国签订的协议或者共同参加的国际条约,或者依照互惠原则,为运输工具自身需要而在其装置和设备中使用有关专利的;(四)专为科学研究和实验而使用有关专利的;(五)为提供行政审批所需要的信息,制造、使用、进口专利药品或者专利医疗器械的,以及专门为其制造、进口专利药品或者专利医疗器械的。"

就侵权责任的内涵而言,侵权责任是指侵权人侵害他人民事权益时,依法应承担的民事法律后果。《民法典》第1167条规定:"侵权行为危及他人人身、财产安全的,被侵权人有权请求侵权人承担停止侵害、排除妨碍、消除危险等侵权责任。"这些承担侵权责任的方式,可以单独适用,也可以合并适用。这些承担方式的具体含义是:第一,停止侵害,是指责令侵权人停止正在进行的侵权行为。停止侵害的适用前提是侵权行为正在进行之中,对于已经停止的侵权行为不能适用这种责任方式。因此,只要侵害他人民事权益的侵权行为正在进行之中,无论该行为持续多长时间,也不论侵权行为人主观上有无过错,受害人都有权请求侵权人停止其侵害。停止侵害的适用范围相当广,对于正在实施的侵权行为均可适用。第二,排除妨碍,又称排除妨害,是指侵权行为给他人正常享有和行使民事权益造成的妨碍。排除妨碍的适用前提,是行为人的行为给他人正常享有和行使民事权益造成了妨碍,且这种妨碍应当是实际存在的不正当行为,对于行为人对他人非正常享有和行使的民事权益造成的妨碍,不得请求排除。侵权人对他人正常享有和行使民事权益造成的妨碍,无论侵权人是否存在过错,也无论妨碍行为存在多久,侵权人都应当予以排除。排除妨碍的费用,也应当由侵权人承担。第三,是指侵权行为造成他人民事权益损害或有损害的扩大危险,当事人可请求清除。消除危险的适用以存在造成他人民事权益损害的危险性为前提。这里的危险应当是现实存在的,而不能仅仅是一种潜在的可能性。消除危险的目的在于防止损害的发生或者损害后果的扩大,是一种预防措施,体现了侵权责任的预防功能。

3. 各类科研不端行为具体的民事责任设定

在实践中,科研不端行为人承担的民事责任不一,那么,各类科研不端行为应具体承担怎样的责任,这是个需要讨论并应予以解决的问题。

第一,抄袭、剽窃、侵吞他人科研成果或实施自我剽窃。《著作权法》第52条规定:"有下列侵权行为的,应当根据情况,承担停止侵害、消除影响、赔礼道歉、赔偿损失等民事责任:……(五)剽窃他人作品的……"由此可见,抄袭、剽窃或实施自我剽窃这种科研不端行为应承担的民事责任属于侵权责任,应当承担停止侵害、消除影响、赔礼道歉、赔偿损失等民事责任。《促进科技成果转化法》第50条规定:"违反本法规定,以唆使窃取、利诱胁迫等手段侵占他人的科技成果,侵犯他人合法权益的,依法承担民事赔偿责任,可以处以罚款;构成犯罪的,依法追究刑事责任。"由此可见,"侵吞他人科研成果"也属于侵权责任,需要承担赔偿损失的民事责任。同时,"侵吞他人科研成果"亦须承担停止侵害、消除影响、赔礼道歉的责任。但赔偿损失如何计算呢？笔者认为,赔偿损失应视被侵害人所受的损失而定,不能一概而论；因为对可以进行转化的科技成果的侵犯,被侵权人所遭受的经济损失肯定要大于一般的论文剽窃所遭受的经济损失。综合而言,此类科研不端行为应承担的民事责任是停止侵害、消除影响、赔礼道歉、赔偿损失等。

第二,违反科研活动的条件限制从事科研活动。一般而言,该科研不端行为较多出现在合同履行中,因此科研工作者需要承担违约责任。笔者认为,该科研不端行为需要承担的违约责任以作为一方当事人的科研工作者继续履行合同为宜,当然,另一方当事人也可以基于科研工作者实施欺诈行为而要求解除合同。原因在于,科研工作者违反科研活动的条件限制从事科研活动,一般不会对科研合同本身造成实质性的不利影响,某一科研活动设定的具体研究目标才是合同要实现的目的,当下日渐增多的"揭榜挂帅制"和"包干制"科研活动组织方式,实际上就是淡化某些限制条件而重视真实研究过程和研究结论的现实例证。

第三,捏造或篡改实验数据或调查数据、文献,捏造事实,伪造注释。该科研不端行为需要分情形来探讨需要承担的民事责任。其一,"捏造或篡改实验数据或调查数据"一般较多出现在合同履行中,例如,某科研工作者与某企业签订了科研技术开发合同,在新技术开发成功后,该企业会将新技术运用于工业生产,若该科研工作者在科研成果中捏造或篡改实验数据或调查数据,则"新技术"不具有应有的效果,可能导致后续的生产出现重大损失,在此情况下,该科研工作者的行为性质属于合同违约中的不适当履行,构成严重的违约,企业可以要求该科研工作者承担损害赔偿的民事责任,若双方约定有违约金,则该科研工作者还需要支付违约金。其二,"捏造事实,伪造注释"一般较多出现在侵犯著作权中,根据《著作权法》第52条的规定："有下列侵权行为的,应当根据情况,承担停止侵害、消除影响、赔礼道歉、赔偿损失等民事责任……（四）歪曲、篡改他人作品的……"如此,类似"捏造事实,伪造注释"的科研不端行为应当承担停止侵害、消除影响、赔礼道歉、赔偿损失等民事责任。

第四,贪污挪用或不按照科研目的及约定合理使用科研经费或者故意骗取、私吞、私分科研经费或设备。此类科研不端行为易侵犯财产权,因此,行为人须承担的民事责任属于侵权责任。《民法典》第186条规定,因当事人一方的违约行为,损害对方人身权益、财产权益的,受损害方有权选择请求其承担违约责任或者侵权责任。笔者认为,作出此类科研不端行为的责任人必须返还财产或赔偿损失。另外,若科研工作者存在不按照科研目的及约定合理使用科研经费的行为,必须"停止侵害",即按照科研目的及约定合理使用科研经费。综合而言,此类科研不端行为必须承担的民事责任为停止侵害、返还财产或赔偿损失。

第五,谋取科研经费但不履行或延迟履行科研义务。显然,此类科研不端行为一般出现在合同履行中,性质上属于合同违约中的现实违约。《民法典》第577条规定:"当事人一方不履行合同义务或者履行合同义务不符合约定的,应当承担继续履行、采取补救措施或者赔偿损失等违约责任。"由此可见,此类科研不端行为须承担的民事责任是继续履行、采取补救措施或者赔偿损失。除此之外,笔者认为,鉴于科研工作者已经谋取科研经费,必要时,应要求科研工作者返还财产,以防其再次从事该科研不端行为。综合而言,此类科研不端行为须承担的民事责任有继续履行、采取补救措施、赔偿损失以及返还财产。

第六,未参加创作,而在他人科研成果上署名或未经他人许可,不正当使用他人署名。一般意义上,此类科研不端行为属于侵权行为,须承担侵权责任。《著作权法》第52条规定:"有下列侵权行为的,应当根据情况,承担停止侵害、消除影响、赔礼道歉、赔偿损失等民事责任……(三)没有参加创作,为谋取个人名利,在他人作品上署名的……"结合该条的规定,此类科研不端行为需要承担的民事责任有停止侵害、消除影响、赔礼道歉、赔偿损失等。笔者也认为,如此设置较为妥当。

第七,故意干扰或妨碍他人的研究活动。此类科研不端行为的具体内容非常广泛,形式多样,侵犯的权益类型也存在多种,但基本上仍属于人身权与财产权的范畴。《民法典》第176条规定:"民事主体依照法律规定或者按照当事人约定,履行民事义务,承担民事责任。"第1000条第1款规定:"行为人因侵害人格权承担消除影响、恢复名誉、赔礼道歉等民事责任的,应当与行为的具体方式和造成的影响范围相当。"第1179条规定:"侵害他人造成人身损害的,应当赔偿医疗费、护理费、交通费、营养费、住院伙食补助费等为治疗和康复支出的合理费用,以及因误工减少的收入。造成残疾的,还应当赔偿辅助器具费和残疾赔偿金;造成死亡的,还应当赔偿丧葬费和死亡赔偿金。"由此观之,故意干扰或妨碍他人的研究活动须承担的民事责任主要包括停止侵害、恢复名誉、消除影响、赔礼道歉。笔者认为,排除妨碍、返还财产、恢复原状、赔偿损失也应归于此类科研不端行为须承担的责任之列。举例而言,如果某科研工作者或管理者以设定不合理的条件限制方式来妨碍他人的研究活动,则应排除妨碍;如果某科研管理者故意以截留科研经费的方式来干扰他人的研究活动,则应返还财产;如果某科研工作者或管理者以破坏科研设备的方式来干扰他人的科学研究活动,则应恢复原状。

三、刑事法律责任

1. 刑法的谦抑性

刑法的谦抑性,是指刑法应依据一定的规则控制处罚范围与处罚程度,即凡是适用其他法律足以抑止某种违法行为、足以保护合法权益时,就不要将其规定为犯罪;凡是适用较轻的制裁方法足以抑止某种犯罪行为、足以保护合法权益时,就不要规定较重的制裁方法。谦抑性原则,是由刑法在法律体系中的地位以及刑法的严厉性决定的。由于刑法的制裁措施最为严厉,其他法律的实施都需要刑法的保障,刑法便在法律体系中处于保障法的地位,只有当其他法律不足以抑止违法行为时,才能适用刑法,这就决定了必须适当控制刑法的处罚范围。又由于刑法规定的刑罚方法在具有积极作用的同时具有消极作用,故必须适当控制刑法的处罚程度。[1] 刑法的谦抑性至少包括以下三层含义。

(1)刑法调整范围的不完整性。美国法律哲学家埃德加·博登海默指出,虽然在有组织社会的历史上,法律作为人际关系的调节器一直发挥着巨大的和决定性的作用,但在任何这样的社会中,仅仅依凭法律这一社会控制力量显然是不够的。实际上还存在一些能够指导或者引导人们行为的其他工具,包括权力、行政、道德和习惯,它们是实现社会目标过程中用以补充或者替代法律的手段。[2] 因此,在整个社会规范体系中,反映阶级阶层意愿和积淀民族心理的风俗、习惯、道德等,通过内心信念、社会舆论来自发调节绝大部分的社会关系。直接体现统治阶级意志、以国家强制力作为后盾的法律只是调整一定范围内社会关系的规范。即使是纳入法律调整视野的社会关系,其中绝大部分又由民法、经济法、行政法、环境法、劳动法等部门法,通过立法明示民事、经济、行政等法律后果,以民事制裁、经济责任、行政处理等手段来加以引导、调节和规范;而刑法只是调整一小部分危害性达到一定严重程度的社会关系。

(2)刑法统治手段的最后性。在整个国内法体系中,刑法以外的其他部门法,是统治社会的第一道防线,统治阶级把绝大多数侵害社会和个人

---

[1] 参见张明楷:《论刑法的谦抑性》,载《法商研究(中南政法学院学报)》1995年第4期。
[2] 参见[美]E.博登海默:《法理学:法律哲学与法律方法》,邓正来译,中国政法大学出版社1999年版,第357页。

利益的行为,作为民事、经济、行政违法行为予以制裁,只有当行为达到严重危害社会的程度、采用其他部门法手段难以充分保护时,才动用刑法进行抵抗。中外法制发展史表明,随着社会文明的进步和法律部门的分工细化,以刑罚为主要制裁方式的刑法,经历了从介入国民生活各个角落的全面法——调整一定范围社会关系的部门法——作为其他部门法后盾的保障法这样一个演变轨迹,刑法像一把高悬的"达摩克利斯之剑",根据需要适时而用,最终成为统治社会的最后一道防线。①

(3)刑罚制裁方式发动的克制性。对于符合刑法规定的犯罪行为,从绝对主义和实现社会正义的角度来看,必然要发动刑罚权,采取有罪必罚、重罪重罚的正义报应。然而,刑法的谦抑性立足于相对主义和刑罚个别化原则,从维护社会秩序和保障人权的角度来看,对于某些犯罪行为,必要时可以重罪轻罚甚至有罪不罚,尽可能采用非刑罚方式实现刑事责任追究,运用矫正和保安处分等非刑措施来改善行为人以防卫社会,退一步讲,即使万不得已必须施以刑罚,也要求克制、谨慎,注重刑罚的轻缓化,优先考虑适用轻的刑罚种类、低的刑罚幅度,以尽可能少的刑罚量达到刑罚的目的和实现刑法的机能。②

2.刑事责任的内涵及其主要形式

根据刑法原理,刑事责任是指刑事法律规定的,因实施犯罪行为而产生的,由司法机关强制犯罪者承受刑罚或单纯否定性法律评价的负担。在我国,刑事责任分为主刑与附加刑。

(1)主刑

主刑,是对犯罪适用的主要刑罚方法。主刑的特点是:只能独立适用,不能附加适用。对一个罪只能适用一个主刑,不能适用两种以上的主刑。主刑是一类刑罚方法,具体包括管制、拘役、有期徒刑、无期徒刑、死刑。

管制是指对犯罪人依法实行社区矫正的一种刑罚方法。管制的特点有:①对犯罪分子不予关押;②限制犯罪分子一定的自由;③对犯罪分子自由的限制具有一定的期限;④对被判处管制刑的犯罪分子依法实行社区矫正。拘役是指短期剥夺犯罪分子的自由,就近执行并实行劳动改造的刑罚方法。拘役是一种短期自由刑,是主刑中介于管制与有期徒刑之间的一种轻刑。拘役的特点有:①剥夺犯罪分子的自由。②剥夺自由的期限较短,根据《刑法》第42条的规定,拘役的期限为1个月以上6个月以下。根据

---

① 参见李富友:《刑法效力问题研究》,光明日报出版社2012年版,第223页。
② 参见季敏:《法院实施刑罚轻缓化政策的原则及措施》,载《江苏警官学院学报》2007年第2期。

《刑法》第 69 条的规定,数罪并罚时,拘役刑期最长不能超过 1 年。根据《刑法》第 44 条的规定,拘役刑期从判决执行之日起计算,判决执行以前先行羁押的,羁押 1 日折抵刑期 1 日。③由公安机关就近执行。④享受一定的待遇。根据《刑法》第 43 条第 2 款的规定,在执行期间,被判处拘役的犯罪分子每月可以回家一天至两天,参加劳动的,可以酌量发给报酬。有期徒刑是指剥夺犯罪分子一定期限的人身自由,强迫其劳动并接受教育和改造的刑罚。根据《刑法》第 45 条至第 47 条的规定,有期徒刑具有以下特点:①剥夺犯罪分子的人身自由。②具有一定的期限。《刑法》第 69 条第 1 款、第 3 款规定,判决宣告以前一人犯数罪的,除判处死刑和无期徒刑的以外,应当在总和刑期以下、数刑中最高刑期以上,酌情决定执行的刑期,但是管制最高不能超过 3 年,拘役最高不能超过 1 年,有期徒刑总和刑期不满 35 年的,最高不能超过 20 年,总和刑期在 35 年以上的,最高不能超过 25 年。数罪中有判处附加刑的,附加刑仍须执行,其中附加刑种类相同的,合并执行,种类不同的,分别执行。③在监狱或者其他场所执行。④强迫参加劳动,接受教育和改造。无期徒刑是指剥夺犯罪分子的终身自由,强制其参加劳动并接受教育和改造的刑罚。无期徒刑具有以下特点:①剥夺犯罪分子的人身自由;②剥夺人身自由是没有期限的,即剥夺犯罪分子的终身自由;③强制参加劳动,接受教育和改造;④羁押时间不能折抵刑期;⑤必须附加剥夺政治权利。死刑是指剥夺犯罪分子生命的刑罚方法,包括死刑立即执行和死刑缓期 2 年执行两种情况。《刑法》第 48 条规定,死刑只适用于罪行极其严重的犯罪分子,因此对于死刑的适用必须严格限制。

(2)附加刑

刑事责任除了主刑,还有附加刑。附加刑又称从刑,是补充主刑适用的刑罚方法。附加刑的特点是既可以附加主刑适用,也可以独立适用。附加刑在附加适用时,可以同时适用两个以上。附加刑是相对于主刑的另一类刑罚方法,具体包括罚金、剥夺政治权利、没收财产和驱逐出境 4 种。

罚金是指人民法院判处犯罪分子向国家缴纳一定数额金钱的刑罚方法。罚金主要适用于贪图财利或者与财产有关的犯罪,同时也适用于少数妨害社会管理秩序的犯罪。罚金的适用方式主要有以下几种:选处罚金、单处罚金、并处罚金、并处或者单处罚金。剥夺政治权利是指剥夺犯罪分子参加国家管理和政治活动权利的刑罚方法。根据《刑法》第 54 条的规定,剥夺政治权利是剥夺下列权利:①选举权和被选举权;②言论、出版、集会、结社、游行、示威自由的权利;③担任国家机关职务的权利;④担任国有公司、企业、事业单位和人民团体领导职务的权利。剥夺政治权利的期限分为以下4种情况:①对于被判处死刑、无期徒刑的犯罪分子,应当剥夺政治权利终身;②在死刑缓期执行减为有期徒刑或者无期徒刑减为有期徒刑的时候,应当把附加剥夺政治权利的期限改为3年以上10年以下;③独立适用或者判处有期徒刑、拘役附加剥夺政治权利的期限为1年以上5年以下;④判处管制附加剥夺政治权利的期限与管制的期限相同。没收财产是指将犯罪分子个人所有财产的一部分或者全部强制无偿地收归国有的刑罚方法。没收财产的适用方式有以下几种:①与罚金选择适用;②并处;③可以并处。

3. 科研不端行为刑事责任承担中的几个问题

(1) 承担刑事责任的原则

科研不端行为的刑事责任承担必须符合现有的刑法基本原则。

第一,罪刑法定原则。罪刑法定原则的含义是:什么是犯罪,有哪些犯罪,各种犯罪的构成要件是什么,有哪些刑种,各个刑种如何适用,以及各种具体罪的具体量刑幅度如何等,均由《刑法》加以规定。对于《刑法》分则没有明文规定为犯罪的行为,不得定罪处罚,概括起来就是"法无明文规定不为罪,法无明文规定不处罚"。确立罪刑法定原则具有重大的意义,它不仅有利于维护社会秩序,也有利于保障人权。在实践中,《刑法》规定的罪刑法定原则要付诸实现,有赖于司法机关的执法活动。一般来说,对于《刑法》明文规定的各种犯罪,司法机关必须以事实为根据,以法律为准绳,认真把握犯罪的本质特征和犯罪构成的具体要件,严格区分罪与非罪、此罪与彼罪的界限,做到定性准确,不枉不纵,于法有据,名副其实。对各种犯罪的量刑,也必须严格以法定刑以及法定情节为依据。在以《刑法》规制科研不端行为过程中,需要注意的是,当前《刑法》中并无直接有关科研不端行为的规定,所以,以现有罪名令科研不端行为人承担相关刑事责任必须严格遵守罪刑法定原则。

第二,适用刑法人人平等原则。适用刑法人人平等原则的含义是,对任何人犯罪,无论犯罪人的家庭出身、社会地位、职业性质、财产状况、政治面貌、才能业绩如何,都应追究刑事责任,一律平等地适用刑法,依法定罪、量刑和行刑,不允许任何人有超越法律的特权。具体来说,适用刑法人人平等原则具体体现在定罪、量刑和行刑三个方面。首先,定罪上一律平等。任何人犯罪,无论其身份、地位等如何,一律平等对待,适用相同的定罪标准。不能因为被告人地位高、功劳大而使其逍遥法外、不予定罪;也不能因为被告人是普通公民就妄加追究、任意定罪。其次,量刑上一律平等。犯相同的罪且有相同的犯罪情节的,应做到同罪同罚。虽然触犯相同的罪名,但犯罪情节不同,比如有的具有法定从重处罚的情节,有的具有法定从轻、减轻或者免除处罚的情节,从而同罪不同罚,这是合理的、正常的,并不违背量刑平等原则,因为对任何犯罪人来说,都有这样一个具体情况具体分析、针对不同情况实行区别对待的问题。但如果考虑某人位高权重或者财大气粗而导致同罪不同罚,则是违背量刑平等原则的,因为这等于承认某人享有超越法律的特权。最后,行刑上一律平等。在执行刑罚时,对于所有的受刑人平等对待,凡是罪行相同、主观恶性相同的,刑罚待遇也应相同,不能考虑权势地位、富裕程度使一部分人享有特殊待遇,对另一部分人则加以歧视。掌握法律规定的减刑、假释的条件标准也应体现平等,谁符合条件、谁不够条件,都要严格以法律为准绳,不搞亲疏贵贱。当然,罪行轻重不同、主观恶性不同、改造表现不同而给予差别待遇,这是行刑平等的题中应有之义,比如教育改造中的评分制、累进制,都体现了相同情况相同对待、不同情况区别对待的司法公正精神,这不仅不违反行刑平等的原则,恰恰是行刑平等的实质体现。在以刑法规制科研不端行为过程中,规制的对象即科研工作者一般都具有较高的社会地位,其作出的科研不端行为会受到社会的广泛关注,不能因为科研工作者具有较高的社会地位就在对其处以刑事责任时使其享有"特权",适用刑法人人平等原则必须得以贯彻。

第三,罪责刑相适应原则。《刑法》第5条规定:"刑罚的轻重,应当与犯罪分子所犯罪行和承担的刑事责任相适应。"这条规定的就是罪责刑相适应原则。罪责刑相适应原则的含义是,犯多大的罪就应当承担多大的刑事责任,法院也应当判处其相应轻重的刑罚,做到重罪重罚,轻罪轻罚,罪刑相称,罚当其罪;在分析罪重罪轻和刑事责任大小时,不仅要看犯罪的客观社会危害性,而且要结合考虑行为人的主观恶性和人身危险性,把握罪行和罪犯各方面因素综合体现的社会危害性程度,从而确定其刑事责任的程度,适用相应轻重的刑罚。刑罚的轻重不是单纯地与犯罪分子所犯罪行相适用,也要与犯罪分子承担的刑事责任相适用,也即在犯罪与刑罚之间通过刑事责任这个中介来调节。在具体的处罚中,我国《刑法》总则根据罪责刑相适应原则规定了区别对待的处罚原则。如在共同犯罪中,对主犯、从犯等实行不同的处罚原则。此外,《刑法》总则还侧重于刑罚个别化的要求,规定了一系列刑罚裁量与执行制度,如累犯制度、自首制度、立功制度、缓刑制度、减刑制度、假释制度。我国《刑法》分则根据犯罪的性质和危害程度,建立了一个犯罪与刑罚体系,这就使司法机关可以根据犯罪的性质、罪行的轻重、犯罪人的主观恶性大小,依法判处适当的刑罚。科研不端行为责任人承担的刑事责任,必须与其所犯罪行的轻重、犯罪的性质、主观恶性的大小相适应，刑法不能受其他因素影响而对其"网开一面"。

(2) 共同犯罪

如果科研工作者实施科研不端行为涉及犯罪，也有可能出现共同犯罪的情形，因为在学术价值和实践价值比较重要的科研活动中，大多数情况下均是以团队合作的形式进行科学研究的，除人文艺术学科领域外，一般很少是单个科研工作者从事研究，这样也就为共同犯罪的出现提供了现实可能。《刑法》第25条规定："共同犯罪是指二人以上共同故意犯罪。二人以上共同过失犯罪，不以共同犯罪论处；应当负刑事责任的，按照他们所犯的罪分别处罚。"一般来说，共同犯罪有简单的共同犯罪与复杂的共同犯罪之分。构成简单的共同犯罪，除了犯罪主体是两个以上达到法定刑事责任年龄、具有刑事责任能力的人以外，还必须具备如下要件：第一，从犯罪的客观方面看，各个共同犯罪人必须共同实行犯罪。共同实行犯罪表现有以下几种情况，一是共同实行同样的行为，即各个共同犯罪人共同实行同一的犯罪客观要件的行为；二是各人实行不同的行为，即各个共同犯罪人实施同属于犯罪客观要件但不相同的行为；三是对不同对象分别实行犯罪，即各个共同犯罪人共同实施某一犯罪，但分别对不同的对象实行犯罪行为。这几种情况同样都是简单的共同犯罪。但如果一人实行犯罪构成客观要件的行为，另一人实施非犯罪构成客观要件的行为，那就不是简单共同犯罪，而属于复杂共同犯罪了。第二，从犯罪的主观方面看，各个共同犯罪人必须具有共同实行犯罪的故意。它包括如下内容：一方面，各个共同犯罪人对具体实施的犯罪具有共同的认识；另一方面，各个共同犯罪人具有共同实行犯罪的意思联络，即行为人不仅认识到自己实行犯罪，并且认识到与他人共同实行犯罪，同时他人也认识到对方与自己共同实行犯罪。否则一人有共同实行犯罪的认识，而另一人没有共同实行犯罪的认识，也不构成简单的共同犯罪，因而片面的共同正犯是不被承认的。还有，各共同犯罪人都希望或放任共同犯罪结果的发生，即简单的共同犯罪通常都是由直接故意构成，但有时也可能出于间接故意。共同实行犯罪的故意，无论是在着手实行犯罪以前形成的，还是在实行犯罪过程中形成的，同样都有可能成立简单共同犯罪。

如果科研不端行为涉及简单共同犯罪，则刑事责任应如何解决呢？我们认为应遵循如下原则：首先，各共同犯罪人对共同实行的犯罪行为整体负责，而不只是对自己实行的犯罪行为负责，在刑法理论上简称"部分行为全部责任"；其次，各共同犯罪人只能对共同故意实行的犯罪负责，如果有人超出共同故意的范围而实行了别的犯罪，只能由实行该种犯罪的人负责,其他共同犯罪人对该种犯罪不负刑事责任;再次,根据各共同犯罪人在共同犯罪中的作用和社会危害程度,分别按主犯、从犯、胁从犯处罚,如果都是起的主要作用,都按照主犯处罚;最后,考察各共同犯罪人的人身危险程度和犯罪后的态度来实行区别对待,具备从重或者从轻、减轻、免除处罚情节的,予以从重或者从轻、减轻、免除处罚。因此,各共同犯罪人即使都是主犯,量刑也会不同,甚至主犯的处刑可能比从犯的处刑还轻。与简单共同犯罪不同,复杂的共同犯罪是指各共同犯罪人之间存在一定分工的共同犯罪。这种分工表现为:有的教唆他人,使他人产生实行犯罪的故意;有的帮助他人实行犯罪,使他人的犯罪易于实行;有的直接实行犯罪即实行该种犯罪构成客观要件的行为。由于共同犯罪人的行为各不相同,因而称为复杂的共同犯罪。这种共同犯罪与简单的共同犯罪的区别在于:后者各共同犯罪人都参与实行犯罪构成要件的行为,都是实行犯;而前者各共同犯罪人中,有的实行犯罪构成要件的行为,有的则实施非犯罪构成要件的行为,因而有的犯罪人是实行犯,有的犯罪人是教唆犯,有的犯罪人是帮助犯。

我国刑事法律主要是按照共同犯罪人在共同犯罪中的作用规定犯罪人的种类的,没有规定复杂的共同犯罪,笔者认为应当根据各共同犯罪人在共同犯罪中所起的作用的大小和对社会的危害程度,依照《刑法》总则关于共同犯罪的规定,确定他们各自的刑事责任问题。根据刑法原理,共同犯罪人分为主犯、从犯、胁从犯、教唆犯,不同类型的犯罪人,其处罚原则是不一样的。主犯是组织、领导犯罪集团进行犯罪活动的或者在共同犯罪中起主要作用的人,对其处罚应当按照其参与的或者组织、指挥的全部犯罪处罚。从犯是在共同犯罪中起次要或者辅助作用的人,对于从犯,应当从轻、减轻处罚或者免除处罚。胁从犯是被胁迫参加犯罪的人,对其的处罚应当按照他的犯罪情节减轻处罚或者免除处罚。教唆犯是教唆他人犯罪的人,对其处罚应当按照他在共同犯罪中所起的作用处罚。如果被教唆的人没有犯被教唆的罪,对于教唆犯,可以从轻或者减轻处罚。一般来说,在科研项目研究过程中,如果出现犯罪行为,项目负责人是主犯或者是教唆犯,其他项目参与人若犯罪则可能是从犯或者是胁从犯。当然,这不能一概而论,具体区分要根据实际情况而定。

(3)单位犯罪

根据前文对科研不端行为主体的分析,科研不端行为的主体既可能是个人,又可能是单位,这就涉及单位犯罪的问题。单位犯罪是相对于自然人犯罪而言的一个范畴。《刑法》第30条规定:"公司、企业、事业单位、机关、团体实施的危害社会的行为,法律规定为单位犯罪的,应当负刑事责任。"这是关于单位在多大范围内可以成为犯罪主体的规定。根据这一规定,单位犯罪是指由公司、企业、事业单位、机关、团体实施的依法应当承担刑事责任的危害社会的行为。单位犯罪的两个基本特征是:第一,单位犯罪的主体包括公司、企业、事业单位、机关、团体。"公司、企业、事业单位",既包括国有、集体所有的公司、企业、事业单位,也包括依法设立的合资经营、合作经营企业和具有法人资格的独资、私营等公司、企业、事业单位。另外,个人为进行违法犯罪活动而设立的公司、企业、事业单位实施犯罪的,或者公司、企业、事业单位设立后,以实施犯罪为主要活动的,不以单位犯罪论处。盗用单位名义实施犯罪,违法所得由实施犯罪的个人私分的,依照《刑法》有关自然人犯罪的规定定罪处罚。第二,只有法律明文规定单位可以成为犯罪主体的犯罪,才存在单位犯罪及单位承担刑事责任的问题,而并非一切犯罪都可以由单位构成。我国《刑法》分则规定的单位犯罪较为广泛,多数是故意犯罪,但也有少数属于过失犯罪,其中科研不端行为涉及的单位犯罪一般为故意犯罪。

如果科研单位实施科研不端行为并构成了单位犯罪,该如何处置?一般而言,对单位犯罪的处罚分为双罚制与单罚制。双罚制是指对单位和直接责任人员(法定代表人、主管人员及其他有关人员)均予以刑罚处罚;单罚制是指只处罚单位或只处罚单位的直接责任人员。单罚制又分为转嫁制和代罚制。转嫁制是指单位犯罪的,只对单位予以刑罚处罚而对直接责任人员不予处罚;代罚制是指单位犯罪的,只对直接责任人员予以处罚而不处罚单位。

《刑法》第31条规定:"单位犯罪的,对单位判处罚金,并对其直接负责的主管人员和其他直接责任人员判处刑罚。本法分则和其他法律另有规定的,依照规定。"这是我国《刑法》关于对单位犯罪处罚原则的规定。根据这一规定,对单位犯罪,一般采取双罚制的原则。单位犯罪的,对单位判处罚金,同时对其直接负责的主管人员和其他直接责任人员判处刑罚。在双罚制中,又可以区分为两种情形:一是对直接责任人员的刑罚与自然人犯该罪时的刑罚相同;二是对直接责任人员的刑罚轻于自然人犯该罪时的刑罚。但是,当《刑法》分则和其他法律规范另有规定不采取双罚制而采取单罚制的,则属于例外情况。这是因为,单位犯罪的情况具有复杂性,其社会危害程度差别很大,一律采取"双罚制"的原则,并不能全面准确地体现罪刑相适应原则和对单位犯罪起到足以警诫的作用。

(4)缓刑的适用

我国《刑法》规定的缓刑,属于刑法暂缓执行,即对原判刑罚附条件不执行的一种刑罚制度,具体包括两类,一是一般缓刑,二是战时缓刑。战时缓刑与科研不端行为刑事责任承担无关,不在本书的讨论之列。根据《刑法》第72条的规定,一般缓刑是指人民法院对于被判处拘役、3年以下有期徒刑的犯罪分子,在符合法律规定条件的前提下,暂缓其刑罚的执行,并规定一定的考验期,考验期内实行社区矫正;如果被宣告缓刑者在考验期内没有发生法律规定应当撤销缓刑的事由,原判刑罚就不再执行的制度。

需要注意的是,缓刑与免除刑事处罚不同。免除刑事处罚,是人民法院对已经构成犯罪的被告人作出有罪判决,但根据案件的具体情况,认为不需要判处刑罚,因而宣告免除处罚,即只定罪而不判刑。所以,被宣告免除处罚的犯罪分子,不存在曾经被判处刑罚和仍有执行刑罚可能性的问题。而缓刑则是在人民法院对犯罪分子作出有罪判决并判处刑罚的基础上,宣告暂缓执行刑罚,但同时保持执行刑罚的可能性。如果在缓刑考验期内发生应撤销缓刑的法定事由,就要撤销缓刑,执行原判刑罚。即使犯罪分子在缓刑考验期内未发生应撤销缓刑的法定事由,也是受到过刑罚处罚者。另外,缓刑与监外执行不同。监外执行是根据被关押者的某些具体情况,而采取的一种临时性执行刑罚的方法。其与缓刑的主要区别是:第一,性质不同。缓刑是附条件暂缓执行原判刑罚;而监外执行是刑罚执行过程中的具体执行场所的临时性变化,并非不执行原判刑罚。第二,适用对象不同。缓刑只适用于被判处拘役、3年以下有期徒刑的犯罪分子;监外执行的被关押者可以是被判处无期徒刑、有期徒刑、拘役者。第三,适用的条件不同。缓刑的适用,是以犯罪分子的犯罪情节、悔罪表现和不致再危害社会为基本条件;监外执行的适用,须以被关押者有严重疾病需要保外就医者,或者怀孕、需要给自己所生婴儿哺乳等不宜收监执行的特殊情形为条件。第四,适用的方法不同,缓刑应在判处刑罚的同时予以宣告,并应依法确定缓刑的考验期;而监外执行是在判决确定以后适用的一种变通执行刑罚的方法,在宣告判决时和刑罚执行过程中,一旦影响监外执行的具体情况消失,即便罪犯在监外未违反任何规定,只要刑期未满,仍应收监执行。第五,适用的法律依据不同。适用缓刑的依据是《刑法》中的有关规定;适用监外执行的依据是我国《刑事诉讼法》的有关规定。

缓刑是我国《刑法》运用惩办与宽大相结合、惩罚与教育改造相结合的刑事政策而确立的重要刑罚制度之一,是这一基本的刑事政策在刑罚制度中运用的具体化。适用缓刑,既表明国家对犯罪分子及其犯罪行为否定的评价,同时又体现了对犯罪分子一定的宽大政策。在维持原判刑罚效力的基础上给犯罪分子以悔过自新的机会,有利于教育改造犯罪分子,充分体现我国《刑法》的人道主义精神。缓刑制度的意义还表现为以下几个方面:第一,缓刑有助于避免短期自由刑的弊端,最优化地发挥刑罚的功能,符合刑罚经济的思想。缓刑的具体适用,能够使犯罪分子在感受到刑罚威慑力和畏惧刑罚可能被实际执行的条件下,在不被关押、由特定机关予以考察的过程中,自觉地检点行为、改恶从善和重新做人。另外,缓刑制度也避免了被实际执行短期自由刑而带来的与社会隔绝、重返社会困难、罪犯间交互感染等弊端,并能较好地以最经济的方法实现刑罚的惩罚、威慑、教育和改造等功能。第二,缓刑有助于更好地实现刑罚的目的。刑罚的目的之一,就是预防犯罪人重新犯罪。实现刑罚目的的途径,主要是对犯罪人判处并执行刑罚。但基于刑罚个别化的原则判处刑罚,缓刑是判处刑罚并保持执行可能性的条件下暂缓刑罚的执行。是否被撤销缓刑,取决于犯罪行为人的主观努力,在以自律为主的社会生活中,有利于促使犯罪分子自觉地约束自己的行为,获得刑罚特殊预防的效果。第三,缓刑是实现刑罚社会化的重要制度保障。被宣告缓刑的犯罪分子不脱离家庭和社会,可以继续从事原有的工作,避免了因执行实际刑罚给其本人和家庭带来的不利影响。可以使其不致因犯罪而影响履行自身负有的家庭和社会义务,使其既感受到法律的威严,也亲身体会到法律、国家和社会的宽容,从而较自觉地完成改造任务,能够产生比实际执行短期徒刑更好的效果。

综上所述,笔者认为,在通过刑法规制科研不端行为时,应特别注意适用缓刑。其原因在于,科研活动成本高昂,且从事科研活动的工作者有可能是其领域内的精英,一旦某科研工作者需要承担刑事责任,极有可能导致正在进行的重要科研项目被迫中止甚至下马,在我国需要科研人才且极其重视科研发展的今天,这可能造成无可挽回的损失。因此,笔者建议,在对科研工作者处以刑事责任时,人民法院可以根据实际情况考虑适当适用缓刑,使其继续从事相关科研活动,以保持科研活动的延续性;同时,这也能在一定程度上教育、改造科研工作者,若科研工作者在考验期内没有发生法律规定应当撤销缓刑的事由,原判刑罚就不再执行。

(5)假释的适用

假释是指对被判处有期徒刑、无期徒刑的犯罪分子,在执行一定刑期以后,因其认真遵守监规,接受教育改造,确有悔改表现,不致再危害社会,因而附条件地将其提前释放的一种刑罚制度。假释制度体现了惩办与宽大相结合、惩罚与教育相结合的刑事政策,对于实现我国《刑法》的任务和刑罚的目的,促进犯罪分子积极改造,鼓励和推动其改过自新,达到预防犯罪并逐步减少犯罪发生的目的,具有十分重要的意义。《刑法》第81条第1~2款规定:"被判处有期徒刑的犯罪分子,执行原判刑期二分之一以上,被判处无期徒刑的犯罪分子,实际执行十三年以上,如果认真遵守监规,接受教育改造,确有悔改表现,没有再犯罪的危险的,可以假释。如果有特殊情况,经最高人民法院核准,可以不受上述执行刑期的限制。对累犯以及因故意杀人、强奸、抢劫、绑架、放火、爆炸、投放危险物质或者有组织的暴力性犯罪被判处十年以上有期徒刑、无期徒刑的犯罪分子,不得假释。"第84条规定:"被宣告假释的犯罪分子,应当遵守下列规定:(一)遵守法律、行政法规,服从监督;(二)按照监督机关的规定报告自己的活动情况;(三)遵守监督机关关于会客的规定;(四)离开所居住的市、县或者迁居,应当报经监督机关批准。"第85条规定:"对假释的犯罪分子,在假释考验期限内,依法实行社区矫正,如果没有本法第八十六条规定的情形,假释考验期满,就认为原判刑罚已经执行完毕,并公开予以宣告。"当然,假释在特定情况下也会被撤销。第86条规定:"被假释的犯罪分子,在假释考验期限内犯新罪,应当撤销假释,依照本法第七十一条的规定实行数罪并罚。在假释考验期限内,发现被假释的犯罪分子在判决宣告以前还有其他罪没有判决的,应当撤销假释,依照本法第七十条的规定实行数罪并罚。被假释的犯罪分子,在假释考验期限内,有违反法律、行政法规或者国务院公安部门有关假释的监督管理规定的行为,尚未构成新的犯罪的,应当依照法定程序撤销假释,收监执行未执行完毕的刑罚。"

在通过《刑法》规制科研不端行为的过程中,假释的适用需要受到重视,如果科研不端行为人在服刑一定期限后已经满足了"认真遵守监规,接受教育改造,确有悔改表现,不致再危害社会"的假释条件,则可被考虑适用假释。因为如果科研不端行为人已经认真悔改,则刑罚的目的就已经达到;同时,科研人员这一社会群体的社会危害性本身就相对较低,因此在这种情况下,为便于保持科研活动的重要性与延续性,让科研工作者尽快回到科研工作岗位是有益的。

4. 各类科研不端行为具体的刑事责任设定

关于各类科研不端行为具体的刑事责任设定,目前学术界有不同的看法。有学者认为,鉴于《刑法》中没有直接关于规制科研不端行为的罪名,应当在《刑法》中增设有关罪名,如"学术欺诈罪"。① 有学者认为,"在《刑法》中以简单罪状做出原则规定,另行在科技单行法律中细化,直接规定违禁研究、科研欺诈、科研诈骗、侵占科研成果、科研剽窃、妨害科研活动等需要增设的犯罪与刑罚,形成以科技特别刑法为主体的制度结构,以便较好地廓清科研不端行为的刑事责任与民事责任、行政责任的界限,及时解决科研秩序保护中出现的新情况、新问题"。② 还有学者认为,"对严重的科研不端行为采取刑法处理,是有法可依的;对于遏制严重的科研不端行为,重要的不是新增法律条款,而是在于立即采取必要的行动"。③ 在综合这些学者观点的基础之上,笔者认为,在《刑法》中增设与科研不端行为直接相关的罪名,固然能直接让部分科研不端行为的责任人承担刑事责任,但这并不现实,目前似乎还缺乏可操作性。另外,依现行《刑法》规制科研不端行为虽然欠缺针对性,但仍然具有一定的可操作性,在实践中也是可行的。因此,笔者建议,当前让科研不端行为人承担刑事责任还是以现行《刑法》中的罪名以及相关司法解释为主要依据,当某些科研不端行为产生很严重的社会危害性且有蔓延趋势、立法时机成熟时再修改《刑法》,增设与科研不端行为直接相关的罪名。那么,关于科研不端行为人需要承担的刑事责任具体应如何设定呢？笔者认为,鉴于实践中科研不端行为的表现形态相当丰富,因此,这就需要根据科研不端行为的具体实施情形来进行分析。

(1) 抄袭、剽窃、侵吞他人科研成果或实施自我剽窃行为

一般来说,此类科研不端行为的主体是个人,因此单位犯罪不在考虑之列。《刑法》第217条关于侵犯著作权罪有如下规定:"以营利为目的,有下列侵犯著作权或者与著作权有关的权利的情形之一,违法所得数额较大或者有其他严重情节的,处三年以下有期徒刑,并处或者单处罚金;违法所得数额巨大或者有其他特别严重情节的,处三年以上十年以下有期徒刑,并处罚金:(一)未经著作权人许可,复制发行、通过信息网络向公众传

---

① 参见胡志斌、刘紫良、孙超:《学术不端行为的刑法规制研究》,载《学术界》2011年第10期。
② 徐英军:《增设妨害科研秩序罪的立法构想》,载《河南大学学报(社会科学版)》2009年第1期。
③ 张九庆:《我国科研不端行为的法律规制:从行政法到刑法》,载《山东理工大学学报(社会科学版)》2012年第1期。

播其文字作品、音乐、美术、视听作品、计算机软件及法律、行政法规规定的其他作品的;(二)出版他人享有专有出版权的图书的;(三)未经录音录像制作者许可,复制发行、通过信息网络向公众传播其制作的录音录像的;(四)未经表演者许可,复制发行录有其表演的录音录像制品,或者通过信息网络向公众传播其表演的;(五)制作、出售假冒他人署名的美术作品的;(六)未经著作权人或者与著作权有关的权利人许可,故意避开或者破坏权利人为其作品、录音录像制品等采取的保护著作权或者与著作权有关的权利的技术措施的。"笔者认为,此类科研不端行为若触犯《刑法》可以按"侵犯著作权罪"承担刑事责任,但前提是此类科研不端行为必须"以营利为目的",否则不能被认定是犯罪,也即只需承担民事责任或行政责任。若此类科研不端行为被认定构成"侵犯著作权罪",则"违法所得数额较大或者有其他严重情节的,处三年以下有期徒刑,并处或者单处罚金;违法所得数额巨大或者有其他特别严重情节的,处三年以上十年以下有期徒刑"。需要注意的是,"违法所得数额较大"以及"有其他严重情节"应如何认定。《最高人民法院、最高人民检察院关于办理侵犯知识产权刑事案件适用法律若干问题的解释》第13条规定:"实施刑法第二百一十七条规定的侵犯著作权或者与著作权有关的权利的行为,违法所得数额在三万元以上的,应当认定为刑法第二百一十七条规定的'违法所得数额较大';具有下列情形之一的,应当认定为刑法第二百一十七条规定的'其他严重情节':(一)非法经营数额在五万元以上的;(二)二年内因实施刑法第二百一十七条、第二百一十八条规定的行为受过刑事处罚或者行政处罚后再次实施,违法所得数额在二万元以上或者非法经营数额在三万元以上的;(三)复制发行他人作品或者录音录像制品,复制件数量合计在五百份(张)以上的;(四)通过信息网络向公众传播他人作品、录音录像制品或者表演,数量合计在五百件(部)以上的,或者下载数量达到一万次以上的,或者被点击数量达到十万次以上的,或者以会员制方式传播,注册会员数量达到一千人以上的;(五)数额或者数量虽未达到本款第一项至第四项规定标准,但分别达到其中两项以上标准一半以上的。明知他人实施侵犯著作权犯罪,而向他人提供主要用于避开、破坏技术措施的装置或者部件,或者为他人避开、破坏技术措施提供技术服务,违法所得数额、非法经营数额达到前款规定标准的,应当以侵犯著作权罪追究刑事责任。数额、数量达到本条前两款相应规定标准十倍以上的,应当认定为刑法第二百一十七条规定的'违法所得数额巨大或者有其他特别严重情节'。"第14条规定:"销售明知是刑法第二百一十七条规定的侵权复制品,违法所得数额在五万元以上的,应当认定为刑法第二百一十八条规定的'违法所得数额巨大';具有下列情形之一的,应当认定为刑法第二百一十八条规定的'其他严重情节':(一)销售金额在十万元以上的;(二)二年内因实施刑法第二百一十七条、第二百一十八条规定的行为受过刑事处罚或者行政处罚后再次实施,违法所得数额在三万元以上或者销售金额在五万元以上的;(三)销售他人作品或者录音录像制品,复制件数量合计在一千份(张)以上的;(四)侵权复制品尚未销售,货值金额或者侵权复制品数量达到本款前三项规定标准三倍以上,或者已销售侵权复制品的销售金额、数量不足本款前三项标准,但与尚未销售的侵权复制品的货值金额、数量合计达到本款前三项规定标准三倍以上的。"

(2)贪污、挪用或不按照科研目的及约定合理使用科研经费或者故意骗取、私吞、占用、私分科研经费或设备的行为

此类科研不端行为有可能触犯数个不同的罪名,因此区分不同情形才能确定其刑事责任。首先,如果存在贪污科研经费的行为,则该科研不端行为有可能触犯贪污罪。《刑法》第 382 条关于贪污罪的认定规定:"国家工作人员利用职务上的便利,侵吞、窃取、骗取或者以其他手段非法占有公共财物的,是贪污罪。受国家机关、国有公司、企业、事业单位、人民团体委托管理、经营国有财产的人员,利用职务上的便利,侵吞、窃取、骗取或者以其他手段非法占有国有财物的,以贪污论。与前两款所列人员勾结,伙同贪污的,以共犯论处。"结合该法条以及此类科研不端行为的现状,条文中的"公共财物"和"国有财物"当然包含科研经费。关于具体的责任规定,《刑法》第 383 条规定:"对犯贪污罪的,根据情节轻重,分别依照下列规定处罚:(一)贪污数额较大或者有其他较重情节的,处三年以下有期徒刑或者拘役,并处罚金。(二)贪污数额巨大或者有其他严重情节的,处三年以上十年以下有期徒刑,并处罚金或者没收财产。(三)贪污数额特别巨大或者有其他特别严重情节的,处十年以上有期徒刑或者无期徒刑,并处罚金或者没收财产;数额特别巨大,并使国家和人民利益遭受特别重大损失的,处无期徒刑或者死刑,并处没收财产。对多次贪污未经处理的,按照累计贪污数额处罚。犯第一款罪,在提起公诉前如实供述自己罪行、真诚悔罪、积极退赃,避免、减少损害结果的发生,有第一项规定情形的,可以从轻、减轻或者免除处罚;有第二项、第三项规定情形的,可以从轻处罚。犯第一款罪,有第三项规定情形被判处死刑缓期执行的,人民法院根据犯罪情节等情况可以同时决定在其死刑缓期执行二年期满依法减为无期徒刑后,终身监禁,不得减刑、假释。"

其次,若存在挪用科研经费的行为,则该科研不端行为有可能触犯挪用公款罪。《刑法》第384条规定:"国家工作人员利用职务上的便利,挪用公款归个人使用,进行非法活动的,或者挪用公款数额较大、进行营利活动的,或者挪用公款数额较大、超过三个月未还的,是挪用公款罪,处五年以下有期徒刑或者拘役;情节严重的,处五年以上有期徒刑。挪用公款数额巨大不退还的,处十年以上有期徒刑或者无期徒刑。挪用用于救灾、抢险、防汛、优抚、扶贫、移民、救济款物归个人使用的,从重处罚。"除此之外,在以挪用公款罪惩戒此类行为时,还要处以罚金使其承担刑事法律责任,必要时还可处以没收财产的责任。

再次,若存在私分科研经费的行为,则该科研不端行为有可能触犯私分国有资产罪。《刑法》第396条关于私分国有资产罪有如下规定:"国家机关、国有公司、企业、事业单位、人民团体,违反国家规定,以单位名义将国有资产集体私分给个人,数额较大的,对其直接负责的主管人员和其他直接责任人员,处三年以下有期徒刑或者拘役,并处或者单处罚金;数额巨大的,处三年以上七年以下有期徒刑,并处罚金。司法机关、行政执法机关违反国家规定,将应当上缴国家的罚没财物,以单位名义集体私分给个人的,依照前款的规定处罚。"由于党和国家的高度重视,在具体的科研活动中,目前存在大量的财政性资金、国有企业资金投入,并在实验过程中形成了大量的设备和资产,这也在客观上存在私分国有资产的现实可能性。据国家统计局发布的《2022年全国科技经费投入统计公报》,2022年,全国共投入研究与试验发展经费30,782.90亿元,比上年增加2826.60亿元,增长10.10%;研究与试验发展经费投入强度(与国内生产总值之比)为2.54%,比上年提高0.11个百分点。按研究与试验发展人员全时工作量计算的人均经费为48.40万元,比上年下降0.50万元。

最后,如果存在诈骗科研经费的行为,则该科研不端行为有可能触犯诈骗罪。《刑法》第266条关于诈骗罪规定:"诈骗公私财物,数额较大的,处三年以下有期徒刑、拘役或者管制,并处或者单处罚金;数额巨大或者有其他严重情节的,处三年以上十年以下有期徒刑,并处罚金;数额特别巨大或者有其他特别严重情节的,处十年以上有期徒刑或者无期徒刑,并处罚金或者没收财产。本法另有规定的,依照规定。"另外在具体数额的认定上,《最高人民法院、最高人民检察院关于办理诈骗刑事案件具体应用法律若干问题的解释》第1条第1款规定,诈骗公私财物价值3000元至1万元以上、3万元至10万元以上、50万元以上的,应当分别认定为《刑法》第266条规定的"数额较大"、"数额巨大"和"数额特别巨大"。

值得注意的是,在此类科研不端行为中,共同犯罪是常见的,例如,在《最高人民法院关于审理贪污、职务侵占案件如何认定共同犯罪几个问题的解释》中,有如下规定:①行为人与国家工作人员勾结,利用国家工作人员的职务便利,共同侵吞、窃取、骗取或者以其他手段非法占有公共财物的,以贪污罪共犯论处;②行为人与公司、企业或者其他单位的人员勾结,利用公司、企业或者其他单位人员的职务便利,共同将该单位财物非法占为己有,数额较大的,以职务侵占罪共犯论处;③公司、企业或者其他单位中,不具有国家工作人员身份的人与国家工作人员勾结,分别利用各自的职务便利,共同将本单位财物非法占为己有的,按照主犯的犯罪性质定罪。另外,诈骗科研经费案件涉及共同犯罪的,也应按照相关法律规定处理。除此之外,笔者认为,在惩戒此类科研不端行为的过程中,应对责任人适用剥夺政治权利的刑罚,尤其是剥夺其担任国有公司、企业、事业单位和人民团体领导职务的权利,不能让此类科研不端行为的责任人成为或再次成为相关科研机构的负责人或管理者。

(3) 科研管理者或评审专家的科研腐败行为

此类科研不端行为若触犯《刑法》,其罪名可能是行贿罪、受贿罪。因为还存在单位犯罪的情况,所以,此类科研不端行为还有可能触犯对单位行贿罪以及单位行贿罪。

首先,科研工作者为获得科研项目、通过科研项目的鉴定评审、获得科研奖励、论文发表、职称或人才称号评审和科技成果推广应用等,有可能对相关单位的负责人、管理人员、评审专家和编辑等行贿,这就有可能构成行贿罪。《刑法》第389条关于行贿罪的认定有如下规定:为谋取不正当利益,给予国家工作人员以财物的,是行贿罪。在经济往来中,违反国家规定,给予国家工作人员以财物,数额较大的,或者违反国家规定,给予国家工作人员以各种名义的回扣、手续费的,以行贿论处。因被勒索给予国家工作人员以财物,没有获得不正当利益的,不是行贿。《刑法》第390条关于对犯行贿罪的具体责任有如下规定:对犯行贿罪的,处3年以下有期徒刑或者拘役,并处罚金;因行贿谋取不正当利益,情节严重的,或者使国家利益遭受重大损失的,处3年以上10年以下有期徒刑,并处罚金;情节特别严重的,或者使国家利益遭受特别重大损失的,处10年以上有期徒刑或者无期徒刑,并处罚金或者没收财产。行贿人在被追诉前主动交代行贿行为的,可以从轻或者减轻处罚。另外,在《最高人民检察院关于人民检察院直接受理立案侦查案件立案标准的规定(试行)》中规定,在经济往来中,违反国家规定,给予国家工作人员以财物,数额较大的,或者违反国家规定,给予国家工作人员以各种名义的回扣、手续费的,以行贿罪追究刑事责任。涉嫌下列情形之一的,应予立案:1)行贿数额在1万元以上的;2)行贿数额不满1万元,但具有下列情形之一的:①为谋取非法利益而行贿的;②向3人以上行贿的;③向党政领导、司法工作人员、行政执法人员行贿的;④致使国家或者社会利益遭受重大损失的。因被勒索给予国家工作人员以财物,已获得不正当利益的,以行贿罪追究刑事责任。

其次,在各科研项目实施的过程中,科研管理者或评审专家接受科研工作者的行贿,就有可能构成受贿罪。《刑法》第388条、第388条之一关于斡旋受贿犯罪、利用影响力受贿罪有如下规定:"国家工作人员利用本人职权或者地位形成的便利条件,通过其他国家工作人员职务上的行为,为请托人谋取不正当利益,索取请托人财物或者收受请托人财物的,以受贿论处。""国家工作人员的近亲属或者其他与该国家工作人员关系密切的人,通过该国家工作人员职务上的行为,或者利用该国家工作人员职权或者地位形成的便利条件,通过其他国家工作人员职务上的行为,为请托人谋取不正当利益,索取请托人财物或者收受请托人财物,数额较大或者有其他较重情节的,处三年以下有期徒刑或者拘役,并处罚金;数额巨大或者有其他严重情节的,处三年以上七年以下有期徒刑,并处罚金;数额特别巨大或者有其他特别严重情节的,处七年以上有期徒刑,并处罚金或者没收财产。离职的国家工作人员或者其近亲属以及其他与其关系密切的人,利用该离职的国家工作人员原职权或者地位形成的便利条件实施前款行为的,依照前款的规定定罪处罚。"另外,在《最高人民检察院关于人民检察院直接受理立案侦查案件立案标准的规定(试行)》中规定,涉嫌下列情形之一的,应予立案:1)个人受贿数额在5000元以上的;2)个人受贿数额不满5000元,但具有下列情形之一的;①因受贿行为而使国家或者社会利益遭受重大损失的;②故意刁难、要挟有关单位、个人,造成恶劣影响的;③强行索取财物的。

再次,在实践中,科研工作者出于各种目的,可能对分别属于不同性质的科研单位行贿,这就有可能构成对单位行贿罪。《刑法》第391条规定:"为谋取不正当利益,给予国家机关、国有公司、企业、事业单位、人民团体以财物的,或者在经济往来中,违反国家规定,给予各种名义的回扣、手续费的,处三年以下有期徒刑或者拘役,并处罚金;情节严重的,处三年以上七年以下有期徒刑,并处罚金。单位犯前款罪的,对单位判处罚金,并对其直接负责的主管人员和其他直接责任人员,依照前款的规定处罚。"另外,在《最高人民检察院关于人民检察院直接受理立案侦查案件立案标准的规定(试行)》中规定,涉嫌下列情形之一的,应予立案:1)个人行贿数额在10万元以上、单位行贿数额在20万元以上的;2)个人行贿数额不满10万元、单位行贿数额在10万元以上不满20万元,但具有下列情形之一的:①为谋取非法利益而行贿的;②向3个以上单位行贿的;③向党政机关、司法机关、行政执法机关行贿的;④致使国家或者社会利益遭受重大损失的。

最后,某些科研单位为获得科研项目上的利益,有可能向上级单位或其他科研管理机构行贿,这就有可能构成单位行贿罪。《刑法》第393条关于单位行贿罪有如下责任规定,单位为谋取不正当利益而行贿,或者违反国家规定,给予国家工作人员以回扣、手续费,情节严重的,对单位判处罚金,并对其直接负责的主管人员和其他直接责任人员,处3年以下有期徒刑或者拘役,并处罚金;情节特别严重的,处3年以上10年以下有期徒刑,并处罚金。因行贿取得的违法所得归个人所有的,依照《刑法》第389条、第390条的规定定罪处罚。另外,在《最高人民检察院关于人民检察院直接受理立案侦查案件立案标准的规定(试行)》中规定,涉嫌下列情形之一的,应予以立案:1)单位行贿数额在20万元以上的;2)单位为谋取不正当利益而行贿,数额在10万元以上不满20万元,但具有下列情形之一的:①为谋取非法利益而行贿的;②向3人以上行贿的;③向党政领导、司法工作人员、行政执法人员行贿的;④致使国家或者社会利益遭受重大损失的。因行贿取得的违法所得归个人所有的,依照该规定关于个人行贿的规定立案,追究其刑事责任。

与惩戒前述科研不端行为相同,笔者认为,在惩戒此类科研不端行为的过程中,应对责任人适用剥夺政治权利,因为这些科研不端行为人基本上都存在利用职务之便的情形,因此,剥夺其担任国有公司、企业、事业单位和人民团体领导职务的权利,可以防止其再利用相关科研机构负责人和管理者身份进行职务违法行为甚至职务犯罪。

(4)故意干扰或妨碍他人科学研究活动的行为

科研工作者可能为达到个人目的以各种手段故意干扰或妨碍他人的研究活动,若采用的干扰手段性质严重,则有可能触犯《刑法》,需要承担刑事责任。由于科研工作者采用的手段多样,因此其触犯的罪名也不尽相同,相应地,需要承担的法律责任也不同。需要注意的是,此类科研不端行为的主体一般是个体,因此单位犯罪不在讨论之列。

其一,若某科研工作者以故意伤害的方式干扰或妨碍其他科研工作者的研究活动,则有可能触犯故意伤害罪。《刑法》第234条关于故意伤害罪的责任规定:"故意伤害他人身体的,处三年以下有期徒刑、拘役或者管制。

犯前款罪,致人重伤的,处三年以上十年以下有期徒刑;致人死亡或者以特别残忍手段致人重伤造成严重残疾的,处十年以上有期徒刑、无期徒刑或者死刑。本法另有规定的,依照规定。"

其二,若某科研工作者以非法拘禁的方式干扰或妨碍其他科研工作者的研究活动,则有可能触犯非法拘禁罪。《刑法》第238条第1~2款关于非法拘禁罪的责任规定是:"非法拘禁他人或者以其他方法非法剥夺他人人身自由的,处三年以下有期徒刑、拘役、管制或者剥夺政治权利。具有殴打、侮辱情节的,从重处罚。犯前款罪,致人重伤的,处三年以上十年以下有期徒刑;致人死亡的,处十年以上有期徒刑。使用暴力致人伤残、死亡的,依照本法第二百三十四条、第二百三十二条的规定定罪处罚。"

其三,若某科研工作者以侮辱、诽谤的方式干扰或妨碍其他科研工作者的研究活动,则有可能触犯侮辱罪、诽谤罪。《刑法》第246条第1款关于侮辱罪、诽谤罪的责任规定是:以暴力或者其他方法公然侮辱他人或者捏造事实诽谤他人,情节严重的,处3年以下有期徒刑、拘役、管制或者剥夺政治权利。

其四,若某科研工作者以报复陷害的方式干扰或妨碍其他科研工作者的研究活动,则有可能构成报复陷害罪。《刑法》第254条关于报复陷害罪的责任规定是:国家机关工作人员滥用职权、假公济私,对控告人、申诉人、批评人、举报人实行报复陷害的,处2年以下有期徒刑或者拘役;情节严重的,处2年以上7年以下有期徒刑。

其五,若某科研工作者以故意毁坏科研设备的方式干扰或妨碍其他科研工作者的研究活动,则有可能触犯故意毁坏财物罪。《刑法》第275条关于故意毁坏财物罪的责任规定是:故意毁坏公私财物,数额较大或者有其他严重情节的,处3年以下有期徒刑、拘役或者罚金;数额巨大或者有其他特别严重情节的,处3年以上7年以下有期徒刑。

(5)其他需要承担刑事责任的科研不端行为

由于现阶段没有直接关于科研不端行为的罪名设定,因此就以《刑法》现有罪名来追究科研不端行为人的刑事责任,这种模式虽然可操作性很强,但在科研不端行为与相关罪名的衔接上,难免会出现疏漏。例如,上文提到的泄露国家秘密,采用或者转让、经营国家明令禁止的技术等行为,也可归类于科研不端行为,但到底应适用何种罪名,目前仍然存在争议。根据不同情况可以适用《刑法》第111条"为境外窃取、刺探、收买、非法提供国家秘密、情报罪",也可以适用《刑法》第110条"间谍罪"。其中,《刑法》第111条关于为境外窃取、刺探、收买、非法提供国家秘密、情报罪的法律责任有如下规定:"为境外的机构、组织、人员窃取、刺探、收买、非法提供国家秘密或者情报的,处五年以上十年以下有期徒刑;情节特别严重的,处十年以上有期徒刑或者无期徒刑;情节较轻的,处五年以下有期徒刑、拘役、管制或者剥夺政治权利。"第110条关于间谍罪的法律责任有如下规定:"有下列间谍行为之一,危害国家安全的,处十年以上有期徒刑或者无期徒刑;情节较轻的,处三年以上十年以下有期徒刑:(一)参加间谍组织或者接受间谍组织及其代理人的任务的;(二)为敌人指示轰击目标的。"从《刑法》的上述规定看,除了战时为敌人指示轰击目标的行为外,上述其他行为可能都与科研不端行为有关,比如将科研活动中的国家秘密和情报非法泄露,或向间谍组织提供上述信息,都可能触犯《刑法》而构成犯罪。笔者认为,在认定需要承担刑事责任的其他科研不端行为时,需要根据具体情况慎重区分不同的刑事责任,因为科研活动毕竟有其自身学术交流的规律。例如,在国际学术交流过程中难免会出现科研秘密或情报的泄露问题,因此,在出现科研秘密或情报泄露的情况下,还应当严格把握行为人是否有为境外提供秘密或情报、参加间谍组织的主观故意,不应一概追究科研人员的刑事责任。当然,在科研领域的犯罪活动也很触目惊心,根据现有查处情况,有人因为泄露国家机密或间谍行为被判处很重的刑罚甚至死刑。

四、法律责任承担中的其他问题

1. 法律责任竞合

根据前文的分析可以看到,同一科研不端行为可能同时需要承担民事责任、行政责任、刑事责任,这就产生了法律责任竞合的问题。那么,若在以法律手段规制科研不端行为的过程中出现了责任竞合的问题,该如何恰当解决呢?笔者认为,第一,根据《刑法》的谦抑性,刑事责任应尽量较少适用,除非科研不端行为已经触犯了《刑法》明确设定的界限如关于犯罪数额的规定或其情节、性质较为严重,产生了恶劣的影响,否则就不应以《刑法》来规制科研不端行为,应采取追究民事责任或行政责任的方式。第二,在以民事法律、行政法律规制科研不端行为的过程中,若该科研不端行为只是违反民事合同、行政合同,则应以民事法律或行政法律对其予以规制。若该科研不端行为同时违反了民事法律与行政法律,建议让科研不端行为责任人同时承担民事责任与行政责任,如责任人在受到行政处罚或行政处分的同时承担损失赔偿等责任,这样既可以提高科研不端行为人的违法成本,也可以体现法律的威慑作用。

2. 道德责任与学术责任的适用

以法律手段规制科研不端行为,不代表科研不端行为人就不用承担道德责任与学术责任,更何况法律手段也不能规制所有的科研不端行为,如一稿多发、重复发表,因此,在规制科研不端行为的过程中,合理适用道德责任与学术责任是必要的。具体而言,如果某科研不端行为触犯了法律,其应当承担法律责任是毋庸置疑的,同时,该科研不端行为及其责任人应当被曝光,令其暴露在公众的视野之中,受到道德的审判。不仅如此,对责任人作出学术处理也是必要的,比如取消其责任人的学位、学术职称,禁止其参加一定的科研活动,限制甚至取消其发表论文的资格等。综上所述,笔者认为,只有综合运用道德手段、学术手段和法律手段,才能有效规制科研不端行为。

3. 一定范围内的责任豁免

科研不端行为固然内涵很广,表现形式多样,但并不是所有出现在科研活动中的失范均是科研不端行为,科研不端行为的内涵也不能覆盖科研活动中出现的所有失误。对于在研究计划和实施过程中非有意的错误或不足,对评价方法或结果的解释、判断错误,因研究水平和能力原因造成的错误和失误,与科研活动无关的错误等行为,都不应该被认定为科研不端行为。最为典型的是,因研究水平和能力原因造成的科研活动错误和失误,通常属于科研失误甚至是科研失败,这也是比较常见的现象,实践中都不会被追究法律责任。笔者认为,正是因为人类社会对科研失败的宽容,才间接推动了人类社会的科技进步。

4. 救济机制的选择

在科研不端行为的查处过程中,难免会出现一些事实认定以及惩戒上的错误,以致行为人被错误地惩戒,其正常的权益可能会受到侵犯。无救济则无权利,在这种情况下,行为人的权利如何得到救济就成为我们应当关注的问题。笔者认为,对科研不端行为人权利的救济应当区分不同情形予以探讨。一般情况下,科研不端行为人可能承担道德责任、学术责任以及法律责任,因此其救济渠道可能会有所不同。

就道德责任而言,在正常情况下,因其不会对行为人法律上的权利义务产生实质上的影响,所以不会存在需要权利救济的情形。但也有例外情形。例如,某媒体采取公开的方式指责某科研工作者涉嫌实施科研不端行为,则可能对该科研工作者的名誉、学术声望等造成负面影响,如此,该科研工作者就需要得到权利的救济。在救济方式上,该科研工作者可以采取要求媒体赔礼道歉等措施维护自身的权利。

就学术责任而言,部分学术责任可能会对行为人的权利义务产生实质上的影响甚至重大影响。众所周知,学术责任的承担形式是多样的,不同的学术责任会对行为人不同的权利造成影响,相应地,救济渠道也不尽相同。一方面,如果行为人是某个科研机构的内部人员,因科研不端行为受到了科研机构的内部行政处分,如被撤销教授、编辑等职称,则行为人应通过该科研机构的内部救济程序,如通过向人事管理部门申诉等措施寻求救济。另一方面,如果科研不端行为人因科研不端行为受到了外部单位的处理,如某报纸、期刊取消其在本报纸刊物上发表论文的资格,则行为人可以与外部单位协商如何解决。实践中,学术责任可能更多地集中在科研人员所在单位对其采取的学术惩戒上,比如降低聘用技术职务、取消导师资格、停止一定期限的招生和申报课题资格,毋庸置疑的是,这些措施无疑会对惩戒科研不端行为产生足够的惩戒作用,但如何规范化行使则是需要研究的课题。

就法律责任而言,笔者认为,因行为人承担的法律责任形式不同,其寻求救济的渠道也不相同。第一,民事救济。根据现行法律的规定,民事救济的主要方式有和解、仲裁、调解以及民事诉讼。民事救济的原则是自愿原则,救济方式应按民事双方当事人的意愿选择。第二,行政救济。科研不端行为人承担行政责任而引发的救济问题也应区分不同情形。如果科研不端行为人作为行政相对人受到行政主体的惩戒,则科研不端行为人可以寻求救济的渠道有行政复议与行政诉讼;如果科研不端行为人作为行政主体内部人员受到行政主体的内部处分,则科研不端行为人可以按行政主体内部的申诉程序寻求救济。第三,刑事救济。如果科研不端行为人受到刑事惩戒,则科研不端行为人按照《刑事诉讼法》所能采取的救济措施就是上诉或申请再审。

五、调查与处理

1. 有关国家的实践

自20世纪中期以来,人类社会对科学知识生产的投入规模与方式都经历了巨大的改变,同时,科研活动自身的性质也发生了改变,逐渐由少数科研人员对未知领域的好奇转变为职业化的理性选择。当科研活动与名利交织,人们的研究旨趣不再仅仅是从学术活动中获得精神性的满足,而是更多地追求个体的社会地位与经济回报,科研不端行为的滋生也就拥有了肥沃的土壤。20世纪80年代,美国政府对科研不端行为的关注和介入拉开了科学活动由传统的自律向公共政策控制转变的序幕;各主要国家也相继建立了自己的科研不端行为应对体系。① 考虑到美国是最早制度化和系统化应对科研不端行为的国家,德国则是崇尚科研自由和素以严谨著称的国家;同时,它们又分别是英美法系和大陆法系国家的代表,因此,本书仅选择美国和德国的实践进行简要介绍。

(1)美国

20世纪70年代的威廉·萨默林学术造假事件虽然引发了巨大的社会关注,甚至被称为美国科学界的"水门事件",但其实并未实质上推动美国的科研诚信制度化建设,因为当时的社会主流观点是科学自治,反对政府对科研活动的干预。但美国后来又陆续发生了一系列具有恶劣社会影响的学术不端案例,颠覆了科学界可以自治的传统观点,转而求助于科研诚信的制度化建设。可以说,20世纪80年代索曼案、达西案陆续发生,才是持续至今的科研诚信制度建设的起点。美国科研诚信制度建设的演变历史可以分成5个阶段,并都有标志性的重大科研不端行为案例。1981年之前属于前建制时期;在1981(不含)~1989年推动建制化阶段,耶鲁大学索曼案和哈佛大学达西案触发了1981年美国国会第一次针对科研不端行为听证会,引发了科学规范在当代是否有效以及科研不端行为该如何处理的最初探索,直到1989年美国研究诚信办公室成立;从1989(不含)~2000年联邦统一政策颁布的推动规范化阶段,巴尔的摩案和盖洛案推动科研不端行为处理程序的成熟以及科研不端行为调查程序的统一;在2000(不含)~2010年标本兼治的体系化建设阶段,贝尔实验室的舍恩案推动科研诚信教育的全面覆盖和深化,以及技术手段的事前预防和控制;在2010年到现在的确保科研诚信的科研生态建设阶段,著名学术期刊论文撤销激增和可重复性危机推动问题行为的研究,确保科研诚信的制度体系构建。综观上述4个阶段,重大科研不端行为案例构成了美国科研诚信制度的发展动力,推动美国科研诚信制度的建构和成熟。② 由此可见,美国科研诚信制度建设,也是遵循逐步完善的规制历程。

从20世纪80年代开始,美国科研诚信建设的制度目标是正视科研不端行为,开始推进科研诚信的建制化。这一阶段虽然还没有独立健全的主管机构和系统规范处理科研不端行为的规章制度,但在索曼案和达西案出现之后,美国耶鲁大学和哈佛大学出台了相应的规章制度,明确了各自处

---

① 参见胡剑:《欧美科研不端行为治理体系研究》,中国科学技术大学2012年博士学位论文,第2页。
② 参见王阳:《重大科研不端案例与美国科研诚信制度的演变及其对中国的启示》,载《自然辩证法通讯》2021年第8期。

理科研不端行为的负责机构与处理程序。经过近10年的努力,1989年美国国立卫生研究院下设了独立的美国科研诚信办公室,成为美国第一个独立地负责处理科研不端行为的官方机构。在1989(不含)~2000年的第三阶段,规范化的科研不端行为调查是其建制建设目标。一方面,规范化体现在科研不端行为的调查有别于行政调查,它必须按照科研不端行为调查本身的特点进行操作。另一方面,美国国立卫生研究院资助项目的申报和筛选按照同行评议的方式,体现科学的自主原则,正是政治(美国国会)与科学共同体的互动及其张力的平衡,推动美国科研调查程序及科研不端行为界定的规范化。在2000(不含)~2010年的第四阶段,预防科研不端行为成为其建制建设目标。这是从事后处理转变为事前事后统筹兼顾的模式,也是美国科研诚信制度逐步成熟的标志。鉴于事后处理机制已经逐步规范和成熟,事前的控制机制亟待加强以降低科研不端行为的发生频率。于是,美国开始逐步建立强制性的预防科研不端行为的教育体系,最大限度地降低和控制科研不端行为的发生。伴随制度目标转变为预防科研不端行为,制度建设的主体也发生了变化。之前阶段制度建设的主要动力来自政府机构主导和科学共同体的广泛参与;此阶段制度建设的主要动力来自政治介入以及更大范围的科学团体、科学期刊、科研机构和科学共同体的互动。自2010年以来,确保科研诚信是美国科研诚信建设的制度目标,这也体现出美国科研诚信重在科研生态环境建设的新趋势。2010年12月,美国科学技术政策办公室发布"科研诚信"联邦政策,要求联邦所属机构构建科研诚信的体系化制度环境,实现透明和诚信的制度,从而将美国科研诚信建设的目标转变为确保科研诚信。这一制度的重心转换根源于论文撤销的激增和可重复性危机的加剧,这也是改善科研学风环境和正面确保科研诚信的体现。为促进科研诚信生态环境建设,美国建立了包括激励和评价方式改变、学风环境改善、诚信教育普及、控制问题行为及提升科研质量等一系列的体系化制度建设。[①] 由此可见,美国在规范科研诚信建设过程中,不同历史阶段的建设目标伴随着科研诚信问题的时代变化而变化,即从最初的直面科研不端行为到规范调查处理科研不端行为、从预防科研不端行为到建立确保科研诚信的科研生态环境。

(2)德国

与美国不同,由于崇尚科学研究自由,再加之严格的校风和较强的科

[①] 参见王阳:《美国科研诚信建设演变的制度逻辑与中国借鉴》,载《自然辩证法研究》2020年第7期。

学自由意识,德国在20世纪90年代中期之前没有如美国一般出现过重大的科学不端事件,德国各学术团体和组织之间也尚未形成科学不端行为的应对体系,但这并不代表此阶段德国对科学不端行为的管制处于完全真空的状态。作为一个典型的法治国家,德国《刑法典》《民法典》《著作版权法》《高等教育总纲法》等有关法规中均有对科学不端活动制约的条款,例如,德国《刑法典》中对假冒成果、在科研工作中的欺骗活动以及伪造或篡改成果而导致对其他主体利益的损害等情况都作出了具体的规定,德国《著作版权法》和《民法典》对抄袭他人研究成果以及创意的确认与处置都进行了规范,德国《高等教育总纲法》详尽地说明了科学作品的署名原则,有关立法中也规范了有关科学不端问题的惩罚手段,并对科研诚信建设"支持引导"。尽管德国的立法制度在科研活动过程中可以起到惩戒效果,但在实际的执法中还面临举证困难较大、处理进度较慢等一系列问题。德国第一个试图开展并建立科学不端处理制度的机构则是德国研究联合会。在1992年,德国研究联合会便开始对科学不端行为的解决体系展开探讨,现今该联合会已经成为德国诚信规范工作的主要负责者。1997年,震撼全球的赫尔曼—布拉赫事件爆发,[1]德国研究联合会组建了包括海外著名学者在内的12人职业自律国家委员会,从科研体制上研究产生科研不端行为的原因,调查科学界自律的作用,并为解决科研不端行为问题提供建议。德国研究联合会在吸取他国经验基础上对德国情况进行了详尽的考察,于1997年年底提交了《确保良好的科学实践》,明确指出德国科学体系存在的问题,从职业标准、成果保存、责任归属、资助条件、科研不端行为审查程序、处罚标准这6个方面进行了细化说明,并要求各大学和科研机构确立良好的科学实践规则,制定处理科研不端行为指控程序和建立相应的组织架构。尽管《确保良好的科学实践》并不是一个强制性的规范,但它出台后迅速被德国主要科学组织和科研单位所认可,成为德国科学不端治理系统的核心组成部分。[2] 德国另外一个著名的学术研究组织马普学会也制定了《质疑科研不端行为的诉讼程序》,并于2000年被修订命名为《良好学术实践规则》和《涉嫌科学不端行为案件程序规则》,提出了比

---

[1] 1997年1月,德国两位著名的癌症研究人员弗里德海姆·赫尔曼和玛丽昂·布拉赫被实验室的一位博士后举报,怀疑他们在德国马普分子医学中心工作期间有4篇论文造假。布拉赫承认迫于赫尔曼的压力伪造过数据,但赫尔曼坚决予以否认。调查小组调查发现他们造假的论文数量越来越多,2000年6月公布的调查结果表明,他们至少有94篇论文可能存在篡改或伪造数据的行为。赫尔曼和布拉赫最终辞去了在实验室的职位。

[2] 参见胡剑:《欧美科研不端行为治理体系研究》,中国科学技术大学2012年博士学位论文,第19~20页。

较具体化和简明的标准,对正常科学实践的准则、科学不端活动的程序、不端行为的界定、可能的惩罚对策等都作出了比较详尽的规范。

德国科研不端治理体系的新进展以德国科学委员会 2015 年出台的立场文件《科研诚信的建议》和德国研究联合会 2013 年、2016 年修订的《确保良好的科学实践备忘录》《应对科研不端的程序》最具代表性。《科研诚信的建议》包括两个方面的内容：一是对国内外良好科学实践纲要的概览以及核心建设实施情况的总结；二是说明了操作领域与建议,以及科研诚信文化持续的系统性加强。《确保良好的科学实践备忘录》是对此前《确保良好的科学实践》的补充修订,新修订的主要内容集中在导师的责任、举报人的保护、科研诚信调查人员、原始数据的保留与使用、科研不端的治理程序和成果署名问题 6 个方面。《应对科研不端的程序》2016 年修订的内容包括适用范围、科研不端行为的定义和质疑科研不端行为的程序。①

概言之,德国科研不端行为治理体系具有比较明显的特点,具体表现为：对科研活动的法律监管相对完善,建立协调员制度以完善科研不端行为披露的保障机制,对科研不端行为的调查处理采用机构规范和法律相结合的方式,推进青年研究人员教育指导以预防科研不端行为为主。② 由此可见,德国在科研诚信建设中,不仅积极寻求努力发挥好国家法律的惩戒和引导功能、科学共同体和高校的自律功能,而且还很注重对科研不端行为的预防。

2. 我国的实践及其不足

我国规制科研不端行为的制度体系是由法律、行政法规和部门规章等三个层次的政策制度构成,第一层次的是法律,如《科学技术进步法》；第二层次的是行政法规,如《国家自然科学基金条例》；第三层次的是国务院有关部委制定的部门规章,如科技部制定的《国家科技计划实施中科研不端行为处理办法(试行)》。法律和行政法规在整个制度体系中属于顶层权威设计和总体统筹安排,各部委的部门规章则是体现针对各自监管对象制定的具体执行制度,更加突出针对性、实践性、可操作性。

我国科研不端行为的具体治理制度主要是由国家科研资助机构颁布的,是对所资助科研活动的组织设计和具体管理,因此具有明确的适用范围和对象、具体的研究行为、系统的管理措施和相应的奖惩机制。随着国家对科技项目计划的投入增长,科研资助呈现出结构层级化、主体多元化、

---

① 参见王飞：《德国科研不端治理体系建设的最新进展及启示》,载《中国高校科技》2017 年第 5 期。

② 参见胡剑：《德国科研不端行为治理体系的特点及启示》,载《科技管理研究》2013 年第 18 期。

形式多样化、管理常态化等特征,其中国家层面的科研资助主体主要有两种类型:一种是借鉴国际成功经验,由国家特别设立一个独立的、专门的科研资助主体,如国家自然科学基金委员会;另一种是国家部委及其下设司局等科研资助主体,如科技部、教育部、国家卫健委、中国科学院、全国哲学社会科学工作办公室。当然,除中央财政性经费资助外,还有大量的地方财政性经费资助。由于科研资助的主体、资助的范围和对象、资助的重点、资助的关系存在较大的差异,科研资助机构的管理模式和理念各不相同,制定的科研不端行为查处制度也各种各样、各具特色。通过对国内外主要查处制度文本的分析和比较,可以看到科研不端行为制度的基本内核。

早在1961年7月19日,我国就颁布第一个涉及科研工作者行为规范的规章制度,即《中共中央关于自然科学工作中若干政策问题的批示》。此后,随着国内科学研究事业的蓬勃发展,对科研资源的竞争越来越激烈,科研不端行为事件也呈现愈演愈烈之势;相应地,国家层面也在不断完善科研不端行为治理制度体系,现已初步形成了以法律和行政法规为统领、部门规章制度为主体的制度体系,基本覆盖了国家层面科研不端行为的监管领域。但是,从内容来看,这些法律规范大多属于科学工作者的道德规范和学术规范,真正涉及对科研不端行为调查和处理实施的规定还不够多。从政策制度的出台不难看出,国内科研不端行为治理的重点是科学道德规范教育,而对科研不端行为事件的调查处理是"被忽略的环节"。从某种意义上说,教育预防对促进科研诚信的确具有更根本的意义,但是面对国内现实的科研环境,忽视对科研不端行为事件的查处,使科研不端行为当事人从弄虚作假中获得利益而得不到应有的惩处,只会进一步恶化学术生态环境,阻碍国家科技创新战略的实现。

1999年11月,科技部、教育部、中国科学院、中国工程院和中国科学技术协会等共同发布了《关于科技工作者行为准则的若干意见》,该意见主要包括科学精神、科学态度、职业道德、不良行为等内容,对规范科技工作者的行为具有积极的意义。《关于科技工作者行为准则的若干意见》明确提出了对于科技工作者出现不良行为的处理措施,依据事件调查结论并视情节轻重,可以实施三种处罚:一是提醒性处罚,如批评教育、责令整改;二是实质性处罚,如撤销项目,追回科研经费,行政处分,取消相应资格和职务、职称及荣誉称号等;三是法律性处罚,如果触犯了法律,要依法追究当事人的法律责任。总体而言,《关于科技工作者行为准则的若干意见》的内容属于对科技工作者的倡导性行为规范,体现了五部门的科学道德共识和科学共同体共同倡导的道德行为自律,也为五部门制定自身的科研不端行为治理制度奠定了基础。但是该意见缺乏对科研不端行为的界定以及调查处理的程序,面对科研不端行为事件的调查处理实践,显然无法应对。

2005年3月,国家自然科学基金委员会正式颁布了《国家自然科学基金委员会监督委员会对科学基金资助工作中不端行为的处理办法(试行)》。该处理办法由6个部分构成,除了总则和附则外,主体部分主要涉及调查处理工作规范,具体涵盖了处理种类、处理规则、处理细则、处理程序等4个方面。它是国内第一个针对科研不端行为专门制定的处理办法,内容相对来说比较完善,具有一定的可操作性。但是《国家自然科学基金委员会监督委员会对科学基金资助工作中不端行为的处理办法(试行)》也存在一些不足之处,比如没有设计一套具体细化的查处"操作规程",包括科研不端行为的举报受理、调查认定、行政处罚和申诉救济等阶段性程序不够明晰,对调查处理程序中的主体、对象、内容、方式和完成时限安排不够明确,职责分工和监督制约机制也不够完善,因而直接影响了对科研不端行为查处工作的效率和办案质量。目前,我们观察到的"科研不端行为多但被查处的少"现象,应该说就跟缺少这种具有可操作性的操作规程有关。

2006年11月7日,科技部发布了一个专门应对科研不端行为的规章——《国家科技计划实施中科研不端行为处理办法(试行)》。该处理办法也是由6个部分构成,除了总则和附则以外,主体部分主要涉及调查和处理机构、处罚措施、处理程序、申诉和复查等,自2007年1月1日起施行。《国家科技计划实施中科研不端行为处理办法(试行)》第一次明确提出在科技部设立科研诚信建设办公室,负责科研诚信建设的日常工作,同时,为保证《国家科技计划实施中科研不端行为处理办法(试行)》得以有效实施,科技部还建立了查处科技计划实施中科研不端行为的机构和机制(包括建立科研诚信建设部门联席会议制度、建立科技部集中受理和分工协作的内部工作机制、成立专家咨询委员会、建立与部门和地方共同实施的工作机制)。《国家科技计划实施中科研不端行为处理办法(试行)》中"处罚措施"部分明确了科研不端行为的处理类型,按照不同的实施主体,从项目承担单位、项目主持机关和科技部三个层面对科研不端行为人实施处罚;"处理程序"部分明确提出科研不端案件调查机构要成立专家组进行调查,并且为了防止利益冲突,执行回避机制;"申诉和复查"部分明确了被举报人和举报人对处理结果有异议的,拥有相同的程序权利,可以依照程序提出申诉。通过以上分析可以看出,程序设计体现了维护当事人的部分程序性权利,总体来看比较规范和完善。但是也存在一些问题,例如,对"处罚措施"进行了划分,在实践中可能会出现三个层面同时采取相同处罚措施的情况,但如何从程序上避免处罚重复的问题却没有明确,为实际操作带来了难题。

2007年2月,《中国科学院关于加强科研行为规范建设的意见》发布,该意见的核心是加强科研行为规范建设,明确防治科学不端行为是加强学术环境建设的重要内容。《中国科学院关于加强科研行为规范建设的意见》中的"防治科学不端行为"部分,第一次明确提出采取伦理教育和法律治理的手段,实现"防"与"治"相结合,共同应对科学不端行为,旗帜鲜明地表达了惩防并举、注重预防的治理理念。其中"加强领导健全组织"部分,明确提出建立科研道德委员会,并在院属机构设立科研道德组织,健全了组织机制,便于上下联动共同开展科学不端行为的治理工作。2016年3月,中国科学院发布了《中国科学院对科研不端行为的调查处理暂行办法》,该暂行办法由总则、投诉举报及受理、调查机构、调查程序、处理与处分、申诉及复查、其他规定和附则8个部分组成,《中国科学院对科研不端行为的调查处理暂行办法》可以看作对《关于加强科研行为规范建设的意见》的补充,一方面,对调查处理程序进行了完善,规定了调查和处理各个程序中的完成期限;另一方面,也对处理和处分措施进行了分类,规定了从轻从重的考量因素,这就增强了查处实践中的可操作性。

2009年3月,《教育部关于严肃处理高等学校学术不端行为的通知》颁布,该通知共9条,内容涵盖了概念界定、查处原则、工作机构、查处要求、教育宣传等方面,对指导高等学校开展学术不端行为治理具有积极的指导意义,虽然内容还比较笼统,但是就高等学校而言,毕竟也有了一个开展查处工作的重要依据。随着近年来高校治理学术不端行为的形势变化,教育部对原有内容进行了修订完善,并将其提升为部门规章,凸显其法律地位和法律效力,我们也期待能够其在治理高等学校学术不端行为的实践中发挥更大的作用。2016年6月,在对《教育部关于严肃处理高等学校学术不端行为的通知》进行修订的基础上,教育部发布了《高等学校预防与处理学术不端行为办法》。该办法是指导和规范高校实施学术不端行为管理的重要规章,由总则、教育与预防、受理与调查、认定、处理、复核、监督和附则8个部分组成,自2016年9月1日起施行。各高等学校要依据《高等学校预防与处理学术不端行为办法》,结合学校和学科的具体实际,制定更加详细的学术不端行为预防和查处办法,细化查处的阶段性程序。总体来说,《高等学校预防与处理学术不端行为办法》对指导当前和今后一段时间高等学校查处学术不端行为具有重要意义。

通过以上对国内几个主要查处制度文本的梳理和分析,我们可以看出三个主要特征。第一,科研不端行为的查处制度采用的是分散立法模式,科研资助的多元化模式造成了管理的部门化,制度设计出现条块分割,管理范围仅仅局限于单位自身业务对象,例如,教育部只管高等学校的学术不端行为,科技部、国家自然科学基金委员会只管各自资助的科研项目,中国科学技术协会只管所属的会员。第二,科研不端行为的界定、制度设计与适用对象匹配度不明晰,通约性不足,例如,科技部、国家自然科学基金委员会将科研活动中的违规行为称为科研不端行为,教育部将其称为学术不端行为,中国科学院将其称为科学不端行为。第三,科研不端行为治理制度设计与国家科研管理部门的职能定位密切相关,如科技部、教育部是国家的行政机关,国家自然科学基金委员会和中国科学院是国务院直属事业单位,中国科学技术协会是科技工作者的群众组织,它们各自制度规定的内容也有明显差异。

通过对国内科研资助机构有关科研不端行为制度文本的分析来看,国内科研管理机构的查处制度有诸多不完善的方面,明显的缺陷表现在对科研不端行为的界定上,大多停留在经验体会层面,缺乏逻辑梳理和系统的剖析,也未能从科研管理的政策操作层面去考察。各科研资助机构从自身管理工作经验出发,导致界定的内容和方式不统一,有的采取列举的方式,有的采取列举加概括式定义的方式。总体来说,普遍存在范畴不一、内涵不清、范围不明以及理解差异等问题,给系统调查处理程序的制度设计带来了难题,可操作性不强也给科研不端行为的治理实践带来了困境和挑战,并造成大量的内耗和资源浪费。由此可见,提高科研不端行为治理能力和治理水平的现代化,应当从建立全国统一的科研不端行为定义开始。

3. 查处主体

作为科研诚信立法建设的重要部分,各部门在颁布政策规范的同时,也逐步加强了关于科研诚信的组织建设。早在1998年,国家自然科学基金委员会就成立了监督委员会,监督委员会在自然科学基金委党组直接领导下独立开展监督工作。其工作宗旨是,维护国家科学基金资助工作的公正性、科学性和科技工作者的权益,弘扬科学道德,反对科学不端行为,营造有利于科技创新的环境,促进国家自然科学基金事业的健康发展。其主要职责是,制定和完善科学基金监督规章制度;受理与科学基金项目有关的投诉和举报,并做出处理,必要时会同或委托有关部门调查核实;对科学基金项目申请、评审、管理以及实施等进行监督;对科学基金管理规章制度的建设提出意见和建议;开展科学道德宣传、教育及有关活动。进入2000年之后,其他部门也开始建立自己的组织机构,科技部成立了科研诚信办公室;中国科学技术协会成立了科技工作者道德与权益专门委员会;中国科学院设立了科研道德委员会;教育部则先后成立了社会科学委员会学风建设委员会、科学技术委员会。2007年,为增进各部委之间关于科研诚信建设的协调和交流,从而在制度建设、宣传教育和监督等方面形成合力,营造良好的科研诚信整体氛围,科技部联合教育部、中国科学院、中国工程院、国家自然科学基金委员会、中国科学技术协会等部门建立了科研诚信建设联席会议制度。2009年,教育部又成立了由教育部副部长和各司负责人为主要成员的学风建设协调小组,下设社科类学风建设办公室和科技类学风建设办公室。

按照目前我国科研诚信的体制建设,政府的相关部门和基层科研机构为应对科研不端行为都建立了独立的法规政策执行组织,但缺乏统一领导。为了促进政策法规实施的协调性,2007年科技部牵头建立科研诚信建设联席会议制度,但其组织形式较为松散,并不能胜任科研诚信管理和科研不端惩戒的整体推进任务,可以在未来以此为基础成立一个统一的规制机构,统筹协调推进全国层面的科研诚信建设工作。[1] 在《科研越轨行为的危害与社会控制》一文中,张九庆曾提出:"中国也可以考虑成立类似的机构如'全国科研道德建设与监督办公室',由全国人大科教文卫委员会或者科技部管理。这个办公室的任务是:根据国家发展科学技术的方针,强化全国科技工作者的道德建设,有效地控制科研越轨行为,促进科研活动的内外环境建设;它的职责包括:1.制定科技工作者道德建设纲要,监督行为准则的实施;2.统一协调全国对涉及国家赞助项目的科研越轨行为的控制行动;3.接受委托,对涉及科研道德和伦理的重大科学研究提供咨询;4.定期公告全国对涉嫌科研越轨的调查和统计结果。"[2]

高等院校也要广泛开展科研诚信建设活动,切实提高广大师生的学术自律意识。要把科研诚信作为教师培训尤其是新教师岗前培训的必修内容,并纳入本专科学生特别是研究生教育教学之中,把学风表现作为教师考评的重要内容,把学风建设绩效作为高校各级领导干部考核的重要方面,形成科研诚信和学术道德规范教育的长效机制。

笔者认为,在科技部建立统筹全国层面科研诚信工作建设的规制机构

---

[1] 参见董兴佩、于凤银:《我国科研不端行为惩戒制度缺失论析》,载《山东科技大学学报》2011年第1期。
[2] 张九庆:《科研越轨行为的危害与社会控制》,载《调研报告》2002年第26期。

是比较理想的设计。从我国当前的制度设计来看,科研不端行为的调查处理主体相当杂乱。仅就科技部主管的科技计划来看,就涉及科技部、行业科技主管部门和省级科技行政部门及项目承担单位等,更遑论其他体系了。① 只有建立了科研诚信的管理机构,才有处理科研不端行为的规范化主体,才能合法合理地对科研不端行为进行控制,可以对具体科研不端行为的举报进行规范化受理,依法对事实展开调查、对当事人进行责任追究,保护举报人和被举报人的合法权益等。建立一个能够主管所有科研不端行为的部门,有利于确保统一性,也便于责任追究,还可以整体推进我国科研不端行为的系统化治理。科技部是国务院组成部门,主要工作就是研究提出科技发展宏观战略和科技促进经济社会发展的方针、政策、法规,推动国家科技创新体系建设,提高国家科技创新能力以及指导部门、地方科技体制改革。由科技部的科研诚信机构制定政策法规和监督政策法规的实施,符合科技部的工作职责,而且,其制定的政策法规也可以作为其下级具体科研机构制定有关科研不端行为规范的依据。

鉴于我国当前情境下科研组织与科研学术活动既结合又分离的独特性质,科研组织的制度规范将对科研从业者个体行为产生巨大的影响。科研组织可依据科学共同体的学术规范,结合自身情况,订立更为具体和细化的科研行为制度准则,并将该类制度准则广泛体现在各个学科领域,渗透到科学研究与管理活动的各个环节。② 政府政策对科研不端行为的治理有可能会损害科研活动的产出而且影响科学共同体自治的效率。政府活动往往缺乏内在动力与外在压力,容易陷入高成本、低效率的尴尬,但这又是国家治理必不可少的权力运作模式。而具体的科研组织在应对科研不端行为方面就具有明显的比较优势:其一,被监管的主体数量有限,仅为单位内部的科研从业者,可以更低的成本和更高的效率实现对科研不端行为的防范和监控;其二,治理对象更为丰富,不仅包括了政府外部控制视域下核心层面的不端行为,同时也包含了广泛的扩展层面的不端行为类型;其三,规制手段更为直接,在科研不端行为的调查和处理方面可发挥直接的效力。③ 鉴于此,笔者认为,在科技部建立统筹全国层面科研诚信工作

---

① 参见徐文星:《我国科研不端行为调查处理机制之完善》,载《山东科技大学学报(社会科学版)》2011年第1期。
② 参见方玉东、陈越:《科研不端行为:概念、类型与治理》(下),载《中国高校科技》2011年第9期。
③ 参见方玉东、陈越:《科研不端行为:概念、类型与治理》(下),载《中国高校科技》2011年第9期。

建设的规制机构,负责制定政策法规和监督政策法规的实施;同时地方各级政府及其部门、科学共同体和具体科研机构内建立规制科研不端行为的工作部门,可以形成中央与地方互补互助的合作共治模式,能够加强对科研诚信建设的系统化治理。

4. 查处程序

程序不仅能够保障实体正义的实现,而且还因其是"看得见的正义"而独具价值。查处科研不端行为,必须依照法定的程序实施,它具体包括步骤、顺序、形式和时限等要素。从我国当前的科研不端行为调查机制来看,各相关机构已经建立了各自独立的惩戒程序,主要包括受理立案、初步调查、正式调查、调查措施、听证程序、决定程序、申诉与复查程序等;但是其对于调查的标准、程序、期限、参与和救济的规定并不一致甚至相互冲突。之所以会出现这种情形,其主要原因就在于缺乏统一的、正当的科研不端行为惩戒程序。

科研不端行为调查程序的启动,一般应有两种方式:一是科研不端行为规制机构依职权开始,也就是说,如果发现某科研不端行为危及国家利益、公共利益和他人利益时,科研不端行为规制机构有权也有义务依职权立案调查;二是依据相对人的申请开始,比如依有关当事人或者其他知情人的举报立案调查。调查取证程序是查明和认定事实的关键,也是查处科研不端行为必不可少的一个环节。调查措施包括检查、询问证人和鉴定人、专业机构出具意见书、要求当事人提供材料、听取当事人意见、现场勘验、科学实验、鉴定等。为保障调查处理的正常进行,还需要规定证据、科研资金的保全措施,以保障科研资金的安全和防止证据的灭失与损毁。听取当事人意见是正当法律程序的要求,在诸多国家科研不端惩戒制度中,作出不利于当事人的决定时都必须听取当事人的意见,这也已经作为一项基本的制度予以规定,其集中表现就是听证程序。[①] 听证的实质含义就是听取利害关系人的意见,从而保证调查程序公正进行。当然,听证程序并不是必经程序,其必须由有惩戒权的规制机构负责组织,当事人不得自行组织听证。一般来说,当事人可以提出听证要求,如果当事人没有提出听证的要求,规制机构认为实行听证有利于查清事实和对案件予以确定性,即有听证必要的,也可主动组织听证。

调查取证程序终结后,规制机构应依据法定的程序和形式并结合实际

---

① 参见董兴佩、于凤银:《我国科研不端行为惩戒制度缺失论析》,载《山东科技大学学报(社会科学版)》2011年第1期。

调查情况作出决定,而且还应将决定告知或送达当事人;同时,还应明确告知其不服处理决定的救济途径及期限等。对于科研不端行为调查处理情况的公开,现有规定过于原则化。案件调查和处理情况的公布体现了公共利益——可以满足公众的知情权,也可以以此警戒潜在的科研不端行为者,具有一般预防的功能。但同时也可能泄露国家秘密或商业秘密、侵犯科研不端行为人的隐私权,所以科研不端行为调查处理情况的公开以及通报批评这样的处罚方式的采用应该衡量公开的利弊得失。对轻微的科研不端行为、可能泄露国家秘密的案件不宜公布,按照《政府信息公开条例》以及隐私权、商业秘密保护的法律规定,对涉及个人隐私、商业秘密的案件公布的范围和方式上都要有所节制。① 当然,为提高科研不端行为的查处效率,在某些比较简单且争议不大的案件中,也可考虑设定和适用简化程序,加快案件处理速度。

5. 查处机制

"软法"与"硬法"的区别主要在于是否具有法律上的强制约束力,但不可否认的是,它们都属于行为规范。如果认为"软法"也有效力而应当得到遵守或适用,这种"应当"指向的也只是一种通过说服的约束力。"软法"在事实上的效果是实际上被遵守或实施,并不指向其有任何强制成分,在这个意义上,"软法"的规范对象有选择是否遵守或实施"软法"的自由。为达致这种效果,"软法"更多的是诉诸商谈、沟通和说服来获得所指对象的认同和自我约束,倾向于人们的充分知情、充分认同、充分自我约束、充分合作遵从。② 在单纯依赖道德之治或者法律之治都难以取得理想效果的情况下,为有效预防和惩治科研不端行为以推进科研诚信建设,应该采取"硬法"与"软法"混合规范下的协同治理机制。因为在国家管理和社会治理过程中,单一的"硬法"不再是法治化的唯一手段,还需要"软法"发挥"硬法"不能但法治化不可或缺的独特规制功能,从而形成合力来共同实现科研诚信建设目标。法律手段是刚性措施,威慑力强,在科研活动过程中能直接发挥惩戒作用,但是实际的执行还存在举证难度大、处理进程慢以及当事人内心认同不足等诸多问题。比如西安某大学李某某伪造剽窃事件的曝光,也说明仅仅依靠法律并不足以防止科研不端行为的发生,而从科学共同体内部对科研不端行为进行规范的评判、调查和处理,就成为科研诚信体系建设的合理要求。如果各科研机构能

---

① 参见董兴佩、于凤银:《我国科研不端行为惩戒制度缺失论析》,载《山东科技大学学报(社会科学版)》2011年第1期。

② 参见沈岿:《软法助推:意义、局限与规范》,载《比较法研究》2024年第1期。

够根据法律并结合自身实际情况,教育、培训和养成本机构科研人员的科研诚信素养,制定出相应的学术规范及其实施办法,并营造好本科研机构系统内的科研诚信生态环境,将会与"硬法"的强制约束发挥出相辅相成的积极作用。

第九章 立法完善:从行政法规到法律

一、统一立法的必要性

1. 我国现行立法体制
(1) 我国现行立法体制的基本框架

在法治国家,立法活动是非常严肃和慎重的,由于政治制度、历史传统和具体国情的不同,各国立法体制并不一致,这种差异甚至还受到国家幅员辽阔与否和人口数量众寡的影响。但在各国的立法体制中,一般都包括立法权限的体系和制度、立法权的运行体系和制度以及立法权的载体体系和制度,具体涉及立法权性质与归属、立法权的种类与构成、立法权的范围与限制、立法权的行使原则与立法程序、立法权主体建构与活动方式、法律规范的法定形式与法律效力等。简单来说,不同的立法机关拥有不同的立法权限,其创制的法律规范也就具有不同的规范形式和法律效力。

我国现行立法体制的基本框架大致如下:我国是统一的、单一制的国家,各地方经济、社会发展又很不平衡。与这一国情相适应,在最高国家权力机关集中行使立法权的前提下,为了使法律既能通行全国,又能适应各地方千差万别的不同情况的需要,《立法法》遵循《宪法》确定的"在中央的统一领导下,充分发挥地方的主动性、积极性的原则",确立了我国统一而又分层次的立法体制。

具体而言,全国人民代表大会及其常务委员会依据《宪法》规定行使国家立法权;国务院根据《宪法》和法律,制定行政法规;省、自治区、直辖市、设区的市和自治州的人民代表大会及其常务委员会根据本行政区域的具体情况和实际需要,依法制定地方性法规;民族自治地方的人民代表大会有权依照当地民族的政治、经济和文化的特点,依法制定自治条例和单行条例;国务院各部、委员会、中国人民银行、审计署和具有行政管理职能的直属机构以及法律规定的机构,以及省、自治区、直辖市和设区的市、自治州的人民政府,可以依法制定规章。

(2) 立法权限

《立法法》对各立法主体的权限作了比较明确的划分,具体内容如下:

第一,国家立法权限。全国人民代表大会及其常务委员会根据《宪法》规定行使国家立法权。具体为：全国人民代表大会有权修改《宪法》，有权制定和修改刑事、民事、国家机构和其他的基本法律；全国人民代表大会常务委员会可以制定和修改除应当由全国人民代表大会制定的法律以外的其他法律；在全国人民代表大会闭会期间，对全国人民代表大会制定的法律进行部分补充或修改，但是不得同该法律的基本原则相抵触。全国人民代表大会可以授权全国人民代表大会常务委员会制定相关法律。《立法法》除了划分全国人民代表大会及其常务委员会的权限外，还明确规定了属于法律设定的事项范围。

其一，只能由法律设定的事项：一是国家主权的事项；二是各级人民代表大会、人民政府、监察委员会、人民法院和人民检察院的产生、组织和职权；三是民族区域自治制度、特别行政区制度、基层群众自治制度；四是犯罪和刑罚；五是对公民政治权利的剥夺、限制人身自由的强制措施和处罚；六是税种的设立、税率的确定和税收征收管理等税收基本制度；七是对非国有财产的征收；八是民事基本制度；九是基本经济制度以及财政、海关、金融和外贸的基本制度；十是诉讼制度和仲裁基本制度；十一是必须由全国人民代表大会及其常务委员会制定法律的其他事项。

其二，可以授权与不得授权的事项。对于本应由法律规定的事项而尚未制定法律的，全国人民代表大会及其常务委员会有权作出决定，授权国务院可以根据实际需要，对其中的部分事项先制定行政法规，但是有关犯罪和刑罚、对公民政治权利的剥夺和限制人身自由的强制措施和处罚、司法制度等事项不得授权，这几类事项属于法律绝对保留的事项。

第二，国务院的立法权限。除最高国家权力机关享有完整的国家立法权外，我国还有其他国家机构也拥有一定的立法权。国务院依法行使行政法规的制定权。国务院根据《宪法》和法律制定行政法规；对于依法只能制定法律的事项但尚未制定法律的，全国人民代表大会及其常务委员会有权作出决定，授权国务院可以根据实际需要，对其中的部分事项先制定行政法规，但是有关犯罪和刑罚、对公民政治权利的剥夺和限制人身自由的强制措施和处罚、司法制度等事项除外。另外，国务院还有权向全国人民代表大会及其常务委员会提出法律议案。

第三，地方性法规的制定权限。省、自治区、直辖市的人民代表大会及其常务委员会行使地方性法规的制定权。省、自治区、直辖市的人民代表大会及其常务委员会在不与《宪法》、法律、行政法规相抵触的前提下，可以制定地方性法规。设区的市的人民代表大会及其常务委员会根据本市的具体情况和实际需要，在不与《宪法》、法律、行政法规和本省、自治区的地方性法规相抵触的前提下，可以对城乡建设与管理、生态文明建设、历史文化保护、基层治理等方面的事项制定地方性法规。民族自治地方的人民代表大会有权依照当地民族的政治、经济和文化的特点，制定自治条例和单行条例。自治区的自治条例和单行条例，报全国人民代表大会常务委员会批准后生效；自治州、自治县的自治条例和单行条例，报省、自治区、直辖市的人民代表大会常务委员会批准后生效。由全国人大授权的经济特区市的人民代表大会及其常务委员会、经济特区市的人民政府有权分别制定地方性法规和规章。根据全国人民代表大会数次有关特别授权的决定，深圳市、厦门市、汕头市和珠海市的人民代表大会及其常务委员会、人民政府有权分别制定地方性法规和规章并在各自的经济特区内实施，但须报全国人民代表大会及其常务委员会备案。2023年修正的《立法法》对此进行了概括性规定，并新增了对上海市和海南省的立法授权。《立法法》第84条规定：经济特区所在地的省、市的人民代表大会及其常务委员会根据全国人民代表大会的授权决定，制定法规，在经济特区范围内实施。上海市人民代表大会及其常务委员会根据全国人民代表大会常务委员会的授权决定，制定浦东新区法规，在浦东新区实施。海南省人民代表大会及其常务委员会根据法律规定，制定海南自由贸易港法规，在海南自由贸易港范围内实施。

第四，规章的制定权限。国务院各部、委员会、中国人民银行、审计署和具有行政管理职能的直属机构以及法律规定的机构，可以根据法律和国务院的行政法规、决定、命令，在本部门的权限范围内，制定规章。部门规章规定的事项应当属于执行法律或者国务院的行政法规、决定、命令的事项。没有法律或者国务院的行政法规、决定、命令的依据，部门规章不得设定减损公民、法人和其他组织权利或者增加其义务的规范，不得增加本部门的权力或者减少本部门的法定职责。省、自治区、直辖市和设区的市、自治州的人民政府，可以根据法律、行政法规和本省、自治区、直辖市的地方性法规制定规章。

2. 现行制度的规制作用有限

虽然近年来科研诚信的制度化建设富有一定的成效，但在实践中，其弊端也逐渐显露出来，科研活动中频频发生的科研不端行为迹象表明，现行制度的规制作用仍然有限。

（1）规章制度缺乏统一性

当前，我国有关规制科研不端行为的制度规范业已存在不少，但是这些规章制度尚未形成规范体系，缺乏统一性，因此无法在规制科研不端行为的过程中形成合力。第一,国务院尚未出台统一的规定。政府职能部门中只有科技部和教育部等少数部门出台了处理办法,如科技部发布了《国家科技计划实施中科研不端行为处理办法(试行)》,教育部发布了《关于严肃处理高等学校学术不端行为的通知》。众所周知,科技部与教育部一般都会组织相当数量的科研活动,其出台科研不端行为的处理办法是理所当然的。但其他职能部门如国家发展和改革委员会、工业和信息化部,也会组织实施许多科研活动,且其对科研活动投入的经费巨大,但至今未见其出台专门的规范以规制科研不端行为,这是令人遗憾的。鉴于国务院还没有出台统一的规定,也就无法从总体上为规制科研不端行为提供指导意见。第二,科研共同体尚未开展联合整治。虽然2022年科技部、中央宣传部等22个部门联合出台了《科研失信行为调查处理规则》,但科研失信行为与科研不端行为并不能等同,而我国科研共同体例如中国科学院、中国工程院、国家自然科学基金委员会、中国科学技术协会、中国社会科学院、全国哲学社会科学工作办公室等,尚未就何为科研不端行为以及如何规制科研不端行为达成共识,作为科研活动主要参与者的科研共同体,还没有在规制科研不端行为方面采取联合行动。第三,现有的各类规范在规制对象的认识上存在不一致。举例而言,在各类规范对规制对象的称谓上,有的称为科研不端行为,有的称为学术不端行为,有的称为科学道德规范,有的称为科研行为规范,有的称为科研失信行为等,凡此种种,不一而足。各类规范对规制对象的称谓不同,反映了其对科研不端行为的性质、内涵、表现形式和责任设定等认识的不同。目前分歧如此重大,对规制科研不端行为是不利的。第四,有关科研不端行为的责任设定并不统一。目前关于科研不端行为应承担何种责任,现行规范的规定以及学术界均有探讨。有学者认为,规制科研不端行为要着重加强科研诚信教育、塑造科学精神、建立健全科研诚信制度、建立严格的科研管理和监督制度等。[1] 至于法律的规定,以《科学技术进步法》为例,民事责任、行政责任以及刑事责任在该法中均有规定。由此可见,科研不端行为的法律责任以民事责任、行政责任以及刑事责任为主。科研不端行为该承担的责任无法统一,这对规制科研不端行为来说亦是不利的。

(2)惩治力度不足

就当前对科研不端行为的规制而言,其惩治力度不足是科研不端行为

---

[1] 参见汪俊、吴勇:《制度框架下科研不端行为治理对策研究》,载《中国科学基金》2009年第5期。

屡禁不止的重要原因之一。具体而言,第一,道德责任无法对科研不端行为构成实质性的威慑,因此,科研不端行为需承担的责任应以法律责任为主,但现行规范在追究科研不端行为人法律责任的规定上还需要进一步完善。科研不端行为的法律责任主要是民事责任、行政责任以及刑事责任,如何将这三类责任综合予以利用并发挥应有的惩戒效果,这是当前迫切需要解决的问题。因为实践中,这三类法律责任在追究上顾此失彼,在具体运用上以行政责任居多,而民事责任以及刑事责任较少运用。当前这种忽略了追究民事责任乃至刑事责任的做法,让科研不端行为的责任承担留下了遗憾。第二,即便追究了科研不端行为人的具体法律责任,惩治力度也不大,大事化小、小事化了的现象屡见不鲜,导致科研不端行为的违规违法成本低而频发。当前法律规定中关于科研不端行为的民事责任一般有停止侵害、消除影响、赔礼道歉、赔偿损失等,行政责任以警告、通报批评、罚款等形式为主,刑事责任虽严厉但其适用较为罕见,因此,科研不端行为人承担的法律责任从整体来看力度不大,违规违法成本较低,导致部分科研人员在实施科研不端行为时无所顾忌。第三,当前对科研不端行为主体的认识尚不够明确,就具体责任追究而言,科研不端行为的责任往往只限于作为个体的行为人本身。但在实践中,某些单位也可能存在科研不端行为,如科研人员所在的单位以及科研活动的组织者。这些单位的科研不端行为无法被追究,使科研不端行为的规制出现了漏洞,让部分行为人有机可乘。第四,在科研不端行为的责任承担中,虽然不少规范中都设定了资格罚,但在具体追责过程中,除了国家自然科学基金委员会制度化地公开资格罚之外,其他机构尚不重视对资格罚的追究,这也是导致科研不端行为重复发生的原因之一。当前的科研不端行为责任中,资格罚的缺少是显而易见的。虽然有规章及规范性文件规定若行为人实施科研不端行为,将在一段时间内(通常为3~5年)取消其申报特定项目或从事特定科研活动的资格,但根据这一规定,一旦期限届满,行为人又将自动获得从事科研活动的资格,这对于一般或较为严重的科研不端行为而言是合适的,但对于主观恶性深、后果严重和社会影响恶劣的科研不端行为来说,这样的短期限资格罚的惩戒力度还是不够的,还应当考虑更为长期甚至终身禁入的责任设定。因此,对于资格罚,不仅需要规定,更需要完善,如此才能有效规制科研不端行为。

(3)惩治机制不健全

除了惩治力度的不足,当前关于科研不端行为的惩治机制也不健全。具体而言:第一,惩治对象不够明确。正如前文提及的那样,科研不端行为的责任主体除行为人本身外,是否还应将单位纳入科研不端行为的惩治对象?这是需要认真考虑的问题。若将单位也作为科研不端行为的惩治对象,那"单位"应具体包括哪些?笔者认为,这些"单位"应包括行为人所在单位、行为人所在单位主管部门、科研共同体、科研活动组织者等。第二,主动查处的少。当下对科研不端行为采取主动检查和追究的做法依然极少,这是由于科研活动的特点即科研活动应享有独立自主权、不应受到过多干扰造成的,这也具有合理性。但问题在于,部分科研主管机构存在"不告不理""多一事不如少一事"的心态,可能是基于对行为人的祖护,也可能是考虑到本单位的形象,再加上有些上级主管部门对科研不端行为在考核中实行"一票否决权",诸多原因最终导致了实践中主管机构普遍不愿意主动追究科研不端行为。但显而易见的是,这样的查处机制是不利于科研诚信建设的。第三,对举报的科研不端行为仅限于就事论事,很少主动追查。部分科研主管机构在主动追究科研不端行为上无所作为,在接到被举报的科研不端行为时,仍然敷衍了事,仅对被举报的科研不端行为作出"缩水式"的处理,对可以深挖或者可能连带产生的其他科研不端行为不予理会,或者找借口推诿。第四,查处过程不够公开透明,查处程序欠缺规范性。在实践中,对科研不端行为的查处往往采用的是内部程序,其公开性、透明性令人质疑,再加上某些科研不端行为的查处程序欠缺规范性甚至无规范可循,为"人情"的渗入提供了可乘之机,其查处的效果也就可想而知了。第五,科研不端行为的处理结果不够公开透明。目前对科研不端行为的惩处一般局限于单位内部,其结果的公开通常会局限在本单位等很小的范围内,甚至仅仅是内部通报,公众一般很难知晓,失去了社会监督的作用。第六,不服科研不端行为处理结果的救济机制不健全。科学研究活动是一种专业性非常强的活动,在对科研不端行为的查处过程中,难免会出现一些事实认定以及惩戒措施上的错误,包括"轻与重"甚至"是与非"的问题,对于实践中可能出现的这些权益受损现象,应当保障行为人的救济权利。因此,行为人的权利如何得到救济就成为应当关注的问题,如申诉的渠道与处理程序、复议或复核的机制以及诉讼的程序等。

3. 需要统一立法进行规制

当前有关科研诚信的制度体系已经越来越不适应规制科研不端行为的客观需要,特别是体现在对科研不端行为内涵的统一认识和全国"一盘棋"的系统化治理上,因此,统一立法已经顺理成章地成为规制科研不端行为的最佳选择。

(1)科研不端行为的界定需要统一的法律规范

虽然当前已经有不少制度规范对科研不端行为的概念以及具体的行为形态作出了界定,如《国家科技计划实施中科研不端行为处理办法(试行)》《中国科学院关于加强科研行为规范建设的意见》《教育部关于严肃处理高等学校学术不端行为的通知》,但这些规范关于科研不端行为的概念、具体的行为形态以及认定标准却各有不同。围绕科研不端行为的治理,同类对象却出现了各自为政和内涵各异的现象,这就容易给规制科研不端行为的实践造成混乱,因此,我们首先需要尽快出台统一的法律规范,完成对科研不端行为进行权威和统一界定的任务,为规制科研不端行为的实践提供治理依据。

(2)复杂法律关系的调整需要权威性的法律规范

科研不端行为涉及的法律关系较为复杂,各个科研不端行为的主体例如政府、科研共同体、科研机构、科研人员、科研活动辅助人员、成果发表及转化机构、媒体和其他主体之间可能形成的法律关系错综复杂,如民事法律关系、行政法律关系、刑事法律关系,甚至三种关系兼而有之。在这种情况下,如何准确且合理适用相关法律规范来调整这些复杂的法律关系,就成为实践中非常棘手的问题。鉴于此,出台一部有关规制科研不端行为的权威性的法律规范,就成为合理调整这些复杂法律关系的题中应有之义了。

(3)法律责任的完善需要高位阶的法律规范

根据《立法法》的规定,不同的法律责任尤其是性质严重的责任只能由法定位阶的法律规范来加以设定,其他位阶的法律规范不能僭越,例如人身自由罚只能由"法律"这一位阶的法律规范设定,其他位阶的法律规范若设定人身自由罚就属于违法,自然归于无效。从实践情况来看,目前科研不端行为的法律责任形式日趋多样,除了已经在刑事、行政和民事法律规范中予以设定的外,法律位阶之下的其他行政法律规范如行政法规、地方性法规和行政规章也设定了越来越多的法律责任形式,从立法活动及时回应科研实践需要的立法技术方面来看,这是可行的且也是合理的。但是,通过前文揭示的科研活动中存在的诸多不端行为且又尚未被关注的情况看,对有些行为可能需要设定更为严厉的法律责任。如使用暴力手段破坏科研活动、利用职务之便干扰科研人员工作或阻挠科研活动进程,若行为性质恶劣或情节严重,就有可能需要运用严厉的惩戒形式如行政处罚中的"拘留"和监察活动中的"留置",对其予以规制,根据《立法法》的相关规定,只能由"法律"这一位阶的法律规范设定。由此,对极少数极端的科研不端行为加强威慑并提高其违法成本,就需要运用严格的法律责任形式,而严格的法律责任形式只能由高位阶的法律规范设定,所以,科研不端行为法律责任的完善需要高位阶的法律规范,这也就顺理成章了。

(4)责任追究和救济需要更为科学合理的法律规范

科研不端行为处理结果的救济机制目前尚不够健全,行为人正常的权益可能会受到侵犯,其不端行为的认定及处理也就可能有失公正,从立法的价值追求和执法的法律效果来看,这就需要完善的救济机制给予保障。另外,科研活动有其特殊性,科研不端行为虽然因其具有社会危害性而被纳入法律调整的范围,但其社会危害性又明显有别于其他破坏社会秩序的违法行为。如虚假引注、伪造数据、捏造实验方法等,其社会危害性的实际产生可能是在该不端行为形成的"科研成果"被他人关注到或引用之时,甚至也有可能从不被他人关注而并未产生实际的社会危害性,这与科研不端行为中的抄袭和剽窃等不同,也与盗窃、伤害、贪污、贿赂等普通违法行为不同。因此,对科研不端行为的责任追究和权利救济,就需要考虑到科研活动本身具有的特点,但现行的责任设定和权利救济机制似乎并未关注到这个问题。只有出台强制性的法律规范,才能为科研不端行为的责任追究和权利救济提供科学、合理和权威的依据。

(5)科研不端行为的预防需要有威慑力的法律规范

对科研不端行为的规制,惩戒是重点,但更关键的是预防,最终目标是推进科研诚信建设。惩戒科研不端行为本身并不是科研诚信统一立法的全部目的,预防科研不端行为才是规制科研不端行为的根本目的,正所谓"预防为主,惩戒为辅"。在法治化过程中的立法、执法、司法和守法诸环节,法律的预防功能均发挥不同的作用;如在刑法预防理论研究中,虽然学界对一般预防和特殊预防主从地位的争论不断,但都不否认这两种预防都有积极作用。具体到科研诚信建设领域,我们可以看到的是,一方面,现有的法律规范在惩戒科研不端行为的力度上"偏软",导致一般预防的功能性作用发挥不足;另一方面,对科研不端行为的整体惩戒数量少和个体追责力度小,也在客观上削弱了特殊预防的功能性作用发挥。不少科研不端行为人正是因为现有法律规范的惩治力度、机制不完善,才肆无忌惮地实施科研不端行为,并对需要承担的法律责任心怀侥幸;这不得不说是法律的威慑力不足所造成的。鉴于此,要达到预防科研不端行为的目的,必须有威慑力强的法律规范,使其成为悬挂在科研不端行为人头上的"达摩克利斯之剑"。

(6)统一立法需要遵循立法规律

诚然,科研诚信统一立法不能一蹴而就,必须遵循立法规律。当前,我国的法律体系以《宪法》为核心,效力自上而下有法律、行政法规、地方性法规、自治条例和单行条例、行政规章等,其制定程序和效力等级也有差异。笔者认为,应先行由国务院制定一部涵盖科研不端行为的内涵界定与行为类型、科研不端行为的主体与法律责任以及基本处理程序与救济机制等内容的行政法规,让制度化规制科研不端行为具有统一的、权威的法律规范;待条件成熟时再正式由全国人民代表大会常务委员会进行立法,将其上升为国家层面的法律。同时,再由各个职能部门在国务院行政法规的统一引领下出台相关实施细则,结合各自行业领域内的科研活动特点进行进一步的细化,如此,完善的法律体系方可建成。

二、统一立法的原则

鉴于目前我国科研不端行为内涵界定不一、危害性日趋严重以及惩处力度的无力,国家必须尽快通过统一立法来规制科研不端行为。除了让科研不端行为人承担相应的道德责任以及学术责任外,还要让他们承担与其不端行为相符的民事责任、行政责任,严重者则应承担刑事责任。只有提高科研不端行为的违法成本和风险,才能让科研不端行为者在实施不端行为时有所畏惧,而这些必须要依靠法律来解决。当然,在加强科研诚信立法时,必须考虑到构建与我国国情相符的科研不端行为惩治与防范机制,如此一来,科研诚信立法就需要遵循一定的原则。

第一,公开性原则。公开性原则是立法的基本原则之一,这不仅要求科研诚信的法律规范在制定之后应当公示于众,被广泛宣传,使科研工作者与普通公众知晓,而且还需要注重在科研诚信法律规范出台前广泛征询科研人员、管理者与社会公众的意见,让科研工作者与普通公众积极参与。因为,科研诚信法律规范制定前的听证与论证既可以提高法律的科学性与适应性,又对颁布之后的顺利实施具有重要的助推作用。

第二,专业性原则。鉴于科研不端行为发生领域的广泛性与专业性,不同领域的部门应当分工明确,各司其职。对科研不端行为的揭露、质询、调查等工作应交给熟悉内情、具有专业知识的相关研究机构承担,而相关政府机构则应当在其职责范围内制定详细的实施细则与惩治措施,同时负责监督法律政策的执行,并决定最终采取相应的惩罚措施。[①] 因此,这就

---

① 参见王兆萍:《论学术不端行为的法律应对》,载《理论导刊》2013 年第 5 期。

需要在对科研不端行为的内涵界定、查处评价与救济等方面体现出专业性。

第三,可操作性原则。"法律的生命在于实施",而法律只有具备较强的可操作性才能付诸实施。以往制定的有关科研诚信的法律政策因其可操作性不强而被人诟病,在实施过程中的执行力往往受到轻视,导致大量科研不端行为得不到应有的惩处,法律的权威也因此受到广泛的质疑,当下愈演愈烈的科研不端行为事件就是明证。所以在科研诚信立法的过程中,应当对有关的实施细则加以细化,使之具有可操作性,这样有关机构和人员在执法以及司法时便有章可循,法律也易于实施。

第四,适应性原则。鉴于科研活动的情况在不断地变化发展,科研诚信的内涵也在不断丰富,特别是在生成式人工智能逐渐被运用到科研活动中,科研不端行为的形式亦层出不穷,因此,科研诚信立法对当前形势发展的适应性应当引起我们足够的重视。无论是立法机构出台的法律规范,还是政府部门出台的实施细则,都应该针对科研形势的发展不断地加以改进与完善,以适应新的科研活动形势的需求。

第五,惩戒的严厉性原则。在构建科研不端行为惩戒机制的过程中,需要注意的是,惩戒机制应当具有相当的威慑力,该威慑力的来源即是其严格的责任,包括民事责任、行政责任以及刑事责任。一旦科研不端行为被发现,无论行为者的社会地位、职务高低与否,在法律面前均应被一视同仁,相关惩戒机构应按照"法律面前人人平等"的原则进行严厉的惩戒,使科研工作者以及相关科研单位基于对付出重大违法成本的畏惧而自觉远离科研不端行为,唯有如此,法律的严肃性以及威慑力方能得以昭示。当然,在设定具体法律责任时强调惩戒的严厉性,必须要严格控制法律介入科研活动的幅度、深度和频度,应当严格限定需要被追究法律责任的行为类型及其情节,让法律规范成为推动科研诚信建设的"保障者"而不是科研活动的"入侵者",因此,法律责任的严厉性应当具有"小而严"的特点。"小"意味着法律规范对科研活动的介入范围要小,需要被追究法律责任的行为种类要少,防止法律对科研活动的不当干预和过度介入。"严"意味着对少数需要被追究法律责任的科研不端行为设定严厉的法律责任,通过彰显法律规范的制度刚性来有效惩戒科研不端行为。

三、统一立法中的策略选择

虽然当前我国有关科研诚信的法律规范业已存在不少,但完整的规制科研不端行为的法律体系尚未构建完毕,对科研不端行为的规制未能形成合力。具体来说,我国目前在规制科研不端行为的过程中面临的主要问题有:第一,科研不端行为的行为主体众多且相互之间形成的法律关系复杂。第二,现有制度规范在规制科研不端行为上力不从心。首先,科研不端行为越发严重,其产生的社会危害令人触目惊心;其次,当前的各项法律法规不仅尚未形成规范体系,而且还存在各自为政的混乱;再次,现行法律法规对科研不端行为的惩治力度不足;最后,对科研不端行为的惩治机制仍然处于不健全的状态。第三,目前对科研不端行为进行惩戒的现状需要统一立法进行规制。当前科研诚信中存在的很多问题,比如科研不端行为的界定、复杂法律关系的调整、法律责任的完善、责任追究和救济以及科研不端行为的预防,需要统一立法予以解决。

1. 遵循立法规律

笔者认为,科研诚信的统一立法应制定"法律"这一位阶的法律规范,但在立法策略上需要慎重选择。根据我国的立法实践,在制定重要的"法律"时,一般会先行制定行政法规,待条件成熟时再制定法律,例如,《治安管理处罚法》的前身就是《治安管理处罚条例》(已废止)、《公务员法》、《行政监察法》(已废止)、《价格法》等分别是在《国家公务员暂行条例》(已废止)、《行政监察条例》(已废止)、《价格管理条例》基础上完成了立法进程,因此,科研诚信统一立法也应遵循这一规律。具体操作上,可以先由国务院制定一部涵盖科研不端行为的界定、科研不端行为的法律责任以及针对此类行为的基本处理程序等内容的行政法规,在具体实施过程中注意总结经验,待条件成熟时再正式由全国人民代表大会常务委员会进行立法,将其上升为国家层面的法律。

2. 综合运用硬法与软法

在单纯依赖道德之治或者法律之治都不能奏效的情况下,惩戒科研不端行为应该采取"硬法"与"软法"混合规范下的综合协调机制。当公共治理模式取代国家管理模式成为公域之治的主导模式时,单一的硬法之治不再是法治化的唯一手段,软硬并举的混合法之治开始成为一条有效途径。从规制视角来看,有效的规制机制包括自律、互律和他律。自律主要是自我约束,互律是建立在相互沟通协商基础上的互相监督及约束,都属于软法。他律借助外在的强制力,主要属于硬法。完整的、平衡的法律体系必然既包括他律也包括自律和互律,既包括硬法也包括软法。[1] 遵循法治目标与法治化手段相匹配的准则,在硬法之治实现强公共性法治目标的同

---

[1] 参见罗豪才、周强:《法治政府建设中的软法治理》,载《江海学刊》2016年第1期。

时,由软法之治来承担相对较弱的法律目的,在公域之治中发挥硬法所不能、法治化所不可或缺的独特规制功能,从而形成合力来共同实现法治目标。这对具有较高学术伦理性要求的科研活动来说,就显得尤为必要。因此,科研诚信统一立法应实现"硬法"与"软法"规范在现有制度框架下的有效协调。

3. 行政法规先行

国务院行政立法是国家行使立法权的重要组成部分,我国成立之初尚未制定《宪法》,起临时宪法作用的《中国人民政治协商会议共同纲领》,规定国家最高政权机关为全国人民代表大会;全国人民代表大会闭会期间,中央人民政府为行使国家政权的最高机关,这是国务院拥有行政立法权的权源。虽然国务院的行政立法权在后来法制破坏时期也受到了破坏,但现行《宪法》及《立法法》均对国务院的行政法规立法权作出了明确规定。在全面推进依法治国建设社会主义法治国家的当下,行政法规在我国的法律体系中正在发挥越来越重要的作用,并有相当一部分行政法规在实践中实施成熟后上升为法律。就科研不端行为而言,目前直接上升到由法律来予以规制的时机还不够成熟,无论是在社会特别是广大科研群体心理预期上,还是在可资借鉴的国外立法经验上,以及法律规制后可能对科技创新的实际影响上,都还有待于调研、观察和评估。因此,当前阶段由国务院出台一部行政法规就较为合适。如果制定一部行政法规,既可以解决当前各有关部门相关规定不一致问题,也可以从国家层面来宣示对科研不端行为进行规制的决心,等到时机成熟后,再考虑通过修改完善后提交全国人民代表大会常务委员会进行立法。

此外,我国《立法法》第82条第2款规定:"除本法第十一条规定的事项外,其他事项国家尚未制定法律或者行政法规的,省、自治区、直辖市和设区的市、自治州根据本地方的具体情况和实际需要,可以先制定地方性法规。在国家制定的法律或者行政法规生效后,地方性法规同法律或者行政法规相抵触的规定无效,制定机关应当及时予以修改或者废止。"也就是说,对于目前还没有在全国范围内进行统一立法的科研不端行为法律规制,科教发达的省份也可以先行通过地方性法规来进行规定。

四、科研诚信统一立法的作用

1. 为科研诚信提供统一的法律依据

目前我国规制科研不端行为的各项指导意见主要由教育部、科技部制定颁布,属于部门规章,为规范科研行为、推动科技事业的发展发挥了重要作用,但这些规定更多的是为各部门、高校制定各自的科研诚信监督管理办法提供依据,缺乏全国范围内统一、明确的监督办法、惩处机制,立法层级较低,导致处罚力度不足。鉴于此,对科研诚信实行统一立法确有必要。在国家层面完成了统一立法的基础上,各部门可以进一步完善和细化相关规定与措施,形成健全的科研诚信法律体系,确保尺度统一,有章可循。

2. 弥补道德手段与学术手段的不足

科研诚信统一立法的着眼点主要在于以法律手段规制科研不端行为,与道德手段、学术手段相比,以法律手段规制科研不端行为有其独特的优势,而这种优势恰好可以弥补道德手段与学术手段在规制科研不端行为方面的不足。

第一,法律手段的规范程度高。毫无疑问,道德手段的规范化程度最低,这一方面是由道德手段本身的特点所决定的,另一方面还在于科研道德的内涵丰富,难以用具体规范加以确定;学术手段的规范化程度次之,一些高校、科研单位出台了专门针对科研不端行为的学术规范,让部分学术手段成为"成文"的规定,而另一些学术手段没有明确的依据,依然处于"不成文"阶段;而法律手段的规范化程度是最高的,以《民法典》《行政诉讼法》《刑法》为主要代表的法律规范,为规制科研不端行为作出明确且具体的指引,这是其他规制方式难以企及的。

第二,法律手段是刚性措施,威慑力强。科研不端行为的规制方式存在刚性与柔性的区别,道德手段明显欠缺强制力,所以应当归类为柔性措施;学术手段内容复杂,形式多样,刚性与柔性兼而有之;法律手段以其独有的国家强制力而具备了刚性的特点,由此具备了道德手段与学术手段不具备的强大威慑力。

第三,法律手段属于外在强制,较内在强制更具可操作性。道德手段虽有自律与他律的区别,但均强调内心的认同和行为的自觉遵从,属于典型的内在强制;学术手段发挥作用主要还是凭借外在的力量,与科研工作者本人是否内心确信和自觉服从并无直接联系;而法律手段是以外在强制力发挥作用,这是其典型特征。因此,法律手段在规制科研不端行为方面较其他手段有明显的优势,以之作为规制科研不端行为的有效手段是令人信服的。

3. 阻遏科研不端行为产生的危害

上文提到的科研不端行为的种种危害,如浪费科研资源、破坏学术环境且损害社会风尚、阻滞国家创新战略的发展以及侵犯法律保护的社会关系,在现实中大量存在且呈现出蔓延的趋势,因此,亟须出台统一的科研诚信法律规范以阻遏科研不端行为产生的危害。此外,科研诚信统一立法还可以在以下几个方面发挥重要作用。

第一,阻遏科研不端行为对市场经济的破坏。诚信与法治是发展市场经济不可或缺的要素。诚信一方面提高了市场经济的运行效率,另一方面降低了人们参与市场交易的成本,而且许多法律原则,如公平、公正、公开与非歧视原则,本质上就是诚信价值的规范化体现。许多科研活动也是围绕市场进行的,属于市场经济活动的一部分,如大量的横向课题研究和技术开发服务,而这些领域科研不端行为的出现,会直接造成对市场经济良性运行的破坏,导致正常的市场交易受到干扰。科研诚信统一立法能在法律层面规制科研不端行为,同时亦能达到规范市场活动的目的。

第二,阻遏科研不端行为对和谐社会的破坏。"秩序是和谐社会的一个支点,而社会是由不同的群体、阶层和个人组成的,建构诚信的相互交往成为和谐社会的重要内容之一"。[1] 科研秩序是社会秩序的重要组成部分,因此,科研秩序的良善与否关系到社会能否和谐,而以科研诚信统一立法规范科研秩序,也就成为建设和谐社会的题中应有之义了。

第三,阻遏科研不端行为对公民诚信观念的侵蚀。诚信是衡量社会文明程度的重要标尺,当前我国社会层面甚至政府层面的诚信建设任务都很艰巨。科研人员是社会中文化程度较高的群体,科研不端行为往往会成为舆论关注焦点,如果科研人员群体普遍具有良好的科研诚信表现,也可以发挥出对社会公众的诚信示范和引领作用。因此,科研诚信统一立法通过规范科研人员群体诚信,也有利于引导和培育公民增强诚信观念。另外一个现实考量因素是,科研诚信统一立法后,通过设定严格法律责任形成的国家强制力和威慑力,有利于在短期内扭转当前较为严重的科研诚信危机,有助于推动科研领域的诚信建设水平。当科研领域的诚信建设蔚然成风时,也有助于促进其他社会领域和公众的诚信建设。

五、统一立法中的主要问题

1. 调整范围要掌握好谦抑有度

以立法的形式规制科研不端行为可以加大行为人的违法成本,其威慑性不言而喻。但立法的调整范围并不是越大效果就越好,谦抑有度的调整范围才能既让行为人承担与其不端行为相适应的责任,又不至于让法律成为干扰科研活动的"入侵者"。

---

[1] 张红、赖声利:《诚信立法刍议》,载《上饶师范学院学报》2012 年第 4 期。

(1) 不僭越学术道德领地

在我们呼吁尽快对科研诚信进行统一立法的同时，仍然有不少学者坚持，科研诚信属于学术道德的范畴，学术道德的领地不应由法律介入。必须承认的是，科研诚信最初确为学术道德概念，只是在科研不端行为形式越发多样、性质越发恶劣、社会危害性越发严重的今天，其触发了法律应予调整的开关。在建设社会主义法治国家的进程中，法治国家、法治政府和法治社会应当是一体建设的，因此，法律在自身的管辖范围之内，应对科研不端行为予以规制。但在将科研诚信上升到由法律规制的同时，也必须认识到，法律具有谦抑性，法律不能解决所有问题，更不能无限制地扩张适用。应当由学术道德管辖的领地，法律不应当介入其中，否则，学术道德又有何存在的意义呢？"法律是最低限度的道德"，只有在科研不端行为已经突破学术道德底线且具有相当严重程度的社会危害性的情况下，法律才应有所作为。

(2) 不问责一般科研失范行为

除了调整范围不应僭越学术道德领地外，对于一般科研失范行为，法律同样不应问责。科研失范行为，一般是指科学研究行为违反相关规定或是科研成果在形式上不合乎规范。科研失范行为的范围较广，不仅包括主观上具有可谴责性的行为，也包括因为知识和技能缺乏而造成的客观上形式不规范的行为。[①] 目前公认的是，对于在研究计划和实施过程中非有意的错误或不足，对评价方法或结果的解释、判断错误，因研究水平和能力原因造成的错误和失误，与科研活动无关的错误等，不能认定为科研不端行为。从责任的严重程度上来理解，科研失范行为的责任也较轻，一般不承担法律责任，可以通过行业自律来调整。科研不端行为的责任较重，范围较之学术失范行为稍小，但一定条件下，某些严重的科研失范行为，可被认为是科研不端行为，需要承担法律责任。

(3) 不放纵严重科研不端行为

虽然法律在对科研不端行为进行调整时要谦抑有度，不能僭越学术道德领地，也不能问责一般科研失范行为，但对性质恶劣、情节严重的科研不端行为也不能放纵，必须严厉惩治，既要让行为人承担严厉的法律责任而不敢再犯，也要通过以儆效尤的效应来警示其他人员。诚然，法律在规制科研不端行为的过程中必须保持谦抑性，其调整范围必须有边界

---

① 参见李玉香、邓利敏：《科研不端行为的法律规制》，载《山东科技大学学报（社会科学版）》2011 年第 4 期。

的限制,但在其确定的调整范围内,法律是大有可为的。若对严重的科研不端行为采取听之任之的态度,对违法的科研不端行为惩处不力甚至是视而不见,则法律的权威性与威慑力必将大打折扣,科研不端行为人会愈加无所顾忌,科研不端行为的泛滥也是可以预见的。鉴于此,对严重的科研不端行为,法律必须采取高压以儆服之,还科研活动领域一片净土。

2. 惩戒手段要宽严并济

对科研不端行为的惩戒不能一味地强调"重"或"轻",必须作到宽严并济,否则难以达到惩戒的效果。

(1)学术规范重在引导和养成

学术规范是指在科研活动中科研人员需要遵守的一般规范,部分科研单位也会出台类似于学术守则、学术道德行为准则等规范来约束科研人员。学术规范一般不具有强制力与严厉的惩戒手段,因此其威慑力是不足的,但这并不代表学术规范无法起到作用。学术规范的主要作用在于通过科研人员的内在自律使其发自内心地践行学术道德,逐步养成遵守学术道德的习惯,以此引导科研人员的行为,从而自觉减少乃至杜绝科研不端行为。应当看到,在实践中学术规范能让部分实施科研不端行为的科研人员产生悔改之心,其作用是不可忽视的。

(2)法律制裁重在遏制和预防

对于严重的科研不端行为,进行适当的法律制裁是必要的。但法律制裁并不是规制科研不端行为的终点,其根本目的在于遏制和预防。如某一科研不端行为人受到了法律制裁,其他已经实施或准备实施科研不端行为的科研人员受到心理上的震慑,从而自觉停止或放弃实施科研不端行为,如此,大量的已经发生或潜在的将要发生的科研不端行为受到遏制,法律预防的目的也就可以在一定程度上得以实现。鉴于此,在运用法律制裁科研不端行为的过程中,必须考虑到制裁可能产生的效应,尽量使制裁的预防效果最大化。

(3)法律责任与学术责任相结合

规制科研不端行为既需要学术规范的引导和养成,也需要法律制裁的遏制和预防。在责任承担上,科研不端行为需承担的责任不仅仅是单一的责任,还有法律责任与学术责任(实践中还有党纪政纪责任,由于前文已经作了说明,故此处不再赘述)。法律责任是科研不端行为触犯法律后行为人应承担的责任,主要责任形式有民事法律责任、行政法律责任、刑事法律责任。学术责任是科研不端行为违反学术规范后应承担的责任,主要责任形式有高等院校与科研单位对所属科研人员所实施的纪律处分,取消学位、撤销相关学术职务,暂停、终止其正在进行的科研项目并追缴已拨付的项目经费,取消其获得的学术奖励和学术荣誉,以及在一定期限内申请科研项目和学术奖励的资格等;论文著作出版单位撤销相关责任人发表的论文著作或取消其发表的资格。从责任竞合的角度来看,科研不端行为人承担的法律责任与学术责任分别是违反法律与学术规范后应承担的责任,承担的责任形式也大不相同,因此,两者不会出现竞合的情况,可以同时适用。

3. 查处程序要突出公开透明

科研不端行为应当受到查处,而查处必须按照相关程序进行。就查处程序而言,公开透明是其基本特点。

(1) 涉嫌行为公开

查处程序要突出公开透明,首先要做到的,就是涉嫌科研不端的行为必须公开。涉嫌科研不端的行为是查处的核心,所有的程序都是围绕涉嫌行为进行的,若涉嫌科研不端的行为不公开,则整个查处程序的公正性也就可想而知了。在实践中,部分科研不端行为的查处仅是对外声称某行为人可能涉嫌科研不端,具体涉嫌的行为却并不对外公布,这有失公正,也不利于同行和社会监督。但例外情况是存在的,若公开涉嫌科研不端行为可能泄露国家秘密、商业秘密或者侵犯科研不端行为人的隐私权等,就不能公开。①

(2) 查处主体公开

除了涉嫌科研不端的行为需要公开,查处主体亦需要公开,特别是在部分查处过程中可能成立专家组,专家组成员必须公开。因为在查处科研不端行为的实践中,经常出现这样的情况,某些涉嫌科研不端行为的科研人员利用自身的人脉或者影响力,使与其关系密切的人担任专家组成员,或专家组成员明知涉嫌人员与自己有密切关系但拒绝回避,如此,查处可能就流于形式,这就更加说明查处主体公开的必要性了。

(3) 查处进程公开

科研不端行为的查处进程处于整个查处程序的关键阶段,公开查处进程是必要的,因为,"案件调查和处理情况的公布体现了公共利益——可以满足公众的知情权,也可以以此警戒潜在的科研不端行为者,可以增加案

---

① 参见董兴佩、于凤银:《我国科研不端行为惩戒制度缺失论析》,载《山东科技大学学报(社会科学版)》2011年第1期。

件处理的威慑力,具有一般预防的功能"。① 若科研不端行为的查处进程不公开,则普通公众很难知晓其中的具体情况,如此一来,查处能否落到实处也就难以得到保证。只有公开,才能防止查处进程中出现"暗箱操作"的行为。

(4)认定标准公开

在科研不端行为的查处过程中,科研不端行为的认定标准是至关重要的,因为某一行为是否属于科研不端行为,需要根据认定标准来具体判断。一旦行为人的某一行为被认定为科研不端行为,其后的情节轻重、性质严重与否仍然需要根据认定标准来判断。更为重要的是,行为人需承担的责任与认定标准有直接的关系,若科研不端行为的认定标准可以被随意地改变,则查处就无法做到公正客观。所以,科研不端行为的认定标准必须对外公开,方能受到来自各方的检验,有关认定才具有公信力。

4. 处理结果接受社会监督

一般而言,科研不端行为的查处结果会受到各方面的关注,处理结果的公开尤为必要。通常情况下,科研不端行为的处理结果包括科研不端行为的认定、性质分析、责任承担等。在当前查处科研不端行为的实践中,不少科研不端行为的查处结果只在单位内部通报,这样一来,单位外部的人员无法知晓处理结果,也就无法对处理结果进行监督,若科研不端行为的处理结果有失公正,也无法得到纠正,这对查处科研不端行为来说无疑是不利的。

5. 行为人申诉接受学术界评判

科研不端行为处理结果的公开并不当然意味着查处程序的终结,若行为人对查处的结果不服并提起申诉,则查处程序仍将持续下去。实践中存在对科研不端行为认定不公正的现象,例如,有科研管理者出于私人目的,故意借查处科研不端行为的机会打压行为人,则行为人有权提起申诉。行为人的申诉如同前述查处程序,必须公开。如若不然,申诉之后的再次调查仍然按照前次查处程序进行,依旧会得到相同的查处结果,那么行为人的申诉也就毫无意义了。

---

① 董兴佩、于凤银:《我国科研不端行为惩戒制度缺失论析》,载《山东科技大学学报(社会科学版)》2011年第1期。

附录1 国家科技计划实施中科研不端行为处理办法(试行)

(2006年11月7日中华人民共和国科学技术部令第11号发布 自2007年1月1日起施行)

第一章 总 则

第一条 为了加强国家科技计划实施中的科研诚信建设,根据《中华人民共和国科学技术进步法》的有关规定,制定本办法。

第二条 对科学技术部归口管理的国家科技计划项目的申请者、推荐者、承担者在科技计划项目申请、评估评审、检查、项目执行、验收等过程中发生的科研不端行为(以下称科研不端行为)的查处,适用本办法。

第三条 本办法所称的科研不端行为,是指违反科学共同体公认的科研行为准则的行为,包括:

(一)在有关人员职称、简历以及研究基础等方面提供虚假信息;

(二)抄袭、剽窃他人科研成果;

(三)捏造或篡改科研数据;

(四)在涉及人体的研究中,违反知情同意、保护隐私等规定;

(五)违反实验动物保护规范;

(六)其他科研不端行为。

第四条 科学技术部、行业科技主管部门和省级科技行政部门(以下简称项目主持机关)、国家科技计划项目承担单位(以下称项目承担单位)是科研不端行为的调查机构,根据其职责和权限对科研不端行为进行查处。

第五条 调查和处理科研不端行为应遵循合法、客观、公正的原则。

在调查和处理科研不端行为中,要正确把握科研不端行为与正当学术争论的界限。

第二章 调查和处理机构

第六条 任何单位和个人都可以向科学技术部、项目主持机关、项目承担单位举报在国家科技计划项目实施过程中发生的科研不端行为。

鼓励举报人以实名举报。

第七条 科学技术部负责查处影响重大的科研不端行为。必要时,科学技术部会同其他部门联合进行查处。

科学技术部成立科研诚信建设办公室(以下称办公室),负责科研诚信建设的日常工作。其主要职责是:

(一)接受、转送对科研不端行为的举报;

(二)协调项目主持机关和项目承担单位的调查处理工作;

(三)向被处理人或实名举报人送达科学技术部的查处决定;

(四)推动项目主持机关、项目承担单位的科研诚信建设;

(五)研究提出加强科研诚信建设的建议;

(六)科技部交办的其他事项。

第八条 项目主持机关负责对其推荐、主持、受委托管理的科技计划项目实施中发生的科研不端行为进行调查和处理。

项目主持机关应当建立健全科研诚信建设工作体系。

第九条 项目承担单位负责对本单位承担的国家科技计划项目实施中发生的科研不端行为进行调查和处理。

承担国家科技计划项目的科研机构、高等学校应当建立科研诚信管理机构,建立健全调查处理科研不端行为的制度。科研机构、高等学校的科研诚信制度建设,作为国家科技计划项目立项的条件之一。

第十条 国家科技计划项目承担者在申请项目时应当签署科研诚信承诺书。

第三章　处罚措施

第十一条 项目承担单位应当根据其权限和科研不端行为的情节轻重,对科研不端行为人做出如下处罚:

(一)警告;

(二)通报批评;

(三)责令其接受项目承担单位的定期审查;

(四)禁止其一定期限内参与项目承担单位承担或组织的科研活动;

(五)记过;

(六)降职;

(七)解职;

(八)解聘、辞退或开除等。

第十二条 项目主持机关应当根据其权限和科研不端行为的情节轻

重,对科研不端行为人做出如下处罚:

(一)警告;

(二)在一定范围内通报批评;

(三)记过;

(四)禁止其在一定期限内参加项目主持机关主持的国家科技计划项目;

(五)解聘、开除等。

第十三条 科学技术部应当根据其权限和科研不端行为的情节轻重,对科研不端行为人做出如下处罚:

(一)警告;

(二)在一定范围内通报批评;

(三)中止项目,并责令限期改正;

(四)终止项目,收缴剩余项目经费,追缴已拨付项目经费;

(五)在一定期限内,不接受其国家科技计划项目的申请。

第十四条 项目主持机关对举报的科研不端行为不开展调查、无故拖延调查的,科学技术部可以停止该机关在一定期限内主持、管理相关项目的资格。

第十五条 被调查人有下列情形之一的,从轻处罚:

(一)主动承认错误并积极配合调查的;

(二)经批评教育确有悔改表现的;

(三)主动消除或者减轻科研不端行为不良影响的;

(四)其他应从轻处罚的情形。

第十六条 被调查人有下列情形之一的,从重处罚:

(一)藏匿、伪造、销毁证据的;

(二)干扰、妨碍调查工作的;

(三)打击、报复举报人的;

(四)同时涉及多种科研不端行为的。

第十七条 举报人捏造事实、故意陷害他人的,一经查实,在一定期限内,不接受其国家科技计划项目的申请。

第十八条 科研不端行为涉嫌违纪、违法的,移交有关机关处理。

第四章 处 理 程 序

第十九条 调查机构接到举报后,应进行登记。

被举报的行为属于本办法规定的科研不端行为,且事实基本清楚,并属于本机构职责范围的,应予以受理;不属于本机构职责范围的,转送有关机构处理。

不符合受理条件不予受理的,应当书面通知实名举报人。

第二十条 调查机构应当成立专家组进行调查。专家组包括相关领域的技术专家、法律专家、道德伦理专家。项目承担单位为调查机构的,可由其科研诚信管理机构进行调查。

专家组成员或调查人员与举报人、被举报人有利害关系的,应当回避。

第二十一条 在有关举报未被查实前,调查机构和参与调查的人员不得公开有关情况;确需公开的,应当严格限定公开范围。

第二十二条 被调查人、有关单位及个人有义务协助提供必要证据,说明事实真相。

第二十三条 调查工作应当按照下列程序进行:

(一)核实、审阅原始记录,多方面听取有关人员的意见;

(二)要求被调查人提供有关资料,说明事实情况;

(三)形成初步调查意见,并听取被调查人的陈述和申辩;

(四)形成调查报告。

第二十四条 科研不端行为影响重大或争议较大的,可以举行听证会。需经过科学试验予以验证的,应当进行科学试验。

听证会和科学试验由调查机构组织。

第二十五条 专家组完成调查工作后,向调查机构提交调查报告。

调查报告应当包括调查对象、调查内容、调查过程、主要事实与证据、处理意见。

第二十六条 调查机构根据专家组的调查报告,做出处理决定。

第二十七条 调查机构应在做出处理决定后10日内将处理决定送被处理人、实名举报人。

第二十八条 项目主持机关、项目承担单位为调查机构的,应当在做出处理决定后10日内将处理决定送科学技术部科研诚信建设办公室备案。

科学技术部将处理决定纳入国家科技计划信用信息管理体系,作为科技计划实施和管理的参考。

第五章 申诉和复查

第二十九条 被处理人或实名举报人对调查机构的处理决定不服的,可以在收到处理决定后30日内向调查机构或其上级主管部门提出申诉。

科学技术部和国务院其他部门为调查机构的,申诉应向调查机构提出。

第三十条 收到申诉的机构经审查,认为原处理决定认定事实不清,或适用法律、法规和有关规定不正确的,应当进行复查。

复查机构应另行组成专家组进行调查。复查程序按照本办法规定的调查程序进行。

收到申诉的机构决定不予复查的,应书面通知申诉人。

第三十一条 申诉人对复查决定仍然不服,以同一事实和理由提出申诉的,不予受理。

第三十二条 被处理人对有关行政机关的处罚决定不服的,可以依照《中华人民共和国行政复议法》的规定,申请复议。

属于人事和劳动争议的,依照有关规定处理。

第六章 附 则

第三十三条 在国家科技奖励推荐、评审过程中发生的科研不端行为,参照本规定执行。

第三十四条 本办法自2007年1月1日起施行。

附录2 关于加强我国科研诚信建设的意见

(2009年8月26日科学技术部、教育部、财政部、人力资源和社会保障部、卫生部、解放军总装备部、中国科学院、中国工程院、国家自然科学基金委员会、中国科学技术协会联合发布　国科发政〔2009〕529号)

为深入学习实践科学发展观,贯彻落实《中华人民共和国科学技术进步法》,推动科研诚信建设,充分调动广大科技人员的积极性、创造性,保障我国科技事业的健康发展,促进创新型国家建设,提出如下意见。

一、充分认识加强科研诚信建设的重要性和紧迫性

1. 科研诚信主要指科技人员在科技活动中弘扬以追求真理、实事求是、崇尚创新、开放协作为核心的科学精神,遵守相关法律法规,恪守科学道德准则,遵循科学共同体公认的行为规范。

2. 科研诚信是科技创新的基石。科研诚信建设是社会主义精神文明建设的重要组成部分,是弘扬科学精神的重要举措,是维护科学的社会信誉、促进科技事业发展的内在要求,是营造良好科研环境、提升自主创新能力、建设创新型国家的迫切需要。

3. 加强科研诚信建设刻不容缓。随着经济全球化和国际科技竞争的不断加剧,科技与经济和社会发展的关系更加密切,科研诚信问题愈益引起各国的高度重视。长期以来,我国广大科技人员坚持真理、开拓创新、诚实劳动、爱国奉献,为国家科技事业发展和社会主义现代化建设作出了突出贡献。但是,由于我国相关法制不健全、体制机制不完善、道德观念和行为规范教育不够,以及个人自律不严等因素的影响,违反科学道德的行为时有发生。防止急功近利、浮躁浮夸等不良学风的滋长,避免滥用学术权力等学术失范现象的发生,遏制伪造、篡改、抄袭、剽窃等科研不端行为的蔓延,已成为保障我国科技事业健康发展的紧迫任务。

二、科研诚信建设的指导思想、原则和目标

4. 加强科研诚信建设,要以邓小平理论和"三个代表"重要思想为指导,深入学习贯彻科学发展观,坚持社会主义核心价值体系,弘扬科学精神、维护科学道德、塑造创新文化,为增强自主创新能力、建设创新型国家奠定基础。

5. 推进科研诚信建设,要坚持教育引导、制度规范、监督约束并重的原则,惩防结合、标本兼治。政府部门加强统筹与管理,科技机构、高等学校和企业承担教育、监督和惩戒的主要责任,科技社团发挥规范制定和行为约束方面的积极作用,科技人员严格自律、互励共勉。

6. 我国科研诚信建设的主要目标是,建立有关部门、科技机构和高等学校、科技社团各司其职、齐抓共管,社会参与,科技人员自觉行动的科研诚信建设体系;完善科研诚信相关的科研管理制度体系;有效遏制科研不端行为,显著提高科技人员的科学道德素质和科研诚信意识,形成有利于自主创新和科技事业健康发展的良好环境。

三、推进科研诚信法制和规范建设

7. 加强科研诚信的法制建设。深入开展科研诚信相关的法制研究,逐步完善科研诚信相关的法律制度,明确科研诚信各相关主体的责任,界定科研不端行为,惩处科研不端行为责任人,保护科技人员合法权益。

8. 制定和完善科研行为准则和规范。政府部门引导和支持科技界加强科研行为规范建设,科技社团和有关科技行业组织应积极制定有关准则和行为规范,科技机构、高等学校及相关管理部门应研究制定处理科学研究、同行评议、成果发表、决策咨询、技术转移等活动中利益冲突的管理规定。

四、完善科研诚信相关的管理制度

9. 完善科技研究开发项目管理制度,使科研诚信的要求贯穿于项目管理的全过程。政府部门和相关管理机构要建立适合不同科技活动特点的项目管理模式,完善目标责任制、专家评审制度及程序等,健全计划管理中的决策与监督机制,建立和落实问责制。建立和完善科研项目资助、评价等方面的信息公开制度,提高科技管理透明度。

10. 改革考核评价与奖励制度。政府部门和科技机构、高等学校要不断完善适用于不同领域和机构类型的考核评价与奖励制度,充分发挥科学共同体的作用,完善评审、监督、管理机制,提高透明度和公开性。建立符合科技发展规律和科技人才成长规律的评价指标体系,引导科技人员和科研管理人员树立正确的价值取向和政绩观,提倡严谨治学,反对急功近利,防止简单量化、重数量轻质量等倾向。

11. 建立健全科技信用管理体系。利用财政性资金设立的科技计划项目、基金项目的管理机构,应当为申请、执行、评估评审项目的单位和个人建立科技信用档案,作为审批其申请项目、承担评估评审工作的依据。建立和完善科研诚信承诺制度。科技机构和科技人员在申请、执行、评估评审财政性资金资助科研项目时,应当签署科研诚信承诺书。推进科技信用信息的共享,完善有利于诚实守信的激励和约束机制。科技机构和高等学校应当将科技信用状况作为科技人员职务聘任和职称评定中对职业道德要求的重要内容。

五、加强科研诚信教育,提升科学道德素养

12. 建立科研诚信教育制度。各级各类院校要将科研诚信纳入日常教育内容和活动。将科研诚信教育作为本专科学生和研究生教育的必修内容和科技人员继续教育的重要内容,着力提高青年学生和科技人员的科学道德素养,增强知识产权保护等法律意识,健全人格。加强科研诚信课程和教材建设,充实教育内容,完善教育手段。重视并加强科研诚信教育和研究人才的培养。

13. 积极开展多种形式的科研诚信教育活动。科研诚信教育是青少年思想政治教育、公民基本道德规范教育、法制教育等的有机组成部分,要突出科学精神、科学思想、科学方法的养成教育。导师和科研项目负责人等,要充分发挥在科研诚信方面的言传身教作用。要采取宣传治学典范和明德楷模、进行案例警示教育等多种方式开展教育活动,引导科技人员严格自律并加强科学道德修养。

六、完善监督和惩戒机制,遏制科研不端行为

14. 建立健全科研不端行为调查处理制度。政府部门、相关管理机构、科技机构和高等学校应根据各自的管理职责制定科研不端行为处理规定和程序,并设立专门渠道受理有关科研不端行为的举报。

15. 完善防范科研不端行为的监督机制。政府部门、相关管理机构、科技机构和高等学校应强化对科研活动和科研管理主要环节的监督。充分发挥科学共同体内部监督和社会监督的作用。充分利用现代信息技术等,完善监督手段。

16. 加强对科研不端行为的惩戒。政府部门、相关管理机构、科技机构、高等学校和企业要根据职责权限和有关规定,加强对科研不端行为的调查处理力度。对经查证属实的科研不端行为责任人给予行政处罚或纪律处分,并将处理情况在适当范围内予以公布。必要时,依法追究其民事或刑事责任。

七、加强组织领导,共同营造科研诚信环境

17. 完善科研诚信建设工作协调机制。国务院科技行政部门通过与其他有关部门和单位建立科研诚信建设联席会议制度等方式,对全国科研诚信建设工作进行宏观指导和统筹协调。各部门、各地方要大力协同,建立与完善适当的工作机制,逐步建立全国性的科研诚信建设工作网络。

18. 全面营造有利于科研诚信建设的制度环境。各部门、各地方要进一步完善科研项目和经费管理、科研诚信教育、科技人员评价等制度,把科研诚信作为引导和推进诚信社会建设的重点工作,齐抓共管。

19. 科技机构、高等学校和企业要切实履行科研诚信建设的主体责任。将维护科研诚信、弘扬科学道德作为重要职责,加强组织建设,建立健全教育、制度、监督并重的科研诚信建设工作体系。科技社团要将维护科研诚信作为加强自身建设的重要内容,完善内部监督约束机制。

20. 加强科研诚信建设工作的国际交流合作。积极开展与国际组织、有关国家和地区在科研诚信建设方面的交流与合作,积极参与国际科研行为规范和科研诚信规范的研究制定,共同遏制国际科技合作中的各种不端行为。

21. 推动科研诚信文化环境建设。坚持社会主义核心价值体系,大力弘扬求真务实、勇于创新的科学精神;不畏艰险、勇攀高峰的探索精神;团结协作、淡泊名利的团队精神;报效祖国、服务社会的奉献精神。强化诚信意识,恪守诚信规范;发扬学术民主,倡导公正透明;鼓励自由探索,激发创造活力,为建设创新型国家奠定坚实的社会文化基础。

附录3　中国社会科学院关于处理学术不端行为的办法

(2010年7月29日中国社会科学院发布)

第一章　总　　则

第一条　为进一步加强学风建设,建立健全不良学风预防惩治机制,根据《中国社会科学院关于加强学风建设的决定》精神,制定本办法。

第二条　本办法适用于处理院属各单位科研及科研辅助人员在从事科学研究和学术活动中所发生的学术不端行为。

第二章　学术不端行为

第三条　本办法所称的学术不端行为,是指在科学研究及其相关活动中发生的抄袭、剽窃、伪造等违反社会公认的学术道德和学术规范的行为。

第四条　以下行为属于学术不端:

1. 侵占他人研究成果。
2. 抄袭、剽窃他人研究成果。
3. 编造虚假研究成果,伪造或篡改文献、资料、数据、图表、个案等。
4. 没有参加创作,在他人研究成果上署名或者多人共同创作,而在其研究成果中未注明他人工作。
5. 在直接引用、间接引用、参考引用他人作品和数据、资料过程中,不注明出处或来源。
6. 在新作品中大量重复使用本人已发表过的研究作品。
7. 擅自更改课题研究方向或最终成果形式、数量和质量要求。
8. 在申报课题、成果、奖项、职称等过程中,提供虚假个人学术信息,伪造学术经历、研究成果、专家鉴定、证书及其他学术能力证明材料等。
9. 学术期刊、出版社及其编辑人员违规收取版面费,或使用人情稿、关系稿,谋取不正当利益。
10. 作为评审专家或管理工作者徇私舞弊,滥用职权,或违反规定泄露评审内容。
11. 其他违背著作权法等法律或学术规范的行为。

第三章 学术不端行为的受理机构

第五条 设立院学术道德委员会和研究所学术道德委员会，负责对学术不端行为的调查，并提出处理意见。

第六条 院学术道德委员会由学部委员和著名学者组成，主任由主管科研的院领导担任。

第七条 院学术道德委员会的职责：

1. 指导和监督院属各单位规范学术行为工作，制定、修订、实施院有关学术行为的规章制度。

2. 受理对学部领导、研究所领导、院职能机构人员、跨所人员学术不端行为的举报。按照学科属性，指定相关研究所及有关部门协助调查取证或性质认定，并提出处理意见。

3. 审议核准研究所提出的处理意见。

4. 受理研究所对学术不端行为的处理存在重大异议的申诉，必要时可组织相关专家成立临时审定委员会对有关问题进行复查、审议和裁定。

第八条 院学术道德委员会办公室，由科研局和监察局负责日常工作。

第九条 研究所学术道德委员会由所学术委员会成员组成，必要时，可吸收同行专家参加。其职责是：

1. 制定和修改本研究所处理学术不端行为实施细则。

2. 受理涉及本研究所人员的学术不端行为的举报，进行调查取证，提交调查报告和处理意见，经研究所批准后报院学术道德委员会备案。

3. 承办院学术道德委员会交办的任务，配合院学术道德委员会对受理的学术不端行为举报的调查。

第十条 研究所科研处和纪检监察组织承担研究所学术道德委员会日常工作。

第十一条 受理和调查学术不端行为应遵循以下原则：

1. 规范学术行为，促进学术繁荣；

2. 合法、客观、公正、实事求是；

3. 保护当事人的举报、申诉、知情等合法权益；

4. 教育为主、惩处为辅。

第四章 学术不端行为的处理

第十二条 对学术不端行为的处理包括：批评教育、人事处理、党纪政纪处分。违法的依法处理。

第十三条 学术不端行为情节较轻者,给予批评教育。

第十四条 学术不端行为情节较重和严重者,但符合以下条件的,可酌情减轻处理:

1. 主动承认错误;
2. 主动消除或减轻学术不端行为产生的不良影响;
3. 经批评教育确有悔改表现。

第十五条 存在学术不端行为的作品有多名作者的,一般由主持人(主编等)或第一署名人承担主要责任。

第十六条 受人事处理、党纪政纪处分和违法者,不能获得相关利益,已获得的,应予撤销。

第十七条 涉及学术不端行为的研究成果,属于院、所资助的,终止资助;已经出版发表并获得院内资助的,责令本人退回所受资助经费;撤销其因学术不端行为而获得的相关奖励或资格并不得晋升职称、职务、级别和工资档次;已经晋升的,予以撤销。

第十八条 院属各单位建立学术不端行为记录制度,对经查实并受到处理的学术不端行为进行记录。

第五章 学术不端行为的处理程序

第十九条 属于研究所受理的学术不端行为,由所学术道德委员会提出处理意见,属于人事处理的,由人事处审议,属于纪律处分的,由所纪委审议,经研究所党委会议或所长办公会议批准,报院学术道德委员会备案后,办理相关手续。

第二十条 属于院受理的学术不端行为,由院学术道德委员会提出处理意见,属于人事处理的,由人事教育局审议,属于纪律处分的,由监察局和直属机关纪委审议,报院党组或院务会议批准后,办理相关手续。

第二十一条 对学术不端行为的处理结果,在适当范围内予以通报。

第六章 附 则

第二十二条 本办法由院学术道德委员会办公室负责解释。

第二十三条 院属各单位可参照本办法制定本单位的实施细则。

第二十四条 本办法自颁布之日起施行。

附录4 中国科学院对科研不端行为的调查处理暂行办法

(2016年3月8日中国科学院发布)

第一章 总则

第一条 为维护科研诚信、规范科研行为、促进我院科研活动健康持续发展,根据国家有关法律法规和我院有关规定,制定本办法。

第二条 本办法适用于中国科学院院机关和院属单位工作人员、学生、博士后,以及以中国科学院名义开展科研和学术活动的访问学者等其他工作学习交流人员。

第三条 本办法所指的科研不端行为是指在研究和学术领域内的各种伪造、篡改、抄袭剽窃和其它严重违背科学共同体公认道德的行为,包括:

(一)伪造、篡改、抄袭剽窃行为,包括伪造、篡改科研数据、资料、文献、注释等,抄袭剽窃他人的学术成果和重要的学术思想、观点或研究计划,或未经授权扩散上述信息等。

(二)在科研活动中的虚假陈述行为,包括在个人履历、资助申请、奖励申请、职位申请以及同行评审、公开声明中等提供虚假或不准确信息,或隐瞒重要信息。

(三)不当署名的行为,包括与实际贡献不符或未经他人许可的署名,将应当署名的人或单位排除在外,或对著者或合著者排名提出无理要求。

(四)一稿多投和重复发表的行为,包括将本质上相同的科研成果改头换面一稿多投或重复发表的行为。

(五)故意干扰或妨碍他人研究活动的行为,包括故意损坏、强占或扣压他人研究活动中必需的材料、设备、文献资料、数据、软件或其它与科研有关的物品。

(六)违反涉及人体、动物、植物和微生物研究以及环境保护等科研规范的行为。

(七)其它严重科研不端行为。

在研究计划和实施过程中非有意的错误或不足,对评价方法或结果的解释、判断失误，因研究水平和能力原因造成的错误和失误，与科研活动无关的错误等行为，不属于本办法所指的科研不端行为。

第四条 对科研不端行为的调查处理应遵循合法、客观、公正、专业的原则，做到事实清楚、证据确凿、定性准确、处理恰当、程序规范、手续完备；应尊重和维护当事人的尊严和正当权益，对投诉举报人提供必要的保护。

第二章 投诉举报及受理

第五条 对科研不端行为的投诉举报一般应提供有真实署名和联络方式的书面材料，有明确的投诉举报对象和内容，并有相应的证据或明确的线索。

第六条 院机关和院属单位科研道德组织机构按照各自的管理权限受理第三条规定的科研不端行为的投诉举报；可根据掌握的情况，主动对涉及我院的科研不端行为进行调查。

属于学术争议以及已有调查结论、没有实质性新内容和新证据的投诉举报不予受理。

第七条 各级科研道德组织机构收到投诉举报后，应首先对投诉举报的内容和投诉举报人及被投诉举报人的身份等信息进行审核确认。

第八条 对投诉举报进行审核确认后，按下列情况分别处置：

（一）属于本机构职责权限范围内的科研不端行为投诉举报，予以受理，并向实名投诉举报人反馈情况；

（二）不属于本机构职责权限范围内的科研不端行为投诉举报，不予受理。根据情况留存备查或转送有关单位、机构处理，并向实名投诉举报人反馈情况；

（三）其它非科研不端行为的投诉举报、没有明确线索或证据的科研不端行为的投诉举报，不予受理。根据情况留存备查或转送有关单位、机构处理，并向实名投诉举报人反馈情况。

第三章 调查机构

第九条 对科研不端行为的调查核实按职责权限分级负责。

第十条 对涉及所局级领导干部、国家或院重大成果、跨院等科研不端行为的投诉举报，根据投诉举报所涉及的学科领域及业务范围，经院科研道德委员会批准，委托院机关前沿科学与教育局、重大科技任务局、科技促进发展局等业务部门或综合管理部门、分院、研究所组织调查核实。

对所局级以上领导干部科研不端行为的投诉举报，由院科研道德委员会向院长作出调查核实的建议。

第十一条 对院机关工作人员(局级及以上领导干部除外)科研不端行为的投诉举报,由院科研道德委员会办公室组织调查核实。

第十二条 对院属单位人员(所局级及以上领导干部除外)科研不端行为的投诉举报,由被投诉举报人所在单位科研道德组织机构组织调查核实。

第四章 调查程序

第十三条 对科研不端行为投诉举报的调查程序分为初步核实和正式调查。

第十四条 初步核实的任务是了解所反映的主要问题是否存在,为进一步处置提供依据。

第十五条 初步核实应指定专人(不少于2人)进行。

第十六条 初步核实可以采取调阅资料、向有关单位了解情况、咨询专家、个别谈话等方式进行调查。

第十七条 初步核实一般应在投诉举报受理后的20个工作日内完成并提交书面报告。书面报告包括投诉举报反映的问题、进行核实的情况、明确提出终止调查或启动正式调查的建议及其理由等内容。

第十八条 根据初步核实的情况,由受理该投诉举报的单位科研道德组织机构做出以下决定:

(一)反映问题失实或证据不足的,终止调查,对该投诉举报作了结处理,并向实名投诉举报人反馈情况;必要时向被投诉举报人所在单位或部门或被投诉举报人本人说明情况,或在一定范围内予以澄清;

(二)虽有科研不端行为,但情节轻微,不需要追究有关责任的,终止调查,对该投诉举报作了结处理,建议被投诉举报人所在单位或部门对其进行批评教育,并向实名投诉举报人反馈处理情况;

(三)进行初步核实时,被投诉举报人已经去世的,终止调查,对该投诉举报作了结处理,并向实名投诉举报人反馈情况;

(四)反映的问题暂不具备核查条件的,终止调查,对该投诉举报作暂存处理,必要时可向实名投诉举报人反馈情况;

(五)反映的问题较为复杂,需要进一步调查的,启动正式调查。

第十九条 正式调查应成立不少于3人的调查组。调查组应根据实际情况由相关领域的科技专家、管理专家、科研道德伦理专家等组成。

第二十条 展开正式调查前,调查组应根据案情制订调查方案。调查方案经受理该投诉举报的单位科研道德组织机构批准后实施。

第二十一条 决定展开正式调查的科研不端行为案件,应当在不影响案情调查的前提下通知被投诉举报人所在单位。

第二十二条 调查组根据实际情况采取调阅相关资料、向被投诉举报人所在单位或其它有关单位了解情况、要求有关单位和个人作出情况说明、个别谈话、咨询专家、组成专家组评审鉴定、组织重复实验等方式进行调查,并独立地对事实、证据进行检验和判断。

谈话调查应有书面记录,并经被谈话人和谈话人签字。

第二十三条 调查中应当听取被投诉举报人的陈述和申辩。

第二十四条 正式调查一般应在 3 个月内完成。有特殊情况需要延期的,应经受理单位科研道德组织机构批准。

第二十五条 正式调查结束后,应提交调查报告。调查报告的内容包括:调查的基本情况、科研不端行为的事实与认定、有关人员的责任和处理建议等。

调查报告须由调查组全体成员签字。

第二十六条 受理单位科研道德组织机构应召开会议审议调查报告,拟定调查结论,并提出处理建议。

第二十七条 做出处理决定前,应向投诉举报当事人公布调查结论。投诉举报当事人对调查结论有异议并能提供实质性新内容和新证据的,按照正式调查程序进行补充调查或重新调查。

第二十八条 在初步核实和正式调查过程中发现被调查事项不属于本机构职责范围的,经受理机构批准,移送有处理权的单位或部门处理;涉嫌犯罪的,移送公安、司法机关依法处理。

第五章 处理与处分

第二十九条 对调查后认定为非科研不端行为的,向实名投诉举报人反馈情况,必要时向被投诉举报人所在单位或部门或被投诉举报人本人说明情况,或在一定范围内予以澄清。

第三十条 对调查后认定为科研不端行为的,院或院属单位按照管理权限,依据有关规定和程序,根据科研不端行为的性质、严重程度以及所产生的影响,给予学术处理、组织处理和纪律处分,并向实名投诉举报人反馈处理情况。

第三十一条 学术处理包括:

(一)暂停科研项目和科研活动资助,限期整改;

(二)终止或撤销相关的科研项目,收回资助经费,撤销相关学术奖励、荣誉称号;

(三)在一定期限内取消项目、奖励、专业职务晋升等申请或申报资格;

(四)取消学术、学位委员会等学术团体的委员或专家资格;

(五)暂缓学位授予、不授予学位或撤销学位;

(六)减招、暂停直至取消研究生导师资格;

(七)其它学术处理。

第三十二条 组织处理包括:

(一)批评教育;

(二)通报批评;

(三)责令辞去有关职务;

(四)其它组织处理。

第三十三条 纪律处分包括:

(一)警告;

(二)记过;

(三)降低岗位等级或者撤职;

(四)开除。

第三十四条 有下列情形的,可以酌情从轻或减轻处理:

(一)经批评教育确有悔改表现的;

(二)主动承认错误并积极配合调查的;

(三)主动采取措施消除影响、有效避免或挽回损失的;

(四)其它可以从轻或减轻处理的情形。

第三十五条 有下列情形的,可以酌情从重或加重处理:

(一)隐匿、伪造、销毁证据,干扰、妨碍调查工作的;

(二)打击报复投诉举报人的;

(三)屡教不改,多次发生科研不端行为的;

(四)其它可以从重或加重处理的情形。

第三十六条 院属单位应在作出处理决定后5个工作日内报院科研道德委员会办公室备案。

第六章 申诉及复查

第三十七条 被处理人对所受到的处理不服的,可在收到处理决定后20个工作日内向作出处理决定的单位或部门提出申诉。申诉必须以书面形式,并写明申诉理由。

第三十八条 作出处理决定的单位或部门应在收到申诉之日起 3 个月内作出复查决定。复查按照本办法的调查处理程序进行。

收到申诉的单位或部门决定不予复查的,应通知申诉人,并告知不予复查的原因。

第三十九条 对复查决定不服的,可在收到复查决定之日起 20 个工作日内,向作出处理决定的单位或部门的上级主管部门提出申诉。

院作出的复查决定为院内最终决定。

第七章 其他规定

第四十条 对科研不端行为的调查和处理严格实行回避制度。参与调查和处理的人员不得与调查内容有利益冲突(如与举报人或被举报人是亲属、师生、同学,或有直接利益关系)。

参与调查和处理的人员明知有应当回避的情形而不及时提出的,按有关规定予以处罚。

第四十一条 对科研不端行为的调查和处理应严格遵守工作纪律,未经允许,任何参与调查和处理的人员不得泄露有关信息。

第四十二条 对投诉举报人要提供必要的保护。严禁将投诉举报信转给被投诉举报人处理;不得将投诉举报人的姓名、工作单位、家庭住址等有关情况及举报的内容泄漏给被投诉举报人及其他无关人员;调查核实情况时,应在做好保护工作、不暴露投诉举报人身份的情况下进行。

第四十三条 投诉举报人应以负责任和实事求是的态度进行投诉举报。投诉举报人有义务提供书面举报材料和相关证据,并接受询问。

对故意诬告陷害他人的投诉举报人,一经查实,应视其情节给予相应处罚。

第四十四条 被投诉举报人有权利对投诉举报进行辩解,并提供相关证据材料;有权利对认定结论和处理意见提出申诉。被投诉举报人有义务接受询问和配合调查工作,并如实对相关内容做出明确说明。

第四十五条 院属有关单位和人员应当积极配合调查工作,不得以任何形式和手段阻挠对科研不端行为的调查处理。

第四十六条 对科研不端行为调查处理的相关资料应按档案管理的有关规定进行立卷和归档。

第八章 附 则

第四十七条 院属单位应根据本办法,结合实际制定本单位调查处理科研不端行为的具体细则。

第四十八条 本办法自印发之日起施行。

第四十九条 本办法由院科研道德委员会负责解释。

附录5　高等学校预防与处理学术不端行为办法

(2016年6月16日中华人民共和国教育部令第40号公布　自2016年9月1日起施行)

第一章　总　　则

第一条　为有效预防和严肃查处高等学校发生的学术不端行为,维护学术诚信,促进学术创新和发展,根据《中华人民共和国高等教育法》《中华人民共和国科学技术进步法》《中华人民共和国学位条例》等法律法规,制定本办法。

第二条　本办法所称学术不端行为是指高等学校及其教学科研人员、管理人员和学生,在科学研究及相关活动中发生的违反公认的学术准则、违背学术诚信的行为。

第三条　高等学校预防与处理学术不端行为应坚持预防为主、教育与惩戒结合的原则。

第四条　教育部、国务院有关部门和省级教育部门负责制定高等学校学风建设的宏观政策,指导和监督高等学校学风建设工作,建立健全对所主管高等学校重大学术不端行为的处理机制,建立高校学术不端行为的通报与相关信息公开制度。

第五条　高等学校是学术不端行为预防与处理的主体。高等学校应当建设集教育、预防、监督、惩治于一体的学术诚信体系,建立由主要负责人领导的学风建设工作机制,明确职责分工;依据本办法完善本校学术不端行为预防与处理的规则与程序。

高等学校应当充分发挥学术委员会在学风建设方面的作用,支持和保障学术委员会依法履行职责,调查、认定学术不端行为。

第二章　教育与预防

第六条　高等学校应当完善学术治理体系,建立科学公正的学术评价和学术发展制度,营造鼓励创新、宽容失败、不骄不躁、风清气正的学术环境。

高等学校教学科研人员、管理人员、学生在科研活动中应当遵循实事求是的科学精神和严谨认真的治学态度，恪守学术诚信，遵循学术准则，尊重和保护他人知识产权等合法权益。

第七条 高等学校应当将学术规范和学术诚信教育，作为教师培训和学生教育的必要内容，以多种形式开展教育、培训。

教师对其指导的学生应当进行学术规范、学术诚信教育和指导，对学生公开发表论文、研究和撰写学位论文是否符合学术规范、学术诚信要求，进行必要的检查与审核。

第八条 高等学校应当利用信息技术等手段，建立对学术成果、学位论文所涉及内容的知识产权查询制度，健全学术规范监督机制。

第九条 高等学校应当建立健全科研管理制度，在合理期限内保存研究的原始数据和资料，保证科研档案和数据的真实性、完整性。

高等学校应当完善科研项目评审、学术成果鉴定程序，结合学科特点，对非涉密的科研项目申报材料、学术成果的基本信息以适当方式进行公开。

第十条 高等学校应当遵循学术研究规律，建立科学的学术水平考核评价标准、办法，引导教学科研人员和学生潜心研究，形成具有创新性、独创性的研究成果。

第十一条 高等学校应当建立教学科研人员学术诚信记录，在年度考核、职称评定、岗位聘用、课题立项、人才计划、评优奖励中强化学术诚信考核。

第三章 受理与调查

第十二条 高等学校应当明确具体部门，负责受理社会组织、个人对本校教学科研人员、管理人员及学生学术不端行为的举报；有条件的，可以设立专门岗位或者指定专人，负责学术诚信和不端行为举报相关事宜的咨询、受理、调查等工作。

第十三条 对学术不端行为的举报，一般应当以书面方式实名提出，并符合下列条件：

（一）有明确的举报对象；

（二）有实施学术不端行为的事实；

（三）有客观的证据材料或者查证线索。

以匿名方式举报，但事实清楚、证据充分或者线索明确的，高等学校应当视情况予以受理。

第十四条 高等学校对媒体公开报道、其他学术机构或者社会组织主动披露的涉及本校人员的学术不端行为,应当依据职权,主动进行调查处理。

第十五条 高等学校受理机构认为举报材料符合条件的,应当及时作出受理决定,并通知举报人。不予受理的,应当书面说明理由。

第十六条 学术不端行为举报受理后,应当交由学校学术委员会按照相关程序组织开展调查。

学术委员会可委托有关专家就举报内容的合理性、调查的可能性等进行初步审查,并作出是否进入正式调查的决定。

决定不进入正式调查的,应当告知举报人。举报人如有新的证据,可以提出异议。异议成立的,应当进入正式调查。

第十七条 高等学校学术委员会决定进入正式调查的,应当通知被举报人。

被调查行为涉及资助项目的,可以同时通知项目资助方。

第十八条 高等学校学术委员会应当组成调查组,负责对被举报行为进行调查;但对事实清楚、证据确凿、情节简单的被举报行为,也可以采用简易调查程序,具体办法由学术委员会确定。

调查组应当不少于3人,必要时应当包括学校纪检、监察机构指派的工作人员,可以邀请同行专家参与调查或者以咨询等方式提供学术判断。

被调查行为涉及资助项目的,可以邀请项目资助方委派相关专业人员参与调查组。

第十九条 调查组的组成人员与举报人或者被举报人有合作研究、亲属或者导师学生等直接利害关系的,应当回避。

第二十条 调查可通过查询资料、现场查看、实验检验、询问证人、询问举报人和被举报人等方式进行。调查组认为有必要的,可以委托无利害关系的专家或者第三方专业机构就有关事项进行独立调查或者验证。

第二十一条 调查组在调查过程中,应当认真听取被举报人的陈述、申辩,对有关事实、理由和证据进行核实;认为必要的,可以采取听证方式。

第二十二条 有关单位和个人应当为调查组开展工作提供必要的便利和协助。

举报人、被举报人、证人及其他有关人员应当如实回答询问,配合调查,提供相关证据材料,不得隐瞒或者提供虚假信息。

第二十三条 调查过程中,出现知识产权等争议引发的法律纠纷的,且该争议可能影响行为定性的,应当中止调查,待争议解决后重启调查。

第二十四条 调查组应当在查清事实的基础上形成调查报告。调查报告应当包括学术不端行为责任人的确认、调查过程、事实认定及理由、调查结论等。

学术不端行为由多人集体做出的,调查报告中应当区别各责任人在行为中所发挥的作用。

第二十五条 接触举报材料和参与调查处理的人员,不得向无关人员透露举报人、被举报人个人信息及调查情况。

第四章 认 定

第二十六条 高等学校学术委员会应当对调查组提交的调查报告进行审查;必要的,应当听取调查组的汇报。

学术委员会可以召开全体会议或者授权专门委员会对被调查行为是否构成学术不端行为以及行为的性质、情节等作出认定结论,并依职权作出处理或建议学校作出相应处理。

第二十七条 经调查,确认被举报人在科学研究及相关活动中有下列行为之一的,应当认定为构成学术不端行为:

(一)剽窃、抄袭、侵占他人学术成果;

(二)篡改他人研究成果;

(三)伪造科研数据、资料、文献、注释,或者捏造事实、编造虚假研究成果;

(四)未参加研究或创作而在研究成果、学术论文上署名,未经他人许可而不当使用他人署名,虚构合作者共同署名,或者多人共同完成研究而在成果中未注明他人工作、贡献;

(五)在申报课题、成果、奖励和职务评审评定、申请学位等过程中提供虚假学术信息;

(六)买卖论文、由他人代写或者为他人代写论文;

(七)其他根据高等学校或者有关学术组织、相关科研管理机构制定的规则,属于学术不端的行为。

第二十八条 有学术不端行为且有下列情形之一的,应当认定为情节严重:

(一)造成恶劣影响的;

(二)存在利益输送或者利益交换的;

(三)对举报人进行打击报复的;

(四)有组织实施学术不端行为的;

(五)多次实施学术不端行为的;
(六)其他造成严重后果或者恶劣影响的。

第五章 处 理

第二十九条 高等学校应当根据学术委员会的认定结论和处理建议,结合行为性质和情节轻重,依职权和规定程序对学术不端行为责任人作出如下处理:

(一)通报批评;
(二)终止或者撤销相关的科研项目,并在一定期限内取消申请资格;
(三)撤销学术奖励或者荣誉称号;
(四)辞退或解聘;
(五)法律、法规及规章规定的其他处理措施。

同时,可以依照有关规定,给予警告、记过、降低岗位等级或者撤职、开除等处分。

学术不端行为责任人获得有关部门、机构设立的科研项目、学术奖励或者荣誉称号等利益的,学校应当同时向有关主管部门提出处理建议。

学生有学术不端行为的,还应当按照学生管理的相关规定,给予相应的学籍处分。

学术不端行为与获得学位有直接关联的,由学位授予单位作暂缓授予学位、不授予学位或者依法撤销学位等处理。

第三十条 高等学校对学术不端行为作出处理决定,应当制作处理决定书,载明以下内容:

(一)责任人的基本情况;
(二)经查证的学术不端行为事实;
(三)处理意见和依据;
(四)救济途径和期限;
(五)其他必要内容。

第三十一条 经调查认定,不构成学术不端行为的,根据被举报人申请,高等学校应当通过一定方式为其消除影响、恢复名誉等。

调查处理过程中,发现举报人存在捏造事实、诬告陷害等行为的,应当认定为举报不实或者虚假举报,举报人应当承担相应责任。属于本单位人员的,高等学校应当按照有关规定给予处理;不属于本单位人员的,应通报其所在单位,并提出处理建议。

第三十二条 参与举报受理、调查和处理的人员违反保密等规定,造成不良影响的,按照有关规定给予处分或其他处理。

第六章 复　核

第三十三条　举报人或者学术不端行为责任人对处理决定不服的,可以在收到处理决定之日起 30 日内,以书面形式向高等学校提出异议或者复核申请。

异议和复核不影响处理决定的执行。

第三十四条　高等学校收到异议或者复核申请后,应当交由学术委员会组织讨论,并于 15 日内作出是否受理的决定。

决定受理的,学校或者学术委员会可以另行组织调查组或者委托第三方机构进行调查;决定不予受理的,应当书面通知当事人。

第三十五条　当事人对复核决定不服,仍以同一事实和理由提出异议或者申请复核的,不予受理;向有关主管部门提出申诉的,按照相关规定执行。

第七章 监　督

第三十六条　高等学校应当按年度发布学风建设工作报告,并向社会公开,接受社会监督。

第三十七条　高等学校处理学术不端行为推诿塞责、隐瞒包庇、查处不力的,主管部门可以直接组织或者委托相关机构查处。

第三十八条　高等学校对本校发生的学术不端行为,未能及时查处并做出公正结论,造成恶劣影响的,主管部门应当追究相关领导的责任,并进行通报。

高等学校为获得相关利益,有组织实施学术不端行为的,主管部门调查确认后,应当撤销高等学校由此获得的相关权利、项目以及其他利益,并追究学校主要负责人、直接负责人的责任。

第八章 附　则

第三十九条　高等学校应当根据本办法,结合学校实际和学科特点,制定本校学术不端行为查处规则及处理办法,明确各类学术不端行为的惩处标准。有关规则应当经学校学术委员会和教职工代表大会讨论通过。

第四十条　高等学校主管部门对直接受理的学术不端案件,可自行组织调查组或者指定、委托高等学校、有关机构组织调查、认定。对学术不端行为责任人的处理,根据本办法及国家有关规定执行。

教育系统所属科研机构及其他单位有关人员学术不端行为的调查与处理,可参照本办法执行。

第四十一条 本办法自2016年9月1日起施行。

教育部此前发布的有关规章、文件中的相关规定与本办法不一致的,以本办法为准。

附录6　关于进一步加强科研诚信建设的若干意见

（2018年5月30日中共中央办公厅、国务院办公厅发布）

科研诚信是科技创新的基石。近年来，我国科研诚信建设在工作机制、制度规范、教育引导、监督惩戒等方面取得了显著成效，但整体上仍存在短板和薄弱环节，违背科研诚信要求的行为时有发生。为全面贯彻党的十九大精神，培育和践行社会主义核心价值观，弘扬科学精神，倡导创新文化，加快建设创新型国家，现就进一步加强科研诚信建设、营造诚实守信的良好科研环境提出以下意见。

一、总体要求

（一）指导思想。全面贯彻党的十九大和十九届二中、三中全会精神，以习近平新时代中国特色社会主义思想为指导，落实党中央、国务院关于社会信用体系建设的总体要求，以优化科技创新环境为目标，以推进科研诚信建设制度化为重点，以健全完善科研诚信工作机制为保障，坚持预防与惩治并举，坚持自律与监督并重，坚持无禁区、全覆盖、零容忍，严肃查处违背科研诚信要求的行为，着力打造共建共享共治的科研诚信建设新格局，营造诚实守信、追求真理、崇尚创新、鼓励探索、勇攀高峰的良好氛围，为建设世界科技强国奠定坚实的社会文化基础。

（二）基本原则

——明确责任，协调有序。加强顶层设计、统筹协调，明确科研诚信建设各主体职责，加强部门沟通、协同、联动，形成全社会推进科研诚信建设合力。

——系统推进，重点突破。构建符合科研规律、适应建设世界科技强国要求的科研诚信体系。坚持问题导向，重点在实践养成、调查处理等方面实现突破，在提高诚信意识、优化科研环境等方面取得实效。

——激励创新，宽容失败。充分尊重科学研究灵感瞬间性、方式多样性、路径不确定性的特点，重视科研试错探索的价值，建立鼓励创新、宽容失败的容错纠错机制，形成敢为人先、勇于探索的科研氛围。

——坚守底线,终身追责。综合采取教育引导、合同约定、社会监督等多种方式,营造坚守底线、严格自律的制度环境和社会氛围,让守信者一路绿灯,失信者处处受限。坚持零容忍,强化责任追究,对严重违背科研诚信要求的行为依法依规终身追责。

(三)主要目标。在各方共同努力下,科学规范、激励有效、惩处有力的科研诚信制度规则健全完备,职责清晰、协调有序、监管到位的科研诚信工作机制有效运行,覆盖全面、共享联动、动态管理的科研诚信信息系统建立完善,广大科研人员的诚信意识显著增强,弘扬科学精神、恪守诚信规范成为科技界的共同理念和自觉行动,全社会的诚信基础和创新生态持续巩固发展,为建设创新型国家和世界科技强国奠定坚实基础,为把我国建成富强民主文明和谐美丽的社会主义现代化强国提供重要支撑。

二、完善科研诚信管理工作机制和责任体系

(四)建立健全职责明确、高效协同的科研诚信管理体系。科技部、中国社科院分别负责自然科学领域和哲学社会科学领域科研诚信工作的统筹协调和宏观指导。地方各级政府和相关行业主管部门要积极采取措施加强本地区本系统的科研诚信建设,充实工作力量,强化工作保障。科技计划管理部门要加强科技计划的科研诚信管理,建立健全以诚信为基础的科技计划监管机制,将科研诚信要求融入科技计划管理全过程。教育、卫生健康、新闻出版等部门要明确要求教育、医疗、学术期刊出版等单位完善内控制度,加强科研诚信建设。中国科学院、中国工程院、中国科协要强化对院士的科研诚信要求和监督管理,加强院士推荐(提名)的诚信审核。

(五)从事科研活动及参与科技管理服务的各类机构要切实履行科研诚信建设的主体责任。从事科研活动的各类企业、事业单位、社会组织等是科研诚信建设第一责任主体,要对加强科研诚信建设作出具体安排,将科研诚信工作纳入常态化管理。通过单位章程、员工行为规范、岗位说明书等内部规章制度及聘用合同,对本单位员工遵守科研诚信要求及责任追究作出明确规定或约定。

科研机构、高等学校要通过单位章程或制定学术委员会章程,对学术委员会科研诚信工作任务、职责权限作出明确规定,并在工作经费、办事机构、专职人员等方面提供必要保障。学术委员会要认真履行科研诚信建设职责,切实发挥审议、评定、受理、调查、监督、咨询等作用,对违背科研诚信要求的行为,发现一起,查处一起。学术委员会要组织开展或委托基层学术组织、第三方机构对本单位科研人员的重要学术论文等科研成果进行全

覆盖核查,核查工作应以3~5年为周期持续开展。

科技计划(专项、基金等)项目管理专业机构要严格按照科研诚信要求,加强立项评审、项目管理、验收评估等科技计划全过程和项目承担单位、评审专家等科技计划各类主体的科研诚信管理,对违背科研诚信要求的行为要严肃查处。

从事科技评估、科技咨询、科技成果转化、科技企业孵化和科研经费审计等的科技中介服务机构要严格遵守行业规范,强化诚信管理,自觉接受监督。

(六)学会、协会、研究会等社会团体要发挥自律自净功能。学会、协会、研究会等社会团体要主动发挥作用,在各自领域积极开展科研活动行为规范制定、诚信教育引导、诚信案件调查认定、科研诚信理论研究等工作,实现自我规范、自我管理、自我净化。

(七)从事科研活动和参与科技管理服务的各类人员要坚守底线、严格自律。科研人员要恪守科学道德准则,遵守科研活动规范,践行科研诚信要求,不得抄袭、剽窃他人科研成果或者伪造、篡改研究数据、研究结论;不得购买、代写、代投论文,虚构同行评议专家及评议意见;不得违反论文署名规范,擅自标注或虚假标注获得科技计划(专项、基金等)等资助;不得弄虚作假,骗取科技计划(专项、基金等)项目、科研经费以及奖励、荣誉等;不得有其他违背科研诚信要求的行为。

项目(课题)负责人、研究生导师等要充分发挥言传身教作用,加强对项目(课题)成员、学生的科研诚信管理,对重要论文等科研成果的署名、研究数据真实性、实验可重复性等进行诚信审核和学术把关。院士等杰出高级专家要在科研诚信建设中发挥示范带动作用,做遵守科研道德的模范和表率。

评审专家、咨询专家、评估人员、经费审计人员等要忠于职守,严格遵守科研诚信要求和职业道德,按照有关规定、程序和办法,实事求是,独立、客观、公正开展工作,为科技管理决策提供负责任、高质量的咨询评审意见。科技管理人员要正确履行管理、指导、监督职责,全面落实科研诚信要求。

三、加强科研活动全流程诚信管理

(八)加强科技计划全过程的科研诚信管理。科技计划管理部门要修改完善各级各类科技计划项目管理制度,将科研诚信建设要求落实到项目指南、立项评审、过程管理、结题验收和监督评估等科技计划管理全过程。

要在各类科研合同(任务书、协议等)中约定科研诚信义务和违约责任追究条款,加强科研诚信合同管理。完善科技计划监督检查机制,加强对相关责任主体科研诚信履责情况的经常性检查。

(九)全面实施科研诚信承诺制。相关行业主管部门、项目管理专业机构等要在科技计划项目、创新基地、院士增选、科技奖励、重大人才工程等工作中实施科研诚信承诺制度,要求从事推荐(提名)、申报、评审、评估等工作的相关人员签署科研诚信承诺书,明确承诺事项和违背承诺的处理要求。

(十)强化科研诚信审核。科技计划管理部门、项目管理专业机构要对科技计划项目申请人开展科研诚信审核,将具备良好的科研诚信状况作为参与各类科技计划的必备条件。对严重违背科研诚信要求的责任者,实行"一票否决"。相关行业主管部门要将科研诚信审核作为院士增选、科技奖励、职称评定、学位授予等工作的必经程序。

(十一)建立健全学术论文等科研成果管理制度。科技计划管理部门、项目管理专业机构要加强对科技计划成果质量、效益、影响的评估。从事科学研究活动的企业、事业单位、社会组织等应加强科研成果管理,建立学术论文发表诚信承诺制度、科研过程可追溯制度、科研成果检查和报告制度等成果管理制度。学术论文等科研成果存在违背科研诚信要求情形的,应对相应责任人严肃处理并要求其采取撤回论文等措施,消除不良影响。

(十二)着力深化科研评价制度改革。推进项目评审、人才评价、机构评估改革,建立以科技创新质量、贡献、绩效为导向的分类评价制度,将科研诚信状况作为各类评价的重要指标,提倡严谨治学,反对急功近利。坚持分类评价,突出品德、能力、业绩导向,注重标志性成果质量、贡献、影响,推行代表作评价制度,不把论文、专利、荣誉性头衔、承担项目、获奖等情况作为限制性条件,防止简单量化、重数量轻质量、"一刀切"等倾向。尊重科学研究规律,合理设定评价周期,建立重大科学研究长周期考核机制。开展临床医学研究人员评价改革试点,建立设置合理、评价科学、管理规范、运转协调、服务全面的临床医学研究人员考核评价体系。

四、进一步推进科研诚信制度化建设

(十三)完善科研诚信管理制度。科技部、中国社科院要会同相关单位加强科研诚信制度建设,完善教育宣传、诚信案件调查处理、信息采集、分类评价等管理制度。从事科学研究的企业、事业单位、社会组织等应建

（十四）完善违背科研诚信要求行为的调查处理规则。科技部、中国社科院要会同教育部、国家卫生健康委、中国科学院、中国科协等部门和单位依法依规研究制定统一的调查处理规则，对举报受理、调查程序、职责分工、处理尺度、申诉、实名举报人及被举报人保护等作出明确规定。从事科学研究的企业、事业单位、社会组织等应制定本单位的调查处理办法，明确调查程序、处理规则、处理措施等具体要求。

（十五）建立健全学术期刊管理和预警制度。新闻出版等部门要完善期刊管理制度，采取有效措施，加强高水平学术期刊建设，强化学术水平和社会效益优先要求，提升我国学术期刊影响力，提高学术期刊国际话语权。学术期刊应充分发挥在科研诚信建设中的作用，切实提高审稿质量，加强对学术论文的审核把关。

科技部要建立学术期刊预警机制，支持相关机构发布国内和国际学术期刊预警名单，并实行动态跟踪、及时调整。将罔顾学术质量、管理混乱、商业利益至上，造成恶劣影响的学术期刊，列入"黑名单"。论文作者所在单位应加强对本单位科研人员发表论文的管理，对在列入预警名单的学术期刊上发表论文的科研人员，要及时警示提醒；对在列入黑名单的学术期刊上发表的论文，在各类评审评价中不予认可，不得报销论文发表的相关费用。

五、切实加强科研诚信的教育和宣传

（十六）加强科研诚信教育。从事科学研究的企业、事业单位、社会组织应将科研诚信工作纳入日常管理，加强对科研人员、教师、青年学生等的科研诚信教育，在入学入职、职称晋升、参与科技计划项目等重要节点必须开展科研诚信教育。对在科研诚信方面存在倾向性、苗头性问题的人员，所在单位应当及时开展科研诚信诫勉谈话，加强教育。

科技计划管理部门、项目管理专业机构以及项目承担单位，应当结合科技计划组织实施的特点，对承担或参与科技计划项目的科研人员有效开展科研诚信教育。

（十七）充分发挥学会、协会、研究会等社会团体的教育培训作用。学会、协会、研究会等社会团体要主动加强科研诚信教育培训工作，帮助科研人员熟悉和掌握科研诚信具体要求，引导科研人员自觉抵制弄虚作假、欺诈剽窃等行为，开展负责任的科学研究。

(十八)加强科研诚信宣传。创新手段,拓宽渠道,充分利用广播电视、报纸杂志等传统媒体及微博、微信、手机客户端等新媒体,加强科研诚信宣传教育。大力宣传科研诚信典范榜样,发挥典型人物示范作用。及时曝光违背科研诚信要求的典型案例,开展警示教育。

六、严肃查处严重违背科研诚信要求的行为

(十九)切实履行调查处理责任。自然科学论文造假监管由科技部负责,哲学社会科学论文造假监管由中国社科院负责。科技部、中国社科院要明确相关机构负责科研诚信工作,做好受理举报、核查事实、日常监管等工作,建立跨部门联合调查机制,组织开展对科研诚信重大案件联合调查。违背科研诚信要求行为人所在单位是调查处理第一责任主体,应当明确本单位科研诚信机构和监察审计机构等调查处理职责分工,积极主动、公正公平开展调查处理。相关行业主管部门应按照职责权限和隶属关系,加强指导和及时督促,坚持学术、行政两条线,注重发挥学会、协会、研究会等社会团体作用。对从事学术论文买卖、代写代投以及伪造、虚构、篡改研究数据等违法违规活动的中介服务机构,市场监督管理、公安等部门应主动开展调查,严肃惩处。保障相关责任主体申诉权等合法权利,事实认定和处理决定应履行对当事人的告知义务,依法依规及时公布处理结果。科研人员应当积极配合调查,及时提供完整有效的科学研究记录,对拒不配合调查、隐匿销毁研究记录的,要从重处理。对捏造事实、诬告陷害的,要依据有关规定严肃处理;对举报不实、给被举报单位和个人造成严重影响的,要及时澄清、消除影响。

(二十)严厉打击严重违背科研诚信要求的行为。坚持零容忍,保持对严重违背科研诚信要求行为严厉打击的高压态势,严肃责任追究。建立终身追究制度,依法依规对严重违背科研诚信要求行为实行终身追究,一经发现,随时调查处理。积极开展对严重违背科研诚信要求行为的刑事规制理论研究,推动立法、司法部门适时出台相应刑事制裁措施。

相关行业主管部门或严重违背科研诚信要求责任人所在单位要区分不同情况,对责任人给予科研诚信诫勉谈话;取消项目立项资格,撤销已获资助项目或终止项目合同,追回科研项目经费;撤销获得的奖励、荣誉称号,追回奖金;依法开除学籍,撤销学位、教师资格,收回医师执业证书等;一定期限直至终身取消晋升职务职称、申报科技计划项目、担任评审评估专家、被提名为院士候选人等资格;依法依规解除劳动合同、聘用合同;终身禁止在政府举办的学校、医院、科研机构等从事教学、科研工作等处罚,

以及记入科研诚信严重失信行为数据库或列入观察名单等其他处理。严重违背科研诚信要求责任人属于公职人员的,依法依规给予处分;属于党员的,依纪依规给予党纪处分。涉嫌存在诈骗、贪污科研经费等违法犯罪行为的,依法移交监察、司法机关处理。

对包庇、纵容甚至骗取各类财政资助项目或奖励的单位,有关主管部门要给予约谈主要负责人、停拨或核减经费、记入科研诚信严重失信行为数据库、移送司法机关等处理。

(二十一)开展联合惩戒。加强科研诚信信息跨部门跨区域共享共用,依法依规对严重违背科研诚信要求责任人采取联合惩戒措施。推动各级各类科技计划统一处理规则,对相关处理结果互认。将科研诚信状况与学籍管理、学历学位授予、科研项目立项、专业技术职务评聘、岗位聘用、评选表彰、院士增选、人才基地评审等挂钩。推动在行政许可、公共采购、评先创优、金融支持、资质等级评定、纳税信用评价等工作中将科研诚信状况作为重要参考。

七、加快推进科研诚信信息化建设

(二十二)建立完善科研诚信信息系统。科技部会同中国社科院建立完善覆盖全国的自然科学和哲学社会科学科研诚信信息系统,对科研人员、相关机构、组织等的科研诚信状况进行记录。研究拟订科学合理、适用不同类型科研活动和对象特点的科研诚信评价指标、方法模型,明确评价方式、周期、程序等内容。重点对参与科技计划(项目)组织管理或实施、科技统计等科技活动的项目承担人员、咨询评审专家,以及项目管理专业机构、项目承担单位、中介服务机构等相关责任主体开展诚信评价。

(二十三)规范科研诚信信息管理。建立健全科研诚信信息采集、记录、评价、应用等管理制度,明确实施主体、程序、要求。根据不同责任主体的特点,制定面向不同类型科技活动的科研诚信信息目录,明确信息类别和管理流程,规范信息采集的范围、内容、方式和信息应用等。

(二十四)加强科研诚信信息共享应用。逐步推动科研诚信信息系统与全国信用信息共享平台、地方科研诚信信息系统互联互通,分阶段分权限实现信息共享,为实现跨部门跨地区联合惩戒提供支撑。

八、保障措施

(二十五)加强党对科研诚信建设工作的领导。各级党委(党组)要高度重视科研诚信建设,切实加强领导,明确任务,细化分工,扎实推进。有关部门、地方应整合现有科研保障措施,建立科研诚信建设目标责任制,明确任务分工,细化目标责任,明确完成时间。科技部要建立科研诚信建设情况督查和通报制度,对工作取得明显成效的地方、部门和机构进行表彰;对措施不得力、工作不落实的,予以通报批评,督促整改。

(二十六)发挥社会监督和舆论引导作用。充分发挥社会公众、新闻媒体等对科研诚信建设的监督作用。畅通举报渠道,鼓励对违背科研诚信要求的行为进行负责任实名举报。新闻媒体要加强对科研诚信正面引导。对社会舆论广泛关注的科研诚信事件,当事人所在单位和行业主管部门要及时采取措施调查处理,及时公布调查处理结果。

(二十七)加强监测评估。开展科研诚信建设情况动态监测和第三方评估,监测和评估结果作为改进完善相关工作的重要基础以及科研事业单位绩效评价、企业享受政府资助等的重要依据。对重大科研诚信事件及时开展跟踪监测和分析。定期发布中国科研诚信状况报告。

(二十八)积极开展国际交流合作。积极开展与相关国家、国际组织等的交流合作,加强对科技发展带来的科研诚信建设新情况新问题研究,共同完善国际科研规范,有效应对跨国跨地区科研诚信案件。

附录7　关于对科研领域相关失信责任主体实施联合惩戒的合作备忘录

(2018年11月5日国家发展改革委、人民银行、科技部、中央组织部、中央宣传部、中央编办、中央文明办、中央网信办、最高法院、最高检察院、中央军委装备发展部、中央军委科学技术委员会、教育部、工业和信息化部、公安部、财政部、人力资源社会保障部、自然资源部、住房城乡建设部、交通运输部、水利部、农业农村部、商务部、卫生健康委、国资委、海关总署、税务总局、市场监管总局、广电总局、中科院、社科院、工程院、银保监会、证监会、自然科学基金会、民航局、全国总工会、共青团中央、全国妇联、中国科协、铁路总公司联合发布　发改财金〔2018〕1600号)

为深入学习贯彻习近平新时代中国特色社会主义思想和党的十九大精神,落实《国务院关于印发社会信用体系建设规划纲要(2014—2020年)的通知》(国发〔2014〕21号)、《国务院关于改进加强中央财政科研项目和资金管理的若干意见》(国发〔2014〕11号)、《国务院关于建立完善守信联合激励和失信联合惩戒制度加快推进社会诚信建设的指导意见》(国发〔2016〕33号)、《中华人民共和国科学技术进步法》、《国家发展改革委 人民银行关于加强和规范守信联合激励和失信联合惩戒对象名单管理工作的指导意见》(发改财金〔2017〕1798号)等有关要求,加强科研诚信体系建设,建立健全科研领域失信联合惩戒机制,构筑诚实守信的科技创新环境,国家发展改革委、人民银行、科技部、中央组织部、中央宣传部、中央编办、中央文明办、中央网信办、最高法院、最高检察院、中央军委装备发展部、中央军委科学技术委员会、教育部、工业和信息化部、公安部、财政部、人力资源社会保障部、自然资源部、住房城乡建设部、交通运输部、水利部、农业农村部、商务部、卫生健康委、国资委、海关总署、税务总局、市场监管总局、广电总局、中科院、社科院、工程院、银保监会、证监会、自然科学基金会、民航局、全国总工会、共青团中央、全国妇联、中国科协、铁路总公司就科研领域实施失信联合惩戒达成如下一致意见。

一、联合惩戒对象

联合惩戒对象为在科研领域存在严重失信行为,列入科研诚信严重失信行为记录名单的相关责任主体,包括科技计划(专项、基金等)及项目的承担人员、评估人员、评审专家,科研服务人员和科学技术奖候选人、获奖人、提名人等自然人,项目承担单位、项目管理专业机构、中介服务机构、科学技术奖提名单位、全国学会等法人机构。

二、联合惩戒措施

依据相关责任主体失信行为严重程度,对其采取以下一项或多项惩戒措施:

(一)科研诚信建设联席会议成员单位采取的惩戒措施

1. 限制或取消一定期限申报或承担国家科技计划(专项、基金等)的资格。

2. 依法撤销国家科学技术奖奖励,追回奖金、证书。

3. 暂停或取消国家科学技术奖提名人资格。

4. 一定期限内或终身取消国家科学技术奖被提名资格。

5. 作为高新技术企业认定管理工作监督检查和备案等相关工作的重点监管对象。

6. 撤销其行为发生年科技型中小企业入库登记编号,并在服务平台上公告。

7. 在科技计划(专项、基金等)项目立项、评审专家遴选、职称评定、职务晋升、项目管理专业机构选定、科技奖励评审、间接费用核定、结余资金留用及创新基地与人才遴选、考核评估等工作中,将失信信息作为重要参考依据。

8. 列为重点监管对象,增加在国家科技计划(专项、基金等)实施中的监督检查频次。

9. 撤销学会领导职务,取消会员资格。

(实施单位:科技部、最高法院、最高检察院、中央军委装备发展部、中央军委科学技术委员会、国家发展改革委、教育部、工业和信息化部、公安部、财政部、人力资源社会保障部、农业农村部、卫生健康委、市场监管总局、广电总局、中科院、社科院、工程院、自然科学基金会、中国科协)

(二)跨部门联合惩戒措施

10. 一定期限内或终身取消中国科学院、中国工程院院士提名(推荐)资格、院士被提名(推荐)资格。(实施单位:中科院、工程院、中国科协)

11. 按程序及时撤销相关荣誉称号,取消参加评优评先资格。(实施单位:中央宣传部、中央文明办、人力资源社会保障部、全国总工会、共青团中央、全国妇联、中国科协)

12. 依法限制招录(聘)为公务员或事业单位工作人员。(实施单位:中央组织部、人力资源社会保障部等有关部门)

13. 失信责任主体是个人的,依法限制登记为事业单位法定代表人。失信责任主体是机构的,该机构法定代表人依法限制登记为事业单位法定代表人。(实施单位:中央编办)

14. 暂停审批其新的重大项目申报,核减、停止拨付或收回政府补贴资金。(实施单位:国家发展改革委、财政部、人力资源社会保障部、国资委)

15. 将失信信息作为证券公司、保险公司、基金管理公司、期货公司的董事、监事和高级管理人员及分支机构负责人任职审批或备案的参考。(实施单位:证监会、银保监会)

16. 将失信信息作为证券公司、保险公司、基金管理公司及期货公司的设立及股权或实际控制人变更审批或备案,私募投资基金管理人登记、重大事项变更以及基金备案的参考。(实施单位:证监会、银保监会)

17. 将失信信息作为加强对境内上市公司实行股权激励计划或相关人员成为股权激励对象事中事后监管的参考。(实施单位:国资委、财政部、证监会)

18. 强化税收管理,提高监督检查频次。(实施单位:税务总局)

19. 将失信责任主体的失信情况作为纳税信用评价的重要外部参考。(实施单位:税务总局)

20. 对严重失信责任主体,限制其取得认证机构资质;限制其获得认证证书。(实施单位:市场监管总局)

21. 对失信责任主体进出口货物实施严密监管,在办理相关海关业务时,加强单证审核、布控查验、加工贸易担保征收、后续稽查或统计监督核查。(实施单位:海关总署)

22. 对失信责任主体申请适用海关认证企业管理的,不予通过认证。已经成为认证企业的,按照规定下调企业信用等级。(实施单位:海关总署)

23. 依法限制参与依法必须招标的工程建设项目招投标活动。(实施

单位:国家发展改革委、工业和信息化部、住房城乡建设部、交通运输部、水利部、商务部、市场监管总局、民航局、铁路总公司)

24.依法限制参与基础设施和公用事业特许经营。(实施单位:国家发展改革委、财政部、住房城乡建设部、交通运输部、水利部)

25.依法限制享受投资等领域优惠政策。(实施单位:国家发展改革委等有关单位)

26.依法限制新网站开办;在申请经营性互联网信息服务时,将失信信息作为审核相关许可的重要参考。(实施单位:工业和信息化部)

27.依法限制其作为供应商参与政府采购活动;依法限制其作为装备承制单位参与武器装备采购。(实施单位:财政部、中央军委装备发展部)

28.依法限制取得政府供应土地。(实施单位:自然资源部)

29.依法限制取得生产许可证。(实施单位:市场监管总局)

30.依法限制取得建筑开发规划选址许可、新增建设项目规划许可、水土保持方案许可和设施验收许可、施工许可等。(实施单位:住房城乡建设部、水利部)

31.依法限制发起设立或参股金融机构。(实施单位:银保监会、证监会)

32.依法限制发起设立或参股小额贷款公司、融资担保公司、创业投资公司、互联网融资平台等机构。(实施单位:中央网信办、地方政府确定的相关监管机构)

33.将失信机构及其相关失信人员信息作为银行评级授信、信贷融资、管理和退出的重要参考依据。(实施单位:人民银行、银保监会)

34.依法对申请发行企业债券不予受理。(实施单位:国家发展改革委)

35.将失信信息作为发行公司债券的重要参考,依法从严审核;在注册非金融债券融资工具时加强管理,并按照注册发行有关工作要求,强化信息披露,加强投资人保护机制管理,防范有关风险。(实施单位:人民银行)

36.将失信信息纳入金融信用信息基础数据库。(实施单位:人民银行)

37.将失信信息作为公开发行公司信用类债券核准或注册的参考,依法从严审核;在注册非金融债券融资工具时加强管理,并按照注册发行有关工作要求,强化信息披露,加强投资人保护机制管理,防范有关风险。(实施单位:证监会)

38. 在股票发行审核及在全国中小企业股份转让系统挂牌公开转让审核中,将失信信息作为参考。(实施单位:证监会)

39. 对相关失信责任主体在证券、基金、期货从业资格申请中予以从严审核,对已成为证券、基金、期货从业人员的相关主体予以重点关注。(实施单位:证监会)

40. 对相关失信责任主体在上市公司或者非上市公众公司收购的事中事后监管中予以重点关注。(实施单位:证监会)

41. 将失信信息作为非上市公众公司重大资产重组审核的参考。(实施单位:证监会)

42. 将其失信信息作为独立基金销售机构审批时的参考。(实施单位:证监会)

43. 对其依法采取责令改正、暂停相关业务、停业整顿、关闭网站、吊销相关业务许可证或者吊销营业执照等措施。(实施单位:公安部、市场监管总局、中央网信办)

三、联合惩戒实施方式

(一)科技部通过全国信用信息共享平台定期向签署本备忘录的相关部门提供科研领域联合惩戒对象的相关信息。同时,在"信用中国"网站、科技部政府网站、国家企业信用信息公示系统等向社会公布。其他部门和单位通过全国信用信息共享平台联合奖惩子系统获取科研领域联合惩戒对象信息,按照本备忘录约定内容,依法依规实施惩戒。

(二)建立惩戒效果定期通报机制,根据实际情况相关部门可定期将联合惩戒措施的实施情况通过全国信用信息共享平台联合奖惩子系统反馈至国家发展改革委和科技部。

四、联合惩戒动态管理

科技部对科研领域失信行为责任主体名单进行动态管理,通过全国信用信息共享平台定期更新科研领域严重失信行为信息,相关部门依据相关规则和程序实施或解除惩戒措施。解除惩戒措施后依程序移除科研领域严重失信行为信息,但相关记录在电子档案中长期保存。

五、其他事宜

各部门应密切协作,积极落实本备忘录。本备忘录实施过程中涉及部门之间协调配合的问题,由各部门协商解决。各有关单位可在惩戒时按相关具体规定或管理要求,确定惩戒时限。

  本备忘录签署后,各项惩戒措施所依据的法律、法规、规章及规范性文件有修改或调整的,以修改后的法律、法规、规章及规范性文件为准。

附录8 哲学社会科学科研诚信建设实施办法

[2019年5月16日中宣部、教育部、科技部、中共中央党校(国家行政学院)、中国社会科学院、国务院发展研究中心、中央军委科学技术委员会联合发布 社科办字[2019]10号]

一、总则

第一条 为在全国范围内培育和践行社会主义核心价值观,弘扬科学精神,营造诚实守信的良好科研环境,培根铸魂,构建科学权威、公开透明的哲学社会科学成果评价体系,根据相关法律法规和《关于进一步加强科研诚信建设的若干意见》等文件,制定本办法。

第二条 本办法适用于全国范围内哲学社会科学领域的党政机关、企事业单位和社会组织,以及从事哲学社会科学工作的相关人员。

第三条 科研诚信建设应坚持教育、预防、监督、惩戒相结合,教育优先、预防为主的原则。

第四条 哲学社会科学领域的党政机关、企事业单位和社会组织应当依据本办法建设相应的科研诚信管理体系,完善管理制度和工作机制。

二、组织体系

第五条 哲学社会科学科研诚信建设联席会议是全国哲学社会科学科研诚信建设的领导机构,由中国社会科学院负责召集,中宣部、教育部、科技部、中共中央党校(国家行政学院)、国务院发展研究中心、中央军委科学技术委员会等为成员单位,按照全国哲学社会科学工作领导小组的部署开展工作。

第六条 联席会议职责

(一)贯彻落实党中央国务院关于哲学社会科学科研诚信与信用体系建设的决策部署;

(二)组织研究哲学社会科学科研诚信体系建设的重大政策措施和重点问题,并提出意见建议;

(三)协调解决哲学社会科学科研诚信体系建设过程中的重大问题;

(四)组织开展对哲学社会科学科研诚信重大案件的联合调查与处理;

(五)指导开展有关哲学社会科学科研诚信的宣传教育活动;

(六)协调建立哲学社会科学科研诚信建设的信息共享机制;

(七)研究协调哲学社会科学科研诚信与信用体系建设有关的其他重要事项。

第七条 行业主管部门负责本系统科研诚信建设的统筹协调和宏观指导。中国社会科学院、教育部、中共中央党校(国家行政学院)、国务院发展研究中心、中央军委科学技术委员会分别负责社科院系统、教育系统、党校系统、政府研究机构、军队系统在哲学社会科学领域科研诚信建设的宏观指导。

第八条 哲学社会科学科研诚信建设联席会议的成员单位建立工作层面的联系人机制,就具体工作进行协调联络。

第九条 中国社会科学院设立哲学社会科学科研诚信管理办公室,作为哲学社会科学科研诚信建设联席会议的办事机构,负责哲学社会科学领域科研诚信建设的日常工作。其主要职责是:

(一)对哲学社会科学领域各单位的科研诚信管理工作进行监督和指导;

(二)组织协调相关部门调查重大及敏感的哲学社会科学科研诚信案件;

(三)负责对哲学社会科学科研诚信建设联席会议成员单位的科研诚信管理工作进行协调和对接;

(四)定期组织召开哲学社会科学科研诚信建设联席会议;

(五)组织开展哲学社会科学科研诚信工作和相关法律法规的业务培训;

(六)完成哲学社会科学科研诚信建设联席会议交办的其他工作。

三、教育预防

第十条 哲学社会科学科研诚信建设联席会议建立哲学社会科学科研诚信数据库,对科研失信行为进行记录和公示,实现科研诚信信息的公开透明,发挥社会监督作用。

第十一条 哲学社会科学科研诚信建设责任单位应当完善学术治理体系,建立科学公正的科研制度,营造鼓励创新、宽容失败、不骄不躁、风清气正的学术环境。

第十二条 哲学社会科学科研诚信建设责任单位应当把科研诚信和学术道德教育作为学习培训的必要内容,以多种形式开展教育培训。

第十三条 哲学社会科学科研诚信建设责任单位应建立覆盖科研活动全领域全流程的科研诚信监督检查制度,在科研项目、人才计划、科研奖项、成果发表等各项科研活动的各个环节加强科研诚信审核。

第十四条 哲学社会科学科研诚信建设责任单位应当建立科研管理信息平台,建立涵盖科研项目、学术称号等内容的科研诚信档案,建立对学术成果、学位论文所涉及内容的知识产权查询制度。

第十五条 哲学社会科学领域各单位应当建立个人科研诚信记录,在年度考核、职称评定、岗位聘用、评优奖励中强化科研诚信考核。

第十六条 哲学社会科学工作者在科研活动中应当遵循实事求是的科学精神和严谨认真的治学态度,恪守学术诚信,遵循学术准则,尊重和保护他人知识产权等合法权益。

四、受理调查

第十七条 哲学社会科学科研诚信建设责任单位应建立科研诚信举报的受理、调查、处理、公布机制,应明确具体部门负责受理对本单位人员的科研诚信举报。

第十八条 对违背科研诚信行为的举报应当符合以下条件:

(一)应当实名举报;

(二)有明确的举报对象;

(三)有明确的违规事实;

(四)有客观的证据材料或者查证线索。

第十九条 被举报人所在单位接到举报或上级部门转办的举报后,应当在 15 个工作日内进行初步核查,确认是否受理。

第二十条 对违背哲学社会科学科研诚信行为的调查,应采取诚信调查和学术鉴定相结合的方法。诚信调查由责任单位的专门机构负责,对案件涉及的事实情况进行调查;学术鉴定由责任单位成立专门评审组,对案件的学术问题进行审查评议。

第二十一条 对引发社会普遍关注的,或涉及多个部门和单位的哲学社会科学科研诚信事件,哲学社会科学科研诚信管理办公室根据哲学社会科学科研诚信建设联席会议决定,具体组织协调相关单位分别开展或联合开展调查。

第二十二条 调查组应当在决定受理之日起 180 日内进行调查并形成调查报告。调查报告应当包括事实认定及理由、调查过程、调查结论等。

五、认定处理

第二十三条 在科研及相关活动中有下列情况的,应当认定为违背科研诚信行为:

(一)抄袭、剽窃、侵占他人研究成果;

(二)伪造科研数据、资料、文献、注释,或者捏造事实、编造虚假研究成果;

(三)违反署名规范,未参加研究或创作而在研究成果、学术论文上署名,未经他人许可而不当使用他人署名,虚构合作者共同署名,或者多人共同完成研究而在成果中未注明他人工作、贡献;

(四)采取弄虚作假、贿赂、利益交换等方式获取项目、经费、职务职称、奖励、荣誉等;

(五)故意重复发表论文;

(六)买卖论文、由他人代写或者为他人代写论文;

(七)虚构同行评议专家及评议意见;

(八)利用管理、咨询、评价专家等身份或职务便利,在科研活动中为他人谋取利益;

(九)其他违背科研诚信的行为。

第二十四条 对认定存在违背科研诚信行为的单位或个人,由相关部门或机构视情节轻重,给予约谈警示、通报批评、中止项目执行和项目拨款、终止项目执行和项目拨款直至限制项目申报资格、在一定期限内不接受其项目的申请等处理。

对于严重违背科研诚信行为的单位或个人,实行终身追责。

构成违纪的,依据《事业单位工作人员处分暂行规定》《财政违法行为处罚处分条例》等相关文件,视情节轻重给予警告、记过、降低岗位等级或撤职、开除等处分。

涉嫌犯罪的,由司法机关依法追究其刑事责任。

此外,按照多部门印发《关于对科研领域相关失信责任主体实施联合惩戒的合作备忘录》的相关办法进行惩处。

第二十五条 责任单位将处理完结的违背哲学社会科学科研诚信案件相关信息及时报送其上级主管部门,并在哲学社会科学科研诚信数据库进行记录。

第二十六条 各系统主管部门和责任单位要依据国家构建社会信用体系的有关规章制度对违背哲学社会科学科研诚信的主体实施联合惩戒。

六、申诉复核

第二十七条 当事人对处理决定不服的,可以在收到处理决定之日起 30 个工作日内,以书面形式向调查处理责任单位提出异议或者复核申请。

第二十八条 调查处理责任单位应当于收到申诉之日起 10 个工作日内作出是否复查的决定。

决定受理的,责任单位应另行组织调查组重新展开调查;决定不予受理的,应当书面通知当事人,并说明不予复查的原因。复查应当自决定受理之日起 60 日内完成。

第二十九条 当事人对复核决定不服,仍以同一事实和理由提出异议或者申请复核的,不予受理。

七、保障监督

第三十条 参与调查处理工作的人员应当遵守工作纪律,保守秘密;不得私自留存、隐匿、摘抄、复制或泄露涉事资料;不得私自透露或散布调查处理工作情况。

第三十一条 责任单位在调查处理违背科研诚信行为时有推诿塞责、隐瞒包庇、查处不力等情形的,主管部门应当追究相关领导责任,予以通报批评,并监督责任单位重新开展调查。

八、附则

第三十二条 国家有关法律法规对科研诚信建设另有规定的,依照其规定执行。

各有关单位依据本办法结合单位实际情况制定具体细则。军队系统实施哲学社会科学科研诚信有关办法由中央军委科学技术委员会另行制定。

第三十三条 本办法自发布之日起实施,哲学社会科学科研诚信建设联席会议负责解释。

附录9　学术出版规范　期刊学术不端行为界定

(2019年5月29日国家新闻出版署发布　标准号CY/T 174—2019　自2019年7月1日起实施)

1　范围

本标准界定了学术期刊论文作者、审稿专家、编辑者所可能涉及的学术不端行为。

本标准适用于学术期刊论文出版过程中各类学术不端行为的判断和处理。其他学术出版物可参照使用。

2　术语和定义

下列术语和定义适用于本文件。

2.1　剽窃 plagiarism

采用不当手段,窃取他人的观点、数据、图像、研究方法、文字表述等并以自己名义发表的行为。

2.2　伪造 fabrication

编造或虚构数据、事实的行为。

2.3　篡改 falsification

故意修改数据和事实使其失去真实性的行为。

2.4　不当署名 inappropriate authorship

与对论文实际贡献不符的署名或作者排序行为。

2.5　一稿多投 duplicate submission;multiple submissions

将同一篇论文或只有微小差别的多篇论文投给两个及以上期刊,或者在约定期限内再转投其他期刊的行为。

2.6　重复发表 overlapping publications

在未说明的情况下重复发表自己(或自己作为作者之一)已经发表文献中内容的行为。

3 论文作者学术不端行为类型

3.1 剽窃

3.1.1 观点剽窃

不加引注或说明地使用他人的观点,并以自己的名义发表,应界定为观点剽窃。观点剽窃的表现形式包括:

a) 不加引注地直接使用他人已发表文献中的论点、观点、结论等。

b) 不改变其本意地转述他人的论点、观点、结论等后不加引注地使用。

c) 对他人的论点、观点、结论等删减部分内容后不加引注地使用。

d) 对他人的论点、观点、结论等进行拆分或重组后不加引注地使用。

e) 对他人的论点、观点、结论等增加一些内容后不加引注地使用。

3.1.2 数据剽窃

不加引注或说明地使用他人已发表文献中的数据,并以自己的名义发表,应界定为数据剽窃。数据剽窃的表现形式包括:

a) 不加引注地直接使用他人已发表文献中的数据。

b) 对他人已发表文献中的数据进行些微修改后不加引注地使用。

c) 对他人已发表文献中的数据进行一些添加后不加引注地使用。

d) 对他人已发表文献中的数据进行部分删减后不加引注地使用。

e) 改变他人已发表文献中数据原有的排列顺序后不加引注地使用。

f) 改变他人已发表文献中的数据的呈现方式后不加引注地使用,如将图表转换成文字表述,或者将文字表述转换成图表。

3.1.3 图片和音视频剽窃

不加引注或说明地使用他人已发表文献中的图片和音视频,并以自己的名义发表,应界定为图片和音视频剽窃。图片和音视频剽窃的表现形式包括:

a) 不加引注或说明地直接使用他人已发表文献中的图像、音视频等资料。

b) 对他人已发表文献中的图片和音视频进行些微修改后不加引注或说明地使用。

c) 对他人已发表文献中的图片和音视频添加一些内容后不加引注或说明地使用。

d) 对他人已发表文献中的图片和音视频删减部分内容后不加引注或说明地使用。

e) 对他人已发表文献中的图片增强部分内容后不加引注或说明地

使用。

f) 对他人已发表文献中的图片弱化部分内容后不加引注或说明地使用。

3.1.4　研究(实验)方法剽窃

不加引注或说明地使用他人具有独创性的研究(实验)方法,并以自己的名义发表,应界定为研究(实验)方法剽窃。研究(实验)方法剽窃的表现形式包括：

a) 不加引注或说明地直接使用他人已发表文献中具有独创性的研究(实验)方法。

b) 修改他人已发表文献中具有独创性的研究(实验)方法的一些非核心元素后不加引注或说明地使用。

3.1.5　文字表述剽窃

不加引注地使用他人已发表文献中具有完整语义的文字表述,并以自己的名义发表,应界定为文字表述剽窃。文字表述剽窃的表现形式包括：

a) 不加引注地直接使用他人已发表文献中的文字表述。

b) 成段使用他人已发表文献中的文字表述,虽然进行了引注,但对所使用文字不加引号,或者不改变字体,或者不使用特定的排列方式显示。

c) 多处使用某一已发表文献中的文字表述,却只在其中一处或几处进行引注。

d) 连续使用来源于多个文献的文字表述,却只标注其中一个或几个文献来源。

e) 不加引注、不改变其本意地转述他人已发表文献中的文字表述,包括概括、删减他人已发表文献中的文字,或者改变他人已发表文献中的文字表述的句式,或者用类似词语对他人已发表文献中的文字表述进行同义替换。

f) 对他人已发表文献中的文字表述增加一些词句后不加引注地使用。

g) 对他人已发表文献中的文字表述删减一些词句后不加引注地使用。

3.1.6　整体剽窃

论文的主体或论文某一部分的主体过度引用或大量引用他人已发表文献的内容,应界定为整体剽窃。整体剽窃的表现形式包括：

a) 直接使用他人已发表文献的全部或大部分内容。

b) 在他人已发表文献的基础上增加部分内容后以自己的名义发表,如补充一些数据,或者补充一些新的分析等。

c) 对他人已发表文献的全部或大部分内容进行缩减后以自己的名义

发表。

　　d)替换他人已发表文献中的研究对象后以自己的名义发表。

　　e)改变他人已发表文献的结构、段落顺序后以自己的名义发表。

　　f)将多篇他人已发表文献拼接成一篇论文后发表。

3.1.7 他人未发表成果剽窃

　　未经许可使用他人未发表的观点,具有独创性的研究(实验)方法,数据、图片等,或获得许可但不加以说明,应界定为他人未发表成果剽窃。他人未发表成果剽窃的表现形式包括:

　　a)未经许可使用他人已经公开但未正式发表的观点,具有独创性的研究(实验)方法,数据、图片等。

　　b)获得许可使用他人已经公开但未正式发表的观点,具有独创性的研究(实验)方法,数据、图片等,却不加引注,或者不以致谢等方式说明。

3.2 伪造

伪造的表现形式包括:

　　a)编造不以实际调查或实验取得的数据、图片等。

　　b)伪造无法通过重复实验而再次取得的样品等。

　　c)编造不符合实际或无法重复验证的研究方法、结论等。

　　d)编造能为论文提供支撑的资料、注释、参考文献。

　　e)编造论文中相关研究的资助来源。

　　f)编造审稿人信息、审稿意见。

3.3 篡改

篡改的表现形式包括:

　　a)使用经过擅自修改、挑选、删减、增加的原始调查记录、实验数据等,使原始调查记录、实验数据等的本意发生改变。

　　b)拼接不同图片从而构造不真实的图片。

　　c)从图片整体中去除一部分或添加一些虚构的部分,使对图片的解释发生改变。

　　d)增强、模糊、移动图片的特定部分,使对图片的解释发生改变。

　　e)改变所引用文献的本意,使其对己有利。

3.4 不当署名

不当署名的表现形式包括:

　　a)将对论文所涉及的研究有实质性贡献的人排除在作者名单外。

　　b)未对论文所涉及的研究有实质性贡献的人在论文中署名。

　　c)未经他人同意擅自将其列入作者名单。

d) 作者排序与其对论文的实际贡献不符。

e) 提供虚假的作者职称、单位、学历、研究经历等信息。

3.5　一稿多投

一稿多投的表现形式包括：

a) 将同一篇论文同时投给多个期刊。

b) 在首次投稿的约定回复期内，将论文再次投给其他期刊。

c) 在未接到期刊确认撤稿的正式通知前，将稿件投给其他期刊。

d) 将只有微小差别的多篇论文，同时投给多个期刊。

e) 在收到首次投稿期刊回复之前或在约定期内，对论文进行稍微修改后，投给其他期刊。

f) 在不做任何说明的情况下，将自己（或自己作为作者之一）已经发表论文，原封不动或做些微修改后再次投稿。

3.6　重复发表

重复发表的表现形式包括：

a) 不加引注或说明，在论文中使用自己（或自己作为作者之一）已发表文献中的内容。

b) 在不做任何说明的情况下，摘取多篇自己（或自己作为作者之一）已发表文献中的部分内容，拼接成一篇新论文后再次发表。

c) 被允许的二次发表不说明首次发表出处。

d) 不加引注或说明地在多篇论文中重复使用一次调查、一个实验的数据等。

e) 将实质上基于同一实验或研究的论文，每次补充少量数据或资料后，多次发表方法、结论等相似或雷同的论文。

f) 合作者就同一调查、实验、结果等，发表数据、方法、结论等明显相似或雷同的论文。

3.7　违背研究伦理

论文涉及的研究未按规定获得伦理审批，或者超出伦理审批许可范围，或者违背研究伦理规范，应界定为违背研究伦理。违背研究伦理的表现形式包括：

a) 论文所涉及的研究未按规定获得相应的伦理审批，或不能提供相应的审批证明。

b) 论文所涉及的研究超出伦理审批许可的范围。

c) 论文所涉及的研究中存在不当伤害研究参与者，虐待有生命的实验对象，违背知情同意原则等违背研究伦理的问题。

d) 论文泄露了被试者或被调查者的隐私。

e) 论文未按规定对所涉及研究中的利益冲突予以说明。

3.8 其他学术不端行为

其他学术不端行为包括：

a) 在参考文献中加入实际未参考过的文献。

b) 将转引自其他文献的引文标注为直引，包括将引自译著的引文标注为引自原著。

c) 未以恰当的方式，对他人提供的研究经费、实验设备、材料、数据、思路、未公开的资料等，给予说明和承认(有特殊要求的除外)。

d) 不按约定向他人或社会泄露论文关键信息，侵犯投稿期刊的首发权。

e) 未经许可，使用需要获得许可的版权文献。

f) 使用多人共有版权文献时，未经所有版权者同意。

g) 经许可使用他人版权文献，却不加引注，或引用文献信息不完整。

h) 经许可使用他人版权文献，却超过了允许使用的范围或目的。

i) 在非匿名评审程序中干扰期刊编辑、审稿专家。

j) 向编辑推荐与自己有利益关系的审稿专家。

k) 委托第三方机构或者与论文内容无关的他人代写、代投、代修。

l) 违反保密规定发表论文。

4 审稿专家学术不端行为类型

4.1 违背学术道德的评审

论文评审中姑息学术不端的行为，或者依据非学术因素评审等，应界定为违背学术道德的评审。违背学术道德的评审的表现形式包括：

a) 对发现的稿件中的实际缺陷、学术不端行为视而不见。

b) 依据作者的国籍、性别、民族、身份地位、地域以及所属单位性质等非学术因素等，而非论文的科学价值、原创性和撰写质量以及与期刊范围和宗旨的相关性等，提出审稿意见。

4.2 干扰评审程序

故意拖延评审过程，或者以不正当方式影响发表决定，应界定为干扰评审程序。干扰评审程序的表现形式包括：

a) 无法完成评审却不及时拒绝评审或与期刊协商。

b) 不合理地拖延评审过程。

c) 在非匿名评审程序中不经期刊允许，直接与作者联系。

d) 私下影响编辑者,左右发表决定。

4.3 违反利益冲突规定

不公开或隐瞒与所评审论文的作者的利益关系,或者故意推荐与特定稿件存在利益关系的其他审稿专家等,应界定为违反利益冲突规定。违反利益冲突规定的表现形式包括:

a) 未按规定向编辑者说明可能会将自己排除出评审程序的利益冲突。

b) 向编辑者推荐与特定稿件存在可能或潜在利益冲突的其他审稿专家。

c) 不公平地评审存在利益冲突的作者的论文。

4.4 违反保密规定

擅自与他人分享、使用所审稿件内容,或者公开未发表稿件内容,应界定为违反保密规定。违反保密规定的表现形式包括:

a) 在评审程序之外与他人分享所审稿件内容。

b) 擅自公布未发表稿件内容或研究成果。

c) 擅自以与评审程序无关的目的使用所审稿件内容。

4.5 盗用稿件内容

擅自使用自己评审的、未发表稿件中的内容,或者使用得到许可的未发表稿件中的内容却不加引注或说明,应界定为盗用所审稿件内容。盗用所审稿件内容的表现形式包括:

a) 未经论文作者、编辑者许可,使用自己所审的、未发表稿件中的内容。

b) 经论文作者、编辑者许可,却不加引注或说明地使用自己所审的、未发表稿件中的内容。

4.6 谋取不正当利益

利用评审中的保密信息、评审的权利为自己谋利,应界定为谋取不正当利益。谋取不正当利益的表现形式包括:

a) 利用保密的信息来获得个人的或职业上的利益。

b) 利用评审权利谋取不正当利益。

4.7 其他学术不端行为

其他学术不端行为包括:

a) 发现所审论文存在研究伦理问题但不及时告知期刊。

b) 擅自请他人代自己评审。

5 编辑者学术不端行为类型

5.1 违背学术和伦理标准提出编辑意见

不遵循学术和伦理标准、期刊宗旨提出编辑意见,应界定为违背学术和伦理标准提出编辑意见。表现形式包括:

a) 基于非学术标准、超出期刊范围和宗旨提出编辑意见。

b) 无视或有意忽视期刊论文相关伦理要求提出编辑意见。

5.2 违反利益冲突规定

隐瞒与投稿作者的利益关系,或者故意选择与投稿作者有利益关系的审稿专家,应界定为违反利益冲突规定。违反利益冲突规定的表现形式包括:

a) 没有向编辑者说明可能会将自己排除出特定稿件编辑程序的利益冲突。

b) 有意选择存在潜在或实际利益冲突的审稿专家评审稿件。

5.3 违反保密要求

在匿名评审中故意透露论文作者、审稿专家的相关信息,或者擅自透露、公开、使用所编辑稿件的内容,或者因不遵守相关规定致使稿件信息外泄,应界定为违反保密要求。违反保密要求的表现形式包括:

a) 在匿名评审中向审稿专家透露论文作者的相关信息。

b) 在匿名评审中向论文作者透露审稿专家的相关信息。

c) 在编辑程序之外与他人分享所编辑稿件内容。

d) 擅自公布未发表稿件内容或研究成果。

e) 擅自以与编辑程序无关的目的使用稿件内容。

f) 违背有关安全存放或销毁稿件和电子版稿件文档及相关内容的规定,致使信息外泄。

5.4 盗用稿件内容

擅自使用未发表稿件的内容,或者经许可使用未发表稿件内容却不加引注或说明,应界定为盗用稿件内容。盗用稿件内容的表现形式包括:

a) 未经论文作者许可,使用未发表稿件中的内容。

b) 经论文作者许可,却不加引注或说明地使用未发表稿件中的内容。

5.5 干扰评审

影响审稿专家的评审,或者无理由地否定、歪曲审稿专家的审稿意见,应界定为干扰评审。干扰评审的表现形式包括:

a) 私下影响审稿专家,左右评审意见。

b) 无充分理由地无视或否定审稿专家给出的审稿意见。

c) 故意歪曲审稿专家的意见,影响稿件修改和发表决定。

5.6 谋取不正当利益

利用期刊版面、编辑程序中的保密信息、编辑权利等谋利,应界定为谋取不正当利益。谋取不正当利益的表现形式包括:

a) 利用保密信息获得个人或职业利益。

b) 利用编辑权利左右发表决定,谋取不当利益。

c) 买卖或与第三方机构合作买卖期刊版面。

d) 以增加刊载论文数量牟利为目的扩大征稿和用稿范围,或压缩篇幅单期刊载大量论文。

5.7 其他学术不端行为

其他学术不端行为包括:

a) 重大选题未按规定申报。

b) 未经著作权人许可发表其论文。

c) 对需要提供相关伦理审查材料的稿件,无视相关要求,不执行相关程序。

d) 刊登虚假或过时的期刊获奖信息、数据库收录信息等。

e) 随意添加与发表论文内容无关的期刊自引文献,或者要求、暗示作者非必要地引用特定文献。

f) 以提高影响因子为目的协议和实施期刊互引。

g) 故意歪曲作者原意修改稿件内容。

附录10 科学技术活动违规行为处理暂行规定

(2020年7月17日中华人民共和国科学技术部令第19号发布 自2020年9月1日起施行)

第一章 总 则

第一条 为规范科学技术活动违规行为处理,营造风清气正的良好科研氛围,根据《中华人民共和国科学技术进步法》等法律法规,制定本规定。

第二条 对下列单位和人员在开展有关科学技术活动过程中出现的违规行为的处理,适用本规定。

(一)受托管理机构及其工作人员,即受科学技术行政部门委托开展相关科学技术活动管理工作的机构及其工作人员;

(二)科学技术活动实施单位,即具体开展科学技术活动的科学技术研究开发机构、高等学校、企业及其他组织;

(三)科学技术人员,即直接从事科学技术活动的人员和为科学技术活动提供管理、服务的人员;

(四)科学技术活动咨询评审专家,即为科学技术活动提供咨询、评审、评估、评价等意见的专业人员;

(五)第三方科学技术服务机构及其工作人员,即为科学技术活动提供审计、咨询、绩效评估评价、经纪、知识产权代理、检验检测、出版等服务的第三方机构及其工作人员。

第三条 科学技术部加强对科学技术活动违规行为处理工作的统筹、协调和督促指导。

各级科学技术行政部门根据职责和权限对科学技术活动实施中发生的违规行为进行处理。

第四条 科学技术活动违规行为的处理,应区分主观过错、性质、情节和危害程度,做到程序正当、事实清楚、证据确凿、依据准确、处理恰当。

第二章 违规行为

第五条 受托管理机构的违规行为包括以下情形:

（一）采取弄虚作假等不正当手段获得管理资格；
（二）内部管理混乱，影响受托管理工作正常开展；
（三）重大事项未及时报告；
（四）存在管理过失，造成负面影响或财政资金损失；
（五）设租寻租、徇私舞弊、滥用职权、私分受托管理的科研资金；
（六）隐瞒、包庇科学技术活动中相关单位或人员的违法违规行为；
（七）不配合监督检查或评估评价工作，不整改、虚假整改或整改未达到要求；
（八）违反任务委托协议等合同约定的主要义务；
（九）违反国家科学技术活动保密相关规定；
（十）法律、行政法规、部门规章或规范性文件规定的其他相关违规行为。

第六条 受托管理机构工作人员的违规行为包括以下情形：
（一）管理失职，造成负面影响或财政资金损失；
（二）设租寻租、徇私舞弊等利用组织科学技术活动之便谋取不正当利益；
（三）承担或参加所管理的科技计划（专项、基金等）项目；
（四）参与所管理的科学技术活动中有关论文、著作、专利等科学技术成果的署名及相关科技奖励、人才评选等；
（五）未经批准在相关科学技术活动实施单位兼职；
（六）干预咨询评审或向咨询评审专家施加倾向性影响；
（七）泄露科学技术活动管理过程中需保密的专家名单、专家意见、评审结论和立项安排等相关信息；
（八）违反回避制度要求，隐瞒利益冲突；
（九）虚报、冒领、挪用、套取所管理的科研资金；
（十）违反国家科学技术活动保密相关规定；
（十一）法律、行政法规、部门规章或规范性文件规定的其他相关违规行为。

第七条 科学技术活动实施单位的违规行为包括以下情形：
（一）在科学技术活动的申报、评审、实施、验收、监督检查和评估评价等活动中提供虚假材料，组织"打招呼"、"走关系"等请托行为；
（二）管理失职，造成负面影响或财政资金损失；
（三）无正当理由不履行科学技术活动管理合同约定的主要义务；
（四）隐瞒、迁就、包庇、纵容或参与本单位人员的违法违规活动；

(五)未经批准,违规转包、分包科研任务;

(六)截留、挤占、挪用、套取、转移、私分财政科研资金;

(七)不配合监督检查或评估评价工作,不整改、虚假整改或整改未达到要求;

(八)不按规定上缴应收回的财政科研结余资金;

(九)未按规定进行科技伦理审查并监督执行;

(十)开展危害国家安全、损害社会公共利益、危害人体健康的科学技术活动;

(十一)违反国家科学技术活动保密相关规定;

(十二)法律、行政法规、部门规章或规范性文件规定的其他相关违规行为。

第八条 科学技术人员的违规行为包括以下情形:

(一)在科学技术活动的申报、评审、实施、验收、监督检查和评估评价等活动中提供虚假材料,实施"打招呼"、"走关系"等请托行为;

(二)故意夸大研究基础、学术价值或科技成果的技术价值、社会经济效益,隐瞒技术风险,造成负面影响或财政资金损失;

(三)人才计划入选者、重大科研项目负责人在聘期内或项目执行期内擅自变更工作单位,造成负面影响或财政资金损失;

(四)故意拖延或拒不履行科学技术活动管理合同约定的主要义务;

(五)随意降低目标任务和约定要求,以项目实施周期外或不相关成果充抵交差;

(六)抄袭、剽窃、侵占、篡改他人科学技术成果,编造科学技术成果,侵犯他人知识产权等;

(七)虚报、冒领、挪用、套取财政科研资金;

(八)不配合监督检查或评估评价工作,不整改、虚假整改或整改未达到要求;

(九)违反科技伦理规范;

(十)开展危害国家安全、损害社会公共利益、危害人体健康的科学技术活动;

(十一)违反国家科学技术活动保密相关规定;

(十二)法律、行政法规、部门规章或规范性文件规定的其他相关违规行为。

第九条 科学技术活动咨询评审专家的违规行为包括以下情形:

(一)采取弄虚作假等不正当手段获取咨询、评审、评估、评价、监督检查资格；

(二)违反回避制度要求；

(三)接受"打招呼"、"走关系"等请托；

(四)引导、游说其他专家或工作人员,影响咨询、评审、评估、评价、监督检查过程和结果；

(五)索取、收受利益相关方财物或其他不正当利益；

(六)出具明显不当的咨询、评审、评估、评价、监督检查意见；

(七)泄漏咨询评审过程中需保密的申请人、专家名单、专家意见、评审结论等相关信息；

(八)抄袭、剽窃咨询评审对象的科学技术成果；

(九)违反国家科学技术活动保密相关规定；

(十)法律、行政法规、部门规章或规范性文件规定的其他相关违规行为。

第十条 第三方科学技术服务机构及其工作人员的违规行为包括以下情形：

(一)采取弄虚作假等不正当手段获取科学技术活动相关业务；

(二)从事学术论文买卖、代写代投以及伪造、虚构、篡改研究数据等；

(三)违反回避制度要求；

(四)擅自委托他方代替提供科学技术活动相关服务；

(五)出具虚假或失实结论；

(六)索取、收受利益相关方财物或其他不正当利益；

(七)泄漏需保密的相关信息或材料等；

(八)违反国家科学技术活动保密相关规定；

(九)法律、行政法规、部门规章或规范性文件规定的其他相关违规行为。

第三章 处理措施

第十一条 对科学技术活动违规行为,视违规主体和行为性质,可单独或合并采取以下处理措施：

(一)警告；

(二)责令限期整改；

(三)约谈；

(四)一定范围内或公开通报批评；

(五)终止、撤销有关财政性资金支持的科学技术活动；

（六）追回结余资金，追回已拨财政资金以及违规所得；

（七）撤销奖励或荣誉称号，追回奖金；

（八）取消一定期限内财政性资金支持的科学技术活动管理资格；

（九）禁止在一定期限内承担或参与财政性资金支持的科学技术活动；

（十）记入科研诚信严重失信行为数据库。

第十二条 违规行为涉嫌违反党纪政纪、违法犯罪的，移交有关机关处理。

第十三条 对于第三方科学技术服务机构及人员违规的，可视情况将相关问题及线索移交具有处罚或处理权限的主管部门或行业协会处理。

第十四条 受托管理机构、科学技术活动实施单位有组织地开展科学技术活动违规行为的，或存在重大管理过失的，按本规定第十一条第（八）项追究主要负责人、直接负责人的责任，具体期限与被处理单位的受限年限保持一致。

第十五条 有证据表明违规行为已经造成恶劣影响或财政资金严重损失的，应直接或提请具有相应职责和权限的行政机关责令采取有效措施，防止影响或损失扩大，中止相关科学技术活动，暂停拨付相应财政资金，同时暂停接受相关责任主体申请新的财政性资金支持的科学技术活动。

第十六条 采取本规定第十一条第（九）项处理措施的，违规行为未涉及科学技术活动核心关键任务、约束性目标或指标，但造成较大负面影响或财政资金损失，对违规单位取消2年以内(含2年)相关资格，对违规个人取消3年以内(含3年)相关资格。

上述违规行为涉及科学技术活动的核心关键任务、约束性目标或指标，并导致相关科学技术活动偏离约定目标，或造成严重负面影响或财政资金损失，对违规单位取消2至5年相关资格，对违规个人取消3至5年相关资格。

上述违规行为涉及科学技术活动的核心关键任务、约束性目标或指标，并导致相关科学技术活动停滞、严重偏离约定目标，或造成特别严重负面影响或财政资金损失，对违规单位和个人取消5年以上直至永久相关资格。

第十七条 有以下情形之一的，可以给予从轻处理：

（一）主动反映问题线索，并经查属实；

（二）主动承认错误并积极配合调查和整改；

(三)主动退回因违规行为所获各种利益;

(四)主动挽回损失浪费或有效阻止危害结果发生;

(五)通过全国性媒体公开作出严格遵守科学技术活动相关国家法律及管理规定、不再实施违规行为的承诺;

(六)其他可以给予从轻处理情形。

第十八条 有以下情形之一的,应当给予从重处理:

(一)伪造、销毁、藏匿证据;

(二)阻止他人提供证据,或干扰、妨碍调查核实;

(三)打击、报复举报人;

(四)有组织地实施违规行为;

(五)多次违规或同时存在多种违规行为;

(六)其他应当给予从重处理情形。

第十九条 科学技术活动违规行为涉及多个主体的,应甄别不同主体的责任,并视其违规行为在负面影响或财政资金损失发生过程和结果中所起作用等因素分别给予相应处理。

第四章 处 理 程 序

第二十条 科学技术活动违规行为认定后,视事实、性质、情节,按照本规定第十一条的处理措施作出相应处理决定,并制作处理决定书。

第二十一条 作出处理决定前,应告知被处理单位或人员拟作出处理决定的事实、理由及依据,并告知其享有陈述与申辩的权利及其行使的方式和期限。被处理单位或人员逾期未提出陈述或申辩的,视为放弃陈述与申辩的权利;作出陈述或申辩的,应充分听取其意见。

第二十二条 处理决定书应载明以下内容:

(一)被处理主体的基本情况;

(二)违规行为情况及事实根据;

(三)处理依据和处理决定;

(四)救济途径和期限;

(五)作出处理决定的单位名称和时间;

(六)法律、行政法规、部门规章或规范性文件规定的其他相关事项。

第二十三条 处理决定书应送达被处理单位或人员,抄送被处理人员所在单位或被处理单位的上级主管部门,并可视情通知被处理人员或单位所属相关行业协会。

处理决定书可采取直接送达、委托送达、邮寄送达等方式;被送达人下落不明的,可公告送达。涉及保密内容的,按照保密相关规定送达。

对于影响范围广、社会关注度高的违规行为的处理决定,除涉密内容外,应向社会公开,发挥警示教育作用。

第二十四条 被处理单位或人员对处理决定不服的,可自收到处理决定书之日起15个工作日内,按照处理决定书载明的救济途径向作出处理决定的相关部门或单位提出复查申请,写明理由并提供相关证据或线索。

处理主体应自收到复查申请后15个工作日内作出是否受理的决定。决定受理的,应当另行组织对处理决定所认定的事实和相关依据进行复查。

复查应制作复查决定书,复查原则上应自受理之日起90个工作日内完成并送达复查申请人。复查期间,不停止原处理决定的执行。

第二十五条 被处理单位或人员也可以不经复查,直接依法申请复议或提起诉讼。

第二十六条 采取本规定第十一条第(九)项处理措施的,取消资格期限自处理决定下达之日起计算,处理决定作出前已执行本规定第十五条采取暂停活动的,暂停活动期限可折抵处理期限。

第二十七条 科学技术活动违规行为涉及多个部门的,可组织开展联合调查,按职责和权限分别予以处理。

第二十八条 科学技术活动违规行为处理超出科学技术行政部门职责和权限范围内的,应将问题及线索移交相关部门、机构,并可以适当方式向相关部门、机构提出意见建议。

第五章 附 则

第二十九条 科学技术行政部门委托受托管理机构管理的科学技术活动中,项目承担单位和人员出现的情节轻微、未造成明显负面影响或财政资金损失的违规行为,由受托管理机构依据有关科学技术活动管理合同、管理办法等处理。

第三十条 各级科学技术行政部门已在职责和权限范围内制定科学技术活动违规行为处理规定且处理尺度不低于本规定的,可按照已有规定进行处理。

第三十一条 科学技术活动违规行为处理属其他部门、机构职责和权限的,由有权处理的部门、机构依据法律、行政法规及其他有关规定处理。

科学技术活动违规行为涉事单位或人员属军队管理的,由军队按照其有关规定进行处理。

第三十二条 法律、行政法规对科学技术活动违规行为及相应处理另有规定的,从其规定。

科学技术部部门规章或规范性文件相关内容与本规定不一致的,适用本规定。

第三十三条 本规定自 2020 年 9 月 1 日起施行。

第三十四条 本规定由科学技术部负责解释。

附录11　科学技术活动评审工作中请托行为处理规定(试行)

(2020年12月23日科学技术部发布　国科发监〔2020〕360号　自2020年12月23日起施行)

第一条　为规范科学技术活动评审工作中有关单位和个人的行为,维护公平公正的评审环境和风清气正的创新生态,根据《科学技术活动违规行为处理暂行规定》《国家科技计划项目评估评审行为准则与督查办法》《科研诚信案件调查处理规则(试行)》等,制定本规定。

第二条　科学技术活动评审工作中发生的请托行为,按照本规定处理。本规定所称评审工作包括国家科技计划(专项、基金等)科研项目、创新基地、人才工程、引导专项和科技奖励等科学技术活动中涉及的评审、评估、评价、论证、验收、监督检查等。

第三条　本规定所称请托行为,是指在科学技术活动评审过程中,相关单位或个人以直接或间接、明示或暗示等方式,向评审组织者、承担者及其工作人员和评审专家等寻求关照、谋取不正当利益的行为。包括:

(一)探听尚未公布的评审专家信息、评审结果等和未经公开的评审信息;

(二)为获得有利的评审结果进行游说、说情等;

(三)投感情票、单位票、利益票等,搞"人情评审";

(四)为他人的请托行为提供帮助、协助或其他便利;

(五)以"打招呼""走关系"或其他方式干扰评审工作、影响评审结果、破坏评审秩序的请托行为。

第四条　科学技术活动评审工作要按照国家有关法律、法规、规章和其他规范性文件的要求,坚持独立、客观、公正的原则。参与评审工作的单位和个人要严格遵守评审行为准则和工作纪律,自觉抵制请托行为,主动接受有关方面的监督。

第五条　建立评审诚信承诺制度。科学技术活动申请者应在提交申报材料时,明确承诺不以任何形式实施请托行为;评审专家应签署承诺书,承诺不接受任何单位和个人的请托,且对收到的请托事项均已按要求主动报告;评审工作人员应签署承诺书,承诺不干预评审或向评审专家施加倾向性影响。

第六条 评审专家、评审工作人员等收到请托的,应当及时主动向评审组织者、承担者或有关监督部门报告,并提供相关线索、证据等。未及时主动报告的,一经发现,按接受相关请托进行处理。

第七条 评审组织者、承担者应当全面、如实、及时记录请托情况,做到全程留痕、有据可查。记录应当采取书面记录的形式,记录要素应包括时间、地点、当事人姓名及其职务、涉及的具体评审事项、请托的具体形式及其要求等。

对领导干部违反法定职责或法定程序过问、干预评审活动的,应当如实记录并按照有关规定报告。

第八条 评审组织者、承担者和相关监督部门综合运用信访举报、随机抽查以及信息化工具等,建立健全主动发现机制,及时发现请托线索和问题。

评审组织者、承担者在评审工作过程中发现请托情况的,应当及时启动相应预案、采取相应措施,确保评审工作依规有序开展。

第九条 评审承担者是调查处理请托行为的第一责任主体,应按照职责和权限,及时做好记录、受理、调查、处理等工作。涉及评审承担者的,由评审组织者负责调查处理。涉及本单位工作人员的,按照干部管理权限由相关监督部门或纪检监察部门依规调查处理。

第十条 实施请托行为的,禁止在1~3年(含3年)内承担或参与财政性资金支持的科学技术活动;向多人请托或多次实施请托的,禁止在3~5年(含5年)内承担或参与财政性资金支持的科学技术活动;造成严重后果或影响恶劣的,禁止5年以上直至永久承担或参与财政性资金支持的科学技术活动。

有组织实施请托行为的,从重处理。

第十一条 对涉及请托行为的评审专家,视事实、情节、后果和影响作出如下处理:

(一)对主动报告且未接受请托行为的,不予处理。

(二)对主动报告但仍搞"人情评审"的,禁止在3年内(含3年)承担或参与财政性资金支持的科学技术活动。对干扰、妨碍调查的,从重处理。

(三)对隐瞒不报的,按接受相关请托进行处理,禁止在3~5年内(含5年)承担或参与财政性资金支持的科学技术活动;造成严重后果或影响恶劣的,禁止5年以上直至永久承担或参与财政性资金支持的科学技术活动。对干扰、妨碍调查的,从重处理。

第十二条 对涉及请托行为的评审工作人员,视事实、情节、后果和影响作出如下处理:

(一)对主动报告且未接受请托行为的,不予处理。

(二)对隐瞒不报或主动报告后仍干预评审或施加倾向性影响的,调离评审管理工作岗位,并按照干部管理权限追责问责。对干扰、妨碍调查的,加重处理。情节严重,涉嫌违反党纪政纪的,移送纪检监察机关处理。

第十三条 对因请托行为所获得的科研项目、创新基地、人才工程、引导专项、科技奖励等,一经查实,予以撤销,并追回专项经费、奖章、证书和奖金等。

第十四条 具有《科学技术活动违规行为处理暂行规定》第十七条、第十八条相应情形的,依规从轻或从重处理。

第十五条 对请托行为相关责任人的处理结果记入科研诚信严重失信行为数据库。对依照本规定给予处理的评审专家,应当及时从专家库中除名,重新入库禁止时限与本规定第十一条的处理期限保持一致。

第十六条 对请托行为的调查处理情况,在一定范围内通报,并抄送相关责任人所在单位或其上级主管部门。

第十七条 评审承担者及其工作人员、评审专家等落实本规定第六条、第七条、第九条的情况,作为考核、评价其履职尽责的重要内容。对自觉抵制请托行为的,列入科研信用良好记录。

评审组织者、承担者违反本规定第七条、第九条的,追究单位及主要负责人的责任;造成严重后果或影响恶劣的,取消科学技术活动评审承担资格。

第十八条 请托行为责任人涉嫌违反党纪政纪、违法犯罪的,移送有关机关处理。

第十九条 相关单位和个人发现评审工作中存在请托的,应及时向评审组织者、承担者或有关监督部门如实反映。对采取捏造事实、伪造材料等方式恶意举报的,依法依规严肃处理。对反映不实或不能证明存在问题的,要以适当方式及时澄清、消除影响。

第二十条 法律、行政法规、部门规章对请托行为及相应处理另有规定的,从其规定。

第二十一条 各级科学技术行政部门可参照本规定结合实际情况制定具体办法。

第二十二条 本规定自发布之日起试行。

第二十三条 本规定由科技部负责解释。

附录12 医学科研诚信和相关行为规范

(2021年1月27日国家卫生健康委、科学技术部、国家中医药管理局联合发布 国卫科教发〔2021〕7号 自2021年1月27日起施行)

第一章 总 则

第一条 为践行社会主义核心价值观,加强医学科研诚信建设,提高医学科研人员职业道德修养,预防科研不端行为,依据《中华人民共和国科学技术进步法》、《中华人民共和国著作权法》、《中华人民共和国人类遗传资源管理条例》、《涉及人的生物医学研究伦理审查办法》、《关于进一步加强科研诚信建设的若干意见》、《关于进一步弘扬科学家精神加强作风和学风建设的意见》、《科研诚信案件调查处理规则(试行)》等相关规定,制定本规范。

第二条 本规范所称的医学科研行为,是指开展医学科研工作的机构及其人员在基础医学、临床医学、预防医学与公共卫生学、药学、中医学与中药学等学科领域开展的涉及科研项目申请、预实验研究、研究实施、结果报告、项目检查、执行过程管理、成果总结发表、评估审议、验收等环节中的行为活动。

第三条 所有从事医学科研活动的人员(以下简称医学科研人员)应当自觉遵守本规范,大力弘扬科学家精神,追求真理、实事求是,遵循科研伦理准则和学术规范,尊重同行及其劳动,防止急功近利、浮躁浮夸,坚守诚信底线,自觉抵制科研不端行为。

第四条 所有开展医学科研工作的机构均应当遵守本规范,开展常态化科研诚信教育培训,加强制度建设,努力营造有利于培育科研诚信的机构环境。

第二章 医学科研人员诚信行为规范

第五条 医学科研人员在科研活动中要遵循科研伦理准则,主动申请伦理审查,接受伦理监督,切实保障受试者的合法权益。

第六条 医学科研人员在进行项目申请等科研与学术活动时,必须保证所提供的学历、工作经历、发表论文、出版专著、获奖证明、引用论文、专利证明等相关信息真实、准确。

第七条 医学科研人员在采集科研样本、数据和资料时要客观、全面、准确;要树立国家安全和保密意识,对涉及生物安全、国家秘密、工作秘密以及个人隐私的应当严格遵守相关法律法规规定。

第八条 医学科研人员在研究中,应当诚实记录研究过程和结果,如实、规范书写病历,包括不良反应和不良事件,依照相关规定及时报告严重的不良反应和不良事件信息。

第九条 医学科研人员在涉及传染病、新发传染病、不明原因疾病和已知病原改造等研究中,要树立公共卫生和实验室生物安全意识,在相应等级的生物安全实验室开展研究,病原采集、运输和处理等均应当自觉遵守相关法律法规要求,要按照法律法规规定报告传染病、新发或疑似新发的传染病例,留存相关凭证,接受相关部门的监督管理。

第十条 医学科研人员在研究结束后,对于人体或动物样本、毒害物质、数据或资料的储存、分享和销毁要遵循相应的生物安全和科研管理规定。

论文相关资料和数据应当确保齐全、完整、真实和准确,相关论文等科研成果发表后1个月内,要将所涉及的原始图片、实验记录、实验数据、生物信息、记录等原始数据资料交所在机构统一管理、留存备查。

第十一条 医学科研人员在动物实验中,应当自觉遵守《实验动物管理条例》,严格选用符合要求的合格动物进行实验,科学合理使用、保护和善待动物。

第十二条 医学科研人员在开展学术交流、审阅他人的学术论文或项目申报书时,应当尊重和保护他人知识产权,遵守科技保密规则。

第十三条 医学科研人员在引用他人已发表的研究观点、数据、图像、结果或其他研究资料时,要保证真实准确并诚实注明出处,引文注释和参考文献标注要符合学术规范。在使用他人尚未公开发表的设计思路、学术观点、实验数据、生物信息、图表、研究结果和结论时,应当获得其本人的书面知情同意,同时要公开致谢或说明。

第十四条 医学科研人员在发表论文或出版学术著作过程中,要遵守《发表学术论文"五不准"》和学术论文投稿、著作出版有关规定。论文、著作、专利等成果署名应当按照对科研成果的贡献大小据实署名和排序,无实质学术贡献者不得"挂名"。

第十五条 医学科研人员作为导师或科研项目负责人,要充分发挥言传身教作用,在指导学生或带领课题组成员开展科研活动时要高度负责,严格把关,加强对项目(课题)成员、学生的科研诚信管理。

导师、科研项目负责人须对使用自己邮箱投递的稿件、需要署名的科研成果进行审核,对科研成果署名、研究数据真实性、实验可重复性等负责,并不得侵占学生、团队成员的合法权益。

学生、团队成员在科研活动中发生不端行为的,同意参与署名的导师、科研项目负责人除承担相应的领导、指导责任外,还要与科研不端行为直接责任人承担同等责任。

第十六条 医学科研人员应当认真审核拟公开发表成果,避免出现错误和失误。对已发表研究成果中出现的错误和失误,应当以适当的方式公开承认并予以更正或撤回。

第十七条 医学科研人员在项目验收、成果登记及申报奖励时,须提供真实、完整的材料,包括发表论文、文献引用、第三方评价证明等。

第十八条 医学科研人员作为评审专家、咨询专家、评估人员、经费审计人员参加科技评审等活动时,要忠于职守,严格遵守科研诚信要求以及保密、回避规定和职业道德,按照有关规定、程序和办法,实事求是,独立、客观、公正开展工作,提供负责任、高质量的咨询评审意见,不得违规谋取私利,不参加自己不熟悉领域的咨询评审活动,不在情况不掌握、内容不了解的意见建议上署名签字。

第十九条 医学科研人员与他人进行科研合作时应当认真履行诚信义务和合同约定,发表论文、出版著作、申报专利和奖项等时应当根据合作各方的贡献合理署名。

第二十条 医学科研人员应当严格遵守科研经费管理规定,不得虚报、冒领、挪用科研资金。

第二十一条 医学科研人员在成果推广和科普宣传中应当秉持科学精神、坚守社会责任,避免不实表述和新闻炒作,不人为夸大研究基础和学术价值,不得向公众传播未经科学验证的现象和观点。

医学科研人员公布突破性科技成果和重大科研进展应当经所在机构同意,推广转化科技成果不得故意夸大技术价值和经济社会效益,不得隐瞒技术风险,要经得起同行评、用户用、市场认可。

医学科研人员发布与疫情相关的研究结果时,应当牢固树立公共卫生、科研诚信和伦理意识,严格遵守相关法律法规和有关疫情防控管理要求。

第二十二条 医学科研人员学术兼职要与本人研究专业相关,杜绝无实质性工作内容的兼职和挂名。

第三章　医学科研机构诚信规范

第二十三条　医学科研机构应当根据《科研诚信案件调查处理规则（试行）》制定完善本机构的科研诚信案件调查处理办法，明确调查程序、处理规则、处理措施等具体要求，并认真组织相关调查处理。对有关部门调查本机构科研不端行为应当积极配合、协助。

第二十四条　医学科研机构要主动对本机构科研不端行为进行调查处理，同时应当严格保护举报人个人信息。

调查应当包括行政调查和学术评议，保障相关责任主体申诉权等合法权利，调查结果和处理意见应当与涉事人员当面确认后予以公布。

第二十五条　医学科研机构要通过机构章程或学术委员会章程，对科研诚信工作任务、职责权限作出明确规定。学术委员会要认真履行科研诚信建设职责，切实发挥审议、评定、受理、调查、监督、咨询等作用。学术委员会要定期组织或委托学术组织、第三方机构对本机构医学科研人员的重要学术论文等科研成果进行核查。

第二十六条　医学科研机构要加强科研成果管理，建立学术论文发表诚信承诺制度、科研过程可追溯制度、科研成果检查和报告制度等成果管理制度。对学术论文等科研成果存在科研不端情形的，应当依法依规对相应责任人严肃处理并要求其采取撤回论文等措施，消除不良影响。

第二十七条　医学科研机构应当加强对科研论文和成果发表的署名管理，依法依规严肃追究无实质性贡献挂名的责任；要建立健全科研活动记录、科研档案保存等各项制度，明晰责任主体，完善内部监督约束机制；要妥善管理本机构医学科研相关原始数据、生物信息、图片、记录等，以备核查。

第二十八条　医学科研机构应当加强对本机构内医学科研人员发表论文的管理，不允许将论文发表数量、影响因子等与人员奖励奖金、临床工作考核等挂钩，对在学术期刊预警名单内期刊上发表论文的医学科研人员，要及时警示提醒；对学术期刊预警黑名单内期刊上发表的论文，在各类评审评价中不予认可，不得报销论文发表的相关费用。

第二十九条　医学科研机构应当将科研诚信教育纳入医学科研人员职业培训和教育体系，不断完善教育内容及手段，营造崇尚科研诚信的良好风气与文化。在入学入职、职称晋升、参与科技计划项目、国家重大项目、人才项目等重要节点开展科研诚信教育。对在科研诚信方面存在倾向性、苗头性问题的人员，所在机构应当及时开展科研诚信谈话提醒，加强教育。

第三十条 医学科研机构在组织申请科研项目和推荐申报科学技术成果奖励时,应当责成申报人奉守科研诚信,可以签署科研诚信承诺书并公示有关信息。

第三十一条 医学科研机构对查实的科研失信行为,应当将处理决定及时报送科研诚信主管部门,并作为其职务晋升、职称评定、成果奖励、评审表彰等方面的重要参考。

第三十二条 医学科研机构应当对涉及传染病、生物安全等领域的研究及论文、成果进行审查,评估其对社会及公共卫生安全的潜在影响,并承担相应责任。

第三十三条 医学科研机构负责人、学术带头人及科研管理人员等应当率先垂范,严格遵守有关科研诚信管理规定,不得利用职务之便侵占他人科研成果和谋取不当利益。

第四章　附　　则

第三十四条 本规范自发布之日起施行。

附录13　科研失信行为调查处理规则

(2022年8月25日科技部、中央宣传部、高法院、高检院、发展改革委、教育部、工业和信息化部、公安部、财政部、人力资源社会保障部、农业农村部、卫生健康委、国资委、市场监管总局、中科院、社科院、工程院、自然科学基金委、国防科工局、中国科协、中央军委装备发展部、中央军委科学技术委员会联合发布　国科发监〔2022〕221号　自2022年8月25日起施行)

第一章　总　　则

第一条　为规范科研失信行为调查处理工作,贯彻中共中央办公厅、国务院办公厅《关于进一步加强科研诚信建设的若干意见》精神,根据《中华人民共和国科学技术进步法》、《中华人民共和国高等教育法》等规定,制定本规则。

第二条　本规则所称的科研失信行为是指在科学研究及相关活动中发生的违反科学研究行为准则与规范的行为,包括:

(一)抄袭剽窃、侵占他人研究成果或项目申请书;

(二)编造研究过程、伪造研究成果,买卖实验研究数据,伪造、篡改实验研究数据、图表、结论、检测报告或用户使用报告等;

(三)买卖、代写、代投论文或项目申报验收材料等,虚构同行评议专家及评议意见;

(四)以故意提供虚假信息等弄虚作假的方式或采取请托、贿赂、利益交换等不正当手段获得科研活动审批,获取科技计划(专项、基金等)项目、科研经费、奖励、荣誉、职务职称等;

(五)以弄虚作假方式获得科技伦理审查批准,或伪造、篡改科技伦理审查批准文件等;

(六)无实质学术贡献署名等违反论文、奖励、专利等署名规范的行为;

(七)重复发表,引用与论文内容无关的文献,要求作者非必要地引用特定文献等违反学术出版规范的行为;

(八)其他科研失信行为。

本规则所称抄袭剽窃、伪造、篡改、重复发表等行为按照学术出版规范及相关行业标准认定。

第三条 有关主管部门和高等学校、科研机构、医疗卫生机构、企业、社会组织等单位对科研失信行为不得迁就包庇，任何单位和个人不得阻挠、干扰科研失信行为的调查处理。

第四条 科研失信行为当事人及证人等应积极配合调查，如实说明情况、提供证据，不得伪造、篡改、隐匿、销毁证据材料。

第二章 职责分工

第五条 科技部和中国社科院分别负责统筹自然科学和哲学社会科学领域的科研失信行为调查处理工作。有关科研失信行为引起社会普遍关注或涉及多个部门（单位）的，可组织开展联合调查处理或协调不同部门（单位）分别开展调查处理。

主管部门负责指导和监督本系统的科研失信行为调查处理工作，建立健全重大科研失信事件信息报送机制，并可对本系统发生的科研失信行为独立组织开展调查处理。

第六条 科研失信行为被调查人是自然人的，一般由其被调查时所在单位负责调查处理；没有所在单位的，由其所在地的科技行政部门或哲学社会科学科研诚信建设责任单位负责组织开展调查处理。调查涉及被调查人在其他曾任职或求学单位实施的科研失信行为的，所涉单位应积极配合开展调查处理并将调查处理情况及时送被调查人所在单位。牵头调查单位应根据本规则要求，负责对其他参与调查单位的调查程序、处理尺度等进行审核把关。

被调查人是单位主要负责人或法人、非法人组织的，由其上级主管部门负责组织开展调查处理。没有上级主管部门的，由其所在地的科技行政部门或哲学社会科学科研诚信建设责任单位负责组织开展调查处理。

第七条 财政性资金资助的科技计划（专项、基金等）项目的申报、评审、实施、结题、成果发布等活动中的科研失信行为，由科技计划（专项、基金等）项目管理部门（单位）负责组织调查处理。项目申报推荐单位、项目承担单位、项目参与单位等应按照项目管理部门（单位）的要求，主动开展并积极配合调查，依据职责权限对违规责任人作出处理。

第八条 科技奖励、科技人才申报中的科研失信行为，由科技奖励、科技人才管理部门（单位）负责组织调查，并分别依据管理职责权限作出相应处理。科技奖励、科技人才推荐（提名）单位和申报单位应积极配合并主动开展调查处理。

第九条 论文发表中的科研失信行为,由第一通讯作者的第一署名单位牵头调查处理;没有通讯作者的,由第一作者的第一署名单位牵头调查处理。作者的署名单位与所在单位不一致的,由所在单位牵头调查处理,署名单位应积极配合。论文其他作者所在单位应积极配合牵头调查单位,做好对本单位作者的调查处理,并及时将调查处理情况书面反馈牵头调查单位。

学位论文涉嫌科研失信行为的,由学位授予单位负责调查处理。

发表论文的期刊或出版单位有义务配合开展调查,应主动对论文是否违背科研诚信要求开展调查,并应及时将相关线索和调查结论、处理决定等书面反馈牵头调查单位、作者所在单位。

第十条 负有科研失信行为调查处理职责的相关单位,应明确本单位承担调查处理职责的机构,负责登记、受理、调查、处理、复查等工作。

第三章 调 查

第一节 举报和受理

第十一条 举报科研失信行为可通过下列途径进行:

(一)向被举报人所在单位举报;

(二)向被举报人所在单位的上级主管部门或相关管理部门举报;

(三)向科技计划(专项、基金等)项目、科技奖励、科技人才计划等的管理部门(单位)举报;

(四)向发表论文的期刊或出版单位举报;

(五)其他途径。

第十二条 举报科研失信行为应同时满足下列条件:

(一)有明确的举报对象;

(二)举报内容属于本规则第二条规定的范围;

(三)有明确的违规事实;

(四)有客观、明确的证据材料或可查证线索。

鼓励实名举报,不得捏造、歪曲事实,不得诬告、陷害他人。

第十三条 对具有下列情形之一的举报,不予受理:

(一)举报内容不属于本规则第二条规定的范围;

(二)没有明确的证据和可查证线索的;

(三)对同一对象重复举报且无新的证据、线索的;

(四)已经作出生效处理决定且无新的证据、线索的。

第十四条 接到举报的单位应在15个工作日内提出是否受理的意见并通知实名举报人,不予受理的应说明情况。符合本规则第十二条规定且属于本单位职责范围的,应予以受理;不属于本单位职责范围的,可转送相关责任单位或告知举报人向相关责任单位举报。

举报人可以对不予受理提出异议并说明理由;异议不成立的,不予受理。

第十五条 下列科研失信行为线索,符合受理条件的,有关单位应主动受理,主管部门应加强督查。

(一)上级机关或有关部门移送的线索;

(二)在日常科研管理活动中或科技计划(专项、基金等)项目、科技奖励、科技人才管理等工作中发现的问题线索;

(三)媒体、期刊或出版单位等披露的线索。

第二节 调 查

第十六条 调查应制订调查方案,明确调查内容、人员、方式、进度安排、保障措施、工作纪律等,经单位相关负责人批准后实施。

第十七条 调查应包括行政调查和学术评议。行政调查由单位组织对相关事实情况进行调查,包括对相关原始实验数据、协议、发票等证明材料和研究过程、获利情况等进行核对验证。学术评议由单位委托本单位学术(学位、职称)委员会或根据需要组成专家组,对涉及的学术问题进行评议。专家组应不少于5人,根据需要由相关领域的同行科技专家、管理专家、科研诚信专家、科技伦理专家等组成。

第十八条 调查需要与被调查人、证人等谈话的,参与谈话的调查人员不得少于2人,谈话内容应书面记录,并经谈话人和谈话对象签字确认,在履行告知程序后可录音、录像。

第十九条 调查人员可按规定和程序调阅、摘抄、复印相关资料,现场察看相关实验室、设备等。调阅相关资料应书面记录,由调查人员和资料、设备管理人签字确认,并在调查处理完成后退还管理人。

第二十条 调查中应当听取被调查人的陈述和申辩,对有关事实、理由和证据进行核实。可根据需要要求举报人补充提供材料,必要时可开展重复实验或委托第三方机构独立开展测试、评估或评价,经举报人同意可组织举报人与被调查人就有关学术问题当面质证。严禁以威胁、引诱、欺骗以及其他非法手段收集证据。

第二十一条 调查中发现被调查人的行为可能影响公众健康与安全或导致其他严重后果的,调查人员应立即报告,或按程序移送有关部门处理。

第二十二条 调查中发现第三方中介服务机构涉嫌从事论文及其实验研究数据、科技计划(专项、基金等)项目申报验收材料等的买卖、代写、代投服务的,应及时报请有关主管部门依法依规调查处理。

第二十三条 调查中发现关键信息不充分或暂不具备调查条件的,可经单位相关负责人批准中止调查。中止调查的原因消除后,应及时恢复调查,中止的时间不计入调查时限。

调查期间被调查人死亡的,终止对其调查,但不影响对涉及的其他被调查人的调查。

第二十四条 调查结束应形成调查报告。调查报告应包括线索来源、举报内容、调查组织、调查过程、事实认定及相关当事人确认情况、调查结论、处理意见建议及依据,并附证据材料。调查报告须由全体调查人员签字。一般应在调查报告形成后的15个工作日内将相关调查处理情况书面告知参与调查单位或其他具有处理权限的单位。

需要补充调查的,应根据补充调查情况重新形成调查报告。

第二十五条 科研失信行为的调查处理应自决定受理之日起6个月内完成。

因特别重大复杂在前款规定期限内仍不能完成调查的,经单位负责人批准后可延长调查期限,延长时间一般不超过6个月。对上级机关和有关部门移送的,调查延期情况应向移送机关或部门报告。

第四章 处　　理

第二十六条 被调查人科研失信行为的事实、情节、性质等最终认定后,由具有处理权限的单位按程序对被调查人作出处理决定。

第二十七条 处理决定作出前,应书面告知被调查人拟作出处理决定的事实、依据,并告知其依法享有陈述与申辩的权利。被调查人逾期没有进行陈述或申辩的,视为放弃权利。被调查人作出陈述或申辩的,应充分听取其意见。

第二十八条 处理决定书应载明以下内容:

(一)被处理人的基本情况(包括姓名或名称,身份证件号码或社会信用代码等);

(二)认定的事实及证据;

(三)处理决定和依据;
(四)救济途径和期限;
(五)其他应载明的内容。

作出处理决定的单位负责向被处理人送达书面处理决定书,并告知实名举报人。有牵头调查单位的,应同时将处理决定书送牵头调查单位。对于上级机关和有关部门移送的,应将处理决定书和调查报告报送移送单位。

第二十九条 处理措施的种类:
(一)科研诚信诚勉谈话;
(二)一定范围内公开通报;
(三)暂停科技计划(专项、基金等)项目等财政性资金支持的科技活动,限期整改;
(四)终止或撤销利用科研失信行为获得的科技计划(专项、基金等)项目等财政性资金支持的科技活动,追回结余资金,追回已拨财政资金;
(五)一定期限禁止承担或参与科技计划(专项、基金等)项目等财政性资金支持的科技活动;
(六)撤销利用科研失信行为获得的相关学术奖励、荣誉等并追回奖金,撤销利用科研失信行为获得的职务职称;
(七)一定期限取消申请或申报科技奖励、科技人才称号和职务职称晋升等资格;
(八)取消已获得的院士等高层次专家称号,学会、协会、研究会等学术团体以及学术、学位委员会等学术工作机构的委员或成员资格;
(九)一定期限取消作为提名或推荐人、被提名或被推荐人、评审专家等资格;
(十)一定期限减招、暂停招收研究生直至取消研究生导师资格;
(十一)暂缓授予学位;
(十二)不授予学位或撤销学位;
(十三)记入科研诚信严重失信行为数据库;
(十四)其他处理。

上述处理措施可合并使用。给予前款第五、七、九、十项处理的,应同时给予前款第十三项处理。被处理人是党员或公职人员的,还应根据《中国共产党纪律处分条例》、《中华人民共和国公职人员政务处分法》等规定,由有管辖权的机构给予处理或处分;其他适用组织处理或处分的,由有管辖权的机构依规依纪依法给予处理或处分。构成犯罪的,依法追究刑事责任。

第三十条 对科研失信行为情节轻重的判定应考虑以下因素：

（一）行为偏离科技界公认行为准则的程度；

（二）是否有造假、欺骗、销毁、藏匿证据，干扰、妨碍调查或打击、报复举报人的行为；

（三）行为造成不良影响的程度；

（四）行为是首次发生还是屡次发生；

（五）行为人对调查处理的态度；

（六）其他需要考虑的因素。

第三十一条 有关机构或单位有组织实施科研失信行为，或在调查处理中推诿、包庇，打击报复举报人、证人、调查人员的，主管部门应依据相关法律法规等规定，撤销该机构或单位因此获得的相关利益、荣誉，给予公开通报，暂停拨款或追回结余资金、追回已拨财政资金，禁止一定期限内承担或参与财政性资金支持的科技活动等本规则第二十九条规定的相应处理，并按照有关规定追究其主要负责人、直接负责人的责任。

第三十二条 经调查认定存在科研失信行为的，应视情节轻重给予以下处理：

（一）情节较轻的，给予本规则第二十九条第一项、第三项、第十一项相应处理；

（二）情节较重的，给予本规则第二十九条第二项、第四至第十项、第十二项、第十三项相应处理，其中涉及取消或禁止期限的，期限为 3 年以内；

（三）情节严重的，给予本规则第二十九条第二项、第四至第十项、第十二项、第十三项相应处理，其中涉及取消或禁止期限的，期限为 3 至 5 年；

（四）情节特别严重的，给予本规则第二十九条第二项、第四至第十项、第十二项、第十三项相应处理，其中涉及取消或禁止期限的，期限为 5 年以上。

存在本规则第二条第一至第五项规定情形之一的，处理不应低于前款第二项规定的尺度。

第三十三条 给予本规则第三十二条第二、三、四项处理的被处理人正在申报财政性资金支持的科技活动或被推荐为相关候选人、被提名人、被推荐人等的，终止其申报资格或被提名、被推荐资格。

第三十四条 有下列情形之一的，可从轻处理：

（一）有证据显示属于过失行为且未造成重大影响的；
（二）过错程度较轻且能积极配合调查的；
（三）在调查处理前主动纠正错误，挽回损失或有效阻止危害结果发生的；
（四）在调查中主动承认错误，并公开承诺严格遵守科研诚信要求、不再实施科研失信行为的。

论文作者在被举报前主动撤稿且未造成较大负面影响的，可从轻或免予处理。

第三十五条 有下列情形之一的，应从重处理：
（一）伪造、篡改、隐匿、销毁证据的；
（二）阻挠他人提供证据，或干扰、妨碍调查核实的；
（三）打击、报复举报人、证人、调查人员的；
（四）存在利益输送或利益交换的；
（五）有组织地实施科研失信行为的；
（六）多次实施科研失信行为或同时存在多种科研失信行为的；
（七）证据确凿、事实清楚而拒不承认错误的。

第三十六条 根据本规则给予被处理人记入科研诚信严重失信行为数据库处理的，处理决定由省级及以下地方相关单位作出的，处理决定作出单位应在决定生效后10个工作日内将处理决定书和调查报告报送上级主管部门和所在地省级科技行政部门。省级科技行政部门应在收到之日起10个工作日内通过科研诚信管理信息系统按规定汇交科研诚信严重失信行为数据信息，并将处理决定书和调查报告报送科技部。

处理决定由国务院部门及其所属（含管理）单位作出的，由该部门在处理决定生效后10个工作日内通过科研诚信管理信息系统按规定汇交科研诚信严重失信行为数据信息，并将处理决定书和调查报告报送科技部。

第三十七条 有关部门和地方依法依规对记入科研诚信严重失信行为数据库的相关被处理人实施联合惩戒。

第三十八条 被处理人科研失信行为涉及科技计划（专项、基金等）项目、科技奖励、科技人才等的，调查处理单位应将处理决定书和调查报告同时报送科技计划（专项、基金等）项目、科技奖励、科技人才管理部门（单位）。科技计划（专项、基金等）项目、科技奖励、科技人才管理部门（单位）应依据经查实的科研失信行为，在职责范围内对被处理人作出处理，并制作处理决定书，送达被处理人及其所在单位。

第三十九条 对经调查未发现存在科研失信行为的，调查单位应及时以适当方式澄清。

对举报人捏造歪曲事实、诬告陷害他人的，举报人所在单位应依据相关规定对举报人严肃处理。

第四十条 处理决定生效后，被处理人如果通过全国性媒体公开作出严格遵守科研诚信要求、不再实施科研失信行为承诺，或对国家和社会作出重大贡献的，作出处理决定的单位可根据被处理人申请对其减轻处理。

第五章 申诉复查

第四十一条 举报人或被处理人对处理决定不服的，可在收到处理决定书之日起 15 个工作日内，按照处理决定书载明的救济途径向作出调查处理决定的单位或部门书面提出申诉，写明理由并提供相关证据或线索。

调查处理单位（部门）应在收到申诉之日起 15 个工作日内作出是否受理决定并告知申诉人，不予受理的应说明情况。

决定受理的，另行组织调查组或委托第三方机构，按照本规则的调查程序开展复查，并向申诉人反馈复查结果。

第四十二条 举报人或被处理人对复查结果不服的，可向调查处理单位的上级主管部门书面提出申诉，申诉必须明确理由并提供充分证据。对国务院部门作出的复查结果不服的，向作出该复查结果的国务院部门书面提出申诉。

上级主管部门应在收到申诉之日起 15 个工作日内作出是否受理决定。仅以对调查处理结果和复查结果不服为由，不能说明其他理由并提供充分证据，或以同一事实和理由提出申诉的，不予受理。决定受理的，应组织复核，复核结果为最终结果。

第四十三条 复查、复核应制作复查、复核意见书，针对申诉人提出的理由给予明确回复。复查、复核原则上均应自受理之日起 90 个工作日内完成。

第六章 保障与监督

第四十四条 参与调查处理工作的人员应秉持客观公正，遵守工作纪律，主动接受监督。要签署保密协议，不得私自留存、隐匿、摘抄、复制或泄露问题线索和调查资料，未经允许不得透露或公开调查处理工作情况。

委托第三方机构开展调查、测试、评估或评价时，应履行保密程序。

第四十五条 调查处理应严格执行回避制度。参与科研失信行为调查处理人员应签署回避声明。被调查人或举报人近亲属、本案证人、利害关系人、有研究合作或师生关系或其他可能影响公正调查处理情形的,不得参与调查处理工作,应主动申请回避。被调查人、举报人有权要求其回避。

第四十六条 调查处理应保护举报人、被举报人、证人等的合法权益,不得泄露相关信息,不得将举报材料转给被举报人或被举报单位等利益相关方。对于调查处理过程中索贿受贿、违反保密和回避制度、泄露信息的,依法依规严肃处理。

第四十七条 高等学校、科研机构、医疗卫生机构、企业、社会组织等是科研失信行为调查处理第一责任主体,应建立健全调查处理工作相关的配套制度,细化受理举报、科研失信行为认定标准、调查处理程序和操作规程等,明确单位科研诚信负责人和内部机构职责分工,保障工作经费,加强对相关人员的培训指导,抓早抓小,并发挥聘用合同(劳动合同)、科研诚信承诺书和研究数据管理政策等在保障调查程序正当性方面的作用。

第四十八条 高等学校、科研机构、医疗卫生机构、企业、社会组织等不履行科研失信行为调查处理职责的,由主管部门责令其改正。拒不改正的,对负有责任的领导人员和直接责任人员依法依规追究责任。

第四十九条 科技部和中国社科院对自然科学和哲学社会科学领域重大科研失信事件应加强信息通报与公开。

科研诚信建设联席会议各成员单位和各地方应加强科研失信行为调查处理的协调配合、结果互认、信息共享和联合惩戒等工作。

第七章 附 则

第五十条 本规则下列用语的含义:

(一)买卖实验研究数据,是指未真实开展实验研究,通过向第三方中介服务机构或他人付费获取实验研究数据。委托第三方进行检验、测试、化验获得检验、测试、化验数据,因不具备条件委托第三方按照委托方提供的实验方案进行实验获得原始实验记录和数据,通过合法渠道获取第三方调查统计数据或相关公共数据库数据,不属于买卖实验研究数据。

(二)代投,是指论文提交、评审意见回应等过程不是由论文作者完成而是由第三方中介服务机构或他人代理。

(三)实质学术贡献,是指对研究思路、设计以及分析解释实验研究数据等有重要贡献,起草论文或在重要的知识性内容上对论文进行关键性修改,对将要发表的版本进行最终定稿等。

(四)被调查人所在单位,是指调查时被调查人的劳动人事关系所在单位。被调查人是学生的,调查处理由其学籍所在单位负责。

（五）从轻处理,是指在本规则规定的科研失信行为应受到的处理幅度以内,给予较轻的处理。

（六）从重处理,是指在本规则规定的科研失信行为应受到的处理幅度以内,给予较重的处理。

本规则所称的"以上"、"以内"不包括本数,所称的"3 至 5 年"包括本数。

第五十一条 各有关部门和单位可依据本规则结合实际情况制定具体细则。

第五十二条 科研失信行为被调查人属于军队管理的,由军队按照其有关规定进行调查处理。

相关主管部门已制定本行业、本领域、本系统科研失信行为调查处理规则且处理尺度不低于本规则的,可按照已有规则开展调查处理。

第五十三条 本规则自发布之日起实施,由科技部和中国社科院负责解释。《科研诚信案件调查处理规则(试行)》(国科发监〔2019〕323 号)同时废止。

附录14　国家自然科学基金项目科研不端行为调查处理办法

(2005年3月16日国家自然科学基金委员会监督委员会第二届第三次全体会议审议通过　2020年11月3日国家自然科学基金委员会委务会议修订通过　2022年12月6日国家自然科学基金委员会委务会议修订通过　国科金发诚〔2022〕53号　自2023年1月1日起施行)

第一章　总　　则

第一条　为了规范国家自然科学基金委员会(以下简称自然科学基金委)对科研不端行为的调查处理,维护科学基金的公正性和科技工作者的权益,推动科研诚信、学术规范和科研伦理建设,促进科学基金事业的健康发展,根据《中华人民共和国科学技术进步法》、《国家自然科学基金条例》、《关于进一步加强科研诚信建设的若干意见》、《科学技术活动违规行为处理暂行规定》和《科研失信行为调查处理规则》等规定,制定本办法。

第二条　本办法适用于在国家自然科学基金项目(以下简称科学基金项目)的申请、评审、实施、结题和成果发表与应用等活动中发生的科研不端行为的调查处理。

第三条　本办法所称科研不端行为,是指发生在科学基金项目申请、评审、实施、结题和成果发表与应用等活动中,偏离科学共同体行为规范,违背科研诚信和科研伦理行为准则的行为。具体包括:

(一)抄袭、剽窃、侵占;

(二)伪造、篡改;

(三)买卖、代写;

(四)提供虚假信息、隐瞒相关信息以及提供信息不准确;

(五)打探、打招呼、请托、贿赂、利益交换等;

(六)违反科研成果的发表规范、署名规范、引用规范;

(七)违反评审行为规范;

(八)违反科研伦理规范;

(九)其他科研不端行为。

第四条 自然科学基金委监督委员会依照《国家自然科学基金委员会章程》和《国家自然科学基金委员会监督委员会章程》的规定,具体负责受理对科研不端行为的投诉举报,组织开展调查,提出处理建议并且监督处理决定的执行。

第五条 自然科学基金委对监督委员会提出的处理建议进行审查,并作出处理决定。

第六条 科研人员应当遵守学术规范,恪守职业道德,诚实守信,不得在科学技术活动中弄虚作假。

涉嫌科研不端行为接受调查时,应当如实说明有关情况并且提供相关证明材料。

第七条 项目评审专家应当认真履行评审职责,对与科学基金项目相关的通讯评审、会议评审、中期检查、结题审查以及其他评审事项进行公正评审,不得违反相关回避、保密规定或者利用工作便利谋取不正当利益。

第八条 项目依托单位及科研人员所在单位作为本单位科研诚信建设主体责任单位,应建立健全处理科研不端行为的相关工作制度和组织机构,在科研不端行为的预防与调查处理中具体履行以下职责:

(一)宣讲科研不端行为调查处理相关政策与规定;

(二)对本单位人员的科研不端行为,积极主动开展调查;

(三)对自然科学基金委交办的问题线索组织开展相关调查;

(四)依据职责权限对科研不端行为责任人作出处理;

(五)向自然科学基金委报告本单位与科学基金项目相关的科研不端行为及其查处情况;

(六)执行自然科学基金委作出的处理决定;

(七)监督处理决定的执行;

(八)其他与科研诚信相关的职责。

第九条 自然科学基金委在调查处理科研不端行为时应当坚持事实清楚、证据确凿、定性准确、处理恰当、程序合法、手续完备的原则。

第十条 自然科学基金委对科研人员、项目评审专家和项目依托单位实行信用管理,用于相关的评审、实施和管理活动。

第十一条 项目申请人、负责人、参与者、评审专家和依托单位等应积极履行与自然科学基金委签订的相关合同或者承诺,如违反相应义务,自然科学基金委可以依据合同或者承诺对其作出相应处理。

第二章 调查处理程序

第十二条 任何公民、法人或者其他组织均可以向自然科学基金委以

书面形式投诉举报科研不端行为,投诉举报应当符合下列要求:

(一)有明确的投诉举报对象;

(二)有可查证的线索或者证据材料;

(三)与科学基金工作相关;

(四)涉及本办法适用的科研不端行为。

第十三条 自然科学基金委鼓励实名投诉举报,并对投诉举报人、被举报人、证人等相关人员的信息予以严格保密,充分保护相关人员的合法权益。

第十四条 自然科学基金委应当对投诉举报材料进行初核。经初核认为投诉举报材料符合本办法第十二条要求的应当作出受理的决定,不符合受理条件的应当作出不予受理的决定,并在接到举报后的十五个工作日内告知实名投诉举报人。

上述决定涉及不予公开或者保密内容的,投诉举报人应予以保密。泄露、扩散或者不当使用相关信息的,应承担相应责任。

第十五条 调查处理过程中,发现投诉举报人有捏造事实、诬告陷害等行为的,自然科学基金委将向其所在单位通报。

第十六条 投诉举报事项属于下列情形的,不予受理:

(一)投诉举报已经依法处理,投诉举报人在无新线索的情况下以同一事实或者理由重复投诉举报的;

(二)已由公安机关、监察机关立案调查或者进入司法程序的;

(三)不符合第十二条要求的;

(四)其他依法不应当受理的情形。

投诉举报中同时含有应当受理和不应当受理的内容,能够作区分处理的,对不应当受理的内容不予受理。

第十七条 对于受理的科研不端行为案件,自然科学基金委应当组织、会同、直接移交或者委托相关部门开展调查。对直接移交或者委托依托单位或者科研不端行为人所在单位调查的,自然科学基金委保留自行调查的权力。

被调查人担任单位主要负责人或者被调查人是法人单位的,自然科学基金委可以直接移交或者委托其上级主管部门开展调查。没有上级主管部门的,自然科学基金委可以直接移交或者委托其所在地的省级科技行政管理部门科研诚信建设责任单位负责组织调查。

涉及项目资金使用的举报,自然科学基金委可以聘请第三方机构对相关资助资金使用情况进行监督和检查,根据监督和检查结论依照本办法处理。

第十八条 对涉嫌科研不端行为的调查,可以采取谈话函询、书面调查、现场调查、依托单位或者科研不端行为人所在单位调查等方式开展。必要时也可以采取邀请专家参与调查、邀请专家或者第三方机构鉴定以及召开听证会等方式开展。

第十九条 自然科学基金委对于依职权发现的涉嫌科研不端行为,应当及时审查并依照相关规定处理。

第二十条 进行书面调查的,应当对投诉举报材料、当事人陈述材料、有关证明材料等进行审查,形成书面调查报告。

第二十一条 进行现场调查的,调查人员不得少于两人,并且应当向当事人或者有关人员出示工作证件或者公函。

当事人或者有关人员应当如实回答询问并协助调查,向调查人员出示原始记录、观察笔记、图像照片或者实验样品等证明材料,不得隐瞒信息或者提供虚假信息。询问或者检查应当制作笔录,当事人和相关人员应当在笔录上签字。

第二十二条 依托单位或者当事人所在单位负责调查的,应当认真开展调查,形成完整的调查报告并加盖单位公章,按时向自然科学基金委报告有关情况。

调查过程中,调查单位应当与当事人面谈,并向自然科学基金委提供以下材料:

(一)调查结果和处理意见;
(二)证明材料;
(三)当事人的陈述材料;
(四)当事人与调查人员双方签字的谈话笔录;
(五)其他相关材料。

第二十三条 调查过程中,调查人员应当充分听取当事人的陈述或者申辩,对当事人提出的事实、理由和证据进行核实。当事人提出的事实、理由或者证据成立的,应当采纳。任何个人和组织不得以不正当手段影响调查工作的进行。

调查中发现当事人的行为可能影响公众健康与安全或者导致其他严重后果的,调查人员应立即报告,或者按程序移送有关部门处理。

第二十四条 科研不端行为案件应自受理之日起六个月内完成调查处理。

对于在前款规定期限内不能完成的重大复杂案件,经自然科学基金委监督委员会主要负责人或者自然科学基金委相关负责人批准后可以延长调查处理期限,延长时间一般不超过六个月。对于上级机关和有关部门移交的案件,调查处理延期情况应向移交机关或者部门报备。

调查中发现关键信息不充分、暂不具备调查条件或者被调查人在调查期间死亡的,经自然科学基金委监督委员会主要负责人或者自然科学基金委相关负责人批准后可以中止或者终止调查。

条件具备时,应及时启动已中止的调查,中止的时间不计入调查时限。对死亡的被调查人中止或终止调查不影响对案件涉及的其他被调查人的调查。

第三章 处 理

第二十五条 调查终结后,应当形成调查报告,调查报告应当载明以下事项:

(一)调查的对象和内容;

(二)主要事实、理由和依据;

(三)调查结论和处理建议;

(四)其他需要说明的内容。

第二十六条 自然科学基金委作出处理决定前,应当书面告知当事人拟作出处理决定的事实、理由及依据,并告知当事人依法享有陈述与申辩的权利。

当事人逾期没有进行陈述或者申辩的,视为放弃陈述与申辩的权利。当事人作出陈述或者申辩的,应当充分听取其意见。

第二十七条 调查终结后,自然科学基金委应当对调查结果进行审查,根据不同情况,分别作出以下决定:

(一)确有科研不端行为的,根据事实及情节轻重,作出处理决定;

(二)未发现存在科研不端行为的,予以结案;

(三)涉嫌违纪违法的,移送相关机关处理。

第二十八条 自然科学基金委作出处理决定时应当制作处理决定书。处理决定书应当载明以下事项:

(一)当事人基本情况;

(二)实施科研不端行为的事实和证据;

(三)处理依据和措施;

(四)救济途径和期限;

(五)作出处理决定的单位名称和日期;

(六)其他应当载明的内容。

第二十九条 自然科学基金委作出处理决定后,应及时将处理决定书送达当事人,并将处理结果告知实名投诉举报人。

处理结果涉及不予公开或者保密内容的,投诉举报人应予以保密。泄露、扩散或者不当使用相关信息的,应承担相应责任。

第三十条 对实施科研不端行为的科研人员的处理措施包括:

(一)责令改正;

(二)谈话提醒、批评教育;

(三)警告;

(四)内部通报批评;

(五)通报批评;

(六)暂缓拨付项目资金;

(七)科学基金项目处于申请或者评审过程的,撤销项目申请;

(八)科学基金项目正在实施的,终止原资助项目并追回结余资金;

(九)科学基金项目正在实施或者已经结题的,撤销原资助决定并追回已拨付资金;

(十)取消一定期限内申请或者参与申请科学基金项目资格。

第三十一条 对实施科研不端行为的评审专家的处理措施包括:

(一)责令改正;

(二)谈话提醒、批评教育;

(三)警告;

(四)内部通报批评;

(五)通报批评;

(六)一定期限内直至终身取消评审专家资格。

第三十二条 对实施科研不端行为的依托单位的处理措施包括:

(一)责令改正;

(二)警告;

(三)内部通报批评;

(四)通报批评;

(五)取消一定期限内依托单位资格。

第三十三条 对科研不端行为的处理应当考虑以下因素:

(一)科研不端行为的性质与情节;

(二)科研不端行为的结果与影响程度;

(三)实施科研不端行为的主观恶性程度;

（四）实施科研不端行为的次数；
（五）承认错误与配合调查的态度；
（六）应承担的责任大小；
（七）其他需要考虑的因素。

第三十四条 科研不端行为情节轻微并及时纠正，危害后果较轻的，可以给予谈话提醒、批评教育。

第三十五条 有下列情形之一的，从轻或者减轻处理：
（一）主动消除或者减轻科研不端行为危害后果的；
（二）受他人胁迫实施科研不端行为的；
（三）积极配合调查并且主动承担责任的；
（四）其他从轻或者减轻处理的情形。

第三十六条 有下列情形之一的，从重处理：
（一）伪造、销毁或者藏匿证据的；
（二）阻止他人投诉举报或者提供证据的；
（三）干扰、妨碍调查核实的；
（四）打击、报复投诉举报人的；
（五）多次实施或者同时实施数种科研不端行为的；
（六）造成严重后果或者恶劣影响的；
（七）其他从重处理的情形。

第三十七条 同时涉及数种科研不端行为的，应当合并处理。

第三十八条 二人以上共同实施科研不端行为的，按照各自所起的作用、造成的后果以及应负的责任，分清主要责任、次要责任和同等责任，分别进行处理。无法分清主要责任与次要责任的，视为同等责任一并处理。

第三十九条 负责受理、调查和处理的工作人员应当客观公正，严格遵守相关回避与保密规定。当事人认为前述人员与案件处理有直接利害关系的，有权申请回避。

上述人员与当事人有近亲属关系、同一法人单位关系、师生关系或者合作关系等可能影响公正处理的，应当主动申请回避。自然科学基金委也可以直接作出回避决定。

上述人员未经允许不得披露未公开的有关证明材料、调查处理的过程或者结果等与科研不端行为处理相关的信息，违反保密规定的，依照有关规定处理。

依托单位或者当事人所在单位调查人员可以不受本条第二款中同一法人单位规定的限制。

第四章 处理细则

第四十条 项目申请书或者列入项目申请书的论文等科研成果有抄袭、剽窃、伪造、篡改等行为之一的,根据项目所处状态,视情节轻重可以做出撤销项目申请、终止原资助项目并追回结余资金或者撤销原资助决定并追回已拨付资金的处理。除上述处理措施外,情节较轻的,取消项目申请或者参与申请资格一至三年,给予警告或者内部通报批评;情节较重的,取消项目申请或者参与申请资格三至五年,给予内部通报批评或者通报批评;情节严重的,取消项目申请或者参与申请资格五至七年,给予通报批评。

第四十一条 项目申请过程中有下列行为之一,情节较轻的,给予谈话提醒、批评教育或者警告;情节较重的,终止原资助项目并追回结余资金或者撤销原资助决定并追回已拨付资金,取消项目申请或者参与申请资格一至三年,给予警告或者内部通报批评;情节严重的,终止原资助项目并追回结余资金或者撤销原资助决定并追回已拨付资金,取消项目申请或者参与申请资格三至五年,给予内部通报批评或者通报批评:

(一)代写、委托代写或者买卖项目申请书的;

(二)委托第三方机构修改项目申请书的;

(三)提供虚假信息、隐瞒相关信息以及提供信息不准确的;

(四)冒充他人签名或者伪造参与者姓名的;

(五)擅自将他人列为项目参与人员的;

(六)违规重复申请的;

(七)其他违反项目申请规范的行为。

第四十二条 列入项目申请书的论文等科研成果有下列行为之一,情节较轻的,给予谈话提醒、批评教育或者警告;情节较重的,终止原资助项目并追回结余资金或者撤销原资助决定并追回已拨付资金,取消项目申请或者参与申请资格一至三年,给予警告或者内部通报批评;情节严重的,终止原资助项目并追回结余资金或者撤销原资助决定并追回已拨付资金,取消项目申请或者参与申请资格三至五年,给予内部通报批评或者通报批评:

(一)一稿多发或者重复发表的;

(二)买卖或者代写的;

(三)委托第三方机构投稿的;

(四)虚构同行评议专家及评议意见的;

(五)其他违反论文发表规范、引用规范的行为。

第四十三条 列入项目申请书的论文等科研成果有下列行为之一,情节较轻的,给予谈话提醒、批评教育或者警告;情节较重的,终止原资助项目并追回结余资金或者撤销原资助决定并追回已拨付资金,取消项目申请或者参与申请资格一至三年,给予警告或者内部通报批评;情节严重的,终止原资助项目并追回结余资金或者撤销原资助决定并追回已拨付资金,取消项目申请或者参与申请资格三至五年,给予内部通报批评或者通报批评:

(一)未经同意使用他人署名的;
(二)虚构其他署名作者的;
(三)篡改作者排序和贡献的;
(四)未做出实质性贡献而署名的;
(五)将做出实质性贡献的作者或者单位排除在外的;
(六)擅自标注他人科学基金项目的;
(七)标注虚构的科学基金项目的;
(八)与科学基金项目无关的科研成果标注基金项目的;
(九)其他不当署名或者不当标注的行为。

第四十四条 在与项目相关的评审中有下列行为之一,情节较轻的,给予谈话提醒、批评教育或者警告;情节较重的,终止原资助项目并追回结余资金或者撤销原资助决定并追回已拨付资金,取消项目申请或者参与申请资格一至三年,给予警告或者内部通报批评;情节严重的,终止原资助项目并追回结余资金或者撤销原资助决定并追回已拨付资金,取消项目申请或者参与申请资格三至五年,给予内部通报批评或者通报批评:

(一)请托、游说或者打招呼的;
(二)打探、违规获取相关评审信息的;
(三)利益交换、贿赂评审专家或者自然科学基金委工作人员的;
(四)其他对评审工作的独立、客观、公正造成影响的行为。

第四十五条 在项目实施过程中有下列行为之一的,给予警告,暂缓拨付资金并责令改正;逾期不改正的,终止原资助项目并追回结余资金或者撤销原资助决定并追回已拨付资金;情节较重的,终止原资助项目并追回结余资金或者撤销原资助决定并追回已拨付资金,取消项目申请或者参与申请资格三至五年,给予内部通报批评或者通报批评;情节严重的,终止原资助项目并追回结余资金或者撤销原资助决定并追回已拨付资金,取消项目申请或者参与申请资格五至七年,给予通报批评:

(一)擅自变更研究方向或者降低申报指标的;
(二)不按照规定提交项目结题报告或者研究成果报告等材料的;
(三)提交弄虚作假的报告或者原始记录等材料的;
(四)挪用、滥用或者侵占项目资金的;
(五)违反国家有关科研伦理规定的;
(六)其他不按照规定履行研究职责的。

第四十六条 在项目结题或验收等活动中有本办法第四十条至第四十四条规定的行为之一的,分别依照第四十条至第四十四条的规定进行处理。

第四十七条 标注基金资助的论文等科研成果中有本办法第四十条、第四十二条或者第四十三条规定的行为之一的,分别依照第四十条、第四十二条或者第四十三条的规定进行处理。

第四十八条 科学基金项目处于申请或者评审过程且存在第四十一条至第四十四条规定的行为之一的,撤销项目申请。

对于本办法第三条第九项的情形,参照第四十条至第四十七条进行处理。

对于本办法第四十条至第四十七条所列科研不端行为,情节特别严重的,自然科学基金委可以永久取消其项目申请或者参与申请资格,给予通报批评。

在其他科学技术活动中有抄袭、剽窃他人研究成果或者弄虚作假等行为的,自然科学基金委可以依照本办法相关条款的规定,依据情节轻重,作出相应处理。

第四十九条 因实施本办法规定的科研不端行为而导致负责或者参与的科学基金项目被撤销的,自然科学基金委可以建议行为人所在单位撤销其因为负责或者参与该科学基金项目而获得的相应荣誉以及利益。

第五十条 评审专家有下列行为之一的,取消评审专家资格二至五年,给予警告、内部通报批评或者通报批评并责令改正;情节较重的,取消评审专家资格五至七年,给予内部通报批评或者通报批评并责令改正;情节严重的,不再聘请为评审专家,给予通报批评:

(一)违反保密或者回避规定的;
(二)打击报复、诬陷或者故意损毁申请者名誉的;
(三)由他人代为评审的;
(四)因接受请托等原因而进行不公正评审的;
(五)利用工作便利谋取不正当利益的;

（六）其他违反评审行为规范的行为。

在科学技术活动中存在本办法第四十条至第四十七条规定不端行为的,自然科学基金委可以取消其一定年限评审专家资格,且取消的评审专家资格年限不低于取消的申请资格年限,直至不再聘请为评审专家。

因第四十条至第四十八条情形而受到取消项目申请或者参与申请资格处理的,自然科学基金委依规做出不得参加科学基金项目评审的决定。

第五十一条 因实施本办法规定的科研不端行为受到相应处理的,自然科学基金委可以依据科研不端行为的情节、后果等情形,建议行为人所在单位给予其相应的党纪政务处分。

第五十二条 对于不在自然科学基金委职责管辖范围内的科研不端案件同案违规人员,自然科学基金委可以责成相关依托单位进行处理。

第五十三条 依托单位有下列行为之一的,给予警告或者内部通报批评并责令改正;逾期不改正的,取消依托单位资格一至三年,给予内部通报批评或者通报批评;情节严重的,取消依托单位资格三至五年,给予通报批评:

（一）对项目申请人、负责人或者参与者发生的科研不端行为负有疏于管理责任的;

（二）纵容、包庇或者协助有关人员实施科研不端行为的;

（三）擅自变更项目负责人的;

（四）组织、纵容工作人员实施或参与打探、打招呼、请托、贿赂、利益交换以及违规获取相关评审信息等行为的;

（五）违规挪用、克扣、截留项目资金的;

（六）不履行科学基金项目研究条件保障职责的;

（七）不履行科研伦理或者科技安全的审查职责的;

（八）不配合监督、检查科学基金项目实施的;

（九）不履行科研不端行为的调查处理职责的;

（十）其他不履行科学基金资助管理工作职责的行为。

依托单位实施前款规定的行为的,由自然科学基金委记入信用档案,并视情况抄送其上级主管部门。

第五十四条 对依托单位的相关处理措施,由自然科学基金委执行;对行为人给予的谈话提醒、批评教育等处理措施,由其所在单位执行。

第五十五条 对相关行为人和单位作出取消一定年限有关资格处理的,自然科学基金委将其行为汇交至科研诚信严重失信行为数据库。

对记入科研诚信严重失信行为数据库的行为人和单位,自然科学基金委按照有关工作方案开展联合惩戒。

第五十六条 自然科学基金委根据有关规定适用终止原资助项目并追回结余资金或者撤销原资助决定并追回已拨付资金的处理措施。

第五十七条 自然科学基金委建立问题线索移送机制,对于不在自然科学基金委职责管辖范围的问题线索,移送相关部门或者机构处理。

项目申请人、负责人、参与者、评审专家或者自然科学基金委工作人员(含兼职、兼聘人员和流动编制工作人员)等实施的科研不端行为涉嫌违纪违法的,移送相关纪检监察组织处理。

第五章 申诉与复查

第五十八条 当事人对处理决定不服的,可以在收到处理决定书后十五个工作日内,向自然科学基金委提出书面复查申请。

自然科学基金委应在收到复查申请之日起十五个工作日内作出是否受理的决定。决定不予复查的,应当通知申请人,并告知不予复查的理由;决定复查的,应当自受理之日起九十个工作日内作出复查决定。复查依照本办法规定的调查处理程序进行,复查不影响处理决定的执行。

第五十九条 当事人对复查结果不服的,可以向自然科学基金委的上级主管部门提出书面申诉。

第六章 附 则

第六十条 内部通报批评在自然科学基金委内部及行为人相关单位内部公布;通报批评除在上述单位公布以外,还应在自然科学基金委网站公布。

第六十一条 科研不端行为案件中的当事人或者单位属于军队管理的,自然科学基金委可以将案件移交军队相关部门,由军队按照其规定进行调查处理。

第六十二条 本办法由自然科学基金委负责解释。

第六十三条 本办法自 2023 年 1 月 1 日起实施。

附录15 科研诚信规范手册

(2023年12月11日国家自然科学基金委员会办公室发布施行)

为了明确参与科学基金工作"四方主体"的诚信责任,就遵守科研诚信规范提供一份较为系统和具有指导性的说明和建议,国家自然科学基金委员会近日制定并公开发布了《科研诚信规范手册》,即《科研诚信规范手册》业经2023年11月28日委务会议审议通过,2023年12月11日发布。

《科研诚信规范手册》从"四方主体"出发,主要内容包括科研人员诚信规范、评审专家诚信规范、依托单位诚信规范及自然科学基金委工作人员诚信规范四部分内容。内容涵盖三个层面:一是通过阐述科学研究、科研管理等活动中应该遵守的相关行为准则,重点说明有关科研诚信"应该做"的方面,作为所有科研人员、评审专家、科研机构和资助机构在科研诚信方面应当达到的行为标准;二是说明有关科研诚信"不能做"的方面,即"有问题"的行为,作为对"应该做"方面的补充说明,同时也是一种警示;三是对科研不端行为作出说明,这是科研活动不能突破的底线。

其中,针对科研人员,《科研诚信规范手册》中明确,"不诚实地表达""对研究对象的不当处理或伤害""一稿多投和重复发表""通过'请托、打招呼'或贿赂、利益交换等不正当方式影响评审的公正性""故意隐瞒可能会对社会或公众造成危害的研究信息"等多种行为,将被认定为科研不端行为。

为充分发挥资助机构在科研作风学风和科研诚信建设方面的作用,2020年,国家自然科学基金委员会正式启动实施了科学基金学风建设行动计划,从"教育、激励、规范、监督、惩戒"五个方面入手,面向科研人员、评审专家、依托单位、自然科学基金委工作人员"四方主体",采取有力措施和政策,督促和激励开展负责任的研究、评审和管理,以协同共治方式共同构建风清气正的科研环境。

下载网址:https://www.nsfc.gov.cn/Portals/0/fj/fj20231221_01.pdf。

参 考 文 献

1. [美]麦克里那:《科研诚信——负责任的科研行为教程与案例》(第3版),何鸣鸿、陈越等译,高等教育出版社2011年版。

2. [美]Nicholas H. Steneck:《科研伦理入门:ORI介绍负责任研究行为》,曹南燕、吴寿乾、姚莉萍译,清华大学出版社2005年版。

3. [日]山崎茂明:《科学家的不端行为——捏造·篡改·剽窃》,杨舰、程远远、严凌纳译,清华大学出版社2005年版。

4. [美]R. K. 默顿:《科学社会学——理论与经验研究》,鲁旭东、林聚任译,商务印书馆2003年版。

5. [美]R. K. 默顿:《科学的规范结构》,林聚任译,载《哲学译丛》2000年第3期。

6. Heller J., *Syphlilis Victimsinthe U. S. Study Went Untreated for 40 Years*, New York Times 1972. 7. 26, http://hdl.handle.net/10822/764254.

7. Barabara J. Culliton, *The Sloan-Kettering Affair: A Story Without a Hero*, Science, 1974, p. 644.

8. Guston D. H., *Changing Explanatory Frameworks in the U. S. Government's Attempt to Define Research Misconduct*, Science and Engineering Ethics, 1999, p. 137 – 154.

9. Edward J. Vinski, *Academic Dishonesty and Cognitive Dissonance* (Ph. D. diss., University of New York, 2007).

10. *Fraud Advisory Panel, Fraud in Research: Is It New or Just Not True?*, https://www.fraudadvisorypanel.org/wp-content/uploads/2022/05/Fraud-in-Research-October07.pdf.

11. 中国科学院编:《科学与诚信:发人深省的科研不端行为案例》,科学出版社2013年版。

12. 罗豪才、宋功德:《软法亦法:公共治理呼唤软法之治》,法律出版社2009年版。

13. 罗豪才等:《现代行政法的平衡理论》(第2辑),北京大学出版社2003年版。

14.《中国科研诚信建设蓝皮书》编写组编:《中国科研诚信建设蓝皮

书2021》,科学技术文献出版社2022年版。

15. 刘军仪著,中国人事科学研究院编:《英美科研诚信建设的实践与探索》,党建读物出版社2016年版。

16. 主要国家科研诚信制度与管理比较研究课题组编著:《国外科研诚信制度与管理》,科学技术文献出版社2014年版。

17. 何勤华:《法治社会》,社会科学文献出版社2016年版。

18. 李建华:《法治社会中的伦理秩序》,中国社会科学出版社2004年版。

19. 王作全主编:《大文化背景下的法治社会与习俗研究》,科学出版社2018年版。

20. 胡志斌:《学术不端行为的法律规制研究》,中国法制出版社2014年版。

21. 郑真江:《学术不端行为处理制度研究——从国家科研资助管理的视角》,福建人民出版社2013年版。

22. 沈亚平主编:《学术诚信与建设》,高等教育出版社2017年版。

23. 杨萍等:《高校学术道德与学术诚信体系建设问题研究》,西南财经大学出版社2015年版。

24. 白勤:《大学学术诚信的制度设计研究》,四川大学出版社2014年版。

25. 姜明安主编:《行政法与行政诉讼法》,北京大学出版社2015年版。

26. 翟月玲:《行政责任法律规制研究》,中国社会科学出版社2014年版。

27. 杨解君主编:《行政责任问题研究》,北京大学出版社2005年版。

28. 张志勇主笔:《行政法律责任探析》,学林出版社2007年版。

29. 王利明等:《民法学》(第6版),法律出版社2020年版。

30. 张明楷:《刑法学》(第6版),法律出版社2021年版。

31. 刘辉:《科研诚信问题研究》,吉林大学2011年博士学位论文。

32. 张镧:《科研不端行为的法律规制比较研究》,华中科技大学2008年硕士学位论文。

33. 陈胜:《科研不端行为中的行政法律责任问题研究》,南京工业大学2016年硕士学位论文。

34. 熊新正等:《科研诚信行为影响因素研究综述》,载《科学管理研究》2012年第3期。

35. 董兴佩:《学术不端行为惩戒立法论纲》,载《山东科技大学学报

(社会科学版)》2007年第5期。

36. 杨文硕:《高校学术不端现象的社会成因和多元治理》,载《廉政文化研究》2010年第3期。

37. 胡剑、史玉民:《欧美科研不端行为的治理模式及特点》,载《科学学研究》2013年第4期。

38. 蒋兴华:《高校科研不端行为表现形式、产生根源及多元防治研究》,载《科技管理研究》2012年第15期。

39. 袁维勤:《"985"高校科研不端行为的"立法"研究》,载《山东科技大学学报(社会科学版)》2011年第2期。

40. 李玉香、邓利敏:《科研不端行为的法律规制》,载《山东科技大学学报(社会科学版)》2011年第4期。

41. 褚宸舸:《我国科研不端行为调查处理的法律关系论要》,载《山东科技大学学报(社会科学版)》2011年第1期。

42. 王清平:《论科研不端行为的法律性》,载《安徽农业大学学报(社会科学版)》2011年第6期。

43. 胡志斌、刘紫良、孙超:《学术不端行为的刑法规制研究》,载《学术界》2011年第10期。

44. 姚申:《学术体制、学术评价与学术风气》,载《重庆大学学报(社会科学版)》2010年第6期。

45. 焦洪涛、肖新林:《科研诚信建设的立法思考》,载《中国高校科技与产业化》2010年第8期。

46. 栾志红、马晓鹏:《科技行政处罚:问题与对策》,载《理论探索》2012年第5期。

47. 张明楷:《论刑法的谦抑性》,载《法商研究(中南政法学院学报)》1995年第4期。

48. 徐英军:《增设妨害科研秩序罪的立法构想》,载《河南大学学报(社会科学版)》2009年第1期。

49. 张九庆:《我国科研不端行为的法律规制:从行政法到刑法》,载《山东理工大学学报(社会科学版)》2012年第1期。

50. 张九庆:《科研越轨行为的危害与社会控制》,载《调研报告》2002年第26期。

51. 董兴佩、于凤银:《我国科研不端行为惩戒制度缺失论析》,载《山东科技大学学报(社会科学版)》2011年第1期。

52. 徐文星:《我国科研不端行为调查处理机制之完善》,载《山东科技大学学报(社会科学版)》2011年第1期。

53. 方玉东、陈越:《科研不端行为:概念、类型与治理》,载《中国高校科技》2011年第9期。

54. 汪俊、吴勇:《制度框架下科研不端行为治理对策研究》,载《中国科学基金》2009年第5期。

55. 王兆萍:《论学术不端行为的法律应对》,载《理论导刊》2013年第5期。

56. 张红、赖声利:《诚信立法刍议》,载《上饶师范学院学报》2012年第4期。

57. 李霞玲、陈炜、管锦绣:《科研诚信"自律"与"他律"协同建设的内在逻辑及现实路径研究》,载《科技进步与对策》2022年第13期。

58. 关巍、王飞:《中德国家科学基金会科研诚信建设的比较研究》,载《中国科学基金》2018年第2期。

59. 王聪、和鸿鹏:《我国政策环境中的科研诚信概念研究》,载《中国科学基金》2017年第4期。

60. 和鸿鹏、齐昆鹏、王聪:《科研不端定义的国际比较研究:表现形式与界定方式》,载《自然辩证法研究》2020年第5期。

61. 和鸿鹏、齐昆鹏、王聪:《科研不端认定的依据与争议》,载《北京航空航天大学学报(社会科学版)》2022年第1期。

62. 王雅芬:《科研不端行为的界定及其防范与治理》,载《研究与发展管理》2007年第4期。

63. 解本远:《科研不端行为的制度成因分析》,载《首都师范大学学报(社会科学版)》2013年第3期。

64. 张莉莉、方玉东:《科研不端行为的治理路径——基于比较制度分析视角》,载《自然辩证法研究》2015年第4期。

65. 王少、孔燕:《科研不端责任承担研究》,载《科学学研究》2018年第8期。

66. 蒋悟真、阳雨璇:《科研不端惩戒机制:实质、困境及其逻辑构设》,载《法学论坛》2021年第6期。

67. 陈志贤、黄仲一:《科技期刊论文信息不端变更的表现与防范措施》,载《编辑学报》2020年第5期。

68. 张重毅、方梅:《科技论文隐性学术不端行为判别特征分析》,载《中国科技期刊研究》2019年第1期。

69. 唐壮、聂培琴:《建立并完善道德自律和法律规制互动的科研诚信体系》,载《科研管理》2008年第S1期。

70. 苏娜、陈士俊：《从博弈论视角看科研诚信缺失现象》，载《科技管理研究》2008年第9期。

71. 张明龙：《科技信用制度建设的纵向考察》，载《科技管理研究》2005年第12期。

72. 吴勇、朱卫东：《基金项目负责人科研失信行为的制度分析》，载《科学学研究》2007年第S2期。

73. 窦靖伟：《论学术不端行为的法律规制》，载《河南财经政法大学学报》2012年第3期。

74. 刘军仪、王晓辉：《促进科研诚信：美国科研道德建设的经验》，载《外国教育研究》2010年第5期。

75. 李真真：《转型中的中国科学：科研不端行为及其诱因分析》，载《科研管理》2004年第3期。

76. 胡泽保、杜润秋：《论高校科研管理工作者与科研诚信问题》，载《科研管理》2008年第S1期。

77. 孙平：《简析科研人员的科研能力与科研诚信的关系》，载《科技管理研究》2009年第9期。

78. 汪力平、冷树青：《当代中国社会风气的守与变》，载《中国人民大学学报》2019年第5期。

79. 王伟国：《诚信体系建设法治保障的探索与构想》，载《中国法学》2012年第5期。

80. 张耀铭：《学术评价存在的问题、成因及其治理》，载《清华大学学报（哲学社会科学版）》2015年第6期。

81. 吴寿乾：《科学研究中的不端行为及其防范》，载《科研管理研究》2006年第11期。

82. 曹南燕：《大学科研中的诚信问题》，载《清华大学学报（哲学社会科学版）》2004年第2期。

83. 曹南燕：《QRP——科学研究中的灰色领域——小恶不止，大祸立至》，载《河池学院学报》2007年第3期。

后 记

当不得不交稿的时间临近时,突然觉得不少该写的还没有写完,现有内容有些部分还不够深入和透彻,顿生诸多遗憾。在当今世界正经历百年未有之大变局的现实情境下,总有许多解构,又有更多建构,而这一从解构到建构的历程,也可以理解为消弭遗憾的必经过程;但这又是孕育乃至催生新的遗憾的无奈开始。科研诚信建设永远在路上,围绕科研诚信的理论研究、制度完善和实践运作,大抵上也会经历从问题到方案到遗憾再到重新探寻的历程。

感谢中国科学技术协会和江苏省哲学社会科学规划办公室为本书的前期研究提供了支持;感谢全国哲学社会科学工作办公室为本书的最终完成提供了基金项目资助;感谢陈胜同学同意将我指导他的硕士论文部分内容充实进本书;感谢南京工业大学和南京审计大学我指导的研究生周成瑜、陈胜、钟晨、孙悦、高婷婷、杨植、杨书香、衣婧、陈显和朱慧珺等同学,他们在案例和资料收集、法律规范条文核对等方面提供了具体帮助。

特别感谢叶升先生的慷慨资助。

需要说明的是,考虑到本书的读者群体不仅是法学领域人士,可能更多的是具体从事科学研究和科研管理的人士,他们对法律规范的理解可能需要从更具体的条文规定中来获取,故本书对科研不端行为众多规范方面、法律责任方面等都进行了写实性的表述。另外,党的十八大以来,党和国家越来越重视科研诚信建设,相关制度建设也非常活跃,为便于读者查阅,笔者从众多制度规范中择取了部分作为附录。

汪自成

2024年6月2日 南京